Fischer / Walther / Schmidt / Werner: *Linux-Netzwerke*

Dr. Stefan Fischer, Dr. Ulrich Walther,
Stefan Schmidt, Christian Werner

Linux-Netzwerke

Aufbau, Administration, Sicherung
2., aktualisierte und erweiterte Auflage

Alle in diesem Buch enthaltenen Programme, Darstellungen und Informationen wurden nach bestem Wissen erstellt und mit Sorgfalt getestet. Dennoch sind Fehler nicht ganz auszuschließen. Aus diesem Grund ist das in dem vorliegenden Buch enthaltene Programm-Material mit keiner Verpflichtung oder Garantie irgendeiner Art verbunden. Autoren und Verlag übernehmen infolgedessen keine Verantwortung und werden keine daraus folgende Haftung übernehmen, die auf irgendeine Art aus der Benutzung dieses Programm-Materials, oder Teilen davon, oder durch Rechtsverletzungen Dritter entsteht.

Die Wiedergabe von Gebrauchsnamen, Handelsnamen, Warenbezeichnungen usw. in diesem Buch berechtigt auch ohne besondere Kennzeichnung nicht zu der Annahme, dass solche Namen im Sinne der Warenzeichen- und Markenschutz-Gesetzgebung als frei zu betrachten wären und daher von jedermann verwendet werden dürften.

Alle Warennamen werden ohne Gewährleistung der freien Verwendbarkeit benutzt und sind möglicherweise eingetragene Warenzeichen. Der Verlag richtet sich im Wesentlichen nach den Schreibweisen der Hersteller. Andere hier genannte Produkte können Warenzeichen des jeweiligen Herstellers sein.

Dieses Werk ist urheberrechtlich geschützt.
Alle Rechte, auch die der Übersetzung, des Nachdruckes und der Vervielfältigung des Buches, oder Teilen daraus, vorbehalten. Kein Teil des Werkes darf ohne schriftliche Genehmigung des Verlages in irgendeiner Form (Druck, Fotokopie, Microfilm oder einem anderen Verfahren), auch nicht für Zwecke der Unterrichtsgestaltung, reproduziert oder unter Verwendung elektronischer Systeme verarbeitet, vervielfältigt oder verbreitet werden.

Bibliografische Information Der Deutschen Bibliothek

Die Deutsche Bibliothek verzeichnet diese Publikation in der Deutschen Nationalbibliografie; detaillierte bibliografische Daten sind im Internet über `http://dnb.ddb.de` abrufbar.
ISBN 3-935922-17-5

© 2005 Nicolaus Millin Verlag GmbH, Poing (http://www.millin.de)
Umschlaggestaltung: Fritz Design GmbH, Erlangen
Gesamtlektorat: Nicolaus Millin
Fachlektorat: Peter Albrecht, Harald Bertram, Dieter Bloms, Anke Börnig, Sumit Bose, Franz Hassels, Fabian Herschel, Marc Heuse, Andreas Jaeger, Klaus Kämpf, Harald Müller-Ney, Jürgen Scheiderer, Sascha Wessels
Satz: LaTeX
Druck: Kösel, Krugzell
Printed in Germany on acid free paper.

Vorwort

Wir danken unseren fleißigen Kollegen Marc Bechler, Jens Brandt, Carsten Buschmann, Jörg Diederich, Verena Kahmann, Andreas Kleinschmidt, Torsten Klie und Dennis Pfisterer fürs Korrekturlesen und die zahlreichen Verbesserungsvorschläge.

Ganz besonderer Dank gilt unseren Kollegen Frank Strauß und Oliver Wellnitz, die uns immer mit zahlreichen fachlichen Ratschlägen und Anregungen zur Seite standen und damit einen wichtigen Beitrag zur Entstehung dieser zweiten Auflage geleistet haben.

Wir danken außerdem Herrn Arndt Buschmann für das zur Verfügung gestellte Text- und Bildmaterial zum Thema E-Mail.

Doch mindestens ebenso wichtig wie die fachliche Unterstützung waren der Rückhalt und das Verständnis, das uns unsere Freunde und Familien in der Zeit des Schreibens entgegengebracht haben – herzlichen Dank!

Stefan Fischer, Ulrich Walther, Stefan Schmidt und Christian Werner

Braunschweig, im Frühjahr 2005

Inhaltsverzeichnis

I Grundlagen — 1

1 Einführung — 3
1.1 Motivation — 3
1.2 Aufbau des Buches — 5

2 Geschichte, Entwicklung und Aufbau des Internet — 9
2.1 Entstehungsgeschichte — 9
2.2 Größenentwicklung — 11
2.3 Aufbau des Internet — 12
    2.3.1 Gemeinsames Adressierungsschema — 12
    2.3.2 Client-Server-Modell — 13

3 Das Internet-Referenzmodell — 15
3.1 Schichtenmodelle für die Netzwerkkommunikation — 15
    3.1.1 Architektur — 15
    3.1.2 Datenfluss im Schichtenmodell — 16
    3.1.3 Behandlung des Pakets während der Übertragung — 17
3.2 Das ISO/OSI-Schichtenmodell — 18
3.3 Schichtenmodell des Internet — 21
    3.3.1 Architektur — 21
    3.3.2 Netzzugangsschicht — 21
    3.3.3 Internetschicht — 22
    3.3.4 Transportschicht — 23
    3.3.5 Anwendungsschicht — 24

4 Ein paar Worte zu Linux — 27
4.1 Die Entstehung von Linux — 28
4.2 Linux-Distributionen — 29

II Internet-Technik   31

5   Physikalische Netzwerktechnologien   33
   5.1   Grundlagen   34
       5.1.1   Netzwerkadapter und -interfaces   34
       5.1.2   Adressierung in physikalischen Netzen   36
       5.1.3   Aufbau eines Layer-2-Frames am Beispiel Ethernet   37
   5.2   Ethernet   39
       5.2.1   Technologische Grundlagen   39
       5.2.2   Installation mit YaST   41
   5.3   Wireless LAN   43
       5.3.1   Technologische Grundlagen   43
       5.3.2   Installation mit YaST   45
       5.3.3   Verwendung von `iwconfig`   49
   5.4   Andere Technologien   50
   5.5   Netzanbindung über PPP   51
       5.5.1   Modem   52
       5.5.2   ISDN   56
       5.5.3   DSL   59

6   Die TCP/IP-Protokolle   65
   6.1   Internet Protocol Grundlagen   65
       6.1.1   Aufbau der IP-Pakete (Datagramme)   66
       6.1.2   Fragmentierung von Datagrammen   68
       6.1.3   Adressierung im IP   69
       6.1.4   IP-Subnetze und IP-Subnetzmasken   71
       6.1.5   Klassenlose IP-Adressen   73
       6.1.6   Zuweisung von IP-Adressen   74
       6.1.7   Private IP-Adressen   75
       6.1.8   Konfiguration von Netzwerkinterfaces   76
   6.2   Routing und Paketauslieferung   78
       6.2.1   Routing im Internet   78
       6.2.2   Direkte Auslieferung von Paketen und ARP   79
       6.2.3   Indirekte Auslieferung von Paketen   79
       6.2.4   Routing-Tabellen   80
       6.2.5   Host-, Netzwerk- und Default-Routen   81
       6.2.6   Der Routing-Algorithmus des IP   82
       6.2.7   Konfiguration von Routing-Tabellen in SuSE Linux   83
       6.2.8   Weiterführendes   88
   6.3   IP Masquerading und Network Address Translation (NAT)   89
       6.3.1   Grundidee von Network Address Translation (NAT)   89
       6.3.2   Beispiel für NAT   91
       6.3.3   Grundidee von IP Masquerading/PAT   92

		6.3.4	Beispiel für Masquerading	92
		6.3.5	NAT und Masquerading mit SuSE Linux	94
	6.4		Internet Control Message Protocol (ICMP)	94
	6.5		Ausblick: IP Version 6 (IPv6)	95
		6.5.1	Merkmale von IPv6	96
		6.5.2	Das IPv6-Paket im Vergleich	98
		6.5.3	Syntax von IPv6-Adressen	99
		6.5.4	Wichtiges Konzept: Tunneling	100
	6.6		Transmission Control Protocol (TCP)	101
		6.6.1	Überblick	101
		6.6.2	Zuverlässige Übertragung	102
		6.6.3	Verbindungsorientierte Übertragung	102
		6.6.4	TCP-Paketformat	102
		6.6.5	Verbindungsaufbau	104
		6.6.6	Portnummern	104
	6.7		User Datagram Protocol (UDP)	106
7	**Domain Name System (DNS)**			**109**
	7.1		Symbolische Namen und IP-Adressen	109
		7.1.1	Motivation	109
		7.1.2	Erste Ansätze zur Namensverwaltung	110
		7.1.3	Aufbau der DNS-Namensbereiche	110
	7.2		Aufbau der DNS-Datenbank	111
	7.3		Aufbau von DNS-Datensätzen	113
	7.4		Namensauflösung unter Linux	118
		7.4.1	Basiskonfiguration des Resolvers	118
		7.4.2	Arbeitsweise des Resolvers	120
		7.4.3	`nslookup`	122
		7.4.4	`dig`	123
	7.5		Konfiguration eines BIND 9 Nameservers	126
	7.6		Spezialfall: Dynamic DNS	130
8	**DHCP**			**131**
	8.1		Arbeitsweise von DHCP	132
	8.2		Einrichten des DHCP-Servers	135
	8.3		Einrichten eines DHCP-Clients	137
9	**Programmierung von Anwendungen im Internet**			**139**
	9.1		Client-Server im Internet	139
	9.2		Ablauf einer Kommunikationsbeziehung	140
	9.3		Lokalisierung des Servers	141
	9.4		Vergabe von Ports	141
	9.5		Client-Server-Anwendungen selbst programmieren	142

	9.5.1	Idee der Socket-Schnittstelle	142
	9.5.2	Funktionen der Socket-Schnittstelle	143
	9.5.3	Ablauf einer Client-Anwendung basierend auf der Socket-Schnittstelle	146
	9.5.4	Ablauf eines Server-Programms	148
	9.5.5	Zusammenspiel der Anwendungen	149
	9.5.6	Sockets in Java	149
9.6	Zusammenfassung		153

10 Zugriff auf entfernte Ressourcen — 155

10.1	Netzwerkweite Konfigurationsdateien mit NIS		156
	10.1.1	Einrichten eines NIS-Servers	157
	10.1.2	Einrichten eines NIS-Clients	161
	10.1.3	Manuelle Benutzung von NIS-Datenbanken und Fehlerdiagnose	164
10.2	Zugriff auf Dateiarchive: File Transfer Protocol (FTP)		166
	10.2.1	Aufgaben, Architektur und Eigenschaften	166
	10.2.2	Anonymous FTP	168
	10.2.3	FTP-Server	169
	10.2.4	FTP-Clients	169
	10.2.5	Eine FTP-Sitzung	170
	10.2.6	Konfiguration von `vsftpd`	171
10.3	Einbindung entfernter Dateisysteme		174
	10.3.1	Network File System (NFS)	174
	10.3.2	Samba	179
10.4	Zugriff auf entfernte Terminals		185
	10.4.1	Telnet und SSH	185
	10.4.2	VNC	187
	10.4.3	RDP	189
10.5	Drucken über das Netz: CUPS		190
	10.5.1	Grundlagen	191
	10.5.2	Administration über das Web-Interface	191
	10.5.3	Testen des CUPS-Servers und Konfiguration von CUPS-Clients	192

11 Informations- und Kommunikationsdienste — 195

11.1	E-Mail		196
	11.1.1	Das Internet Message Format	197
	11.1.2	Das Simple Mail Transfer Protocol (SMTP)	198
	11.1.3	Das Post Office Protocol (POP)	202
	11.1.4	Das Internet Message Access Protocol (IMAP)	205
	11.1.5	Konfiguration des E-Mail-Systems mit YaST	207
	11.1.6	E-Mail-Clients	209

		11.1.7	Rundschreiben mit Komfort: Mailinglisten	213
11.2	Internet Relay Chat (IRC)			217
11.3	Network News			221
		11.3.1	Diskussionsgruppen (*Newsgroups*) im Internet	221
		11.3.2	News-Server	222
		11.3.3	Funktionsweise von NNTP	222
		11.3.4	News-Reader	223
		11.3.5	News-Reader unter Linux	223
		11.3.6	Einrichten eines News-Servers unter SuSE Linux	226
11.4	World Wide Web (WWW)			226
		11.4.1	Einführung	226
		11.4.2	Uniform Resource Locators (URLs)	226
		11.4.3	HTML	228
		11.4.4	Hypertext Transfer Protocol (HTTP)	228
		11.4.5	Web-Browser	230
		11.4.6	Apache-Web-Server	230

III Sicherheit   233

12 Gefahren, Risikoabschätzung und Sicherheitskonzepte   235

12.1	Was ist Sicherheit?			236
12.2	Konzeptionelle Probleme des Netzwerkbetriebs			237
12.3	Detaillierte Kommunikations- und Risikoanalyse			238
	12.3.1	Kommunikationsbedarf		238
	12.3.2	Wichtige Fragen bei der Risikoanalyse		238
	12.3.3	Risiken durch Benutzer		240
	12.3.4	Risiken durch Würmer, Viren und Trojanische Pferde		241
	12.3.5	Sicherheitsrisiken der verwendeten Protokolle und Dienste		242
12.4	Sicherheitskonzepte			248
	12.4.1	IT-Grundschutz nach BSI		248
	12.4.2	Allgemeine Sicherheitskonzepte		250
		12.4.2.1	Keine Sicherheit	250
		12.4.2.2	Sicherheit durch Verschleiern	250
		12.4.2.3	Sicherheit auf Rechnerebene	250
		12.4.2.4	Sicherheit auf Netzebene	251
	12.4.3	Sicherheitspolitik		251
		12.4.3.1	Vorgehen zur Umsetzung eines Sicherheitskonzepts	251
		12.4.3.2	Aufstellen der Sicherheitspolitik	252
		12.4.3.3	Umsetzung	253
		12.4.3.4	Kontrolle	255

12.5 Zusammenfassung 255

13 Angriffe 257
13.1 Angreifer — Herr der Pakete 257
13.2 Umlenken von Datenströmen 259
    13.2.1 ARP Spoofing 259
    13.2.2 DNS Cache Poisoning 261
13.3 Denial of Service-Angriffe 265
    13.3.1 Smurf und Fraggle Angriffe 265
    13.3.2 TCP SYN Flooding 266
    13.3.3 Verteilte Denial of Service Angriffe . . . 267
    13.3.4 trin00 269
    13.3.5 Tribe Flood Network 2000 270
13.4 Ausnutzen von Vertrauensbeziehungen 272
13.5 Würmer und Trojanische Pferde 274
    13.5.1 Der Internet Worm 274
    13.5.2 Der Loveletter Wurm 277
    13.5.3 Trojanische Pferde und andere Hintertüren . . 278
13.6 Gegenmaßnahmen 279
13.7 Zusammenfassung und Ausblick 281

14 Sichere Kommunikationsprotokolle 283
14.1 IPSec 283
    14.1.1 Sicherheitsdienste 284
    14.1.2 Protokolle 285
    14.1.3 IPSec in Linux 290
    14.1.4 Manuelle Konfiguration in Linux . . . 291
    14.1.5 Automatische Konfiguration in Linux . . . 296
    14.1.6 Probleme beim Einsatz von IPSec . . . 302
14.2 Secure Socket Layer (SSL) 302
    14.2.1 Sicherheitsdienste 302
    14.2.2 Protokolle 303
    14.2.3 Zusammenfassung und Ausblick . . . 306
    14.2.4 SSL in Linux 306
14.3 Secure Shell (SSH) 307
    14.3.1 Sicherheitsdienste 307
    14.3.2 Protokolle 308
    14.3.3 SSH Programme und Einsatzmöglichkeiten . . 309
    14.3.4 Konfiguration und Einsatz von SSH in Linux . 309
14.4 Zusammenfassung und Bewertung 313

15 Firewalls 315
15.1 Eigenschaften von Firewalls 315

	15.1.1	Was ist eine Firewall?	316
	15.1.2	Funktionsumfang von Firewalls	316
	15.1.3	Typen von Firewall-Komponenten	317
15.2	Paketfilter		317
	15.2.1	Architektur	318
	15.2.2	Fuktionsumfang von Paketfilter	318
	15.2.3	Vor- und Nachteile von Paketfiltern	319
	15.2.4	Zentrale Komponente eines Paketfilters: Filterregeln	319
15.3	Proxy Server (Application Gateways)		321
	15.3.1	Architektur	321
	15.3.2	Warum Proxy Server?	322
	15.3.3	Funktionsweise eines Proxy Servers	322
	15.3.4	Vor- und Nachteile von Proxys	323
15.4	Bastion Hosts		324
	15.4.1	Grundlagen	324
	15.4.2	Spezielle Bastion Hosts	324
	15.4.3	Eigenschaften des Bastion Host	325
	15.4.4	Vorgehen beim Einrichten eines Bastion Hosts	325
15.5	Firewall-Konfigurationen		327
	15.5.1	Dual-Homed Host-Architektur	327
	15.5.2	Screened-Host-Architektur	328
	15.5.3	Screened Subnet-Architektur	329
	15.5.4	Variationen	330
	15.5.5	Interne Firewalls	331
15.6	Auswahl und Betrieb einer Firewall		332
15.7	Paketfilter unter Linux: `iptables`		333
	15.7.1	Architektur	333
	15.7.2	Aufrufkonventionen	334
15.8	SuSEFirewall2		343
	15.8.1	Manuelle Konfiguration	344
	15.8.2	Konfiguration mit YaST	347
15.9	Application Proxy Server unter Linux: Squid		348
	15.9.1	Funktionalität	348
	15.9.2	Konfiguration	348
	15.9.3	Zugriffskontrolle	350
	15.9.4	Squid als transparenter Proxy	354
15.10	Zusammenfassung		354

16 Virtual Private Networks (VPN) — 355

16.1	Einführung		355
16.2	Motivation für den Einsatz von VPNs		356
16.3	VPN-Architektur		357
	16.3.1	Typen von VPNs	357

XIII

16.3.2	Konfigurationen	358
16.4	VPNs unter Linux mit IPSec	359
16.5	VPNs unter Linux mit PPTP	360
16.5.1	Installation und Konfiguration des Servers	360
16.5.2	Installation und Konfiguration des Clients	363
16.5.3	PPTP und Firewalls	366

17 Sicherheitsüberprüfung und Alarmanlagen — 367

17.1	Programme zur Prüfung der Netzsicherheit	367
17.1.1	Funktionsweise von Netzwerkscannern	368
17.1.2	Fähigkeiten von Netzwerkscannern	368
17.2	Netzwerkscanner in Linux: Nessus	370
17.2.1	Installation von Nessus	371
17.2.2	Konfiguration	373
17.2.3	Testen von Rechnern	374
17.3	Intrusion Detection Systeme	378
17.3.1	Kategorien von Intrusion Detection Systemen	379
17.3.2	Techniken	379
17.4	Intrusion Detection System in Linux: Snort	380
17.4.1	Installation	380
17.4.2	Snort im Einsatz	381
17.4.3	Snort im NIDS Modus – Konfiguration	382
17.4.4	Regeln	383
17.4.5	Auswertung der Ergebnisse	385

IV Beispiele — 387

18 Einzelbenutzer über ISP ans Netz — 389

18.1	Grundkonfiguration und Einrichten der Hardware	390
18.2	Einrichten des DSL-Zugangs	391
18.3	Personal Firewall	393
18.4	Der erste Verbindungsaufbau	393

19 Kleines Home-Network — 397

19.1	Netzwerkplanung	398
19.2	Dial-on-Demand	399
19.3	Statische Netzwerkkonfiguration auf dem Router-PC	399
19.4	DHCP	400
19.5	File-Server	403
19.6	Firewall und Masquerading	404
19.7	Dynamisches DNS	406

20 Großes Corporate Network — 409

20.1 Netzwerkplanung 410
20.2 Anschluß der Hardware und Einrichtung von Routern und VPNs 412
20.3 Firewall 417
20.4 DNS 419
20.5 Web-Server 422
20.6 Mail-Server 423

Literaturhinweise **427**

V Anhang 429

A Abkürzungen und Akronyme 431

B Well-known Ports 435

Teil I

Grundlagen

Kapitel 1

Einführung

1.1 Motivation

Computernetze spielen in der Informationsverarbeitung und -übermittlung seit einiger Zeit eine immer größere Rolle. Heute kommt praktisch keine größere Organisation mehr ohne ihr eigenes Netzwerk aus, das die dezentral organisierten Rechner zu einem Verbund zusammenschließt. Hinzu kommt die ständig wachsende Bedeutung des Internets, dessen Faszination und Nutzen sich immer weniger Menschen entziehen können.

Nicht nur Unternehmen, sondern eine Vielzahl von Privatleuten nutzt heute bereits das Netz der Netze, und oftmals haben nicht nur Freaks sogar ein eigenes kleines Netzwerk zuhause, über das die Familie miteinander oder mit Freunden weltweit per E-Mail oder Videokonferenz kommuniziert. Und immer interessanter werden selbstverständlich auch die Entertainment-Möglichkeiten: Video-Streaming von Fußballspielen im Heim- oder Büronetzwerk, gemeinsame Spiele vieler Teilnehmer über das Netz; der Fantasie sind hier fast keine Grenzen gesetzt.

Zur Organisation solcher Netze wird in immer höherem Maße die Technik der *Intranets* eingesetzt. Bei einem Intranet handelt es sich im wesentlichen um ein Netzwerk, das auf der Basis der Internet-Protokolle TCP/IP arbeitet. Außerdem ist ein Intranet gewöhnlich an das weltweite Internet angebunden, aber auf eine Art und Weise, die den Datenaustausch zwischen Internet und Intranet einschränkt. Man könnte die Definition des Begriffs Intranet etwa auf die folgende Formel reduzieren: Intranet = Internet + Sicherheit.

Der Aufbau eines organisationsweiten Netzes als Intranet hat eine Reihe von Vorteilen:

- ❏ Die TCP/IP-Protokollfamilie ist seit ca. 30 Jahren erprobt und sehr stabil. Viele der bekannten Sicherheitslücken sind inzwischen geschlossen, so dass

1 Einführung

sich die Technik für sichere Kommunikation, wie sie in Intranets erforderlich ist, eignet.

- Da Internet und Intranet dieselben Protokolle verwenden, lassen sie sich problemlos miteinander verbinden. Die Kommunikation zwischen Partnern in unterschiedlichen Netzteilen funktioniert problemlos und sehr effizient, wenn sie gestattet ist. Es sind keine Protokollumsetzer (Gateways) erforderlich.
- Es gibt zahllose Anwendungen, die für das Internet entwickelt wurden und nun im Intranet eingesetzt werden können. Beispiele sind Web-Browser, Java-Anwendungen, Dateiübertrag (FTP), etc.
- TCP/IP-basierte Netze sind preiswert, da die Protokolle für alle gängigen Architekturen und Betriebssysteme zur Standardausstattung gehören.

Gleichzeitig mit dem Siegeszug des Internets begann der kometenhafte Aufstieg einer weiteren Technologie, nämlich des Betriebssystems Linux. Aus den Ursprüngen eines studentischen Projekts hat sich bis heute eine erstaunlich stabile und leistungsfähige Unix-Variante entwickelt, der nicht nur Akademiker eine strahlende Zukunft voraussagen. Im industriellen Bereich wird Linux zur Zeit als potentieller Hauptkonkurrent der Windows-Familie gesehen.

Linux hat gerade für kleinere Firmen und Organisationen, die sich mit der Frage des Aufbaus einer eigenen dezentralen Informationsinfrastruktur beschäftigen, einen gewissen Charme: einerseits kostet Linux fast nichts, da es unter dem Open-Source-Modell vertrieben wird, andererseits gibt es bei geringen Investitionen von unter 100 Euro schon sehr gut zusammengestellte Distributionen für den professionellen Bereich wie etwa die aktuelle (Frühjahr 2005) SuSE Linux Version 9.3, die nur noch wenige Wünsche offen lassen. Und auch der Support, bei kostenlosen Produkten oft ein Problem, ist typischerweise in Linux sehr gut: einerseits bietet das Internet über seine Linux-Newsgruppen Informationen zu allen Problemen und Fragestellungen, andererseits ist bei vielen Distributionen zumindest ein befristeter Support inklusive.

Als Unix-Variante hat Linux natürlich auch den kompletten TCP/IP-Protokollstack implementiert; bei guten Distributionen finden sich außerdem zahlreiche Anwendungen, mit denen eine Internet- bzw. Intranet-basierte Informationsverarbeitung aufgebaut werden kann. Damit ist Linux sicher eine sehr gute Wahl als Betriebssystem für die Rechner eines Intranets.

Dieses Buch möchte den Leser mit der Administration von Linux-Rechnern in einem TCP/IP-basierten Netzwerk vertraut machen. Dabei werden einige der hardwaretechnischen Fragen angeschnitten, insbesondere auch die Installation von Netzwerkkarten in einem PC, aber das Buch konzentriert sich doch im Wesentlichen auf Protokoll- und Softwareaspekte. Prinzipiell soll es dem Leser nach der Durcharbeitung des Buches möglich sein, ein eigenes Intranet mit Internetanbindung auf Basis von Linux zu realisieren. Dabei spielen insbesondere Sicherheitsaspekte eine große Rolle, die in der zweiten Hälfte des Buches detailliert besprochen werden. Um das Vorgehen bei den verschiedenen zu bewältigenden Aufgaben so anschaulich wie möglich zu machen, werden alle eingeführten Konzepte an verschiedenen Beispielen am Ende des Buches erläutert. Diese Beispiele versuchen vor allem, auf unterschiedliche Situationen und Netzwerkkonfigurationen einzugehen, so dass für jeden Leser etwas Passendes dabei sein sollte.

1.2 Aufbau des Buches

Das Buch besteht entsprechend der Zielsetzung aus vier Hauptteilen. Im ersten Teil werden die wichtigsten Grundlagen gelegt, die zum Verständnis der beiden anderen Teile notwendig bzw. einfach interessant sind. Nach dieser kurzen Einführung beschäftigt sich Kapitel 2 mit Geschichte, Entwicklung und Grundprinzipien des Internets. Aufgabe von Kapitel 3 ist die Einführung in den grundlegenden Aufbau von Netzwerken auf der Basis so genannter Referenzmodelle, die sich im Netzwerkbereich als Schichtmodelle darstellen. Der Leser wird mit den einzelnen Schichten des Internet und deren Zusammenspiel vertraut gemacht. Kapitel 4 gibt dann einen kurzen Überblick über Geschichte und Aufbau des Betriebssystems Linux, das ja neben Computernetzen im Mittelpunkt dieses Buches steht.

Der zweite Teil beschäftigt sich allgemein mit der Internet-Technologie, wobei wir uns von unten nach oben durch das Schichtenmodell durcharbeiten. Entsprechend beginnen wir in Kapitel 5 mit den physikalischen Netzwerktechnologien. Dabei stehen die heute gebräuchlichsten Technologien für lokale Netze wie Ethernet und Wireless LAN im Vordergrund, aber auch die Anbindung an ein Weitverkehrsnetz wird besprochen. Kapitel 6 geht noch einmal kurz auf die Schichtenstruktur des Internetmodells ein, bevor es detailliert die TCP/IP-Protokolle der Schichten 3 und 4 erläutert. Neben den beiden tragenden Säulen des TCP- bzw. IP-Protokolls betrachten wir auch das Management-Protokoll ICMP. Eine Diskussion über IP-Adressen, ihre Verwendung im Routing, Nutzung privater IP-Adressen im lokalen Netz und ein Ausblick auf die Zukunft von IP runden das Kapitel ab.

Ein eigenes Kapitel widmet sich dann der Frage, wie IP-Adressen in einem Netzwerk vergeben werden. In vielen Netzen lautet heute die Antwort darauf nicht mehr statische Adressenvergabe, sondern Verwendung von DHCP. Die Funktionsweise dieses Protokolls bzw. die Konfiguration der entsprechenden Software ist Thema von Kapitel 8. Kapitel 9 schließt dann die Diskussion dieser noch sehr anwendungsfernen Technologien ab, indem es im Detail auf die vorherrschende Kommunikationsform zwischen Rechnern im Internet eingeht, nämlich auf das Client-Server-Modell. Es wird beschrieben, wie diese Kommunikation grundsätzlich funktioniert und wie auf der Basis der im vorangegangenen Kapitel eingeführten Protokolle eigene Dienste und Client-Server-Anwendungen entwickelt werden können. Wir haben damit die Schnittstelle zwischen dem so genannten *Transportsystem* und den eher anwendungsorientierten Protokollen und Diensten erreicht.

Letztere betrachten wir in den nun noch folgenden drei Kapiteln des zweiten Teils. Wir beginnen in Kapitel 10 mit dem Zugriff auf entfernte Ressourcen. Dabei gehen wir besonders auf den Zugriff auf Datei-Server ein, der entweder transparent über Systeme wie Samba oder NFS erfolgen oder explizit mittels FTP durchgeführt werden kann. Andere Ressourcen, die im Netz eine Rolle spielen, sind Drucker; auch hierfür werden wir Lösungen vorstellen.

Schließlich kann man auch die komplette Kontrolle über die Ein- und Ausgabe eines Rechners übernehmen. Die hierzu vorgestellte Lösung sind VNC und RDP. Kapitel 11 behandelt die wichtigsten im Internet schon verfügbaren Standard-Dienste, die ja auch den großen Erfolg dieses Netzes ausmachen. Es sind dies E-Mail, WWW und Network News. Zum Ende des zweiten Teils wird mit DNS der Name Service des Internet und damit ein wichtiger Dienst zur Erhöhung der Benutzerfreundlichkeit eingeführt. Mit seiner Hilfe ist es möglich, symbolische Namen wie `www.millin.de` statt der etwas kryptischen eigentlichen Internet-Adressen zu benutzen.

Nach diesem zweiten Teil sollte klar sein, wie das Internet prinzipiell funktioniert und insbesondere, wie Rechner für die Benutzung im Internet konfiguriert werden. Daher beschäftigt sich der dritte Teil mit Sicherheitsfragen, die entstehen, wenn ein organisationsweites Netz, das auf der Basis der Internet-Protokolle läuft, an das weltweite Internet angeschlossen wird. Dazu beginnt Kapitel 12 mit einer Analyse möglicher Sicherheitsrisiken, die sich durch die Anbindung des Netzwerks einer Organisation an das Internet ergeben. Konkreter wird Kapitel 13, das detailliert auf typische Angriffe eingeht, denen Rechner im Internet ausgesetzt sein können bzw. es in der Vergangenheit waren. Die meisten dieser Angriffe werden heute durch bessere Implementierungen vermieden, aber trotzdem ist es interessant, die möglichen Sicherheitslücken zu kennen und zu wissen, wie sie ausgenutzt werden können.

Die vier abschließenden Kapitel gehen auf mögliche Lösungen der Sicherheitsproblematik ein. Zunächst betrachten wir die Grundlage vieler Sicherheitslösungen im Kommunikationsbereich, die sicheren Protokolle. Hier hat sich rund um Secure Socket Layer (SSL) eine breite Palette von Lösungen entwickelt, die Thema von Kapitel 14 sind. In Kapitel 15 wird mit Firewalls das zentrale Mittel zur Absicherung eines internen Netzes gegen unbefugte Zugriffe aus dem Internet diskutiert. Als dritte heute sehr gängige Lösung betrachten wir dann in Kapitel 16 die so genannten virtuellen privaten Netze (VPNs). Schließlich muss es noch

Möglichkeiten geben, die Effektivität all dieser Maßnahmen zu beurteilen. Einige der für diesen Zweck verfügbaren Werkzeuge stellen wir in Kapitel 17 vor.

Wie versprochen werden im vierten Teil insgesamt drei Beispielkonfigurationen in je einem Kapitel präsentiert. Kapitel 18 beginnt mit der denkbar einfachsten Variante: ein einzelner Benutzer möchte seinen Rechner ans Internet anschließen. Kapitel 19 geht einen Schritt weiter und stellt eine sinnvolle Konfiguration zum Anschluss eines kleinen Heimnetzwerkes ans Internet vor. Zum Abschluss des Buches geht Kapitel 20 dann auf die Möglichkeiten zur Einrichtung eines großen Firmennetzwerkes ein. Damit sollten alle wesentlichen Szenarien abgedeckt sein, so dass sich jeder Leser die auf die eigene Situation passenden Ratschläge leicht zusammenstellen kann.

Kapitel 2

Geschichte, Entwicklung und Aufbau des Internet

2.1 Entstehungsgeschichte

Gegen Ende der sechziger Jahre, als der „kalte Krieg" seinen Höhepunkt erreichte, wurde vom US-Verteidigungsministerium (Department of Defence - DoD) eine Netzwerktechnologie gefordert, die in einem hohen Maß gegenüber Ausfällen sicher ist.

Wichtigste Anforderung an das neue Netz war, dass es in der Lage sein sollte, auch im Falle eines Atomkrieges weiter zu operieren.

Eine leitungsvermittelte Datenübermittlung über Telefonleitungen war zu diesem Zweck nicht geeignet, da diese gegenüber Ausfällen zu verletzlich sind. Wird eine solche Leitung zerstört, ist die Kommunikationsverbindung verloren.

Aus diesem Grund beauftragte das US-Verteidigungsministerium die *Advanced Research Projects Agency (ARPA)* mit der Entwicklung einer zuverlässigen Netztechnologie. Die ARPA ist selbst keine Organisation, die Wissenschaftler und Forscher beschäftigte, sondern verteilt Aufträge an Universitäten und Forschungsinstitute. Dementsprechend entstand das Internet im universitären Umfeld.

Die geforderte Zuverlässigkeit des Netzes wurde erreicht, indem das Prinzip der *Paketvermittlung* (Packet Switching) eingesetzt wurde. Bei der Paketvermittlung werden zwei Partner während der Kommunikation nur virtuell miteinander verbunden. Die zu übertragenden Daten werden vom Absender in kleine Stücke zerlegt; diese Stücke werden dann völlig unabhängig voneinander übertragen. Der Empfänger muss die Stücke nach dem Eintreffen wieder zusammensetzen. Der große Vorteil dieser unabhängigen Übertragung der Stücke (der sog. Pakete) ist, dass sie sich ihren eigenen Weg durch das Netz suchen können. Wird beispielsweise eine Verbindung zwischen zwei Paketvermittlungsrechnern zerstört, dann werden die Pakete einfach über eine andere, noch funktionstüchtige Leitung gesendet. Voraussetzung ist natürlich, dass es zwischen je zwei Rechnern mehrere Verbindungen gibt.

Ende 1969 wurde von der University of California Los Angeles (UCLA), der University of California Santa Barbara (UCSB), dem Stanford Research Institute (SRI) und der University of Utah ein experimentelles Netz, das *ARPANET*, mit vier Knoten in Betrieb genommen. Das ARPA-Netz wuchs mit der Zeit rasant und überspannte bald ein großes Gebiet der USA.

Je größer das ARPANET wurde, desto offensichtlicher wurde, dass die bis dahin verwendeten Kommunikationsprotokolle für ein so großes Netz nur noch bedingt tauglich waren. Ein Grund dafür war auch die Notwendigkeit, das Netz schließlich in kleinere Teilnetze aufzuteilen, um eine effiziente Verwaltung und Kommunikation zu ermöglichen. Dafür waren die existierenden Protokolle jedoch nicht ausgelegt. Aus diesem Grund wurden schließlich in weiteren Forschungsarbeiten die *TCP/IP-Protokolle* bzw. das TCP/IP-Modell entwickelt.

TCP/IP wurde mit der expliziten Zielsetzung entwickelt, mehrere verschiedenartige Netze zur Datenübertragung miteinander zu verbinden. Um die Einbindung der TCP/IP-Protokolle in das ARPANET zu forcieren, wurden die Firma Bolt, Beranek & Newman (BBN) und die University of California at Berkeley zur Integration von TCP/IP in Berkeley Unix beauftragt. Dies bildete dann auch den Grundstein des Erfolges von TCP/IP in der Unix-Welt.

Im Jahr 1983 wurde das ARPANET schließlich aufgeteilt. Der militärische Teil des ARPANET wurde in ein separates Teilnetz, das MILNET, abgetrennt, das durch streng kontrollierte Gateways vom Rest des ARPANET – dem Forschungsteil – separiert wurde.

Nachdem TCP/IP das einzige offizielle Protokoll des ARPANET wurde, nahm die Zahl der angeschlossenen Netze und Hosts rapide zu, denn nun war es eine einigermaßen sichere Investition, TCP/IP-Implementierungen zu erstellen.

Die Sammlung von Netzen, die das ARPANET darstellte, wurde zunehmend als Netzverbund betrachtet. Dieser Netzverbund wird heute allgemein als das *Internet* bezeichnet. Was alle diese Teilnetze gemeinsam haben, ist die Tatsache, dass sie die TCP/IP-Protokolle einsetzen.

Seit den 90er Jahren wandelt sich das Internet immer mehr vom einstigen Forschungsnetz zu einem kommerziellen Netzwerk, das vor allem bei weltweit operierenden Firmen immer größeres Interesse findet.

Neue Begriffe haben dementsprechend ihren Eingang in die Netzwelt gefunden, wie z. B. Electronic Commerce, der durch die Offenheit des Internets globalen Handel zwischen Unternehmen, aber auch Individuen ermöglicht. Internet Service Providers (ISPs) spielen eine zentrale Rolle bei der Anbindung neuer Teilnetze oder auch nur einzelner Rechner an den globalen Netzverbund. Es ist heute ein Kinderspiel, sein Netz oder seinen Rechner mit dem globalen Internet zu verbinden.

2.2 Größenentwicklung

Das Internet wächst in seiner Größe seit Jahren dramatisch an. Jedes Jahr kommen unzählige neue Rechner und Domänen hinzu. Daran konnte auch das Platzen der so genannten „Dotcom-Blase" nichts ändern, das zu Beginn dieses Jahrtausends zahllose neue Firmen in den Abgrund riss und die Euphorie rund um das Internet deutlich bremste.

Einerseits ist das gut, denn um so mehr Menschen können die Vorteile der globalen Kommunikation nutzen. Andererseits wirft das ungebremste Wachstum jedoch auch Probleme auf. Beispielsweise werden langsam die Internet-Adressen knapp, also die Adressen für Rechner im Netz[1].

Abbildung 2.1 zeigt die Größenentwicklung des Internet grafisch auf (Stand: April 2004). Jeweils aktuelle Zahlen werden unter http://www.nw.com/ veröffentlicht.

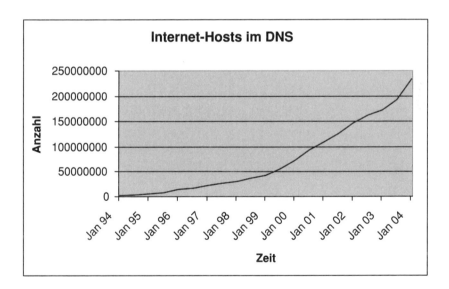

Abbildung 2.1: Entwicklung des Internets

---

[1]Dieses Buch stellt vor allem im Kapitel 6 einige Mittel vor, mit denen versucht wird, diesem Problem abzuhelfen.

2.3 Aufbau des Internet

Wie schon gesagt, ist das Internet im Wesentlichen ein Konglomerat von Teilnetzen, die alle zumindest auf den TCP/IP-Protokollen beruhen. Die verbundenen Netze selbst können dabei ganz unterschiedlicher Natur sein; so findet man im Internet sowohl Weit- wie auch Nahverkehrsnetze, Ethernets, Frame Relay, X.25, Token Ring, WLAN etc. Schauen wir uns an, wodurch dieses Netz eigentlich vor allem zusammen gehalten wird.

2.3.1 Gemeinsames Adressierungsschema

Um alle diese Netze verbinden zu können (in anderen Worten: damit jeder Rechner mit jedem anderen Rechner des Internets kommunizieren kann), besitzt das Internet ein einheitliches *Adressierungsschema*. Jeder Rechner im Netz besitzt eine weltweit eindeutige Adresse, unter der er erreichbar ist. Abbildung 2.2 zeigt ein Internet bestehend aus drei Subnetzen, von denen jedes seine eigene Adressen hat, die jedoch alle eindeutig sind[2]. Der genaue Aufbau solcher Adressen ist Thema von Kapitel 3 bzw. Abschnitt 6.1.3. Grob gesagt hat jedes der Subnetze des Internet eine eigene Netzwerkadresse, und innerhalb dieses Adressraumes besitzt jeder Rechner des Netzes dann wieder seine eigene Unter-Adresse. Zusammen wird die Kombination aus Netz- und Rechneradresse im Internet als *IP-Adresse* bezeichnet, da sie dem IP-Protokoll zur Adressierung dient.

Um also eine Nachricht an einen bestimmten Rechner im Internet schicken zu können, muss dem Sender eine der IP-Adressen dieses Rechners bekannt sein.

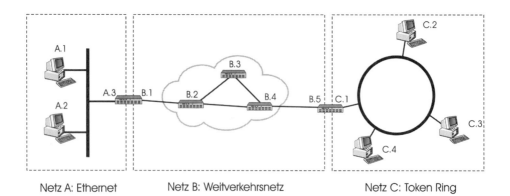

Abbildung 2.2: Internet, aus drei Subnetzen bestehend

---

[2]Die Adressen sind hier sehr vereinfacht dargestellt und entsprechen nur schematisch dem Aussehen wirklicher Netzwerkadressen.

Innerhalb des IP-Protokolls werden dann *Routing-Protokolle* eingesetzt, um die Vermittlung eines Pakets vom Quell- zum Zielrechner zu bewerkstelligen.

Computer können zwar sehr gut mit solchen Adressen umgehen, Menschen haben jedoch meist Schwierigkeiten, sich solche eher nichtssagenden und für die maschinelle Verarbeitung optimierten Zahlenketten zu merken. Daher wurde parallel zu der IP-Adressnotation eine ebenfalls hierarchisch aufgebaute Namensnotation festgelegt. Ein Rechnername ist dabei wie die IP-Adresse nach einer Punktnotation aufgebaut, allerdings stehen zwischen den Punkten keine Zahlen, sondern Namen. Generell sieht ein solcher Rechnername etwa folgendermaßen aus:

```
lokalerName.Unter-Organisation.Organsiation.Land
```

Ein typisches Beispiel hierfür wäre der Rechner www.suse.de. An diesem Beispiel ist zu sehen, dass nicht immer alle Komponenten verwendet werden müssen. Symbolische Namen aus drei oder vier Komponenten sind typisch.

Die Zuordnung eines solchen Rechnernamens zu seiner tatsächlichen IP-Adresse geschieht im Internet durch lokale Netzdatenbanken und den übergeordneten *Domain Name System* (DNS, s. Kapitel 7).

Heute hat sich die Erkenntnis weitgehend durchgesetzt, dass der Einsatz von TCP/IP-Netzen eine Reihe von Vorteilen bringt, z. B. die Robustheit und die Interoperabilität mit anderen Netzwerken, die auf der gleichen Technologie basieren (also dem Internet oder den Netzen von Partnerunternehmen). Andererseits möchte sich nicht jede Organisation völlig ungeschützt dem Internet anschließen. Als Konsequenz daraus entstanden die sogenannten *Intranets*, also organisationsweite Netze, die auf der TCP/IP-Technologie basieren und zumeist auf eine mehr oder weniger restriktive Weise mit dem Internet verbunden sind. Gefahren im Internet und der Schutz davor sind Thema der Kapitel 12 bis 17.

2.3.2 Client-Server-Modell

Wie funktioniert nun grundsätzlich die Kommunikation zwischen zwei Partnern im Internet, d. h., wie kommen die beiden in Kontakt und wir tauschen sie Daten aus?

Das *Client-Server-Modell* ist **das** Kommunikationsmodell des Internets. Dieses Modell geht von zwei Kommunikationspartnern aus, von denen einer etwas anzubieten hat, was der andere nutzen möchte. Man spricht auch von einem *Dienst*, der von einem *Server* angeboten und von einem *Client* genutzt wird.

Server im Internet

Der *Server* ist diejenige Komponente, die im Netz etwas anbietet. Typische Angebote können z.B. sein:

- ❏ Zugriff auf einen Dateispeicher
- ❏ Zugriff auf eine Datenbank
- ❏ Verteilung und Entgegennahme von E-Mail
- ❏ Zugriff auf Web-Seiten
- ❏ Aufbau eines Kommunikationskanals zum „Chatten"

Wenn ein Server ein solches Angebot bereit hält, dann wartet er gewöhnlich darauf, dass ein Client es nutzt. Kapitel 9 geht genauer darauf ein, wie ein Server den Kontakt zum Client vorbereitet.

Client-Zugriff auf Server

Der *Client* ist dann derjenige, der dieses Angebot nutzen möchte. Er muss zunächst den Server lokalisieren, danach eine Verbindung zu ihm aufbauen und schließlich Daten austauschen.

Dienste im Internet

Im Internet gibt es zwei verschiedene Arten von *Diensten*, die von Internet-Servern angeboten werden:

- ❏ standardisierte Dienste wie z. B. FTP, E-Mail, NFS, WWW
- ❏ individuell von Organisationen oder Einzelpersonen angebotene Dienste, die einen ganz speziellen Zweck erfüllen, der sich nicht durch Standarddienste erbringen lässt

Die standardisierten Dienste sind eine wichtige Grundlage für den heutigen Erfolg und die breite Nutzung des Internet. Sie werden ausführlich im zweiten Teil dieses Buches besprochen. Zur optimalen Nutzung der Fähigkeiten des Netzes kann es jedoch auch nötig sein, eigene Dienste zu entwickeln. Wie das geht, erläutert Kapitel 9 ein.

Kapitel 3

Das Internet-Referenzmodell

Netzwerke sind heute sehr stark Software-orientiert. Das bedeutet, dass sie flexibel an ihre jeweiligen Aufgaben angepasst werden können. Gleichzeitig sind die Aufgaben eines Netzes immer komplexer geworden, vor allem, weil verschiedene Netze miteinander verbunden werden müssen und sich die Zahl und Anforderungen von Anwendungen ständig erhöhen.

Aufgrund dieser steigenden Komplexität versucht man, die einzelnen Aufgaben innerhalb des Netzes in Gruppen zusammenzufasssen, diese als ein Bündel zu modellieren und dann zu implementieren. Im Netzwerkbereich sind diese Bündel als übereinanderliegende Schichten organisiert. Das Gesamtmodell wird dann auch als Schichtenmodell bezeichnet.

Dieser Abschnitt gibt zunächst eine Einführung in den generellen Aufbau von Schichtenmodellen für Netzwerke um dann speziell auf die beiden bekanntesten Vertreter, nämlich das OSI- und Internet-Modell einzugehen. Schließlich werden die vier Schichten des Internet-Modells detailliert beschrieben.

3.1 Schichtenmodelle für die Netzwerkkommunikation

3.1.1 Architektur

Es wurde bereits festgestellt, dass sämtliche Funktionen einer Netzwerkarchitektur typischerweise in Schichten organisiert sind. Dabei sind die unteren Schichten jeweils für die eigentliche Datenübertragung (elektrische Signale auf der Leitung, gesicherte Kommunikation, Verbindung von Netzwerken) verantwortlich, während die höheren Schichten anwendungsbezogene Aufgaben bearbeiten (Zugriff auf entfernte Dateien, E-Mail-Austausch etc.).

3 Das Internet-Referenzmodell

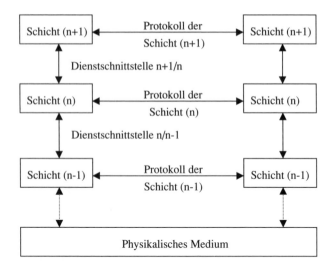

Abbildung 3.1: Schichteninstanzen, Dienste und Protokolle

Das Hauptprinzip des Schichtenmodells ist es, dass eine Schicht jeweils die Funktionalität der darunterliegenden Schicht nutzt, um eine eigene, erweiterte Funktionalität zu erbringen, die sie dann der darüberliegenden Schicht zur Verfügung stellt. Zu diesem Zweck muss sie typischerweise mit anderen Instanzen derselben Schicht, aber auf anderen Rechnern kommunizieren.

Damit ergeben sich zwei zentrale Begriffe in Schichtenmodellen:

- ❏ Die Kommunikation zwischen zwei Schichten in der *gleichen* Ebene auf unterschiedlichen Rechnern wird durch genau festgesetzte Regeln festgelegt. Diese Regeln werden als *Protokoll* bezeichnet.
- ❏ Das Angebot einer Schicht $(n-1)$, das einer Schicht n zur Verfügung steht, wird als *Dienst* bezeichnet. Dementsprechend heißt die Schnittstelle zwischen zwei Schichten auch *Dienstschnittstelle*.

Abbildung 3.1 zeigt die Beziehung zwischen Schichteninstanzen, Diensten und Protokollen.

3.1.2 Datenfluss im Schichtenmodell

Protokollkommunikation findet nie direkt, sondern immer über Dienste statt. Auf der untersten Ebene gibt es ein physikalisches Medium, das die eigentlichen elektrischen oder optischen Signale austauscht.

Ein von einer Anwendung abgeschicktes Datenpaket durchläuft daher immer zuerst sämtliche Schichten des eigenen Rechners von oben nach unten, wird dann

3.1 Schichtenmodelle für die Netzwerkkommunikation

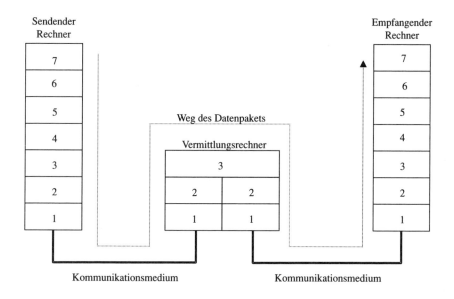

Abbildung 3.2: Weg eines Datenpakets

auf das physikalische Medium gegeben, durchläuft möglicherweise andere Rechner innerhalb des Netzes (sog. Vermittlungsrechner), um schließlich auf dem Endsystem des Kommunikationspartners einzutreffen. Dort durchläuft es wieder sämtliche Schichten, diesmal von unten nach oben, bis es schließlich bei der Anwendung eintrifft. Abbildung 3.2 zeigt diesen Ablauf für ein Paket, das von einem sendenden Rechner über einen Vermittlungsrechner zu einem empfangenden Rechner geleitet wird.

3.1.3 Behandlung des Pakets während der Übertragung

Jede einzelne Schicht fügt während des Weiterleitens weitere Daten zum Paket hinzu. Dies sind die Protokollinformationen, die von der Partnerinstanz auf der anderen Seite des Kommunikationskanals von dem Paket wieder abgelöst und ausgewertet werden.

Die zusätzlich angefügten Informationen werden als *Protokoll-Header* oder *Protokoll-Trailer* bezeichnet, je nachdem, ob sie am Anfang oder am Ende zum Paket zugefügt werden. Für Header wird im Deutschen auch der Begriff „Paketkopf" benutzt.

Das so erweiterte Paket wird dann an die nächste Schicht weitergereicht. Für diese sind die kompletten Inhalte des Pakets transparent, d. h., sie werden im Prinzip einfach als zu übertragende Daten behandelt.

3 Das Internet-Referenzmodell

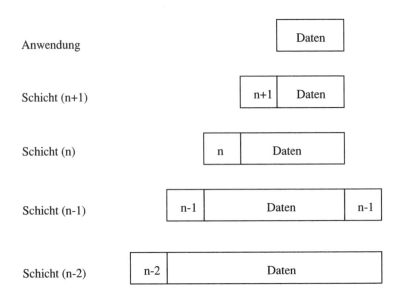

Abbildung 3.3: Typische Entwicklung eines Datenpakets

In Abbildung 3.3 ist die typische Entwicklung eines Datenpakets während des Weges durch die Schichten zum Medium zu sehen. Auf der Anwendungsebene gibt es zunächst nur die reinen Daten, also das, was tatsächlich von einem Kommunikationspartner zum anderen geschickt werden soll. Dieser Anteil wird auch als *Payload* bezeichnet, denn das ist der Anteil der übertragenen Informationen, für die die Benutzer normalerweise zu zahlen bereit sind.

Auf den weiteren Ebenen nach der Anwendungsschicht kommen nun sukzessive Protokollinformationen hinzu, die zwar für die Kommunikation notwendig sind, aber prinzipiell keinen weiteren Nutzen für die Kommunikationspartner haben. Deswegen wird dieser Anteil oft auch als *Overhead* bezeichnet. Ein wichtiges Ziel von Protokollimplementierungen ist es, den Overhead möglichst klein zu halten.

Betrachtet man eine E-Mail-Anwendung als Beispiel, dann besteht die eigentliche Payload nur aus dem Text der E-Mail selbst sowie möglicherweise noch Dateien, die als Attachments mitgeschickt werden. Schon die E-Mail-Adresse des Adressaten ist Overhead.

3.2 Das ISO/OSI-Schichtenmodell

Das immer noch bekannteste Schichtenmodell ist das *ISO/OSI-Referenzmodell* für offene Systeme. In diesem Modell wird ein Kommunikationssystem in sieben

3.2 Das ISO/OSI-Schichtenmodell

7	Anwendungsschicht (application layer)
6	Darstellungsschicht (presentation layer)
5	Kommunikationssteuerungsschicht (session layer)
4	Transportschicht (transport layer)
3	Vermittlungsschicht (network layer)
2	Sicherungsschicht (data link layer)
1	Bitübertragungsschicht (physical layer)

Abbildung 3.4: ISO/OSI"=Referenzmodell

Schichten eingeteilt. Abbildung 3.4 zeigt die verwendeten Schichten. Die Schichten des OSI-Modells haben die folgenden Aufgaben:

❏ Die Aufgabe der *Bitübertragungsschicht* besteht in der Übertragung der Bits, die Schicht 2 an sie übergibt, über ein Medium (Kabel, Funkstrecke, etc.) zu einem anderen Rechner. Hierbei geht es hauptsächlich darum, wie die Bits auf der Leitung kodiert werden, aber auch Normung von Steckern und Bedeutung der einzelnen Signalleitungen.

❏ Die *Sicherungsschicht* sorgt dafür, dass etwaige Bitübertragungsfehler zwischen zwei Rechnern erkannt und behoben werden. Mit den Lösungen dieser Schicht (man bezeichnet sie auch als *Dienste* einer Schicht) ist es möglich, zwei *direkt* benachbarte, d. h., physikalisch miteinander verbundene Computer kommunizieren zu lassen. Das Beheben von Bitfehlern kann durch vorausschauende Fehlerkorrektur (man sendet redundante Daten mit, die zur Korrektur eingesetzt werden) oder durch erneutes Senden der fehlerhaften Pakete erfolgen.

❏ Die *Vermittlungsschicht* sorgt nun dafür, dass *alle* Rechner, die auch indirekt (d. h. nicht als direkte Nachbarn) verbunden sind, miteinander kommunizieren können. Sie benutzt dazu die von der Sicherungsschicht bereitgestellten direkten physikalischen Verbindungen zwischen den Rechnern, die auf dem Weg von der Quelle zum Ziel liegen. Eine wesentliche Aufgabe besteht darin, die richtigen direkten Verbindungen auszuwählen und sie zu einer längeren Verbindung zusammenzusetzen, um dann den eigentlichen Zielrechner zu erreichen. Dies bezeichnet man als *Wegewahl* oder *Routing*.

❏ Nachdem mit Schicht 3 eine Verbindung zwischen zwei beliebigen vernetzten Rechnern hergestellt worden ist, sorgt die *Transportschicht* für die Verbindung zweier *Anwendungsprozesse* miteinander, von denen jeweils einer auf einem der verbundenen Rechnern läuft. Inzwischen gibt es auch sog. Multicast-Protokolle, die mehr als zwei Prozesse miteinander verbinden.

Die oberen drei Schichten können zum Anwendungsprozess gerechnet werden. In den meisten anderen Schichtenmodellen werden sie auch zu einer Schicht zusammengefasst.

- Die *Kommunikationssteuerungsschicht* strukturiert die Kommunikation zwischen Prozessen. Durch das Einfügen von sogenannten *Synchronisationspunkten* kann die Kommunikation bei einem auftretenden Fehler auf einen beiden Prozessen bekannten, sicheren Zustand zurückgesetzt werden. Von hier aus kann dann versucht werden, den fehlerhaften Teil erneut auszuführen. Die Schicht wird nur selten eingesetzt, da die zur Verfügung gestellte Funktionalität meist von der Anwendung erbracht wird.

- Die *Darstellungsschicht* sorgt für eine Kodierung der Anwendungsdaten in ein allgemein lesbares Format. Dies ist nötig, da das lokale Datenformat einer Anwendung auf einem Rechner *A* ganz anders aussehen kann als das Format der Partneranwendung auf Rechner *B*. Gründe für diese Unterschiede liegen in der Verwendung unterschiedlicher Programmiersprachen, verschiedener Bytelängen für Integer-Variablen, verschiedener Codes wie ASCII oder EBCDIC etc. Durch die Verwendung eines allgemein bekannten Formats kann jeder Anwendungsprozess die Daten von jedem anderen Prozess lesen, der dieselben Datenstrukturen verwendet.

- Die *Anwendungsschicht* schließlich stellt einige häufig verwendete Kommunikationsdienste, wie z. B. Dateiübertragung, entfernten Prozeduraufruf etc. zur Verfügung.

Betrachtet man nun noch einmal die Frage von Dienst und Protokoll an einem Beispiel, dann tauschen z. B. zwei Instanzen der Sicherungsschicht Protokollinformationen aus, um eine sichere Übertragung zu gewährleisten. Basierend auf diesem von der Sicherungsschicht erbrachten Dienst „sichere Übertragung" kann dann die Vermittlungsschicht ihren eigenen Dienst implementieren, nämlich die Verbindung zwischen Rechnern im Netz.

Es sollte festgehalten werden, dass diese Einteilung in Schichten rein konzeptionell ist, d. h. die *Implementierung* eines solchen Systems muss sich nicht an diese Unterteilung halten. Die meisten Implementierungen tun dies auch nicht, da das viel zu ineffizient wäre. Das Modell ist aber hervorragend dazu geeignet, die bei der Rechnerkommunikation auftretenden Probleme zu veranschaulichen und vor allem einer getrennten und damit weniger komplexen Behandlung zuzuführen.

Wegen seiner recht hohen Komplexität, die sich durch den hohen Grad an Allgemeingültigkeit ergibt, hat das ISO-Referenzmodell in den letzten Jahren an Bedeutung verloren. Viel populärer ist das im folgenden beschriebene Modell der TCP/IP-Protokollsuite geworden, auf dem alle Unix/Linux-Netze basieren und das damit das zentrale Thema dieses Buches ist.

3.3 Schichtenmodell des Internet

3.3.1 Architektur

Das Schichtenmodell des Internets kommt mit 4 Schichten aus. Im Wesentlichen werden die aus dem OSI-Modell bekannten drei obersten Schichten zur *Anwendungsschicht* zusammengefasst und die beiden unteren Schichten zur *Netzzugangsschicht*. Dies visualisiert Abbildung 3.5, in der die beiden Modelle miteinander verglichen und außerdem die wichtigsten Protokolle dargestellt werden, die in jeder Schicht des Internet-Modells vorhanden sind.

Auf den folgenden Seiten werden die Schichten im Detail besprochen.

	OSI-Schicht	TCP/IP-Schicht	TCP/IP-Protokolle						
7	Anwendung	Anwendung							NFS
6	Darstellung		Telnet	FTP	SMTP	DNS	SNMP		XDR
5	Komm.-Steuer.								RPC
4	Transport	Transport	TCP				UDP		
3	Vermittlung	Internet	IP		ICMP		ARP		RARP
2	Sicherung	Netzzugang	Ethernet	Tokenring	FDDI	X.25	ATM	SLIP	PPP
1	Bitübertragung								

Abbildung 3.5: ISO-OSI- und TCP/IP-Referenzmodell im Vergleich

3.3.2 Netzzugangsschicht

TCP/IP ist auch deshalb so populär, weil es auf verschiedensten Netzarchitekturen für WANs, MANs und LANs läuft:

❑ *Ethernet* ist sicherlich in der Büroautomation das populärste Netzwerk. Ursprünglich für eine Übertragungsrate von 10 MBit/s konzipiert, sind heute 100 MBit/s Standard. Auch das Gigabit Ethernet ist bereits verfügbar. Die großen Vorteile in der weiten Verbreitung des Ethernet liegen in den geringen Kosten der Hardwareausstattung – eine Ethernet-Karte kostet oft gerade mal noch 20 Euro – sowie in der breiten Verfügbarkeit von Treibern.

❑ Der *Token Bus* wird vor allem in der computergestützten Fertigung eingesetzt.

❑ Der *Token Ring*, eine Entwicklung der IBM, galt lange Zeit als dem Ethernet überlegen. Aber wie in vielen anderen Bereichen setzt sich nicht immer die bessere Technologie durch. Heute wird die Technik nicht mehr weiterentwickelt.

- Massiv auf dem Vormarsch befinden sich lokale *drahtlose* Netze wie Wireless LAN oder Bluetooth. Gerade Wireless LAN spielt bei der Vernetzung zu Hause und beim mobilen Zugriff auf Unternehmensinformationen über *Hot Spots* inzwischen eine sehr wichtige Rolle.
- Wide Area Networks (WANs), wie ISDN, ATM, Frame Relay, das Mobilfunknetz GSM, das neue UMTS-Netz etc. stellen eine wichtige Grundlage für die Anbindung eines lokalen Netzes an das globale Internet dar. Im Prinzip ist das Internet eine Sammlung von lokalen Netzen, die über verschiedene Weitverkehrsnetze miteinander verbunden sind. So wird auch in einem lokalen Netz oft mindestens ein Rechner stehen, der nicht nur eine Ethernet-Karte, sondern z. B. auch einen ISDN-Adapter enthält.
- Ebenfalls nicht unerwähnt dürfen Zugangsnetztechnologien wie DSL bleiben. DSL hat sich im Home-Bereich heute schon auf breiter Front durchgesetzt, und natürlich werden wir in diesem Buch auf die Verwendung dieser Technologie eingehen.

Es existieren zudem diverse Lösungen für die Übertragung des IP-Protokolls über ganz normale Telefonwählleitungen, die sich dann besonders für die Anbindung eines einzelnen Rechners eignen. Es sind vor allem das Point-to-Point-Protokoll (PPP) und seine Variante PPP over Ethernet (PPPoE) sowie Serial-Line IP (SLIP) zu nennen.

Dieses Buch geht daher auch auf die Netzzugangsschicht ein. Es wird zwar nicht im Detail beschrieben, wie z. B. genau eine Ethernet-Karte auf der elektrischen Ebene funktioniert. Wichtig zu wissen ist jedoch, dass zu einer Hardware-Karte immer ein Software-Treiber gehört, der für die korrekte Anbindung an die übrige Software des Systems sorgt. Wie später noch zu sehen sein wird, bindet Linux die richtigen Treiber für sämtliche Hardwarekomponenten automatisch ein – zumindest, soweit sie vorhanden sind.

3.3.3 Internetschicht

Die Internet-Schicht sorgt für die Verbindung zwischen einzelnen Hosts im Netz *über die Grenzen der Einzelnetze im Internet hinaus.*

Um diese Aufgabe erfüllen zu können, müssen in der Internet-Schicht die folgenden Probleme gelöst werden:

- Zurverfügungstellung eines Adressraums für das Internet.
  Ohne diesen wäre es unmöglich, herauszufinden, wohin genau die Daten und auf welchem Weg sie geschickt werden müssen.
- Routing (Wegewahl).
  Diese Funktion sucht den Weg durch das Netz, von Rechner zu Rechner, um dann schließlich ein Datenpaket am Zielrechner abliefern zu können.

❏ Datenübertragung *zwischen Endsystemen* (Hostrechnern).
Dies ist im Endeffekt natürlich die wichtigste Funktion, denn ohne eine Möglichkeit, die eigentlichen Informationen zwischen den Rechnern auszutauschen, sind auch alle Anstrengungen in den beiden ersten Bereichen nicht sehr sinnvoll.

Das eindeutig wichtigste Protokoll der Internet-Schicht ist das *Internet Protocol (IP)*. Seine Haupteigenschaft ist die *verbindungslose* Datenübertragung (Paketvermittlung) zwischen zwei Rechnern. Das bedeutet, dass für jedes Paket ein eigener Weg durch das Netz gesucht wird, d. h., es besteht aus Sicht des Netzes kein Zusammenhang zwischen den verschiedenen Paketen.

Der Vorteil dieses Ansatzes liegt in seiner *Robustheit* (s. auch Kapitel 2). Wenn eine Leitung aus welchem Grund auch immer zerstört wird, dann können die Pakete einen anderen Weg nehmen (falls es denn noch einen anderen gibt).

Die Aufgabe des Routings ist es, für jedes Paket, das von einem Rechner A zu einem Rechner B geschickt wird, einen Pfad durch das Internet zu suchen. Dazu werden sog. Routing-Protokolle und -algorithmen eingesetzt. Routing war jahrelang und ist in manchen Bereichen noch immer ein zentrales Forschungsthema der Informatik. Es geht vor allem darum, Pakete möglichst schnell und effizient an ihren Bestimmungsort zu leiten. Noch dazu sollen die Algorithmen möglichst wenige Ressourcen der verschiedenen beteiligten Netzrechner in Anspruch nehmen. Die Leistung von Routing-Protokollen und vor allem der *Router*, also den Vermittlungsrechnern, wird normalerweise als Durchsatz von Daten pro Sekunde angegeben. Heute gibt es bereits Router, die in der Lage sind, Gigabit-Durchsätze zu erreichen. Diese Entwicklung ist auch notwendig, betrachtet man nur die immer leistungsfähigere Übertragungstechnik der optischen Leiter.

Es muss nicht nur ein einziges Routing-Protokoll zwischen allen Rechnern des Internet verwendet werden. Vielmehr verwenden meist nur die Rechner eines bestimmten Bereichs dasselbe Protokoll, das dann als *Interior Gateway Protocol (IGP)* bezeichnet wird. Dagegen werden Routing-Informationen zwischen Bereichen über das *Exterior Gateway Protocol (EGP)* übergeben.

In Kapitel 6 werden Routing-Algorithmen noch detailliert betrachtet; insbesondere wird die Konfiguration eines Routers unter Linux vorgestellt.

3.3.4 Transportschicht

Aufgabe der Transportschicht ist die Datenübertragung *zwischen zwei Prozessen* auf den durch die Internetschicht adressierten Rechnern.

Mit anderen Worten, die Transportschicht nutzt den Dienst, den die Internetschicht erbringt – nämlich die Datenübertragung durch das Netzwerk – um ihren eigenen Dienst zu erbringen. In diesem Fall besteht dieser darin, zwei bestimmte Prozesse auf den jeweiligen miteinander kommunizierenden Rechnern miteinander zu verbinden. Die empfangende Transportinstanz ist dafür verantwortlich, den Anwendungsprozess zu identifizieren, an den die Daten adressiert sind. Anschließend werden die Daten an diesen Prozess übergeben.

Auf der Transportschicht im Internet werden die beiden Protokolle TCP (*Transmission Control Protocol*) und UDP (*User Datagram Protocol*) zur Datenübertragung eingesetzt.

TCP ist *verbindungsorientiert*, d. h.

- das Eintreffen aller Pakete wird überprüft,
- die Reihenfolge der Pakete bleibt erhalten.

Damit fügt TCP der eigentlichen IP-Datenübertragung nun auch noch eine Sicherungskomponente hinzu, die mit einem nicht unerheblichen Protokoll-Overhead erkauft wird. Es ist nämlich wesentlich einfacher, Daten *verbindungslos* zu übertragen. Für viele Anwendungen ist die verbindungslose Übertragung jedoch nicht ausreichend, so dass TCP zum Einsatz kommen muss.

Für alle anderen Anwendungen ist dagegen das verbindungslose UDP geeignet, das diese Eigenschaften von TCP nicht besitzt.

Aus den Eigenschaften von TCP und UDP ergeben sich auch unterschiedliche Einsatzgebiete, die jeweils bestimmte Anforderungen an die Datenübertragung zwischen den einzelnen Prozessen ihrer Anwendungen haben:

- TCP eignet sich für Anwendungen, bei denen es auf sichere, zuverlässige Übertragung ankommt
- UDP ist sinnvoll für Anwendungen, in denen nur sehr wenige Daten übertragen werden oder bei denen es auf Geschwindigkeit ankommt.

3.3.5 Anwendungsschicht

Die Anwendungsschicht (auch Verarbeitungsschicht genannt) umfasst alle höherschichtigen Protokolle des TCP/IP-Modells. Die Erfahrung zeigt, dass es eine sinnvolle Entscheidung war, die drei anwendungsbezogenen Schichten des OSI-Modells zu einer zusammenzufassen, da insbesondere Schicht 5 und auch Schicht 6 in der Dimension des OSI-Modells relativ wenig gebraucht werden.

Zu den älteren Protokollen der Verarbeitungsschicht zählen

- Telnet für virtuelle Terminals auf entfernten Rechnern,
- FTP (Dateitransfer) und
- SMTP (zur Übertragung von E-Mail).

Im Laufe der Zeit kamen zu den etablierten Protokollen viele weitere Protokolle hinzu, wie z. B.

- ❏ DNS (Domain Name System), dessen Aufgabe die Abbildung von symbolischen Namen auf IP-Adressen (und umgekehrt) ist, oder
- ❏ HTTP (Hypertext Transfer Protocol), das zur Realisierung des WWW-Dienstes verwendet wird.

Die Protokolle und Dienste der Anwendungsschicht stellen oft für den Benutzer den eigentlichen Zugang zum Netzwerk dar. Will man nicht gerade eigene verteilte Anwendungen entwickeln oder hat mit Systemadministration nichts zu tun, dann wird man selten bis gar nicht mit TCP, UDP oder IP in Kontakt kommen.

Ein Netzwerkadministrator eines Intranets muss sich jedoch in der Installation des gesamten TCP/IP-Protokollstacks auskennen, d. h., er muss sowohl wissen, wie IP und TCP auf einem Netzwerkrechner installiert und eingerichtet werden müssen. Darüber hinaus muss er auch in der Lage sein, die Anwendungsprotokolle so einzurichten, dass den Benutzern die entsprechenden Dienste in komfortabler und sicherer Weise zur Verfügung stehen. Der Rest dieses Buches wird sich ausführlich mit den dabei anfallenden Aufgaben, Fragestellungen und Problemen beschäftigen.

Kapitel 4

Ein paar Worte zu Linux

Linux ist ein *Betriebssystem*, also ein Programm, das die Schnittstelle zwischen Anwendungsprogrammen und Rechner-Hardware bildet. Ein Betriebssystem verwaltet sozusagen die Betriebsmittel eines Rechners und stellt sie den Anwendungen zur Verfügung. Mit Fug und Recht kann man sagen, dass Betriebssysteme die wichtigste Software auf einem Rechner sind. Jeder Hersteller von Computern ist bemüht, auch ein gutes Betriebssystem für diesen Rechner anbieten zu können.

Für Personal Computer gibt es seit Jahren mit Microsoft Windows ein extrem dominierendes Betriebssystem. Daran scheint sich so langsam etwas zu ändern. Eine Rolle spielen dabei sicherlich die verschiedenen kartellrechtlichen Prozesse, denen Microsoft sich (mit unterschiedlichem Ausgang) stellen musste und deren Ziel in der Einschränkung von Microsofts Marktmacht bestand – was bis zur Zerschlagung von Microsoft hätte gehen können. Zum anderen trat genau zu diesem Zeitpunkt ein (relativ) neues Betriebssystem in größerem Maßstab auf, dem allgemein die Chance zugestanden wurde, zu einer ernsthaften Konkurrenz für Windows zu werden: Linux. Heute hat sich Linux als klare Alternative zu Windows etabliert; sehr zu Redmonds Entsetzen ist beispielsweise eine Reihe öffentlicher Verwaltungen wie etwa die der Stadt München auf Linux umgestiegen.

Zwar steht in diesem Buch die Administration von Netzwerken im Vordergrund, aber es wird davon ausgegangen, dass alle Rechner in diesem Netz unter Linux laufen. Deshalb ist Linux natürlich ebenfalls ein beherrschendes Thema und taucht immer wieder auf. Die Autoren gehen bei ihren Schilderungen davon aus, dass die Leser mit der Arbeit in Linux etwas vertraut sind, und präsentieren deshalb hier keine Grundlagen. Trotzdem sollen in diesem kurzen einführenden Kapitel ein paar Worte zu den weniger technischen Grundlagen von Linux gesagt werden. Dazu gehört ein kurzer Abriss der Geschichte von Linux sowie eine Erläuterung des heute wichtigsten Vertriebsweges, der Distributionen.

4.1 Die Entstehung von Linux

Das Betriebssystem Linux ist kein von Anfang an streng geplantes und strukturiertes Software-Projekt; vielmehr entstand es ad-hoc mehr oder weniger aus einer Notlage heraus. Linus Torvalds, der „Erfinder" von Linux, war 1990 Student an der Universität von Helsinki. Er ärgerte sich darüber, dass viel zu wenig Rechner zur Verfügung standen, um die Programmierübungen zu absolvieren. Seine Idee war, einen eigenen PC – vor 10 Jahren schon nichts Besonderes mehr – zu verwenden. Allerdings dominierte damals das Betriebssystem MS-DOS, das überhaupt nicht Unix-ähnlich war, und Unix war nun einmal das Betriebssystem an Universitäten. Torvalds beschloss, etwas anderes zu verwenden.

Bei seiner Suche stieß er auf die Unix-Variante Minix, ein von Andrew Tanenbaum zu Übungszwecken bereitgestelltes Mini-Unix. Torvalds setzte sich hin und entwickelte ein wesentlich leistungsfähigeres System, das er *Linux* nannte. Vor allem der *Kernel*, also die Grundfunktionalität des Betriebssystems, wies ganz erhebliche Erweiterungen und für Benutzer sehr interessante Eigenschaften auf.

Damit besaß Torvalds eine leistungsfähige Umgebung für seine Projekte. Aber natürlich wäre aus seinem Projekt nie das geworden, was es heute ist, wenn nicht gleichzeitig die Entwicklung des Internet zu einem wirklichen globalen Kommunikationsmedium eingesetzt hätte. Torvalds hatte nun selbstloserweise die Idee, sein Werk auch anderen Studenten zur Verfügung zu stellen. Der geeignete Weg der Verteilung schien ihm das Internet zu sein.

Natürlich (oder vermutlich?) konnte er nicht ahnen, welche Lawine er damit lostreten würde. Linux stieß sofort auf breites Interesse in der Unix-Gemeinde. Hunderte von Programmiereren luden sich die frei verfügbare Programmsammlung vom Server in Finnland herunter, probierten sie aus und entwickelten sie vor allem weiter. So fand sich in kurzer Zeit ein extrem fähiges verteiltes Programmiererteam zusammen, das unter der Oberaufsicht von Linus Torvalds und bei steter Kommunikation über das Internet ein immer besseres und vor allem frei verfügbares Betriebssystem für PCs schuf und auch heute noch weiterentwickelt.

Zwei der vielen positiven Eigenschaften von Linux sind seine große Stabilität und Flexibilität. Der Kernel enthält praktisch nur sehr wenige Bugs, und sobald ein neuer entdeckt wird, wird er bekanntgemacht und von einem der vielen Entwickler entfernt. Ebenso verhält es sich mit neuer Hardware: kommt eine neue Komponente auf den Markt, kümmern sich die Entwickler in aller Regel recht schnell um die Programmierung eines passenden Treibers. Einige Herstellerfirmen bieten inzwischen sogar selbst Treiber für Linuxan. Somit kann das Betriebssystem leicht immer auf dem neuesten Stand gehalten werden.

Ein größeres Problem der Anfangszeit waren die fehlenden Anwendungen. Linux besaß natürlich ein paar grundlegende Werkzeuge, die allerdings hauptsächlich zur Systemverwaltung eingesetzt wurden. Dinge wie eine Textverarbeitung oder ein Präsentationsprogramm waren nicht in Sicht.

Das änderte sich jedoch grundsätzlich mit dem Beginn der Zusammenarbeit der Linux-Entwickler mit dem sogenannten *GNU-Projekt* (GNU = **G**NU's **N**ot **U**NIX). Dabei handelte es sich um eine von Richard Stallmann ins Leben gerufene Initiative, die sich zum Ziel gesetzt hatte, eine frei verfügbare Unix-ähnliche Umgebung mit allen notwendigen Werkzeugen zu erstellen. Weit wichtiger jedoch war Stallmanns Idee der *Open Source Software*. Sämtliche Programme des GNU-Projekts werden nämlich unter der GNU Public License (GPL) verteilt, die besagt, dass der Quellcode frei verfügbar ist und sogar verändert werden darf. Allerdings unterliegt jegliche Veränderung wieder der GPL, so dass niemand auf der Basis des freien Codes eigene Produkte erstellen kann, auf die er dann das alleinige Copyright besitzt. Die GPL verbietet nicht die kommerzielle Verwertung von selbst weiter entwickelter Software, aber sie verhindert eben den Aufbau eines Monopols.

Auf der Basis der GPL wurden 1994 dann die beiden Projekte Linux und GNU zusammengebracht, so dass ein wirklich mächtiges Betriebssystem mit einem stabilen Kernel (Linux) und einer hochkomfortablen Entwicklungsumgebung entstand. Abgerundet wurde das Paket kurze Zeit später noch durch eine grafische Benutzerschnittstelle, einem Window System, das prinzipiell auf X Window unter Unix basierte.

Heute gibt es für Linux mehr oder weniger alles an Software, was unter Microsoft Windows auch verfügbar ist: mit KDE eine sehr gute grafische Benutzerschnittstelle, mit OpenOffice und Applixware komfortable Bürosoftware, mit LaTeX das weltberühmte Satzsystem oder mit SAP R/3 erste Prototypen für ERP-Anwendungen (betriebswirtschaftliche Standardsoftware). Viele Anwendungen sind umsonst zu bekommen, für andere müssen teilweise recht hohe Preise bezahlt werden; natürlich fallen auch nicht alle Linux-Anwendungen unter die GPL.

4.2 Linux-Distributionen

Grundsätzlich kann Linux, oder besser gesagt der Linux-Kernel, ohne jegliche Kosten (bis auf die Kommunikationskosten) von verschiedenen Datei-Servern auf der Welt abgerufen werden. Auch gibt es noch viel mehr Server, auf denen Linux-Anwendungen, Window Systeme oder Systemprogramme verfügbar sind. Als Erstbenutzer von Linux steht man typischerweise diesem Angebot etwas hilflos gegenüber. Hier kommen die sogenannten *Distributionen* ins Spiel.

Eine Distribution ist eine Sammlung von Linux-Programmen, die inzwischen typischerweise auf einer größeren Zahl von CDs oder DVDs ausgeliefert wird. Dazu gehört natürlich der Kernel, jedoch auch eine Vielzahl von Anwendungen und Systemprogrammen. Außerdem besitzen praktisch alle Distributionen ein Installations- und Konfigurationsprogramm, das die Einrichtung eines Linux-Systems auf einem PC fast schon zu einem Kinderspiel macht.

Es gibt heute eine größere Anzahl von Distributionen. Die bekanntesten sind sicherlich RedHat, debian und SuSE, wobei letztere das dominierende Paket im deutschsprachigen Raum und außerdem die für dieses Buch verwendete ist. Die neueste Version (Stand Herbst 2004) ist SuSE 9.2. Das Paket enthält neben dem Kernel die Benutzeroberfläche KDE in der Version 3.3 sowie die Alternative Gnome 2.6. Außerdem enthält das Paket weit über 1000 verschiedene Anwendungen aus allen Bereichen – mächtige Textverarbeitungswerkzeuge wie OpenOffice.org sind ebenso vorhanden wie Sound- und Videoprogramme, Synchronisationssoftware für PDAs oder Datenbanken. SuSEs Management-Werkzeug heißt *YaST* (Yet another Setup-Tool) und wird dem Leser in den folgenden Kapiteln noch einige Mal begegnen. Mit diesen Einrichtungsprogrammen wird die Erstinstallation von SuSEfast schon zum Kinderspiel. YaST wird allerdings nicht im Mittelpunkt dieses Buches stehen, da viele der diskutierten Probleme auf einer technischeren Ebene angesiedelt sind.

Distributionen werden praktisch immer von Firmen zusammengestellt, und diese Firmen lassen sich die Arbeit des Aufbaus und der Vermarktung üblicherweise bezahlen. Wenn man eine Distribution erwerben möchte, so zahlt man gewöhnlich um die 70 Euro, hat aber dafür nicht nur die Software und das komfortable Verwaltungswerkzeug, sondern auch noch die Installationsmedien, ein Benutzerhandbuch sowie oft ein paar Monate Installationsunterstützung über eine Hotline. Somit lohnt sich die Anschaffung einer Distribution eigentlich immer.

Teil II

Internet-Technik

Kapitel 5

Physikalische Netzwerktechnologien

Nachdem wir in den vorangegangenen Kapiteln die konzeptionellen Grundlagen von Netzwerken kennengelernt haben, besonders das in Kapitel 3 behandelte Internet-Referenzmodell, werden wir im Laufe dieses Kapitels die konzeptionelle Ebene verlassen und uns an erste praktische Netzwerkexperimente mit SuSE Linuxwagen.

Der erste Schritt beim Aufbau eines Netzwerks besteht in der physikalischen Vernetzung von Rechnern. Die im Netzwerk übermittelten Nachrichten müssen schließlich über irgendein Medium zu ihrem Bestimmungsort übertragen werden. Wir betrachten in diesem Kapitel also vor allem die OSI-Bitübertragungsschicht, parallel dazu aber auch die OSI-Sicherungsschicht, weil diese in aller Regel sehr eng mit der Bitübertragungsschicht zusammenarbeiten muss und auf deren spezifische Anforderungen zugeschnitten ist (vgl. auch Abbildung 3.5 auf Seite 21).

Nun gibt es eine ganze Reihe von Möglichkeiten, Rechner physikalisch miteinander zu vernetzen – beispielsweise über Kupferkabel, optische Leiter oder Funkwellen. Jede dieser Kategorien unterteilt sich wiederum in viele weitere Varianten, die von nationalen oder internationalen Gremien jeweils in Form von Standards festgeschrieben sind. Besonders bekannte Beispiele für solche Standards kommen vom „LAN/MAN Standards Committee (Project 802)" der IEEE: Ethernet (802.3), Token Ring (802.5) und Wireless LAN (802.11).

Mitunter haben wir es in physikalischen Netzwerken also mit einer sehr heterogenen Netzinfrastruktur zu tun. Im Abschnitt 5.1 geht es noch einmal um grundlegende Strategien, wir mit einer solchen Heterogenität in physikalischen Netzwerken umgehen können.

In Abschnitt 5.2 werden wir zunächst auf die altbewährte Vernetzung über Ethernet eingehen, im folgenden Abschnitt 5.3 dann aber auch Alternativen wie WLAN nach 802.11 und andere kabellose Vernetzungsstrategien ansprechen. Schließlich wird in Abschnitt 5.5 auch das Point-to-Point-Protocol (PPP) behandelt, das immer dann zum Einsatz kommt, wenn ein Rechner nicht über ein Netzwerkkabel oder ein Funkinterface in ein LAN eingebunden ist, sondern über eine Punkt-zu-Punkt-Verbindung „logisch" in ein Netzwerk integriert wird. Wir werden die Funktionsweise von PPP am Beispiel der Einwahl zum Internetprovider über Modem, ISDN und DSL besprechen.

Die einzelnen Abschnitte geben jeweils einen Überblick über die Funktionsweisen der einzelnen Technologien, behandeln ihre spezifischen Vor- und Nachteile und behandeln parallel auch ihre konkrete Umsetzung mit SuSE Linux. Am Ende dieses Kapitels sollten dann alle Grundlagen vorhanden sein, um ein eigenes Netzwerk aufzubauen.

5.1 Grundlagen

5.1.1 Netzwerkadapter und -interfaces

Zum Anschluss eines Rechners an ein physikalisches Netzwerk benötigt man einen Netzwerkadapter, häufig auch als Netzwerkkarte bezeichnet. Dieses Gerät wird an eine Schnittstelle (meistens ISA-, PCI-, PCMCIA- oder USB-Bus) des Rechners angeschlossen und kann Netzwerknachrichten, die auf dem Netzwerkmedium transportiert werden, senden und empfangen. Wie oben bereits angedeutet, gibt es nun eine Vielzahl von Ansätzen, solche physikalischen Netzwerke aufzubauen, und entsprechend viele unterschiedliche Netzwerkadaptertypen gibt es. Bevor man sich für einen Netzwerkadapter entscheidet, sollte man sich darüber informieren, ob dieser Adapter auch von SuSE Linux unterstützt wird. Einen sehr guten Überblick gibt hierzu die SuSE Hardwaredatenbank: http://hardwaredb.suse.de.

Um die Heterogenität zwischen den verschiedenen Netzwerktechnologien beherrschbar zu machen, gibt es unter Linux das Konzept der Netzwerkinterfaces. Diese Schnittstelle, die vom Betriebssystem (bzw. vom Gerätetreiber) für jeden Netzwerkadapter bereitgestellt wird, ermöglicht eine einheitliche, abstrakte Sicht auf jeden Netzwerkadapter – ganz unabhängig davon, ob dieser den Rechner mit einem WLAN-, Ethernet- oder Token-Ring-Netzwerk verbindet.

Weiterhin gibt es noch virtuelle Netzwerk-Interfaces, die nicht mit einem „echten" Netzwerkadapter in Verbindung stehen. Sie bilden eine Schnittstelle zu einem virtuellen Netzwerkgerät, das vom Betriebssystem selbst bereitgestellt wird. Über solche virtuellen Interfaces lassen sich, wie wir später noch sehen werden, sehr elegante Konzepte wie Paket-Tunnel realisieren.

Der folgende Befehl listet alle Netzwerk-Interfaces auf einem Linux-System auf:

5.1 Grundlagen

```
linux: # /sbin/ifconfig -a
eth0      Protokoll:Ethernet
          Hardware Adresse 00:08:74:E0:3D:8A
          inet Adresse:192.168.1.102  Bcast:192.168.1.255
          inet6 Adresse: fe80::248:54ff:fec0:dca0/64
          UP BROADCAST NOTRAILERS RUNNING MULTICAST  MTU:1500  Metric:1
          RX packets:430 errors:0 dropped:0 overruns:0 frame:0
          TX packets:97 errors:0 dropped:0 overruns:0 carrier:0
          Kollisionen:0 Sendewarteschlangenlänge:100
          RX bytes:57866 (56.5 Kb)  TX bytes:15923 (15.5 Kb)
          Interrupt:3 Basisadresse:0x300

lo        Protokoll:Lokale Schleife
          inet Adresse:127.0.0.1  Maske:255.0.0.0
          inet6 Adresse: ::1/128 Gültigkeitsbereich:Maschine
          UP LOOPBACK RUNNING  MTU:16436  Metric:1
          RX packets:60 errors:0 dropped:0 overruns:0 frame:0
          TX packets:60 errors:0 dropped:0 overruns:0 carrier:0
          Kollisionen:0 Sendewarteschlangenlänge:0
          RX bytes:3912 (3.8 Kb)  TX bytes:3912 (3.8 Kb)

sit0      Protokoll:IPv6-nach-IPv4
          NOARP  MTU:1480  Metric:1
          RX packets:0 errors:0 dropped:0 overruns:0 frame:0
          TX packets:0 errors:0 dropped:0 overruns:0 carrier:0
          Kollisionen:0 Sendewarteschlangenlänge:0
          RX bytes:0 (0.0 b)  TX bytes:0 (0.0 b)
```

In diesem Beispiel gibt es drei Interfaces: `lo`, `eth0` und `sit0`. Zu jedem Interface werden von `ifconfig -a` noch eine ganze Reihe zusätzlicher Informationen angezeigt, etwa die Anzahl von gesendeten (TX) und empfangenen (RX) Paketen, wir wollen an dieser Stelle jedoch hierauf nicht näher eingehen.

Das Interface `lo` ist die Schnittstelle zum sog. Loopback-Device, das auf nahezu jedem Linux-System vorhanden ist. Hier finden wir schon einen Beispiel für ein virtuelles Gerät. Daten, die an dieses Gerät geschickt werden, laufen nicht wie bei „normalen" Netzwerkadaptern über ein Netzwerkmedium in den Protokollstack eines Zielrechners, sondern werden vom Betriebssystem direkt wieder an die darüberliegende Netzwerkschicht des eigenen Rechners (häufig auch als `localhost` bezeichnet) zurückgeschickt. Sie können Ihr Loopback-Device mit dem Befehl `ping localhost` testen (vgl. Abschnitt 6.4). Nach diesem Befehl sollten sich unter die Anzahl der gesendeten (TX) und empfangenen (RX) Pakete für `lo` in der Ausgabe von `ifconfig -a` erhöht haben.

Das Gerät `sit0` ist ebenfalls kein physikalisches, sondern ein virtuelles Gerät. Es dient dazu, IPv6-Pakete über eine IPv4-Verbindung zu verschicken.

Das Gerät `eth0` ist dagegen ein Schnittstelle zu einem „echten" Netzwerk-Adapter. Falls ein solcher Eintrag in der Liste auftaucht, deutet dies auf einen bereits korrekt konfigurierten Ethernet-Adapter hin. Der Name `eth0` bezeichnet immer einen Ethernet-Adapter, wobei die 0 für das erste Gerät steht. Haben Sie mehrere Ethernet-Adapter in Ihrem PC, so würden die Geräte mit `eth0`, `eth1`, `eth2` usw. bezeichnet. Interfaces, deren Bezeichnung mit `wlan` beginnen, gehören zu Wireless-LAN-Adaptern, die Interfaces von Token-Ring-Geräten beginnen mit `tr`.

5.1.2 Adressierung in physikalischen Netzen

Weiterhin interessant ist an dieser Stelle noch die „Hardware Adresse" von `eth0`, die in der Ausgabe von `ifconfig` auftaucht: in unserem Beispiel 00:08:74:E0:3D:8A. Jeder IEEE-802- (also nicht nur 802.3-)konforme Netzwerkadapter ist mit einer solchen Identifikationsnummer versehen, der sog. MAC-Adresse. Die MAC-Adresse ist weltweit eindeutig. Auf diese Weise wird sichergestellt, dass jedes einzelne Gerät im LAN eindeutig adressierbar ist. Die ersten sechs Stellen dieser Nummer identifizieren den Hersteller eines Netzwerkadapters und werden von einer zentralen Registrierungsstelle einem jeden Netzwerkadapterhersteller zugeteilt. Eine Aufstellung über diese Zuordnung findet man z.B. hier: http://standards.ieee.org/regauth/oui/index.shtml. Anhand einer solchen Liste kann man dann feststellen, dass der zu `eth0` zugehörige Netzwerkadapter von der Firma Dell hergestellt wurde. Jeder Hersteller ist dann dafür verantwortlich, dass die restlichen Stellen dieser ID für seine Karten eindeutig sind.

Anwendungsbeispiel: Bridge

Es ist nun, dank des einheitlichen Adressierungsschemas über MAC-Adressen, auch möglich, mehrere physikalische Vernetzungsstrategien miteinander zu kombinieren – und zwar für die darüberliegenden Netzwerkschichten völlig transparent. Es ist also nicht notwendig, sich im LAN auf eine einzige physikalische Netzwerktechnologie festzulegen. Vielmehr lassen sich, dank der technologieübergreifend eindeutigen MAC-Adressen, mehrere Ansätze miteinander kombinieren. So ist es durchaus üblich, für Notebooks und andere mobile Geräte eine WLAN-Infrastruktur bereitzustellen und Server und festinstallierte Arbeitsplatzrechner beispielsweise über Ethernet zu vernetzen.

Ein Gerät, das Teilnetze auf Schicht zwei miteinander verbindet, bezeichnet man als Bridge. Eine Bridge besteht aus physikalischen Schnittstellen zu zwei (meistens unterschiedlichen) physikalischen Technologien, z.B. einem Ethernet-Anschluss und einem Kommunikationsteil für WLAN. Über eine Schaltungslogik wird der Datenverkehr in beiden Teilnetzen beobachtet. Eine Bridge untersucht dabei ständig die Absender-MAC-Adressen eines jeden Datenpakets und speichert in einer Tabelle, in welchem Teilnetz sich der Netzwerkadapter mit MAC-Adresse befindet. Taucht nun ein Datenpaket in einem Teilnetz auf, dessen Ziel-MAC-Adresse im jeweils anderen Teilnetz liegt, so leitet die Bridge dieses Datenpaket entsprechend weiter.

5.1.3 Aufbau eines Layer-2-Frames am Beispiel Ethernet

Mit Hilfe der MAC-Adressen ist es nun möglich, Nachrichten in einem physikalischen Netzwerk gezielt von einem Rechner an einen anderen zu schicken. Zwar werden wir im weiteren Verlauf dieses Buches hiermit nicht mehr allzu häufig zu tun haben, weil wir für die Adressierung auf höheren Protokollschichten IP-Adressen verwenden; jedoch wird hinter den Kulissen zu jedem IP-Paket, das in einem physikalischen Netzwerk transportiert wird, eine MAC-Adresse ermittelt. In Abschnitt 6.2.2 werden wir noch genauer darauf eingehen.

Nachdem wir in Abschnitt 3 gesehen haben, wie die eigentlichen Nutzdaten (Payload) auf jeder Netzwerkschicht mit Headern oder Trailern versehen werden, und nun das Konzept der Adressierung über MAC-Adressen kennen, wollen wir uns nun am Beispiel Ethernet anschauen, was denn nun tatsächlich über das Netzwerkmedium transportiert wird.

Zwar können wir die Datenpakete nicht auf der untersten Schicht beobachten (hierzu müsste man z.B. mit einem Oszilloskop die elektrischen Signale auf einem Ethernet-Kabel messen), aber mit einem Werkzeug wie Ethereal lassen sich Pakete auf Schicht zwei (diese bezeichnet man auch als Layer-2-Frames) sichtbar machen.

Sie können auch selbst Experimente mit Ethereal durchführen. Es wird als Paket mit SuSE Linux mitgeliefert, muss aber zumeist separat installiert werden, weil dieses Paket nicht zur Standardinstallation gehört. Ethereal wird mit dem Kommando `ethereal` von der Kommandozeile gestartet (Root-Berechtigung erforderlich).

Abbildung 5.1 zeigt die typische dreigeteilte Benutzeroberfläche von Ethereal: Im oberen Fenster sind alle Layer-2-Frames aufgelistet, die während des vorausgehenden Capture-Vorgangs am Interface `eth0` aufgezeichnet wurden (Capture> Start...). Während dieser Aufzeichnungsphase wurde im Web-Browser die deutsche Web-Seite von SuSE aufgerufen. Der dazugehörige HTTP-Get-Request wurde zunächst in einem TCP-Paket eingepackt und das wiederum in ein IP-Paket. Schließlich wurde dieses IP-Paket noch in einen Layer-2-Frame eingepackt und vom Netzwerkadapter über das Ethernet-Kabel übertragen.

Den Aufbau dieses Layer-2-Frames können wir uns nun mit Ethereal anschauen: Es ist das im oberen Fenster markierte Frame mit der von Ethereal vergebenen fortlaufenden Nummer 31. Alle anderen protokollierten Frames wollen wir hier

5 Physikalische Netzwerktechnologien

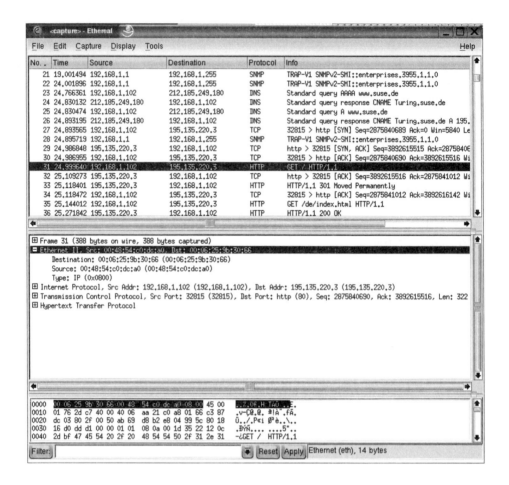

Abbildung 5.1: Layer-2-Frames, aufgenommen mit Ethereal

nicht weiter betrachten. Es sei aber angemerkt, dass einige davon auch mit unserer HTTP-Anfrage zu tun haben, so etwa die Frames 23 bis 26 für die Auflösung des DNS-Namens www.suse.de. Andere Frames wiederum haben ganz anderen Ursprung und wurden nur zufällig von unserem Netzwerk-Interface mitgelesen.

Das mittlere Fenster zeigt nun die Struktur von Frame 31 an. Wir finden hier vor allem die MAC-Adressen von Quell- und Zielrechner wieder, sowie eine 2 Byte große ID, die den Typ des in diesem Frame transportierten Protokoll-Pakets anzeigt. In diesem Beispiel ist es 0x0800 für IP.

Die maximale Länge eines über Ethernet transportierten Paketes ist laut Ethernet-Spezifikation auf 1500 Bytes beschränkt. Man bezeichnet diese Größenbeschränkung als *Maximum Transfer Unit (MTU)*.

Das untere der drei Fenster zeigt nochmal den Inhalt des gesamten Frames in Hexadezimaldarstellung an. Der hier invers dargestellte Bereich gehört zum Layer-2-Header (zweimal 6 Byte für die MAC-Adressen von Quell- und Zielrechner, sowie 2 Byte für die Protokoll-ID). Dann folgt das IP-Paket. Schaut man in die Spezifikation für den Aufbau eines Ethernet-Frames, so fällt auf, dass diese Darstellung nicht ganz vollständig ist und hier noch insgesamt drei Teile fehlen. Jedes Ethernet-Frame beginnt mit einer sieben Byte langen Präambel sowie einem ein Byte großen Start Delimiter und endet mit einer 4 Byte langen Prüfsumme, die von Ethereal ebenfalls nicht erfasst wird. Diese drei Elemente werden schon in den unteren Schichten des Linux-Protokoll-Stacks ausgewertet und dann verworfen, sodass Ethereal keine Chance hat, diese Informationen zu erfassen.

Trotz dieser kleinen Ungenauigkeit steht einem mit Ethereal ein sehr mächtiges Werkzeug zur Verfügung. Es kommt immer dann zum Einsatz, wenn man wissen will, welche Daten im Netzwerk wie und wann übertragen werden.

5.2 Ethernet

Obwohl drahtlose Übertragungstechnologien immer größere Verbreitung finden, führt selbst in kleinen Heimnetzwerken meistens kein Weg an der Vernetzung über Ethernet vorbei. Ethernet hat sich im Bereich der kabelgebundenen LAN-Technologien sehr stark etabliert, und Alternativen wie z.B. Token Ring werden nur noch vereinzelt eingesetzt. Ein Ethernet-LAN ist äußerst zuverlässig, performant und preiswert. Der einzige Nachteil besteht in der Notwendigkeit zur Verlegung der Kabel.

Der Name Ethernet steht jedoch nicht für einen einzelnen, sondern für eine ganze Reihe von Standards, die in der IEEE Working Group 802.3 entwickelt werden. Allen gemein ist jedoch der sog. CSMA/CD-Algorithmus, der den Zugriff aller ans LAN angeschlossenen Rechner auf das gemeinsame Netzwerk-Medium regelt.

5.2.1 Technologische Grundlagen

Es gibt eine ganze Reihe verschiedener Kabeltypen und Steckverbindern für Ethernet. Heute üblich ist die Verwendung von Twisted-Pair-Kabeln in Verbindung mit RJ45-Steckverbindern. Auf dieser Basis lassen sich die Ethernet-Varianten 10BaseT, 100BaseT (Fast Ethernet) und 1000BaseT (Gigabit Ethernet) umsetzen, die Übertragungsgeschwindigkeiten von 10, 100 bzw. 1000 MBit/sec zulassen.

Für den Aufbau eines solchen LANs benötigt man für jeden Netzwerkrechner einen passenden Ethernet-Adapter, der den PC mit einen Netzwerkanschluss ausstattet. Moderne PCs und Notebooks haben einen solchen Adapter bereits häufig integriert, bei manchen Systemen muss man ihn jedoch nachrüsten.

Die verfügbaren Adapter unterscheiden sich durch die unterstützten Ethernet-Varianten und damit auch in der maximalen Übertragungsgeschwindigkeit. Fast-Ethernet-Adapter haben ein sehr günstiges Preis-Leistungs-Verhältnis, sind in aller Regel auch abwärtskompatibel zu 10MBit-Geräten und bieten für die meisten heutigen Netzwerkanwendungen genügend Übertragungsgeschwindigkeit. Ob sich die Anschaffung teurerer Gigabit-Geräte lohnt, muss jeder für sich entscheiden.

Sollen nur zwei Rechner miteinander vernetzt werden, kann man beide Systeme über ein Crossover-Kabel direkt miteinander verbinden. Ein Crossover-Kabel ist ein spezielles Netzwerkkabel, bei dem Adernpaare jeweils gekreuzt verdrahtet sind. Zwar ist diese Methode der Verkabelung besonders preiswert, jedoch ist ein Netzwerk mit nur zwei Rechnern in aller Regel jedem ambitionierten Linux-Netzwerker schon nach kurzer Zeit zu klein. Daher führt über kurz oder lang kein Weg an der Anschaffung eines Netzwerkverteilers vorbei.

Wie Abbildung 5.2 zeigt, werden an einen solchen Netzwerkverteiler die Rechner sternförmig angeschlossen. Es gibt zwei Varianten solcher Verteiler: Hubs und Switches. Bei einem Hub wird der Netzwerkverkehr immer an alle Rechner weitergeleitet. Schickt also beispielsweise Rechner A Nachrichten an Rechner B, so werden diese Nachrichten auch die Rechner C und D geschickt, obwohl diese gar nicht Empfänger sind und daher die Nachrichten einfach ignorieren. Ein Switch hingegen ist in der Lage, Netzwerknachrichten selektiv an die einzelnen ange-

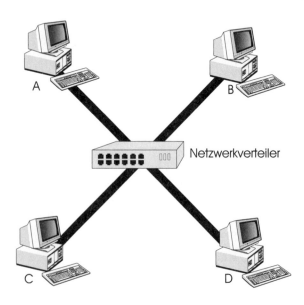

Abbildung 5.2: Sternförmige Vernetzung über einen Netzwerkverteiler

schlossenen Geräte weiterzuleiten. Hier würden die Nachrichten von Rechner A wirklich nur den Zielrechner B erreichen.

Der große Vorteil dabei ist, dass der Netzwerkabschnitt der Rechner C und D nicht von unnützen Nachrichten geflutet wird und daher die volle Übertragungskapazität des Netzwerks hier noch zur Verfügung steht. In einem „geswitchten" 100MBit-Netzwerk können also die Rechner A und B mit 100MBit/sec kommunizieren und die Rechner C und D ebenfalls. Sind die Rechner dagegen über einen Hub verbunden, müssten sich alle Rechner die Übertragungskapazität teilen. Ein weiterer Vorteil von Switches betrifft die Netzwerksicherheit. Schickt Rechner A vertrauliche Nachrichten an Rechner B, so erreichen diese Nachrichten gar nicht erst Rechner C – vorausgesetzt es sind keine „schmutzigen Tricks" wie ARP-Spoofing (mehr dazu in Kapitel 13.2.1) im Spiel, die das Verhalten des Switches beeinflussen.

Da Fast-Ethernet-Switches inzwischen ebenfalls sehr günstig zu haben sind, fällt die Entscheidung für einen Switch meist leicht.

5.2.2 Installation mit YaST

Sind nun alle Rechner, die in das Netzwerk eingebunden werden sollen, mit Netzwerkadaptern ausgerüstet und über Netzwerkkabel und ggf. einem Netzwerkverteiler miteinander verbunden, so müssen die Betriebssysteme auf den einzelnen Rechnern noch mit der neuen Hardware bekannt gemacht werden.

Die Installation neuer Hardware-Treiber ist in einem modernen Betriebssystem wie Linux und insbesondere bei einer durchdachten und komfortablen Distribution wie SuSE Linux mit seinen Konfigurationswerkzeugen kein Problem. Im aller Regel läuft die Konfiguration vollständig automatisiert ab.

War die Netzwerkkarte schon zum Zeitpunkt der Installation von SuSE Linux eingebaut, sollte sie im Rahmen der automatischen Hardwareerkennung schon fertig konfiguriert sein. Welche Netzwerkgeräte bereits auf Ihrem Linux System zur Verfügung stehen, können Sie, wie in Abschnitt 5.1.1 auf Seite 34 besprochen, über das Kommando `/sbin/ifconfig -a` testen.

Falls nun ein Ethernet-Adapter eingebaut ist und noch kein zugehöriges Netzwerk-Interface in der Ausgabe von `ifconfig -a` auftaucht, genügt es in aller Regel, die automatische Hardwareerkennung von YaST laufen zu lassen. Wir werden in diesem Abschnitt exemplarisch die Verwendung einer PCI-Netzwerkkarte behandeln. Die Installation eines PCMCIA- oder USB-Netzwerkadapters läuft jedoch im Prinzip genauso ab.

Nach Aufruf von YaST durch den Befehl `yast2` aus der Kommandozeile oder durch Auswahl von YaST aus dem KDE-Startmenü wählen wir den Bereich „Netzwerkgeräte" aus. Der erscheinende Bildschirm sollte dann etwa so aussehen wie in Abbildung 5.3.

5 Physikalische Netzwerktechnologien

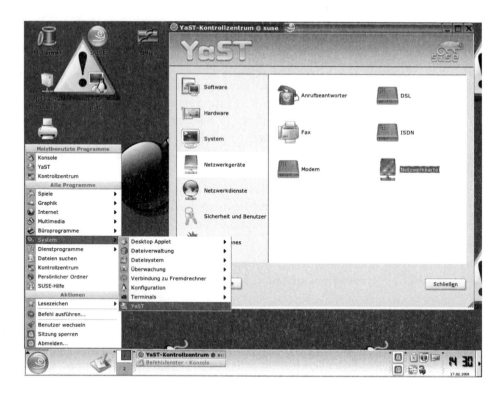

Abbildung 5.3: YaST-Menü zur Konfiguration von Netzwerkgeräten

Ein Klick auf „Netzwerkkarte" startet dann die automatische Hardwareerkennung und alle von SuSE Linux neu erkannten Netzwerkgeräte erscheinen unter „zu konfigurierende Netzwerkkarten" in einer Auswahlliste. Hier wählen wir unseren Netzwerkadapter aus und wählen „Konfigurieren...". In diesem Dialog wird später auch die IP-Adresse des Netzwerkgeräts festgelegt. An dieser Stelle genügt es jedoch, die vorgegebenen Einstellungen beizubehalten und über „weiter..." die Konfiguration zu beenden. Unser Ethernet-Adapter sollte nun in der Liste „Bereits konfigurierte Geräte" auftauchen.

Nun wird der Dialog zum Konfigurieren von Netzwerkkarten über die Schaltfläche „Beenden" verlassen, und YaST nimmt alle notwendigen Änderungen an den Konfigurationsdateien automatisch vor. Falls es sich bei dem Netzwerkadapter um ein PCMCIA- oder USB-Gerät handelt, kann es mithin notwendig sein, das Gerät kurz abzuziehen und neu anzuschließen. Erst dann werden die erforderlichen Treiber-Module geladen.

In Ausnahmefällen kann es passieren, dass die automatische Hardwareerkennung das angeschlossene Netzwerkgerät nicht erkennt. Aber auch hier kommt man in der Regel mit ein paar zusätzlichen Mausklicks zum Ziel. Wir werden einen solchen Fall exemplarisch im folgenden Abschnitt über Wireless-LAN behandeln.

Waren diese Schritte erfolgreich, so müsste nun `/sbin/ifconfig -a` ein neues Ethernet-Gerät anzeigen.

5.3 Wireless LAN

In den letzten zwei Jahren hat sich neben der Vernetzung über Ethernet eine weitere physikalische Netzwerktechnologie sehr stark etabliert: *Wireless LAN*, kurz *WLAN*.

Bei WLAN werden die Netzwerknachrichten nicht über Kupferkabel übertragen, sondern über das Trägermedium Luft. In vielen Bereichen ist WLAN tatsächliche eine lohnende Alternative zu Ethernet, etwa wenn es darum geht, ein Notebook temporär mit dem Heimnetzwerk zu verbinden, um E-Mail, WWW und Druckdienste zu nutzen. Netzwerk-Adapter für WLAN sind nicht mehr viel teurer als für Ethernet und die Übertragungsraten in WLANs (11 bis 56 MBit/sec) reichen für solche Anwendungen mehr als aus. Möchte man jedoch Serverdienste in seinem Netzwerk bereitstellen, die möglichst immer verfügbar sein sollen, etwa einen NFS-Fileserver, dann ist die Vernetzung dieses Servers über WLAN meist keine Option. Aufgrund der physikalischen Eigenschaften des Trägermediums Luft ist immer mit stark schwankenden Übertragungsraten und Paketverlusten auf der Funkstrecke zu rechnen. Für die Anbindung von Servern ans Netzwerk lohnt sich daher nach wie vor in aller Regel die Verlegung von Kabeln.

5.3.1 Technologische Grundlagen

Ganz ähnlich wie bei Ethernet gibt es auch bei WLAN eine ganze Reihe unterschiedlicher Standards, die wiederum in verschiedenen Standardisierungsgremien entworfen werden. Praktisch relevant für Europa sind im Moment die IEEE-Standards 802.11b (max. 11 MBit/sec), und 802.11g (max. 54 MBit/sec), beide nutzen das 2,4-GHz-Band.

WLAN nach 802.11a arbeitet ebenfalls mit bis zu 54 MBit/sec, nutzt aber das 5-GHz-Band und ist in Europa zunächst nicht zugelassen worden, weil dieses Frequenzband hier für Radar und militärische Anwendungen eingesetzt wird. Inzwischen dürfen solche Geräte zwar grundsätzlich betrieben werden, jedoch nur bei stark reduzierter Sendeleistung, was die Anwendungsmöglichkeiten dieser Technik stark einschränkt.

Weiterhin existiert noch der HIPERLAN/2 Standard der ETSI (The European Telecommunications Standards Institute). Er bietet zwar technologisch sehr interessante Möglichkeiten, wie etwa Integrationsmöglichkeiten in Mobilfunknetze (z.B. UMTS), hat sich jedoch bis heute nicht am Markt etablieren können.

Geräte nach 802.11a und HIPERLAN/2 sind ohnehin z.Zt. so gut wie nicht im deutschen Handel erhältlich, was die Auswahl geeigneter WLAN-Hardware vergleichsweise einfach macht. Entweder man greift zu den günstigeren 802.11b-Geräten, die nur eine maximale Übertragungsrate von 11 MBit/sec bieten oder man entscheidet sich für 802.11g-Geräte, die bis max. 54 MBit/sec übertragen können und dafür etwas teurer sind.

Wie oben bereits angedeutet, reicht die Übertragungsgeschwindigkeit von 11 MBit/sec für WLAN-typische Anwendungen meistens mehr als aus. Zudem sind die angegebenen Übertragungsgeschwindigkeiten sowieso nur als theoretisches Maximum zu verstehen und sagen so gut wie nichts über die tatsächlich im praktischen Einsatz erzielten Geschwindigkeiten aus. So kann es durchaus vorkommen, dass ein hochwertiges 802.11b-Gerät einen höheren Datendurchsatz erreicht als eins nach 802.11g.

Sollen nur solche PCs über WLAN vernetzt werden, zwischen denen ein direkter Funkkontakt möglich ist, so kann man alle WLAN-Adapter im sog. Ad-Hoc-Modus betreiben. Eine Alternative hierzu ist der Betrieb eines speziellen Netzwerkknotens, dem sog. Access-Point (Managed-Modus). Ähnlich wie ein Hub oder ein Switch in einem Ethernet-LAN fungiert der Access-Point als Verteiler für Datenpakete im WLAN. Dadurch können im Managed-Modus auch Geräte miteinander kommunizieren, die sich zwar nicht direkt über die Funkschnittstelle erreichen, aber beide in Reichweite eines Access-Points liegen. Bei größeren WLANs reicht ein einzelner Access-Point häufig nicht aus, weil ein solcher Verteiler innerhalb von Gebäuden typischerweise nur einen Radius von 20 bis 30m abdecken kann. Es ist jedoch problemlos möglich, weitere Access-Points in das WLAN zu integrieren, die die Datenpakete dann untereinander weiterleiten.

Viele Access-Point haben zudem noch weitere Funktionalitäten zu bieten. Nahezu alle Modelle haben eine Ethernet-Bridge eingebaut. Mit einem solchen Gerät kann man sehr elegant über Ethernet weitere Rechner an ein WLAN anbinden, bzw. ein bestehendes Ethernet-LAN um WLAN-Funktionalität erweitern. Möchte man sein Netzwerk über DSL ans Internet anbinden, so ist möglicherweise auch ein Access-Point mit eingebautem DSL-Router interessant. Viele Geräte bieten darüber hinaus auch DHCP-Server und VPN-Funktionalitäten. Ein solches Universal-Gerät ist besonders dann interessant, wenn man in seinem Heimnetzwerk keine Server betreiben will, die ständig eingeschaltet sind. In größeren Netzwerken ist es jedoch sinnvoller, solche Dienste auf einem Linux-PC zu implementieren, da man hier deutlich flexiblere Konfigurations- und Diagnosemöglichkeiten hat (Logdateien usw.).

5.3.2 Installation mit YaST

Die Installation von WLAN-Adaptern verläuft ganz ähnlich wie die von Ethernet-Geräten. Wieder können wir mit dem Kommando /sbin/ifconfig -a prüfen, ob schon ein WLAN-Gerät eingerichtet ist oder nicht.

Zum Einrichten neuer WLAN-Adapter benutzen wir wiederum YaST (vgl. Abb. 5.3). Wenn das neue Gerät von der automatischen Hardwareerkennung korrekt erkannt wird, können wir – genau wie bei Ethernet-Adaptern – das Gerät aus der Liste der erkannten Geräte auswählen und dann konfigurieren. In folgendem Beispiel wollen wir jedoch den Fall eines USB-WLAN-Adapters behandeln, der von SuSE Linux nicht offiziell unterstützt wird (nicht in der Hardwaredatenbank aufgeführt).

Nach der Hardwareerkennung bleibt die Liste der erkannten Geräte leer. Wir wählen also „andere nicht erkannte" aus der Geräteliste aus und wählen dann „Konfigurieren". Es erscheint ein Dialog zur manuellen Konfiguration von Netzwerkkarten (siehe Abbildung 5.4). Hier wählen wir unter „Typ des Netzwerks"

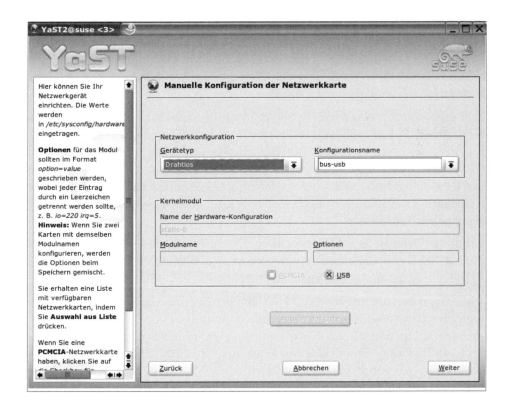

Abbildung 5.4: Manuelle Konfiguration von Netzwerkgeräten

die Option „drahtlos" aus und wählen außerdem „USB" im Bereich zur Konfiguration des Kernelmoduls.

Diese Einstellungen reichen bereits aus, um Linux mit dem neuen Netzwerkadapter bekannt zu machen. Das liegt daran, dass für den Chipsatz des USB-WLAN-Adapters bereits ein passendes Kernel-Modul in der SuSE-Distribution mitgeliefert wurde. Bitte beachten Sie aber, dass das bei nicht unterstützten Geräten nicht immer so einfach geht. Bei sehr aktueller Hardware kann es sein, dass entweder gar keine oder erst instabile Treiber verfügbar sind, die aus gutem Grund nicht mit der SuSE-Distribution ausgeliefert werden. Vielfach führt hier kein Weg daran vorbei, aktuelle Treiber selbst zu kompilieren und in das Modulsystem von SuSE Linux einzupflegen. Hierauf können wir jedoch nicht weiter eingehen, da es den Rahmen des Buches sprengen würde. Meistens helfen jedoch bei nicht offiziell von SuSE unterstützten Geräten die Installationsanleitungen auf den Webseiten der Treiberentwickler weiter und notfalls bekommt man auch Unterstützung in den zahlreichen Linux-Foren im Internet.

Bis zu diesem Punkt lief die Installation eines WLAN-Adapters analog zur Installation eines Ethernet-Adapters ab. Um einige Besonderheiten muss man sich bei WLAN aber doch noch kümmern. Anders als bei kabelgebundenen Netzwerken, wo ja das Netzwerk in Form des Netzwerkkabels physisch klar abgegrenzt ist, stellt sich bei Funk-LANs schnell das Problem dieser Abgrenzung. Wie kann etwa sichergestellt werden, dass sich die Funknetzwerke in zwei benachbarten Wohnungen nicht gegenseitig stören?

Hier geht man den Weg der *logischen* Abgrenzung. Jedes WLAN (das ja von mehreren Access-Points gebildet werden kann) besitzt eine eindeutige Kennung, die sog. ESSID (Extended Service Set ID). Weiterhin ist es möglich, eine sog. NWID (Network ID) zu vergeben. Anders als der Name vermuten lässt, bezeichnet die NWID nicht ein Netzwerk, sondern die Funkzelle eines einzelnen Access-Points. Schließlich kann man auch noch jedem WLAN-Adapter einen sog. Nickname (Spitznamen) zuweisen.

An dieser Stelle ist jedoch zu beachten, dass nicht alle diese Parameter von jeder WLAN-Technologie unterstützt werden. In den heute üblichen Netzen nach 802.11 gibt es beispielsweise keine NWIDs.

Weiterhin sehen die meisten WLAN-Technologien auch Mechanismen zur kryptographischen Verschlüsselung der Funkverbindungen vor. Für die heute eingesetzten 802.11b- und 802.11g-Netze kommen gleichermaßen die Varianten WEP64 und WEP128 zum Einsatz, die beide auf dem RC4-Algorithmus basieren und Schlüssellängen von 40 bzw. 104 Bit verwenden. WEP steht hier für „Wired Equivalent Privacy". Allerdings gilt die WEP-Verschlüsselung schon lange als angreifbar und kann daher wenn überhaupt als Schutz vor neugierigen (und nicht besonders an Computertechnik interessierten) Nachbarn verstanden werden.

Solche Einstellungen zu Netzwerkkennungen und zur Verschlüsselung kann man ebenfalls über YaST vornehmen. Abbildung 5.5 zeigt den entsprechenden Dialog in YaST. Zunächst muss man sich für einen Betriebsmodus entscheiden.

Möchte man nur eine Funkverbindung zwischen zwei Rechnern herstellen, so stellt man hier, wie oben bereits erwähnt, auf beiden Geräten „Ad-hoc" ein. Kommt dagegen ein Access-Point zum Einsatz, wählt man „Verwaltet". Schließlich gibt es noch die Einstellung „Master", die bewirkt, dass das WLAN-Interface selbst als Access-Point konfiguriert wird. Sogar das ist prinzipiell möglich! Dennoch wollen wir an dieser Stelle nicht näher auf diese Möglichkeit eingehen, weil sie nur von sehr wenigen WLAN-Adaptern (bzw. den dazugehörigen Treibern) unterstützt wird. Ohnehin ist ein Linux-Rechner nur in wenigen Fällen ein adäquater Ersatz für einen „richtigen" Access-Point, weil hier der physische Standort eine ganz entscheidende Rolle spielt, um optimale Funkabdeckung im gewünschten Bereich zu haben, und sicherlich stellt sich nicht jeder gern einen Linux-Rechner in die Fensterbank von Küche oder Wohnzimmer.

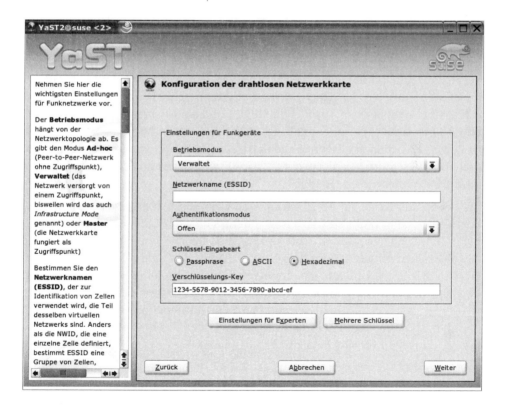

Abbildung 5.5: WLAN-spezifische Einstellungen mit YaST

Unter „ESSID" trägt man eine selbstgewählte Bezeichnung für sein Funknetzwerk ein, diese muss auf allen zum WLAN gehörigen Access-Points und WLAN-Adaptern gleich sein.

Als nächstes wählt man einen Authentifikationsmodus. Hier stellt man in aller Regel „Offen" ein. Dies bedeutet, dass beim Einsatz von Verschlüsselung die einzelnen Rechner keinen gemeinsamen geheimen Schlüssel verwenden müssen. Stattdessen wird bei jedem Verbindungsaufbau aus dem geheimen Schlüssel ein neuer Schlüssel nach einer bestimmten Berechnungsvorschrift erzeugt, und die anderen Rechner im Netzwerk können die Gültigkeit dieses Schlüssels mathematisch überprüfen. Bei der Einstellung „Gemeinsamer Schlüssel" verwenden alle Rechner einen gemeinsamen geheimen Schlüssel zur Kommunikation, was ein Sicherheitsrisiko darstellt. Bei „WPA-PSK" wird das modernste Authentifizierungsverfahren verwendet. Leider wird es zur Zeit nur von sehr wenigen WLAN-Adaptern unterstützt.

Möchte man nun Verschlüsselung einsetzen, so kann man nun unter „Verschlüsselungs-Key" einen Wert eintragen, der auf allen WLAN-Geräten gleich gesetzt sein muss. Bei WEP-Verschlüsselung, was das heute übliche Verfahren ist, ist dieser geheime Schlüssel entweder 40 Bit (WEP64) oder 104 Bit (WEP128) lang. Man hat nun zwei Möglichkeiten, diesen Wert anzugeben, entweder hexadezimal oder als ASCII-String.

Bei Hexadezimalschreibweise werden 16 verschiedene Zeichen verwendet (0,...,9 und a,...,f). Jedes der 16 Zeichen wird durch 4 Bit beschrieben ($2^4 = 16$). Ein 40 Bit Schlüssel besteht also aus 10 (10·4 Bit=40 Bit) und ein 104 Bit langer Schlüssel aus 26 (26·4 Bit=104 Bit) Hexadezimalzeichen. Für bessere Lesbarkeit kann man auch noch Minuszeichen als Trennzeichen eingeben (z.B. alle vier Zeichen). Gültige Eingaben wären also beispielsweise `1234578cd0` (40 Bit) und `1234-5678-9012-3456-7890-abcd-ef` (104 Bit).

Bei der Schreibweise als ASCII-String sind theoretisch 128 verschiedene Eingabezeichen erlaubt (7-Bit-ASCII). Einige davon sind jedoch Steuerzeichen, die sich nicht ohne weiteres auf der Tastatur eingeben lassen (eine Übersicht über alle ASCII-Zeichen erhalten Sie mit `man ascii`). Erlaubt sind aber u.a. a,...,z und A,...,Z sowie 0,...,9, Umlaute funktionieren hingegen nicht. Jedes der eingegeben Zeichen wird dann intern über eine Konvertierungsfunktion des Betriebssystems wieder in zwei Hexadezimalwerte mit jeweils 4 Bit umgerechnet. Somit besteht ein gültiger String-Schlüssel aus fünf (40 Bit) oder 13 (104 Bit) ASCII-Zeichen. Gültige Eingaben für das Feld „Verschlüsselungs-Key" wären also auch `gEhIm` oder `MeinGeheimnis`.

Weiterhin ist es auch möglich, den Schlüssel nicht direkt einzugeben, sondern aus einer „Passphrase" automatisch generieren zu lassen. Dies kann jedoch zu Kompatibilitätsproblemen führen, weil nicht alle Gerätehersteller das gleiche Schema zur Schlüsselerzeugung verwenden.

Nachdem Sie alle Einstellungen vorgenommen haben, können Sie YaST beenden. Alle Parameter werden in der Datei `/etc/sysconfig/network/ifcfg-wlan-<Typ>-<Nummer>` abgelegt. Diese Einstellungen werden immer dann geladen, wenn der WLAN-Adapter initialisiert wird (z.B. also nach einem Neustart). In dieser Datei können Sie auch noch weitere Einstellungen vornehmen, die über YaST nicht verfügbar sind. Es lässt sich etwa die Empfindlichkeit des Empfängers einer WLAN-Karte regulieren oder eine Vorauswahl für den zu benutzenden Funkkanal treffen. Eine Übersicht über alle von SuSE Linux unterstützten Einstellmöglichkeiten findet man in der Datei `/etc/sysconfig/network/wireless`. Hierbei ist jedoch zu beachten, dass manche WLAN-Adapter oder deren Treiber nicht alle Einstellmöglichkeiten unterstützen. In aller Regel reichen jedoch die in YaST verfügbaren Grundeinstellungen ohnehin aus, sodass man hier wirklich nur in Ausnahmefällen etwas ändern sollte.

5.3.3 Verwendung von `iwconfig`

Ein für den Umgang mit WLAN-Adaptern absolut unverzichtbares Werkzeug ist das kommandozeilenorientierte `iwconfig`. Hierüber lassen sich Betriebsparameter wie Signalstärke und -qualität überwachen und sämtliche Einstellungen eines WLAN-Adapters zu Test- und Diagnosezwecken direkt ändern. Wir werden im folgenden nur die wichtigsten Funktionen von `iwconfig` besprechen. Einen detaillierten Überblick gibt die man-Page von `iwconfig`.

Ein Beispiel demonstriert die Verwendung von `iwconfig` (mit Root-Berechtigung ausführen):

```
linux: # iwconfig wlan0
wlan0   IEEE 802.11-DS  ESSID:"test"  Nickname:"linux"
        Mode:Managed  Frequency:2.417GHz  Access Point: 00:06:25:9B:30:66
        Bit Rate:11Mb/s   Tx-Power=15 dBm   Sensitivity:1/3
        Retry limit:4   RTS thr:off   Fragment thr:off
        Encryption key:off
        Power Management:off
        Link Quality:13/92  Signal level:-77 dBm  Noise level:-90 dBm
        Rx invalid nwid:0  Rx invalid crypt:0  Rx invalid frag:0
        Tx excessive retries:0  Invalid misc:0  Missed beacon:0
```

Startet man `iwconfig` wie in diesem Beispiel nur mit der Bezeichnung des Netzwerkinterface als einzigen Parameter, so wird eine Aufstellung über die aktuellen Betriebsparameter des dazugehörigen WLAN-Adapters angezeigt. Hier finden wir die Werte wieder, die wir im Konfigurationsdialog von YaST (Abb. 5.5 eingegeben haben.

Der Betriebsmodus, den wir in der deutschen Version von YaST auf „verwaltet" eingestellt haben, wird von `iwconfig` mit der englischen Bezeichnung „managed" ausgegeben. ESSID steht wie erwartet auf „test" und der Wert für „Nickname" wurde automatisch auf den Hostnamen des Rechners „linux" konfiguriert, da wir im Konfigurationsdialog von YaST dieses Feld leer gelassen haben.

Weiterhin wird angezeigt, welche Funkfrequenz verwendet wird und mit welchem Access-Point der WLAN-Adapter (bezeichnet durch seine MAC-Adresse) gerade verbunden ist. Oftmals sehr hilfreich sind auch Angaben über die Qualität der Funkverbindung zum Access-Point. Der Wert hinter „Link-Quality" fasst die Werte für Störungen auf der verwendeten Funkfrequenz (noise level) und Signalstärke (signal level) zusammen. Der bestmögliche Wert ist hier 92, erreicht wurde lediglich 13. Bei noch geringeren Werten kommt es sehr häufig zu Paketverlusten, sodass man den Abstand zum Access-Point verringern sollte.

Neben solchen Diagnosemöglichkeiten bietet `iwconfig` auch Funktionen an, um die Betriebsparameter des WLAN-Adapters direkt zu ändern. Mit der Kommandozeilenoption `enc` kann man beispielsweise die WEP-Verschlüsselung (engl. encryption) einschalten: `iwconfig wlan0 enc s:GeHeIm`. Bei ASCII-String-Schlüsseln, wird die Zeichenkette `s:` dem eigentlichen schlüssel vorangestellt. Auch die ESSID lässt sich ändern: `iwconfig wlan0 essid tuxnet`. Eine vollständige Aufstellung über mögliche Aufrufoptionen findet man auf der man-Page: `man iwconfig`.

Alle Einstellungen, die man per `iwconfig` manuell vornimmt, werden jedoch nicht dauerhaft übernommen. Bei der nächsten Initialisierung des Adapters gelten wieder die Einstellungen aus der Datei `/etc/sysconfig/network/ifcfg-wlan-<Typ>-<Nummer>`. Sollen Einstellungen also dauerhaft sein, müssen sie in diese Datei eingetragen werden.

5.4 Andere Technologien

Neben den in den beiden vorangegangenen Abschnitten behandelten physikalischen Netzwerktechnologien Ethernet und WLAN gibt es natürlich noch eine ganze Reihe weiterer Ansätze, wie man physikalische Netzwerke aufbauen kann. Ältere, wie z.B. Token Ring, lassen sich in den allermeisten Fällen problemlos mit SuSE Linux umsetzen. Hier gibt es für viele Netzwerkadapter ausgereifte Treiber und die Installation verläuft völlig analog zu einem Ethernet-Adapter.

Für sehr moderne Strategien wie Bluetooth gibt es solche ausgereiften Treiber hingegen noch nicht. Zwar gibt es in SuSE Linux 9.2 schon eine grundlegende Bluetooth-Unterstützung, doch ist die Zahl der unterstützten Geräte noch immer recht gering.

Dies wird sich aber ganz sicher mit Erscheinen der nächsten Versionen von SuSE Linux ändern, so dass Bluetooth in absehbarer Zeit eine interessante Ergänzung für die Infrastruktur im Linux-Netzwerk darstellen wird, vor allen in Verbindung mit kleinen Mobilgeräten wie PDAs oder Smartphones, die über keine WLAN-Anbindung verfügen.

5.5 Netzanbindung über PPP

Die in den vorangegangenen Abschnitten dieses Kapitels besprochenen Technologien basierten stets auf der Datenübertragung mit Hilfe eines speziellen Netzwerkmediums, z.B. einem Ethernetkabel. In einigen Situationen ist es jedoch nicht möglich, einen Rechner direkt (d.h. physikalisch) ans Netzwerk anzubinden – etwa weil man auf Reisen ist und das Hotelzimmer nur einen Telefonanschluss als einziges Kommunikationsmedium bietet.

Ein Telefonanschluss ist jedoch kein geeignetes Netzwerkmedium – jedenfalls nicht im engeren Sinn: Es können immer nur zwei Teilnehmer miteinander kommunizieren. Das gesamte Konzept der Layer-2-Adressierung ist somit hinfällig, denn bei nur zwei Kommunikationspartnern braucht man schließlich keine MAC-Adressen.

Um auch solchen Anforderungen gerecht zu werden, hat man das Point-To-Point-Protokoll (PPP) entwickelt. Es spezifiziert, wie IP-Pakete über Punkt-zu-Punkt-Verbindungen übertragen werden. Eine Punkt-zu-Punkt-Verbindung ist eine der einfachsten denkbaren Verbindungsarten überhaupt. Es gibt genau zwei Kommunikationspartner, die Daten miteinander austauschen (z.B. über ein serielles Kabel). Obwohl PPP prinzipiell auf jeder Punkt-zu-Punkt-Verbindung eingesetzt werden kann, wird es doch hauptsächlich für die Netzwerkeinwahl per Modem, ISDN oder DSL verwendet.

PPP bildet somit einen Ersatz für die Übertragung von Datagrammen in „richtigen" Layer-2-Frames. Zudem spezifiziert es Mechanismen für die automatische Konfiguration der Netzwerk-Interfaces. So ist es beispielsweise möglich, einem Kommunikationspartner eine IP-Adresse zuzuweisen. Ein solcher Mechanismus ist natürlich sehr sinnvoll, wenn man sich beispielsweise bei einem Internet-Provider einwählt, und der eigene Rechner eine IP-Adresse aus dem Adressraum des Providers bekommen muss. Des Weiteren existieren noch verschiedene Erweiterungen zu PPP, die u.a. die Mechanismen zur Authentifizierung der Verbindungspartner spezifizieren. Auch dies ist natürlich in vielen Fällen unabdingbar – denkt man auch hier an die Einwahl per Modem, so ist es sicherlich nicht immer erwünscht, dass jeder, der die Telefonnummer kennt, sich am Netzwerk anmelden kann.

Solche Aufgaben neben dem Transport von Datagrammen werden über Hilfsprotokolle von PPP erledigt:

- ❏ Das LCP (Link Control Protocol, RFC1661, RFC1994) regelt den Aufbau und die Aufrechterhaltung einer PPP-Verbindung. Funktionen wie Kompression und Mechanismen zur Authentifizierung können über Erweiterungen von LCP ebenfalls realisiert werden.

❑ Über IPCP (IP Control Protocol, RFC1332, RFC1877) werden IP-spezifische Verbindungsparameter vereinbart. Hierzu gehört etwa das Aushandeln der IP-Adressen beider Verbindungspartner oder der Austausch von Informationen über DNS-Server im Netzwerk. Neben IPCP gibt es noch andere Hilfsprotokolle, die ähnliche Funktionalitäten für andere Vermittlungsschichtprotokolle als IP übernehmen (PPP funktioniert nicht ausschließlich mit IP). Jedes dieser Protokolle wird als NCP (Network Control Protocol) bezeichnet.

Weil PPP häufig für das Überbrücken größerer Entfernungen verwendet wird, ordnet man diese Technik auch häufig in die Kategorie der WAN-Technologien ein. WAN steht dabei für *Wide Area Networking*.

Die folgenden Abschnitte erläutern die praktische Verwendung von PPP anhand der Einwahl zu einem Internet-Provider per Modem, ISDN und DSL. Wie oben bereits angedeutet ist PPP jedoch eine universelle Technologie, so dass man sich damit auch in das private Netzwerk einer Firma einwählen kann (häufig bezeichnet man ein solches Firmennetzwerk, das aus Sicherheitsgründen nicht direkt an das Internet angebunden ist, als Intranet).

Wir werden im Folgenden nicht darauf eingehen, wie man PPP serverseitig installiert und konfiguriert, so dass Wählverbindungen ins eigene Netzwerk möglich werden. Dieser Anwendungsfall ist im Zeitalter der permanenten Internetanbindung über Technologien wie DSL sowieso vergleichsweise selten geworden; durch eine solche permanente Internetanbindung des eigenen Netzwerks wird es möglich, sich von jedem Internetrechner aus mit dem eigenen Netzwerk zu verbinden (vgl. Abschnitt 10), was in den meisten Fällen deutlich preiswerter und performanter ist als eine Wählverbindung über PPP. Sollten Sie jedoch Ihr Netzwerk trotzdem mit einem PPP-Zugang ausstatten wollen, so ist dies mit den in diesem Buch vermittelten konzeptionellen Kenntnissen und fortgeschrittenem Linux-Wissen ganz sicher eine lösbare Aufgabe.

5.5.1 Modem

Bei Modemverbindungen wird das Telefonnetz benutzt, um eine Punkt-zu-Punkt-Verbindung zwischen zwei Rechnern aufzubauen. Beide Rechner werden hierfür jeweils mit einem Zusatzgerät, dem Modem, ausgerüstet. Das sendende Modem formt die zu übertragenen (digitalen) Signale so um, dass sie effizient über Telefonleitungen transportiert werden können. Diese Umformung bezeichnet man als Modulation. Der Umkehrprozess, die Demodulation, findet im empfangenden Modem statt. Hier werden die über das Telefonnetz transportierten Signale wieder in digitale Daten umgewandelt. Der Begriff „Modem", wurde aus den

Wortanfängen von „Modulation" und „Demodulation" gebildet: ein Modem übernimmt beide Aufgaben – schließlich kann es Daten sowohl senden als auch empfangen.

Leider gibt es genau wie bei Netzwerkadaptern auch bei Modems viele verschiedene Typen und Anschlussvarianten. Noch bis vor wenigen Jahren hat man Modems fast ausschließlich über die serielle Schnittstelle des PCs (häufig auch als COM-Port bezeichnet) angeschlossen, was die Inbetriebnahme sehr einfach macht. Jedes Betriebssystem bringt bereits Treiber für die Kommunikation über die serielle Schnittstelle mit, sodass man für solche Modems keine zusätzlichen Treiber braucht.

Im Zeitalter von modernen Bustechnologien wie USB hat sich die Sache jedoch grundlegend geändert. Diese Modems benötigen eigene Treiber, und die Modemhersteller stellen in den meisten Fällen nur Windows-Treiber zur Verfügung. Besonders interne Modems in Notebooks machen leider häufig Schwierigkeiten.

Daher ist auch bei der Auswahl eines Linux-tauglichen Modems ein Blick in die SuSE-Hardwaredatenbank sehr empfehlenswert.

Konfiguration von Modem und Internetprovider über YaST

Bei von SuSE Linux unterstützten Geräten verläuft die Installation weitestgehend automatisch mit YaST. Nachdem das Modem mit dem PC, ggf. dem Stromnetz und dem Telefonanschluss verbunden wurde, startet ein Klick im YaST Control Center auf „Netzwerkgeräte > Modem" die automatische Hardwareerkennung. Das Modem sollte dann in der Liste unter „Zu konfigurierende Modems" auftauchen. Hier wählt man „Konfigurieren...". Im folgenden Dialog lassen sich grundlegende Modemeinstellungen vornehmen, im Normalfall genügen jedoch die vorgegebenen Standardwerte. Wird das Modem an einer Telefonanlage betrieben, so kann man hier im Feld „Amtsholung" eine ggf. erforderliche Amtsholungsziffer eintragen (häufig 0). Manche Telefonanlagen liefern zudem statt des üblichen Freizeichens ein Sonderfreizeichen. In solchen Fällen muss man zusätzlich „Wählton abwarten" ausschalten, da das Modem sonst vor dem Wählen auf ein Freizeichen wartet, das Sonderfreizeichen der Telefonanlage jedoch nicht als Freizeichen erkennt und folglich nicht wählt.

Nach einem Klick auf die Schaltfläche „Weiter" kann man im nächsten Dialog aus einer Liste einen vorkonfigurierten Internetprovider auswählen. Über die Schaltfläche „Neu" lassen sich aber auch eigene PPP-Netzwerkzugänge konfigurieren (z.B. für die Einwahl in ein Firmennetzwerk).

Im folgenden Dialog „Verbindungsparameter" werden Optionen wie „Dial-on-Demand" und „Verbindung abbrechen nach n Sekunden" angeboten. „Dial-on-Demand" ist vor allem dann interessant, wenn man einen Internetzugang mit Flat-Rate hat. Hier wird automatisch eine PPP-Verbindung zum Provider aufgebaut, sobald ein Anwendungsprogramm Daten zu einem Rechner außerhalb des lokalen Netzwerks senden will. Die Verbindung wird wieder getrennt, wenn *n* Sekunden lang keine Daten mehr ausgetauscht wurden. Bei Wählverbindungen, die pro Zeiteinheit abgerechnet werden, kann „Dial-on-Demand" jedoch hohe Kosten verursachen und ist daher nicht empfehlenswert.

Ein Klick auf „Weiter" beendet schließlich die Konfiguration, die Frage, ob Mail konfiguriert werden soll, können wir vorerst mit „nein" beantworten.

Auf- und Abbau der PPP-Verbindung

Nachdem die Einstellungen für Modem und Internetprovider gespeichert wurden, können wir den neu eingerichteten PPP-Zugang testen. Besonders komfortabel geht dies mit dem KDE-Programm „KInternet", das mit zur Standardinstallation von SuSE Linux gehört.

Durch Rechtsklick auf das Icon von KInternet (vgl. Abb. 5.6) wird das Kontextmenü der Applikation aufgerufen. Hier können wir unter „Schnittstelle" das PPP-Interface auswählen, das während der Installation dem Modem zugeordnet wurde. Das Interface zum ersten Modem heißt `ppp0`, sind weitere Modems konfiguriert, so gibt es hier `ppp1`, `ppp2` usw. Unter „Provider" wählen wir den bei der Einrichtung der Modems angelegten Eintrag des Internetproviders aus und starten dann die Einwahl durch Klick auf „Einwählen".

Wenn alles funktioniert, fängt das Modem jetzt an zu wählen und ist nach einigen Sekunden mit dem Provider verbunden. Was hier genau passiert, kann man sich in der Log-Datei von KInternet anschauen. Hierzu wählen Sie im Kontextmenü von `kinternet` „Protokoll ansehen..." aus. Die Ausgabe müsste etwa wie folgt aussehen:

```
SuSE Meta pppd (smpppd-ifcfg), Version 1.06 on linux.
Status is: disconnected
trying to connect to smpppd
connect to smpppd
Status is: disconnected
Status is: connecting
pppd[0]: Plugin passwordfd.so loaded.
```

Abbildung 5.6: Icon von KInternet

5.5 Netzanbindung über PPP

```
pppd[0]: --> WvDial: Internet dialer version 1.42
pppd[0]: --> Initializing modem.
pppd[0]: --> Sending: ATZ
pppd[0]: ATZ
pppd[0]: OK
pppd[0]: --> Sending: AT Q0 V1 E1 S0=0 &C1 &D2 +FCLASS=0
pppd[0]: AT Q0 V1 E1 S0=0 &C1 &D2 +FCLASS=0
pppd[0]: OK
pppd[0]: --> Sending: ATM1
pppd[0]: ATM1
pppd[0]: OK
pppd[0]: --> Sending: ATX3
pppd[0]: ATX3
pppd[0]: OK
pppd[0]: --> Modem initialized.
pppd[0]: --> Sending: ATDT0,0192075
pppd[0]: --> Waiting for carrier.
pppd[0]: ATDT0,0192075
pppd[0]: CONNECT 42666/ARQ/V90/LAPM/V42BIS
pppd[0]: --> Carrier detected.  Chatmode finished.
pppd[0]: Serial connection established.
pppd[0]: Using interface ppp0
pppd[0]: Connect: ppp0 <--> /dev/ttyS0
pppd[0]: replacing old default route to eth0 [192.168.1.1]
pppd[0]: local  IP address 145.254.147.192
pppd[0]: remote IP address 145.253.1.184
pppd[0]: primary   DNS address 145.253.2.196
pppd[0]: secondary DNS address 145.253.2.139
pppd[0]: Script /etc/ppp/ip-up finished (pid 3008), status = 0x0
Status is: connected
```

In den ersten fünf Zeilen der Log-Datei erkennt man, das KInternet das Hilfsprogramm smpppd für die Interneteinwahl verwendet. Diese etwas kryptische Abkürzung steht für „SuSEMeta PPP Daemon". Das Programm dient dazu, eine einheitliche Schnittstelle für Wählprogramme wie kinternet zur Verfügung zu stellen. Über diesen Mechanismus ist es möglich, die mit YaST konfigurierten Modems und Provider nicht nur mit KInternet zu benutzen, sondern beispielsweise auch mit dem kommandozeilenorientierten Einwahlprogramm cinternet. Soll beispielsweise die Interneteinwahl von einem Skript aus (z.B. zu bestimmten Uhrzeiten) ausgelöst werden, so ist die Verwendung eines solchen kommandozeilenorientierten Einwahlprogramms erforderlich.

Als nächstes wird das für alle PPP-Verbindungen zuständige Programm pppd (Point to Point Protocol daemon) gestartet. Dieses ruft wiederum das Hilfsprogramm wvdial auf, das immer dann zum Einsatz kommt, wenn eine Telefonnummer mit einem Modem gewählt werden muss. Nun schickt wvdial eine Reihe von Kommandos zum Modem, die alle mit der Zeichenfolge AT beginnen. Über solche AT-Kommandos lässt sich das Modem steuern: Ein ATM1 schaltet beispielsweise den Modemlautsprecher ein. Das Modem gibt jeweils ein OK zurück und zeigt damit an, dass der Befehl erfolgreich ausgeführt wurde. Schließlich leitet das Kommando ATDT0,0192075 den eigentlichen Wählvorgang ein. Das Modem antwortet nach einigen Sekunden mit CONNECT 42666/ARQ/V90/ LAPM/V42BIS, wobei die erste Zahl anzeigt, dass mit maximal 42666 Bit/s auf der Telefonleitung übertragen werden kann. Die nachfolgenden Angaben machen Aussagen über die bei der Übertragung eingesetzten Protokolle – nicht alle Modems liefern derart ausführlich Angaben.

Nachdem die Modemverbindung erfolgreich aufgebaut wurde, ist der Job von wvdial erledigt. Das lokale Modem und das des Internetproviders haben eine Punkt-zu-Punkt-Verbindung aufgebaut, über die nun Daten ausgetauscht werden können. An dieser Stelle aktiviert pppd das Netzwerkinterface ppp0 und verbindet es mit dem Datenstrom vom Modem. In unserem Beispiel kommt dieser Datenstrom von ttyS0, was nichts anderes ist als eine Bezeichnung für die serielle Schnittstelle des Rechners, an der das Modem angeschlossen ist. Bei USB-Geräten heißt diese Schnittstelle häufig ttyACM0.

Dann wird der lokale Rechner noch über PPP mit der IP-Adresse des Internetproviders sowie mit dessen DNS-Servern bekannt gemacht und bekommt selbst eine IP-Adresse aus dem Adressraum des Providers zugewiesen. Beides geschieht, wie wir in Abschnitt 5.5 erfahren haben, über IPCP. Schließlich wird von pppd noch das Skript /etc/ppp/ip-up ausgeführt. Möchte man nach jedem Verbindungsaufbau über PPP Aktionen ausführen, kann man in diesem Skript auch selbst Befehle ergänzen.

Nach dem erfolgreichen Verbindungsaufbau über PPP steht systemweit das ppp0-Netzwerkinterface zur Verfügung. Es taucht, genau wie Ethernet- und WLAN-Interfaces auch, in der Ausgabe von ifconfig -a mit auf. Kontrolliert man den Datenverkehr mit einem Werkzeug wie ethereal auf dem ppp0-Interface, so sieht man, dass sich PPP-Layer-2-Frames deutlich von Ethernet-Layer-2-Frames unterscheiden. Wie eingangs bereits erläutert, entfällt bei Punkt-zu-Punkt-Verbindungen vor allem die Adressierung über MAC-Adressen.

Im Kontextmenü von kinternet kann man schließlich über „Auflegen" die PPP-Verbindung wieder abbauen.

5.5.2 ISDN

Anders als bei Modems findet bei ISDN-Adaptern keine Modulation oder Demodulation statt. Im ISDN-Netz werden die Daten durchgängig digital übertragen. Der häufig verwendete Begriff „ISDN-Modem" ist daher in den meisten Fällen aus technischer Sicht schlichtweg falsch. Eine Ausnahme bilden hier Hybrid-Geräte, die sowohl als analoges Modem als auch als ISDN-Adapter eingesetzt werden können.

Grundsätzlich läuft der Aufbau einer PPP-Verbindung über ISDN ganz ähnlich ab wie über Modem. Einige Unterschiede gibt es jedoch dennoch, die wir in diesem Abschnitt kurz behandeln wollen.

Konfiguration von ISDN-Adapter und Internetprovider über YaST

Nachdem der ISDN-Adapter an den PC, an die ISDN-Dose und ggf. an das Stromnetz angeschlossen wurde, lässt er sich über YaST konfigurieren. Wir wählen im YaST Control Center „Netzwerkgeräte > ISDN" aus. Nach der Hardwareerkennung sollte der Adapter in der Liste der erkannten Geräte auftauchen.

Über „Konfigurieren..." gelangt man dann zum Dialog für die Low-Level-Konfiguration des ISDN-Geräts. Hier werden die Gerätetreiber für den eingesetzten ISDN-Adapter ausgewählt. In den allermeisten Fällen kann man die vorgegebenen Werte einfach übernehmen. Der Treiber stellt dann eine Geräteschnittstelle zur Verfügung, die mit `contr0` (für das erste ISDN-Gerät) bezeichnet ist. Diese Schnittstelle ist aber nicht mit dem PPP-Netzwerkinterface zu verwechseln!

Im nächsten Dialog hat man die Wahl, ob man RawIP oder SyncPPP verwenden möchte. RawIP ist eine eine Alternative zu PPP. Bei diesem Protokoll wird auf Mechanismen zur Authentifizierung und auf dynamische Adresszuweisung verzichtet und die Datagramme werden nicht in ein PPP-Frame eingepackt. Sie werden stattdessen direkt über den ISDN-Kanal verschickt. Hierdurch wird zwar der Overhead reduziert, jedoch wird RawIP nur von sehr wenigen Internetprovidern unterstützt. In Anwendungsfällen, bei denen man sich auf ISDN-eigene Authentifizierungsmerkmale wie Rufnummernübermittlung verlassen kann und keine dynamische Adresszuweisung braucht, ist RawIP jedoch prinzipiell eine gute Alternative.

Für Verbindungen zu Internetprovidern wählt man hier jedoch fast immer SyncPPP aus. SyncPPP bezeichnet dabei eine andere Art der Übertragung (synchron) von PPP-Frames auf ISDN-Kanälen, bei Modems hingegen werden PPP-Frames asynchron übertragen. Wir wollen jedoch nicht näher auf solche Besonderheiten der physikalischen Kanäle eingehen.

Im nächsten Dialog kann man noch einige Parameter für das neu anzulegende Netzwerkinterface `ippp0` festlegen. Interfaces für synchrone PPP-Verbindungen werden nicht wie bei Modems mit `ppp` bezeichnet, sondern mit `ippp`. In den einzelnen Eingabefeldern lässt sich beispielsweise festlegen, ob man über Kanalbündelung beide ISDN-B-Kanäle für die PPP-Verbindung verwenden möchte oder ob die Verbindung kurz vor der nächsten Gebühreneinheit getrennt und dann bei Bedarf wieder automatisch aufgebaut werden soll (ChargeHUP). Allerdings funktionieren solche Zusatzfunktionen nicht bei allen Internetprovidern bzw. bei allen ISDN-Anschlüssen.

Im folgenden Dialogfenster legt man nun fest, ob über PPP dynamisch IP-Adressen zugewiesen werden soll. Bei der Einwahl zum Internetprovider ist eine solche Zuweisung in aller Regel erwünscht. Schließlich wird noch ein Provider konfiguriert, was jedoch genau so abläuft wie bei der Verbindung über ein Modem (siehe vorhergehender Abschnitt). Hiernach ist die Konfiguration abgeschlossen, und YaST kann beendet werden.

Auf- und Abbau der PPP-Verbindung

Anders als bei Modems wählen wir im Kontextmenü von `kinternet` unter „Schnittstelle" nicht `ppp0` sondern `ippp0` aus. Über „Einwählen" kann dann der Verbindungsaufbau gestartet werden.

Leider ließ sich der ISDN-Einwahlvorgang auf unserem Testsystem nicht über Menüpunkt „Protokoll ansehen..." mitverfolgen. Protokoll-Informationen findet man aber in der Datei `/var/log/messages`. Aktuelle Änderungen dieser Datei lassen sich mitverfolgen, wenn man auf der Kommandozeile `tail -f /var/log/messages` eingibt.

Ein erfolgreicher Verbindungsaufbau müsste in etwa wie folgt aussehen:

```
ipppd[3562]: ipppd i2.2.12 (isdn4linux version of pppd by MH) started
ipppd[3562]: init_unit: 0
ipppd[3562]: Connect[0]: /dev/ippp0, fd: 8
smpppd[3574]: smpppd version 1.06 started
kernel: ippp0: dialing 1 01019019231750...
kernel: kcapi: appl 1 ncci 0x10101 up
ipppd[3562]: Local number: 0, Remote number: 01019019231750, Type: outgoing
ipppd[3562]: PHASE_WAIT -> PHASE_ESTABLISHED, ifunit: 0, linkunit: 0, fd: 8
kernel: isdn_net: ippp0 connected
kernel: capidrv-1: chan 0 up with ncci 0x10101
ipppd[3562]: Remote message:
ipppd[3562]: MPPP negotiation, He: No We: No
ipppd[3562]: CCP enabled! Trying CCP.
ipppd[3562]: CCP: got ccp-unit 0 for link 0 (Compression Control Protocol)
ipppd[3562]: ccp_resetci!
ipppd[3562]: local  IP address 213.7.198.79
ipppd[3562]: remote IP address 62.104.223.37
```

Wir erkennen hier, dass für synchrone PPP-Verbindungen über ISDN nicht das normale `pppd` zum Einsatz kommt, sondern eine für diesen Anwendungsfall angepasste Version `ipppd`. Ein weiterer Unterschied betrifft die Art der Steuerung des ISDN-Adapters: Anders als bei Modems werden hier keine AT-Befehle zum Gerät gesendet. ISDN-Adapter werden stattdessen über die sog. CAPI-Schnitt-

5.5 Netzanbindung über PPP

stelle (Common ISDN API) gesteuert. Daher ruft `ipppd` nicht `wvdial` zum Wählen der Telefonnummer auf, sondern startet den Wählvorgang über das CAPI-Interface des Kernels.

Nachdem die ISDN-Verbindung hergestellt wurde, kommen zwei LCP-Hilfsprotokolle zum Einsatz (vgl. 5.5): MPPP und CCP.

MPPP steht für Multilink PPP (RFC 1717). Hierüber lassen sich die beiden ISDN-Kanäle bündeln, sodass die doppelte Übertragungsgeschwindigkeit möglich wird. Allerdings zeigt sich, dass weder wir noch die Gegenstelle Unterstützung für MPPP eingeschaltet haben (He: No, We: No). Hätten wir in YaST die Möglichkeit zur Kanalbündelung eingeschaltet, käme hier die Meldung (He: No, We: Yes). Allerdings funktioniert Kanalbündelung nur dann, wenn beide Parteien dies unterstützen. In diesem Fall lässt sie sich über das Kommando `isdnctrl addlink ippp0` aktivieren.

CCP ist eine Abkürzung für Compression Control Protocol (RFC 1962). Hierüber lassen sich Verfahren zur Datenkompression zuschalten, jedoch auch nur dann, wenn beide Seiten sich auf ein Verfahren einigen können. In diesem Beispiel ist CCP (gemäß Standardeinstellung) abgeschaltet. Das lässt sich ändern, indem man die Option „noccp" aus der Datei `/etc/ppp/peers/capi-isdn` entfernt. Allerdings werden Kompressionsverfahren nur von den wenigsten Providern unterstützt.

Schließlich werden über IPCP (vgl. ebenfalls Abschnitt 5.5) noch die IP-Adressen der Verbindungspartner konfiguriert. Damit steht die PPP-Verbindung. Soll sie wieder abgebaut werden, wählt man im Kontextmenü von `kinternet` „Auflegen" aus.

5.5.3 DSL

Die Netzwerkanbindung über DSL bietet gegenüber der Einwahl per Modem oder ISDN deutliche Vorteile. Zum einen können höhere Übertragungsraten erzielt werden und zum anderen bieten viele Internetprovider günstige Pauschaltarife (Flat-Rates) für DSL-Kunden an, wodurch die ständige Anbindung an das Internet auch für kleine Unternehmen und Privathaushalte erschwinglich wird. DSL steht für *Digital Subscriber Line*, man unterscheidet zwei Varianten: ADSL (asynchronous DSL) und SDSL (synchronous DSL).

Bei ADSL gibt es unterschiedliche maximale Übertragungsraten für den Hin- und den Rückkanal der Verbindung. Gängig sind hier 128 kBit/s für die Übertragungsrichtung zum Provider hin (Upstream) und 786 kBit/s für Daten, die vom Provider kommen (Downstream). Technisch möglich sind max. 8 MBit/s Downstream (128-fache ISDN-Geschwindigkeit) und 768 kbit/s Upstream (12-fache ISDN-Geschwindigkeit).

Bei SDSL sind die Geschwindigkeiten in beide Übertragungsrichtungen gleich. Technisch möglich sind jeweils 2,3 MBit/s. SDSL ist somit vorwiegend für Geschäftskunden interessant, die auch selbst Internet-Dienste anbieten wollen und daher auf eine hohe Upstream-Geschwindigkeit angewiesen sind.

Sowohl bei ADSL als auch bei SDSL werden die Daten zwischen dem DSL-Anschluss des Kunden und der Vermittlungsstelle über die Kupferadern des normalen Telefonkabels übertragen. Obwohl die Übertragung über dasselbe Medium erfolgt, sind jedoch beide Signale physikalisch voneinander getrennt: Die DSL-Spezifikation schreibt vor, dass die DSL-Signale in einem anderen Frequenzbereich übertragen werden als die Signale für analoge Telefonie und ISDN. Diese Technik, die man auch als Frequenzmultiplexing bezeichnet, stellt sicher, dass ISDN- und Telefoniedienste nicht von der DSL-Datenübertragung beeinflusst werden.

Auf der Strecke zwischen Vermittlungsstelle und Internetprovider erfolgt die Datenübertragung über das ATM-Netz des Telekommunikationsanbieters. ATM ist eine im Telekommunikationsbereich sehr weit verbreitete Layer-2-Technologie, auf die wir jedoch nicht näher eingehen wollen.

Das ATM-Netz stellt in aller Regel keinen Engpass für DSL-typische Datenraten dar, die Strecke zwischen DSL-Anschluss und Vermittlungsstelle über normale Telefonie-Kupferadern mitunter schon. In Abhängigkeit von der hier zur Verfügung stehenden Kanalqualität kann es sein, dass die oben genannten theoretisch möglichen Übertragungsraten nicht erreicht werden können. In seltenen Fällen kann die Kanalqualität sogar so schlecht sein, dass gar kein DSL möglich ist. Der wichtigste Einflussfaktor ist hierbei die Entfernung zwischen DSL-Anschluss und Vermittlungsstelle. Je größer sie ist, desto schlechter ist die Qualität der Übertragungskanals.

Für die Nutzung von DSL sind zwei Zusatzgeräte erforderlich, ein DSL-Splitter und ein DSL-Modem. Der DSL-Splitter realisiert die Trennung der Frequenzbereiche für Telefonie und DSL. Das DSL-Modem übernimmt zwei Funktionen:

Zum einen fungiert es als Signalumformer. Es formt die zu übertragenen Signale so um, dass diese zuverlässig über die Verbindungsstrecke aus Kupferkabel übertragen werden können (Modulation). In der Vermittlungsstelle wird diese Umformung dann rückgängig gemacht (Demodulation). Das Gerät, das hierfür in der Vermittlungsstelle verwendet wird, heißt DSLAM (DSL Access Multiplexer). Seine Funktionalität ist prinzipiell vergleichbar mit der Layer-1-Funktionalität eines DSL-Modems, es kann jedoch typischerweise mehrere hundert DSL-Anschlüsse gleichzeitig bedienen. Für Daten, die von der Vermittlungsstelle zum DSL-Anschluss übertragen werden, läuft der Prozess umgekehrt ab: der DSLAM arbeitet als Modulator und das Modem als Demodulator.

Die zweite Aufgabe des DSL-Modems besteht in einer Protokollumsetzung. Wie oben bereits angedeutet läuft die weitere Kommunikation zwischen Vermittlungsstelle und Internetprovider über ein ATM-basiertes Netzwerk ab. Der DSLAM in der Vermittlungsstelle reicht die für einen DSL-Teilnehmer bestimmten ATM-Frames (hier spricht man auch von ATM-Zellen) auf der dem Teilnehmer zugeordneten Kupferleitung weiter und das Modem sorgt dann dafür, dass der Inhalt dieser ATM-Zellen ausgepackt wird. In Upstream-Richtung packt das Modem die zu sendenden Daten in ATM-Zellen ein, die dann an den Internetprovider geschickt werden.

Wie sieht nun der Inhalt einer solchen ATM-Zelle aus? Genau wie bei einer Verbindung über ISDN oder Modem kommt auch bei DSL PPP zum Einsatz. Allerdings hier mit der Besonderheit, dass die PPP-Frames wiederum in Ethernet-Frames eingepackt sind. Diese zusätzliche Kapselung bezeichnet man kurz als PPPoE (PPP over Ethernet).

Somit liegt es nahe, ein DSL-Modem nicht über gängige Schnittstellen wie USB mit dem für die Netzwerkeinwahl verwendeten Rechner zu verbinden, sondern über Ethernet. Schließlich enthalten alle am Modem eingehenden ATM-Zellen bereits Ethernet-Frames, die über eine Ethernet-Schnittstelle einfach nach außen gegeben werden können.

Dennoch gibt es auch bei DSL-Modems inzwischen viele verschiedene Typen und Anschlussvarianten. Neben dem gängigen Anschluss über Ethernet (der Einwahlrechner muss also mit einer Ethernetkarte ausgestattet sein), haben sich inzwischen auch Geräte mit PCI- oder USB-2.0-Interface etabliert. Bei letzteren müssen allerdings noch weitere Schritte zur Protokollumsetzung von der Hardware oder dem Gerätetreiber durchgeführt werden. Bei den direkt über Ethernet angebundenen DSL-Modems ist hingegen lediglich ein Gerätetreiber für die Netzwerkkarte erforderlich, sodass der Betrieb in sehr vielen Hardwareumgebungen und unter vielen Betriebssystemen problemlos möglich ist.

SuSE Linux bietet Unterstützung für alle Ethernet-basierten DSL-Modems und für viele Modems mit alternativen Schnittstellen. Ob ein Gerät aus der zweiten Gruppe unterstützt wird oder nicht, kann man in der SuSE-Hardware-Datenbank nachschlagen.

Im folgenden Abschnitt beschreiben wir, welche Konfigurationsschritte notwendig sind, um eine PPPoE-Verbindung zwischen einem PC im lokalen Netz und dem Internetprovider herzustellen. Dieser PC lässt sich dann als Gateway konfigurieren (vgl. Abschnitt 6.2.3), sodass auch andere Rechner im LAN Internetkonnektivität haben. In einigen Fällen, besonders in kleineren Privatnetzwerken, ist der ständige Betrieb eines solchen DSL-Gateway-Rechners jedoch nicht erwünscht. Hier bietet sich die Anschaffung eines sog. DSL-Routers an. Ein solches Kombi-Gerät fungiert gleichzeitig als PPP-Client und Gateway – einige Modelle sind gleichzeitig auch WLAN-Access-Point, DHCP-Server und vieles mehr. Sie sind kleiner, stromsparender und leiser als ein normaler PC, aber meistens nicht so flexibel zu konfigurieren und haben nur eingeschränkte Diagnosemöglichkeiten. Beim Einsatz eines solchen Gerätes entfällt die im Folgenden beschriebene Konfiguration einer PPP-Verbindung am PC; der Internetzugang wird vom DSL-Router völlig transparent für die einzelnen Rechner im LAN zur Verfügung gestellt.

Konfiguration von DSL-Zugang und Internetprovider über YaST

Die Konfiguration einer DSL-Verbindung lässt sich ebenfalls mit YaST durchführen.

Wählen Sie zunächst im YaST Control Center „Netzwerkgeräte > DSL" aus, die automatische Hardwareerkennung wird dann gestartet. Falls Ihr Modem nicht über einen Ethernet-Adapter an Ihren PC angeschlossen ist, sondern direkt über einen Erweiterungsbus (wie z.B. PCI oder USB), sollte die Hardwareerkennung das Gerät erkennen und die benötigten Gerätetreiber automatisch konfigurieren. Ein über Ethernet angebundenes Modem benötigt, wie oben bereits beschrieben, keinen separaten Gerätetreiber und wird daher auch nicht erkannt bzw. automatisch konfiguriert. Wählen sie in diesem Fall „Andere (nicht erkannte)", dann „PPP over Ethernet" und fahren Sie schließlich mit der Konfiguration der PPP-Verbindung fort.

Genau wie bei ISDN- und Modem-Verbindungen müssen Sie in den nächsten Dialogen Benutzername und Kennwort eingeben; beide Werte sind in aller Regel aus den Vertragsunterlagen des Internetproviders ersichtlich. Weiterhin können Sie unterschiedliche Arten des Verbindungsaufbaus und -abbaus festlegen: Dial-on-Demand, Connection Timeout, usw. Auch diese Dialoge entsprechen denen bei Modem und ISDN.

Auf- und Abbau der PPP-Verbindung

Zum Aufbau der DSL-Verbindung wählen wir im Kontextmenü von `kinternet` unter „Schnittstelle" `dsl0` aus. Über „Einwählen" kann dann der Verbindungsaufbau gestartet werden. Die einzelnen Schritte kann man hierbei in der Log-Datei von KInternet nachvollziehen (im Kontextmenü von `kinternet` „Protokoll ansehen..." auswählen). Die Ausgabe müsste etwa wie folgt aussehen:

```
SuSE Meta pppd (smpppd-ifcfg), Version 1.06 on linux.
Status is: disconnected
trying to connect to smpppd
connect to smpppd
Status is: disconnected
Interface is eth0.
Status is: connecting
pppd[0]: Plugin pppoe.so loaded.
pppd[0]: PPPoE Plugin Initialized
```

5.5 Netzanbindung über PPP

```
pppd[0]: Plugin passwordfd.so loaded.
pppd[0]: Sending PADI
pppd[0]: HOST_UNIQ successful match
pppd[0]: HOST_UNIQ successful match
pppd[0]: Got connection: 1887
pppd[0]: Connecting PPPoE socket: 00:90:1a:10:0f:f2 8718 eth0 0x8088b68
pppd[0]: Using interface ppp0
pppd[0]: Connect: ppp0 <--> eth0
pppd[0]: Setting MTU to 1492.
pppd[0]: Couldn't increase MRU to 1500
pppd[0]: Setting MTU to 1492.
pppd[0]: local  IP address 80.134.231.82
pppd[0]: remote IP address 217.5.98.63
pppd[0]: primary   DNS address 217.5.115.7
pppd[0]: secondary DNS address 194.25.2.129
pppd[0]: Script /etc/ppp/ip-up finished (pid 3525), status = 0x0
Status is: connected
```

Die erste Zeile des Einwahlprotokolls zeigt, dass auch bei DSL-Verbindungen der SuSE Meta pppd eingesetzt wird. Dieser startet – analog zur Einwahl per Modem – das für PPP-Verbindungen zuständige Programm `pppd` (Point to Point Protocol daemon). Dessen Funktionalität wird über ein Plugin so erweitert, dass auch PPPoE-Verbindungen unterstützt werden.

Anders als bei PPP-Verbindungen über Modem- oder ISDN-Verbindungen, bei denen über die Telefonnummer die PPP-Gegenstelle ausgewählt wird, werden bei PPPoE-Verbindungen spezielle PPP-Pakete verwendet, um die PPP-Gegenstelle zu bestimmen und die Verbindung schließlich aufzubauen. Diese PPP-Erweiterungen sind im RFC 2516 spezifiziert: Zunächst sendet der einwählende Rechner ein PPPoE Active Discovery Initiation (PADI) Paket an alle per Ethernet-Broadcast erreichbaren Rechner. Die PPPoE-Gegenstelle (also der Einwahlknoten des Internetproviders, auch Access Concentrator oder kurz AC genannt) antwortet mit einem PPPoE Active Discovery Offer (PADO) Paket.

Damit nun der einwählende Rechner das PADO-Paket seiner Anfrage zuordnen kann, gibt es im PADI-Paket ein `Host-Uniq`-Tag, in dem ein beliebiger Wert mitgeschickt wird. Der AC trägt diesen Wert auch im PADO-Paket ein, mit dem er auf die PADI-Anfrage antwortet. Auf diese Weise kann jede Antwort des AC einer Anfrage zugeordnet werden.

Nun ist es möglich, dass auf eine PADI-Anfrage mehrere ACs antworten, sodass mehrere PADO-Pakete beim einwählenden Rechner eintreffen. Daher ist der Verbindungsaufbau an dieser Stelle noch nicht abgeschlossen. Der einwählende Rechner sendet als nächstes ein PPPoE Active Discovery Request (PADR) Paket an den AC, mit dem er eine Verbindung aufbauen möchte. Die MAC-Adresse, an die dieses PADR-Paket geschickt werden soll, entspricht der Absender-Adresse des zugehörigen PADO-Pakets. Auch im PADR-Paket wird wieder ein Wert im `Host-Uniq`-Tag mitgeschickt.

Der AC antwortet schließlich mit einem PPPoE Active Discovery Session-Confirmation (PADS) Paket; auch hier wird der Wert aus dem `Host-Uniq`-Tag wiederholt, sodass der einwählende Rechner das PADS-Paket seiner Anfrage zuordnen kann. In diesem Paket wird auch eine 16 Bit lange Session-ID mitübertragen, die nun während der gesamten PPP-Verbindung konstant bleibt.

Im oben dargestellten Einwahlprotokoll kann man den Aufbau der Verbindung noch einmal exemplarisch nachvollziehen: Nachdem das PADI-Paket verschickt wurde, antwortet der AC mit einem PADO-Paket. Das Eintreffen dieses Pakets ist zwar nicht explizit kenntlich gemacht, die Ausschrift „HOST_UNIQ successful match" zeigt aber indirekt an, dass ein solches Paket eingetroffen ist und dass dessen `Host-Uniq`-Tag dem der Anfrage entspricht. Diese Zeile taucht zweimal auf, weil diese Überprüfung ein zweites Mal für das Anfrage-Antwort-Paar PADR/PADS durchgeführt wird. Der Wert 1887 in der nächsten Zeile ist die im PADS-Paket mitgeschickte Session-ID in Hexadezimaldarstellung. In der nächsten Zeile wird noch einmal die MAC-Adresse des ACs ausgegeben, dann noch einmal die Session-ID, das für die PPP-Einwahl verwendete Netzwerk-Interface und eine Referenz auf den Speicherbereich, in dem der `pppd` eine Datenstruktur für diese PPP-Session angelegt hat.

An dieser Stelle fällt auf, dass die Session-ID zunächst als 1887 ausgegeben wird, in der nächsten Zeile dann mit 8718. Dies liegt daran, dass es bei Internetprotokollen üblich ist (RFC 1340), Zahlen im sog. Big-Endian-Format darzustellen, auf 80x86-Rechnern aber das Little-Endian-Format verwendet wird. Der Unterschied besteht darin, dass die einzelnen Bytes eines Wertes jeweils in genau umgekehrter Reihenfolge geschrieben werden. 8718 ist in diesem Beispiel die Darstellung im Little-Endian- und 1887 die im Big-Endian-Format.

Die weiteren Zeilen des Einwahlprotokolls zeigen, dass alle weiteren Schritte zum Verbindungsaufbau weitgehend denen bei PPP-Verbindungen über Modem entsprechen. Das PPP-Interface wird jedoch nicht an die serielle Schnittstelle `ttyS0` gebunden (vgl. Darstellung auf Seite 55), sondern an das Netzwerkinterface `eth0`. Außerdem wird die MTU von `ppp0` noch auf 1492 Byte eingestellt. Dies entspricht der normalen Ethernet-MTU von 1500 Byte abzüglich 8 Byte für den PPPoE-Header.

Schließlich werden über IPCP (vgl. Abschnitt 5.5) noch die IP-Adressen der Verbindungspartner sowie Adressen für DNS-Server konfiguriert. Damit steht die PPP-Verbindung. Soll sie wieder abgebaut werden, wählt man im Kontextmenü von `kinternet` „Auflegen" aus.

Kapitel 6

Die TCP/IP-Protokolle

Die in diesem Kapitel behandelten Protokolle bilden den „Kern" der gesamten Internet-Welt. Diese Protokolle sind auf allen Rechnern zu finden, die an das Internet angeschlossen sind.

Nachdem wir im vorangegangenen Kapitel Technologien für die physikalische Vernetzung von Rechnern in lokalen Netzen kennen gelernt haben (Bitübertragungs- und Sicherungsschicht im OSI-Modell), geht es im Folgenden um Protokolle, die Funktionalitäten zur Überwindung der Grenzen eines LANs bereitstellen.

Das wohl bekannteste dieser Protokolle ist das *InternetProtocol* (*IP*). Es sorgt dafür, dass jedes einzelne Datenpaket im Internet seinen Weg zum Zielrechner findet. Neben Erläuterungen zur Grundlegenden Funktionsweise von IP werden wir im Folgenden auch ein wichtiges Hilfsprotokoll von IP behandeln, nämlich ICMP. Weiterhin geben wir einen kurzen Überblick über die neue IP-Protokoll-Version *IPv6*, die in den nächsten Jahren *IPv4* ablösen soll.

Den zweiten Schwerpunkt dieses Kapitels bildet das *Transmission Control Protocol* (*TCP*). Es sorgt für Zuverlässigkeit bei der Datenübertragung, indem es Verluste von IP-Paketen erkennt und die erneute Übertragung dieser Daten veranlasst. Neben TCP wird auch das *User Datagramm Protocol* (*UDP*) behandelt (beide liegen auf der Transportschicht im OSI-Modell). UDP bietet zwar keine Behandlung von verlorenen Paketen, führt aber verglichen mit TCP zu deutlich weniger Protokoll-Overhead. UDP ist nach TCP mit Abstand das am weitesten verbreitete Transportprotokoll im Internet.

6.1 Internet Protocol Grundlagen

IP stellt die Basisdienste für die Übermittlung von Daten zwischen Endsystemen in TCP/IP-Netzen bereit und ist im RFC 791 spezifiziert. Die Daten werden in

Paketform (auch *Datagramm* genannt) durch das Netz befördert. Das impliziert, dass die Daten der Anwendung in Datenpakete aufgeteilt werden müssen, bevor sie mittels IP übertragen werden können. Tatsächlich nimmt das in Abschnitt 6.6 TCP-Protokoll eine solche Aufteilung vor.

Die Funktionen von IP umfassen:

- Die genaue Spezifikation von Datagrammen, die die Basiseinheiten für die Übermittlung von Daten im Internet bilden.
- Definition des Adressierungsschemas.
- Routing/Vermittlung/Übertragung von Datagrammen durch das Netz.
- Fragmentieren und Zusammensetzen von Datagrammen.

Die zu übertragenden Pakete werden von IP nach bestem Bemühen („best effort") von der Quelle zum Ziel transportiert. Es gibt also keine Garantie, dass ein gesendetes Paket innerhalb einer bestimmten Zeitspanne sein Ziel erreicht. Es ist nicht einmal garantiert, dass ein Paket überhaupt sein Ziel erreicht. Und wenn ein Paket sein Ziel erreicht, kann der Empfänger nicht sicher sein, dass die Daten unverfälscht übertragen wurden. Daher handelt es sich bei IP um einen unzuverlässigen Übertragungsdienst.

Eine weitere Eigenschaft von IP ist, dass es verbindungslos arbeitet. Es wird also zur Datenübertragung keine statische Ende-zu-Ende-Verbindung der Kommunikationspartner eingerichtet; stattdessen wird für jedes einzelne Paket ein neuer Weg durch das Netz gesucht.

6.1.1 Aufbau der IP-Pakete (Datagramme)

Den genauen Aufbau eines Datagramms in IP zeigt Abbildung 6.1.

Ein IP-Paket besteht aus einem *Header*, der die gesamten Verwaltungsinformationen enthält sowie dem eigentlichen Datenteil (*Data*). Besonders die folgenden Felder des Headers sind von Interesse:

- Version
  Dieses Feld gibt die Version des verwendeten Protokolls an, in diesem Fall 4, da es sich um IP Version 4 handelt. Die Information ist wichtig, wenn in einem Netz mehrere IP-Versionen unterstützt werden, also z. B. auch die neue Version IPv6, die in Abschnitt 6.5 noch näher beschrieben wird.

- Header Length
  In diesem Feld wird die Gesamtlänge des Headers gespeichert. Diese Information ist wichtig, um festzustellen, an welcher Stelle die Nutzdaten des Pakets beginnen. Aufgrund der variablen Länge des Optionsfeldes kann die Headerlänge variieren.

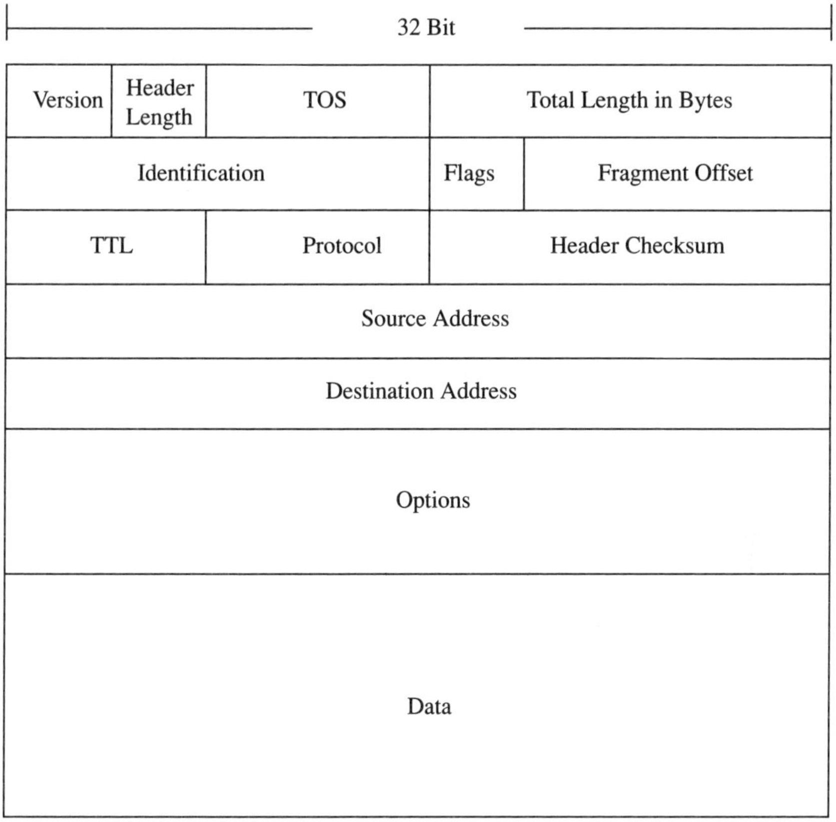

6.1 Internet Protocol Grundlagen

32 Bit				
Version	Header Length	TOS	Total Length in Bytes	
Identification			Flags	Fragment Offset
TTL		Protocol	Header Checksum	
Source Address				
Destination Address				
Options				
Data				

Abbildung 6.1: Aufbau eines IP-Datagrammes

❏ Total Length
Gibt die Länge des Gesamtpakets an, die ebenfalls variieren kann. IP-Pakete haben nicht nur ein variables Optionsfeld, sondern insbesondere auch ein variabel langes Datenfeld, mit dessen Hilfe sich IP auf die verschiedenen Bedürfnisse von Anwendungen einstellen kann. Zwei Beispiele erläutern dies:

➢ Soll mit Hilfe von IP eine große Datei übertragen werden, dann ist es sinnvoll, möglichst große IP-Pakete zu erzeugen. Auf diese Weise wird der Overhead minimiert, da weniger Pakete verschickt und damit weniger Header-Informationen übertragen werden.

➢ Werden über IP die Daten für ein Internet-Telefongespräch übertragen, ist hingegen eine geringe Latenz von entscheidender Bedeutung. Eine gute Qualität hängt hier primär davon ab, mit welcher Verzögerung das Sprachsignal den Empfänger erreicht. Ist diese Verzögerung zu groß, so wird der Gesprächsfluss gestört, so dass sich die Gesprächspartner immer wieder gegenseitig ins Wort fallen (dieser Effekt tritt übrigens auch bei Satellitentelefonie auf). Würde man bei IP-Telefonie mit maximal großen IP-Paketen arbeiten (die maximale Größe beträgt 65535 Bytes), so könnte man jedes Datagramm erst auf die Reise schicken nachdem sich 65535 Bytes im Sendepuffer angesammelt haben. Bei für diesen Anwendungsfall typischen Datenraten würde dies mehrere Sekunden dauern! Daher ist es sehr wichtig, relativ kurze Pakete zu versenden (typisch: 512 Bytes).

❏ TTL
Der Time-To-Live-Parameter gibt an, über wie viele „ Hops" (also Router) ein Paket im Netzwerk weitergeleitet werden darf. Auf dem Senderechner wird ein initialer TTL-Wert vorgegeben (z.B. 64), und jeder Router, der dieses Paket weiterleitet verringert den Wert jeweils um eins. Ist der Wert bei Null angelangt, wird das Paket nicht mehr weitergeleitet sondern verworfen. Dieses Verfahren ist notwendig, um das Netz gegen Routing-Fehler abzusichern. Es wird wirkungsvoll verhindert, dass sich Routing-Schleifen bilden können, in denen Pakete permanent zirkulieren.

❏ Protocol
Dieser Parameter gibt das Protokoll an, das im Datenteil dieses IP-Pakets verwendet wird (z.B. TCP oder UDP). Dieses Feld ermöglicht es dem empfangenden Host das Paket richtig zu verarbeiten. Weiterhin kann es von Routern oder Firewalls ausgewertet werden, um die Routingentscheidung bzw. Filterentscheidung auch in Abhängigkeit vom verwendeten Transportprotokoll treffen zu können.

❏ Source und Destination IP Address
Diese beiden Felder identifizieren eindeutig den sendenden und den empfangenden Rechner. Die Senderadresse ist nicht nur wichtig, um dem Empfänger mitzuteilen, wer ihm Daten sendet, sondern spielt auch bei Sicherheitsfragen eine große Rolle. Mehr zu diesem Thema findet sich in Teil III – Sicherheit. Die Empfängeradresse wird von den Routing-Verfahren verwendet, um herauszufinden, wohin das Paket denn eigentlich zu schicken ist – dazu mehr in Abschnitt 6.2. Außerdem benötigt sie natürlich der Empfänger um das Paket zu erkennen und zu empfangen.

6.1.2 Fragmentierung von Datagrammen

Wie wir im vorangegangenen Abschnitt bereits gesehen haben, können IP-Datenpakete eine variable Größe von bis zu 65535 Bytes haben. Da sie jedoch nicht direkt über das Netzwerkmedium übertragen werden, sondern zuvor in Layer-2-Frames eingepackt werden, wird die maximale Größe zusätzlich von der verwendeten Layer-2-Technologie beeinflusst. Typische Layer-2-Technologien limitieren die maximale Größe der übertragenen IP-Pakete auf deutlich kleinere Werte. Bei

Ethernet beträgt die *Maximum Transfer Unit* (MTU) (vgl. Abschnitt 5.1.3) typischerweise 1500 Bytes.

Sollten nun die zu übertragenden Daten länger sein, dann muss das Paket fragmentiert werden, d. h. in kleinere IP-Pakete aufgeteilt werden. Jedes dieser kleinen Pakete (die übrigens nichts anderes sind als auch wieder IP-Pakete) erhält dabei eine Fragmentnummer, mit deren Hilfe das ursprüngliche Paket beim Empfänger wieder zusammengesetzt werden kann. Jedes dieser kleinen Pakete kann auf verschiedenen Wegen durch das Internet übertragen werden.

Über das Zerlegen und Zusammenfügen von Paketen kümmert sich die IP-Implementierung auf jedem Host-Rechner automatisch. In aller Regel muss man sich also um IP-Fragmentierung keine Gedanken machen.

Hierbei ist anzumerken, dass Fragmentierung nicht nur beim Sender, sondern auf auf Zwischensystemen auf dem Weg passieren kann, wenn beispielsweise ein Teilstück der Verbindung eine sehr kleine MTU hat.

6.1.3 Adressierung im IP

Wie eingangs bereits erläutert, handelt es sich bei IP um ein Protokoll aus der Vermittlungsschicht im OSI-Modell. Es sorgt dafür, dass die Datagramme ihren Weg im Internet finden, indem sie vom sendenden Host (in aller Regel über mehrere Vermittlungsrechner, den sog. Routern) zum Zielrechner weitergeleitet werden. Um diese Aufgabe erfüllen zu können, ist ein einheitliches Adressierungsschema natürlich unabdingbar. Die Aufgabe von IP-Adressen ist es, Rechner in einem Netz eindeutig zu identifizieren. Die folgenden Ausführungen beschäftigen sich mit dem Aufbau von IP-Adressen.

Zunächst werden wir IP in der Version 4 (IPv4) betrachten. Dies ist noch immer die mit Abstand am häufigsten eingesetzte IP-Version. In Abschnitt 6.5 gehen wir dann auf das neuere IPv6 ein.

Eine *IPv4-Adresse* besteht aus 4 Byte, die in einer Punktnotation aufgeschrieben werden:

```
v.w.x.y
```

Jedes Byte kann einen Wert zwischen 0 und 255 annehmen. Der vordere Teil adressiert dabei ein Netz, während der hintere Teil einen Rechner (Host) in dem ausgewählten Netz adressiert.

Was hier „vorderer" und „hinterer" Teil ist, wurde noch bis vor etwa 15 Jahren durch so genannte Netzklassen bestimmt. Wie wir in Abschnitt 6.1.5 aber noch genauer sehen werden, haben diese Klassen mittlerweile Ihre Bedeutung fast vollständig verloren. Wir werden aber dennoch auf diese veraltete Unterteilung eingehen, weil sie in der Fachliteratur noch häufig auftaucht und auch für das allgemeine Verständnis hilfreich sein kann. Für praktische Anwendungen wird heute jedoch ausschließlich das im Abschnitt 6.1.5 behandelte *Classless Interdomain Routing* verwendet.

Die klassische Unterteilung in die Adressklassen A bis E, ist in Abbildung 6.2 dargestellt. Die Netzklasse wird dabei jeweils über die führenden Bits des ersten Bytes bestimmt. So hat das erste Bit einer Klasse-A-Adresse beispielsweise immer den Wert 0, während eine Klasse-C-Adresse immer mit der Bitfolge 110 beginnt. Dieses Identifikationsschema sowie die Aufteilung in Netz- und Hostanteil führen zu ganz bestimmten Adressräumen, die von jeder Klasse belegt werden. Tabelle 6.1 gibt an, welche Adressräume durch jede der Netzklassen belegt werden.

Jeweils zwei Adressen des gesamten Adressbereichs einer IP-Netzklasse sind reserviert:

❏ die Adresse, bei der der Host-Anteil nur binäre Nullen enthält, bezeichnet die *Adresse des Netzwerks* selbst, und

❏ die Adresse, bei der der Host-Anteil nur aus binären Einsen besteht, bezeichnet die *Broadcast-Adresse*, mit der alle Endgeräte im Netzwerk angesprochen werden können.

Die Klassen A bis C sind für verschieden große Netze vorgesehen. Klasse D ist die Multicast-Adressklasse. Klasse E ist reserviert für zukünftige Aufgaben.

Da die Byte-Notation für menschliche Benutzer nur schwer zu merken ist, wurden symbolische Namen der Form www.millin.de eingeführt. Damit fällt es wesentlich leichter, einen Kommunikationspartner im Netz zu finden und die Daten an ihn zu adressieren. Allerdings kann das Netz selbst mit dieser symbo-

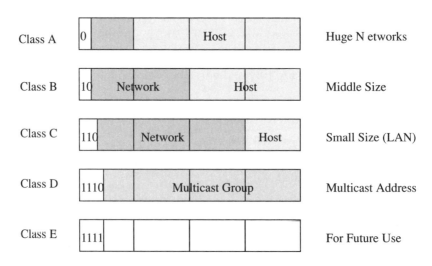

Abbildung 6.2: Adressierung im IP

Tabelle 6.1: Adressräume der verschiedenen IP-Netzklassen

Klasse	Anfangsbits	Netzwerkraum	Rechnerraum
A	0	1.0.0.0 bis 127.0.0.0	x.0.0.0 bis x.255.255.255
B	10	128.0.0.0 bis 191.255.0.0	x.x.0.0 bis x.x.255.255
C	110	192.0.0.0 bis 223.255.255.0	x.x.x.0 bis x.x.x.255
D	1110	224.0.0.0 bis 239.255.255.0	--
E	1111	240.0.0.0 bis 255.255.255.255	--

lischen Darstellung nicht viel anfangen — hier wird dann ein so genannter Verzeichnisdienst notwendig, der die symbolischen Namen wieder in IP-Adressen übersetzt. Mehr dazu findet sich in Kapitel 7.

6.1.4 IP-Subnetze und IP-Subnetzmasken

Die Unterteilung des gesamten IP-Adressbereichs in verschiedene Netzklassen hatte vor allem organisatorische Gründe. Eine Organisation konnte, je nach Anzahl der zu vernetzenden Endgeräte, ein Netz der Klassen A, B oder C beantragen.

In vielen Fällen macht es jedoch Sinn, den zugewiesenen Adressbereich eines Netzes in noch kleinere Abschnitte, sog. *Subnetze* zu unterteilen. Beispielsweise könnte ein großes Unternehmen, das ein Klasse B Netz betreibt, für jede Abteilung ein eigenes Subnetz einrichten. Jedes Subnetz ist ein völlig eigenständiges Netzwerk, das über einen Router (vgl. Abschnitt 6.2) mit anderen Netzen (bzw. Subnetzen) verbunden ist. Durch die Konfiguration der einzelnen Router lässt sich der Netzwerkverkehr im Unternehmen detailliert steuern. In der Praxis wird die Unterteilung in Subnetze auch häufig dafür genutzt, um einzelne Bereiche des Netzwerks aus Sicherheitsgründen voneinander zu trennen. Es ist durchaus üblich, Server und Arbeitsplatzrechner in getrennte Subnetze auszulagern.

Für die Angabe des Adressbereichs eines IP-Subnetzes werden so genannte *IP-Subnetzmasken* benutzt. Hiermit lässt sich der Netzwerkraum und der Rechnerraum (unabhängig von den durch die Netzklasse vorgegebenen Standardwerte) festlegen. Subnetzmasken haben (im Binärformat betrachtet) an allen zum IP-Netzteil gehörigen Bitpositionen eine '1', an allen anderen Bitpositionen (Host- bzw. Endgeräteanteil) eine '0'.

Mit einer logischen UND-Verknüpfung der IP-Adresse mit der Subnetzmaske erhält man die IP-Adresse des Netzwerks. Eine zusätzliche logische ODER-Verknüpfung mit der bitnegierten Subnetzmaske (Einsen und Nullen vertauscht) ergibt die Broadcastadresse des Subnetzes. Tabelle 6.2 zeigt als Beispiel den Normalfall eines nicht weiter unterteilten IP-Netzwerks der Klasse C mit den zugehörigen Netzwerk- und Broadcastadressen.

An den Anfangsbits ("110") der IP-Adresse erkennt man, dass es sich um eine Netzadresse der Klasse C handelt. 255.255.255.0 ist die Standard-Subnetzmaske für Klasse-C-Netzwerke, das heißt, 24 Bits werden für die Adressierung des Netzwerks und 8 Bits für die Adressierung der Endgeräte benutzt. Da die Netzwerkadresse (alle Bits in der Endgeräteadressierung 0) und die Broadcast-Adresse (alle Bits 1) nicht genutzt werden können, resultiert dies in einer Maximalzahl von $2^8 - 2 = 254$ Endgeräten im Subnetz. Die Standard-Subnetzmasken (siehe Tabelle 6.3) sind so definiert, dass sie genau ein Subnetz im Adressraum abdecken.

Um dieses eine Subnetz weiter zu unterteilen, können weitere Einsen an den Netzteil der Subnetzmaske angehängt werden (siehe auch RFC950). Beispiels-

Tabelle 6.2: Klasse C IP-Adresse mit Subnetzmaske, Netzwerk- und Broadcast-Adresse

IP-Adresse binär	IP-Adresse dezimal	Beschreibung
11011110.10010000.11011000.01110110	222.144.216.118	Klasse C IP-Adresse
11111111.11111111.11111111.00000000	255.255.255.000	Subnetzmaske
11011110.10010000.11011000.00000000	222.144.216.000	Netzwerkadresse
00000000.00000000.00000000.11111111	000.000.000.255	neg. Subnetzmaske
11011110.10010000.11011000.11111111	222.144.216.255	Broadcastadresse

Tabelle 6.3: Standard-Subnetzmasken der Netzwerkklassen A, B und C

Klasse	Subnetzmaske	Anzahl Endgeräte
A	255.000.000.000	16777214
B	255.255.000.000	65534
C	255.255.255.000	254

weise könnte man 4 Bits hinzufügen, so dass die Subnetzmaske dann 255.255. 255.240 lauten würde (240_{dez} = 11110000_{bin}). Damit wäre eine Aufteilung in 16 Subnetze (16 = 2^4) mit je 14 Endgeräten gegeben, die Adressen, in denen diese 4 Bits '0000' bzw. '1111' lauten, sind ja für die Netzwerkadresse bzw. die Broadcast-Adresse reserviert.

Insgesamt können in dem Fall nur noch $16 \cdot 14 = 224$ Endgeräte im gesamten Netz betrieben werden, im Gegensatz zu 254 Endgeräten beim Betrieb eines einzigen Subnetzes. Die Anzahl der verlorenen Adressen variiert mit der Zahl der Unterteilung. Es muss also im Einzelfall entschieden werden, ob und in wie viele Subnetze das Netz aufgeteilt werden soll.

6.1.5 Klassenlose IP-Adressen

Die Einteilung in feste IP-Adressklassen führte zu einer großen Anzahl von unbenutzten IP-Adressen, da kaum eine Organisation tatsächlich alle ihr zugewiesenen IP-Adressen einer Klasse benutzt hat. Falls z. B. 5000 Adressen für eine Organisation benötigt wurden, musste man bei der klassischen Adresszuteilung ein Klasse-B-Netzwerk zuweisen, was in diesem Beispiel zu ca. 60000 ungenutzten IP-Adressen geführt hätte. Man hätte natürlich auch 20 Klasse-C-Netze zuweisen können, was aber wegen des enormen Verwaltungsaufwands nicht praktikabel gewesen wäre. Mittlerweile hat sich das Konzept des sog. (*Classless Interdomain Routing* CIDR, RFC1518 und RFC1519) nahezu vollständig durchgesetzt. Es wurde um 1990 entwickelt, um dem zunehmenden Mangel an freien Adressbereichen entgegenzuwirken. Durch CIDR können auch halbe, viertel, achtel usw. Netzwerkklassen einer Organisation zugewiesen werden.

CIDR bedeutet zunächst einmal, dass die feste Unterteilung in die Netzwerkklassen A, B und C entfällt (die für Multicast bzw. zukünftige Anwendungen reservierten Klassen D und E sind vom CIDR nicht betroffen).

Der Nachteil hierbei ist, dass man anhand der führenden Bits einer IP-Adresse nicht mehr auf eine Standardnetzmaske schließen kann. Heutzutage muss also die Netzmaske stets mit angegeben werden, um den Netzwerkteil und den Rechnerteil eindeutig bestimmen zu können.

Der Vorteil von CIDR ist nun, dass eine beliebige Anzahl an Präfix-Bits einem Netzwerk zugeordnet werden kann. Es sind nun also nicht mehr nur die Werte 8 (Klasse-A), 16 (Klasse-B) und 24 (Klasse-C) für die Anzahl von Präfix-Bits zugelassen, sondern auch andere Werte. Im oben genannten Beispiel könnte also auch ein Netzwerk mit einer Präfixlänge von z. B. 23 Bits vergeben werden (also Subnetzmaske 255.255.254.0), wodurch 9 Bits für die Endsysteme oder $2^9 - 2 = 510$ Endgeräte in diesem Netz adressierbar sind.

Wie wir im vorherigen Abschnitt gesehen haben, war das Konzept der Netzwerkmasken zur weiteren Unterteilung eines zugewiesenen Adressraums auch vor

Einführung des CIDR gängige Praxis. Neu beim CIDR ist jedoch, dass solche „krummen" Adressräume nicht nur innerhalb einer Organisation zur Strukturierung des internen Netzwerks benutzt werden dürfen, sondern auch über die Grenzen einer Organisation hinweg.

Mit dem CIDR hat sich auch eine alternative Schreibweise für die Angabe von Adressräumen etabliert. Statt die Netzwerkadresse zusammen mit der Netzmaske anzugeben, wird die Größe des Präfixes (Anzahl der Einsen der Subnetzmaske) in Bit einfach an die Adresse angehängt:

```
a.b.c.d/p
```

Das Netzwerk 172.16.0.0 mit der Netzmaske 255.255.0.0 kann also auch als 172.16.0.0/16 geschrieben werden. Eine Adresse des Netzwerks für unser Beispiel könnte etwa als 172.30.154.0/23 geschrieben werden. Komponenten, die nicht im Präfix enthalten (also Null) sind, können auch komplett ausgelassen werden. Somit sind auch die Schreibweisen 172.16/16 und 172.30.154/23 für die genannten Beispiele gültig.

6.1.6 Zuweisung von IP-Adressen

Wie werden aber nun die Adressen zugewiesen damit die Eindeutigkeit garantiert ist? Hierfür ist ein geeignetes Zuteilungsverfahren notwendig, denn bei einer willkürlichen Adressvergabe wäre die Gefahr von doppelten Adressen sehr groß.

Tatsächlich ist das Verfahren der Adressvergabe streng hierarchisch organisiert. Prinzipiell werden alle IP-Adressen von einer einzigen Instanz kontrolliert, dem *Internet Assigned Numbers Authority (IANA)*. Allerdings ist es nicht so, dass jedes Individuum sich seine Adresse bei der IANA besorgen muss; vielmehr hat dieses Gremium die Verantwortung für verschiedene Bereiche an andere Organisationen übertragen. So ist z. B. für den Bereich Europa das *RIPE NCC* (Réseaux IP Européens Network Coordination Center) für die dort verfügbaren Adressbereiche zuständig. Das RIPE NCC verteilt die Zuständigkeiten weiter an die *Internet Service Provider (ISPs)*. Diese schließlich geben ihren Kunden die IP-Adressen an, die sie verwenden dürfen. Auch hier gibt es wieder verschiedene Techniken, wie das geschehen kann. Einzelne Privatkunden erhalten oft keine feste IP-Adresse, sondern eine dynamische, die ihnen bei jedem Einloggen neu zugewiesen wird. Firmenkunden, die typischerweise gleich ein ganzes Netz anschließen wollen, erhalten in der Regel gleich einen zusammenhängenden IP-Adressbereich zugewiesen.

Das Management der individuellen IP-Adressen innerhalb dieses Bereichs obliegt dann der Firma selbst.

6.1.7 Private IP-Adressen

Grundsätzlich müssen IP-Adressen weltweit eindeutig sein. Es gibt jedoch einige Bereiche, in denen eine solche Eindeutigkeit nicht erforderlich ist. Werden beispielsweise Netzwerke betrieben, die in sich abgeschlossen sind und grundsätzlich keine Daten mit externen Internet-Rechnern austauschen müssen, dann können hierfür sog. *private IP-Adressen* vergeben werden. Diese Adressen werden nicht über das im vorangegangenen Abschnitt erläuterte Verfahren zugeteilt, sondern können von jedermann frei verwendet werden. Die IETF im Internet-Standard RFC 1918 den Gebrauch privater IP- Adressen genau spezifiziert.

Adressraum privater IP-Adressen

Die folgenden Adressräume sind für die private Nutzung reserviert:

- `10/8` (entspricht einem Klasse-A-Netz)
- `172.16/16` bis `172.31/16` (entspricht 16 Klasse-B-Netzen)
- `192.168.0/24` bis `192.168.255/24` (entspricht 256 Klasse-C-Netzen)

Regeln für die Verwendung

Es steht jeder Organisation frei, so viele Netze aus diesen Bereichen zu verwenden wie sie benötigt. Es ist keinerlei Abstimmung mit anderen Teilnehmern nötig.

Es sollte aber noch einmal betont werden, dass Rechner mit solchen Adressen grundsätzlich nicht von Internet-Rechnern (also Rechnern außerhalb des eigenen Netzwerks) angesprochen werden können: Da diese Adressen nicht eindeutig vergeben werden, würde es im internetweiten Datenverkehr schnell zu Adresskollisionen kommen. Um dies zu verhindern, werden Datenpakete für Rechner mit privaten IP-Adressen im Internet nicht geroutet; d.H. Datenpakete für Rechner mit privaten IP-Adressen werden von Internet-Routern nicht weitergeleitet, sondern verworfen.

In Netzwerken, in denen nicht alle Rechner aus dem Internet erreichbar sein müssen, ist die Verwendung privater IP-Adressen grundsätzlich sehr empfehlenswert. Hierdurch lässt sich vermeiden, dass unnötigerweise öffentliche IP-Adressen vergeben werden, die ja durch die steigende Zahl von Internetknoten immer knapper werden. Durch eine besondere Technik läßt sich sogar in Netzwerken, die mit solchen privaten IP-Adressen arbeiten, der Zugriff auf das Internet realisieren. Hierbei spielen die in Abschnitt 6.3 beschriebenen Techniken IP Masquerading und der Network Address Translation (NAT) eine wichtige Rolle.

6.1.8 Konfiguration von Netzwerkinterfaces

Nachdem wir nun die wichtigsten konzeptionellen Grundlagen von IP kennen gelernt haben, kommen wir nun zur eigentlichen Konfiguration der Rechner im lokalen Netz.

Um über IP kommunizieren zu können, müssen wir zunächst IP-Adressen zuweisen. Jeder Rechner, der vernetzt werden soll, muss mindestens eine IP-Adresse erhalten. Genauer: Jedes Interface (vgl. Abschnitt 5.1.1), über das kommuniziert werden soll, muss (mindestens) eine IP-Adresse zugewiesen bekommen. Ein Rechner mit mehreren Netzwerkkarten (und den dazugehörigen Interfaces) hat also typischerweise auch mehrere IP-Adressen.

Diese Adressen müssen weltweit eindeutig sein. Einzige Ausnahme: Werden private IP-Adressen verwendet, genügt es, wenn diese innerhalb des eigenen Netzes eindeutig sind. Im folgenden werden wir ausschließlich mit privaten IP-Adressen arbeiten.

Es gibt zwei verschiedene Möglichkeiten, wie man die Netzwerkinterfaces konfigurieren kann: statisch und dynamisch. Bei der statischen Konfiguration werden alle erforderlichen Parameter (IP-Adresse, Subnetzmaske usw.) direkt in den SuSE-Konfigurationsdateien abgelegt und bei jedem Systemstart geladen. Dies ist z.B. bei Servern ein gangbarer Weg, da sich hier diese Parameter ja nur äußerst selten ändern.

Bei der dynamischen Konfiguration hingegen werden diese Einstellungen nicht lokal festgelegt, sondern auf einem zentralen Server im LAN gespeichert. Im Rahmen des Bootprozesses werden sie dann von den einzelnen Rechner abgefragt und die Netzwerkinterfaces entsprechend konfiguriert. Dies ist z.B. in Netzwerken mit Notebooks sinnvoll. Bei einem Notebook, das in mehreren Netzwerken betrieben wird (etwa zu Hause und im Büro), müsste man bei einer statischen Konfiguration die Konfiguration der Netzwerkinterfaces ständig per Hand ändern. Bei der dynamischen Konfiguration kümmert sich der entsprechende Server im LAN um die korrekten Einstellungen.

Im folgenden zeigen wir, wie man die Interfaces statisch konfiguriert. Um die Möglichkeit der dynamischen Konfiguration über Dienste wie DHCP geht es dann in Kapitel 8.

Das Zuweisen einer festen IP-Adresse zu einem Netzwerkinterface lässt sich komfortabel mit dem Werkzeug YaST bewerkstelligen. Der Systemadministrator meldet sich also als `root` am System an und startet YaST. Hier wählt man unter „Netzwerkgeräte > Netzwerkkarte" das zu konfigurierende Gerät aus und trägt dann im Dialog „Bearbeiten" (siehe Abbildung 6.3) die gewünschte Adresse und Subnetzmaske ein.

Im darstellten Beispiel weisen wir dem Interface `eth0` die private IP-Adresse 192.168.1.3 zu. Wie wir in Abschnitt 6.1.7 gesehen haben, liegt diese Adresse

6.1 Internet Protocol Grundlagen

Abbildung 6.3: Statische Konfiguration der Netzwerkadresse

im Adressbereich 192.168.1/24. Wenn wir diesen Bereich nicht weiter in Subnetze unterteilen wollen (wovon wir an dieser Stelle ausgehen), tragen wir die zugehörige Netzmaske für 24 Präfix-Bits ein: 255.255.255.0.

Nachdem wir YaST wieder beendet haben, können wir uns durch die Eingabe des Befehls ip addr show auf der Kommandozeile davon überzeugen, dass dem Interface eth0 auch tatsächlich die gewünschte IP-Adresse zugewiesen wurde. Die Ausgabe müsste etwa wie folgt aussehen:

```
linux: # ip addr show
1: lo: <LOOPBACK,UP> mtu 16436 qdisc noqueue
    link/loopback 00:00:00:00:00:00 brd 00:00:00:00:00:00
    inet 127.0.0.1/8 brd 127.255.255.255 scope host lo
    inet6 ::1/128 scope host
    valid_lft forever preferred_lft forever
2: eth0: <BROADCAST,MULTICAST,NOTRAILERS,UP> mtu 1500 qdisc pfifo_fast qlen 1000
    link/ether 00:48:54:c0:dc:a0 brd ff:ff:ff:ff:ff:ff
    inet 192.168.1.3/24 brd 192.168.1.255 scope global eth0
    inet6 fe80::248:54ff:fec0:dca0/64 scope link
       valid_lft forever preferred_lft forever
3: sit0: <NOARP> mtu 1480 qdisc noqueue
    link/sit 0.0.0.0 brd 0.0.0.0
```

Dieser Befehl zeigt die Konfiguration aller auf dem Rechner vorhandenen Netzwerkinterfaces an. Der Eintrag von `eth0` müßte nun die über YaST eingestellt Adresse enthalten. Die Länge des Netzwerk-Präfixes wird dabei als Dezimalzahl direkt hinter der IP-Adresse angezeigt. Im Beispiel also `192.168.1.3/24`.

Wie wir in den folgenden Abschnitten noch sehen werden, ist das Kommando `ip` das universelle Werkzeug, um die Konfiguration von Interfaces und Routing-Tabellen anzuzeigen und zu verändern. Eine vollständige Kommandoreferenz erhält man mit dem Befehl `man ip`.

6.2 Routing und Paketauslieferung

6.2.1 Routing im Internet

Die *Wegewahl* ist eine der zentralen Funktionen der Internetschicht. Sie bestimmt, welchen Weg ein IP-Datagramm durch das Internet nimmt, d. h. welche physikalischen Subnetze und Zwischensysteme es auf dem Weg zum Zielrechner passiert.

Man erinnere sich noch einmal an die allgemeine Struktur des Internets: es besteht aus vielen physikalischen Netzen wie Ethernets, Token Rings, ATM-Netzen etc. Diese Netze sind miteinander über Router verbunden. Aufgabe der Router ist es, eintreffende Pakete wenn möglich direkt an den adressierten Empfänger zu übergeben oder andernfalls auf das „richtige" Netzwerk weiterzuleiten. Was „richtig" bedeutet, bestimmt die *Routing-Metrik*, ist also ein Maß für die Güte einer Routing-Entscheidung. Sie gibt in erster Linie an, ob der Zielrechner über dieses Netz überhaupt erreicht werden kann. Im Standard-Routing-Algorithmus des Internet gibt sie darüberhinaus an, dass der Zielrechner über diesen Weg auf dem kürzesten Weg erreicht werden kann, d. h. über die wenigsten weiteren Router. Es gibt auch Metriken, die z. B. die Qualität von Leitungen oder deren aktuelle Auslastung mit einbeziehen.

Am Routing-Prozess beteiligt sind neben den Routern aber auch die Hosts, also die Endsystemrechner. Bevor ein Paket einen Host verlässt, muss entschieden werden, wo es hingeschickt wird. Die folgenden drei Fälle sind dabei interessant:

1. Der Zielrechner liegt im selben physikalischen Netz wie der sendende Host. Dann kann das Paket direkt mittels der Adressierung des physikalischen Netzes weitergegeben werden, ohne dass ein Router involviert ist.

2. Der Zielrechner liegt in einem anderen Netz, und es gibt nur einen Router, der das Netz des Senders mit dem Internet verbindet. Dann sendet der Host das Paket automatisch zu diesem Router, der es weiter vermittelt. Dies ist für viele kleine Organisationen mit einem kleinen lokalen Netz und einem Anschluss an einen ISP sicherlich der Standardfall.

3. Der Zielrechner liegt in einem anderen Netz, und es gibt mehrere Router im Netz des sendenden Hosts. Dann muss der Host zunächst entscheiden, an welchen Router er das Paket übergibt.

Im ersten Fall erfolgt eine direkte, im zweiten und dritten Fall eine indirekte Auslieferung der Pakete.

6.2.2 Direkte Auslieferung von Paketen und ARP

Der einfachste Fall liegt vor, wenn beide Hosts im selben physikalischen Netz liegen, Pakete also direkt ausgeliefert werden können. Der Sender-Host kann leicht herauszufinden, ob dies zutrifft. Grund dafür ist die Struktur der IP-Adressen, die ja über die lokale Subnetzmaske in einen Host- und einen Netzwerkteil eingeteilt sind. Stimmt der Netzwerkteil der eigenen IP-Adresse mit dem Präfix der Zieladresse überein, liegen beide Rechner im selben Netz.

Liegen also beide Rechner im selben Netzwerk, ist das weitere Vorgehen wie folgt: Der Host findet zunächst die zu der gewünschten IP-Adresse gehörige physikalische Adresse heraus, und zwar über das *Address Resolution Protocol* (ARP).

ARP ist ein recht einfaches Protokoll: Hierüber können per Layer-2-Broadcast Anfragen der Form „Welche MAC-Adresse gehört zu der IP-Adresse x?" im LAN verschickt werden. Der Rechner mit der IP-Adresse x antwortet daraufhin mit seiner MAC-Adresse. Damit ein Host nicht für jedes einzelne Datagramm eine neue ARP-Anfrage stellen muss, verwaltet jeder Host einen sog. ARP-Cache. Hier wird eine bestimmt Anzahl von IP-MAC-Adress-Paaren in einer Tabelle lokal zwischengespeichert.

Sie können sich den Inhalt Ihres ARP-Caches übrigens anzeigen lassen, indem Sie als `root` den Befehl `arp` ausführen. Wenn Sie genau sehen wollen, wie ARP funktioniert, benutzen Sie einfach ein Programm wie `Ethereal` und beobachten Sie, was beim Ansprechen eines Rechner im LAN passiert, der noch nicht im ARP-Cache Ihres Systems gespeichert ist.

Nachdem nun zu einer IP-Adresse die korrespondierende MAC-Adresse ermittelt wurde (entweder war sie bereits im lokalen ARP-Cache vorhanden oder Sie musste über ARP ermittelt werden) verpackt der Hostrechner das IP-Datagramm in einen entsprechenden *Frame* des physikalischen Netzes und gibt es auf die Leitung. Der Empfänger erhält den Frame, packt ihn aus und gibt das resultierende IP-Paket weiter an die Anwendung.

6.2.3 Indirekte Auslieferung von Paketen

Falls der Sender-Host feststellt, dass die Zieladresse eines Datagramms nicht im eigenen Subnetz liegt, so kann das Paket nicht direkt ausgeliefert werden. In diesem Fall muss ein Router gefunden werden, der das Paket weiterleitet. Ein solcher Router ist ja die Schnittstelle zwischen mehreren Netzwerken. Folglich hat ein Router mehrere Netzwerkinterfaces mit mehreren IP-Adressen aus mehreren Netzen. Sobald dieser Router das Paket erhalten hat, stellt er selbst wieder fest, ob das Ziel bereits in einem der eigenen Netze liegt. Falls ja, folgt eine direkte Auslieferung wie eben beschrieben. Falls nein, sucht dieser Router nun wieder einen anderen Router in seinen angeschlossenen Netzen, an den er das Paket weiterleiten kann. So muss ein Datagramm beim indirekten ausliefern möglicherweise eine ganze Reihe von Routern (die so genannten „Hops") passieren, bevor es im Zielnetzwerk und schließlich am Zielhost ankommt.

Ein Router bezeichnet man in diesem Zusammenhang auch als Gateway. Leider gibt es für diesen Begriff im Deutschen keine wirklich treffende Entsprechung. Die beiden Teile des Begriffs „gate" (Gatter) und „way" (Weg) bilden aber im Deutschen eine anschauliche Metapher für einen Router. Mehrere Viehweiden (Netzwerke) sind über einen Weg gekoppelt. Damit die Kühe (Datagramme) nicht unkontrolliert von einer Weide auf die andere laufen, müssen sie ein Gatter (Router) passieren. Hierbei wird anhand der Farbe der Kuh (IP-Adresse) entschieden, auf welche Weide die Kuh kommt.

6.2.4 Routing-Tabellen

Wie werden nun die Routing-Informationen innerhalb von Hosts und Routern verwaltet? Dazu dienen die so genannten *Routing-Tabellen*. Sie geben an, wie ein Router mit einem Datagramm, das eine bestimmte Ziel-IP-Adresse trägt, zu verfahren hat. Ein einfaches Beispiel verdeutlicht dies:

In Abbildung 6.4 sind mehrere Netzwerke dargestellt, die über die Router Q, R und S miteinander verbunden sind. Tabelle 6.4 zeigt die Routing-Tabelle für den Router R, die wie folgt zu interpretieren ist:

R ist direkt mit den beiden Netzen `192.168.1/24` und `192.168.2.0/24` verbunden, so dass hier eine direkte Auslieferung möglich ist, ohne weitere Router in den Prozess mit einzubeziehen.

Tabelle 6.4: Routing-Tabelle im Router R

Ziel	Route
192.168.1/24	direkte Auslieferung
192.168.2/24	direkte Auslieferung
192.168.0/24	192.168.1.5
192.168.3/24	192.168.2.7

6.2 Routing und Paketauslieferung

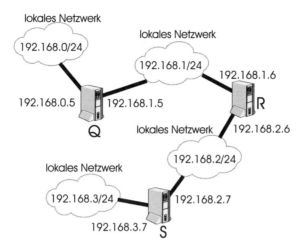

Abbildung 6.4: Routing-Beispiel

Alle Pakete für das Netz 192.168.3/24 werden zunächst an den Router S mit IP-Adresse 192.168.2.7 weitergegeben, der ja von R aus direkt erreichbar ist. Entsprechend werden alle Pakete mit dem Zielnetz 192.168.0/24 an Q geschickt.

6.2.5 Host-, Netzwerk- und Default-Routen

Im vorangegangenen Beispiel stand auf der linken Seite der Routing-Tabelle stets ein Zielnetzwerk. Man spricht hierbei auch von so genannten Netzwerkrouten. Um jedoch auch komplexere Routingaufgaben lösen zu können, bedarf es weiterer Beschreibungsformen für Routing-Regeln. Insgesamt unterscheidet man drei Klassen von Routing-Regeln:

1. *Hostrouten*
   Bei Host-Routen steht auf der linken Seite der Routing-Tabelle kein Netzwerk, sondern ein einzelner Host. Über eine solche Regel kann man für einzelne Host spezielle Routen definieren. Ein typischer Grund hierfür könnte etwa sein, dass der Administrator die Netzlast etwas verteilen möchte, indem er Verkehr für bestimmte Rechner umleitet.

2. *Netzrouten*
   Netzwerk-Routen sind der Normalfall bei Routing. Hier steht in der linken Spalte der Routing-Tabelle ein Netzwerk. Für alle Pakete, die als Ziel eine IP-Adresse aus diesem Netzwerk haben, kann diese Routing-Regel angewendet werden.

3. *Default-Routen*
   Default-Routen sind ein Mittel, um Routing-Tabellen klein zu halten. Wird für einen Zielhost keine Host- oder Netzwerk-Route gefunden, so wird (sofern vorhanden) die Default-Route gewählt. Durch diesen Mechanismus ist es nicht mehr erforderlich, für alle möglichen Zielnetze einen eigenen Eintrag in der Routing-Tabelle vorzunehmen. Ein Großteil des Verkehrs kann über die Default-Route geregelt werden.
   Pro Routing-Tabelle kann es immer nur eine Default-Route geben.

6.2.6 Der Routing-Algorithmus des IP

Wir haben nur drei verschiedene Arten von Routing-Regeln kennen gelernt. Wie man sich leicht vorstellen kann, kann es in einer Routing-Tabelle schnell zu Doppeldeutigkeiten kommen. Beispielsweise könnte auf eine Ziel-Adresse sowohl eine Host-Regel als auch eine Netzwerk-Regel anwendbar sein. Welche der beiden Regel wird nun angewendet?

Es ist also eine genaue Festlegung, ein Algorithmus erforderlich, der genau spezifiziert, wann welche Regel ausgeführt wird.

Dieser Algorithmus lässt sich sehr kompakt aufschreiben:

Durchlaufe die Routing-Tabelle von oben nach unten und wende die erste anwendbare Regel an.

Die einzelnen Zeilen einer Routing-Tabelle müssen also in einer festen Reihenfolge stehen. Diese Reihenfolge wird durch den Grad der „Genauigkeit" einer Regel bestimmt. Besonders genaue („more specific") Regeln stehen weiter oben und ungenauere weiter unten.

Die Idee dabei ist, dass immer die beste bzw. genaueste Routing-Entscheidung getroffen wird. Legt der Administrator also für den Host 192.168.1.7 eine spezielle Regel fest, möchte er sicherlich nicht, dass die allgemeinere Regel für das Netz 192.168.1/24 angewendet wird.

Als Maß für die Genauigkeit verwendet man die Länge des Netzwerkpräfixes. Je länger das Präfix, desto genauer ist die Regel. Für Netzwerk-Routen ist dies sicherlich ein geeignetes Maß, doch was ist mit Host- und Default-Routen? Diese Regeln haben ja eigentlich kein Netzwerkpräfix. Über einen Trick lassen sich auch diese Regeln mit einem Präfix versehen und somit in dieses Schema einordnen:

Eine Host-Route zum Rechner 192.168.1.7 lässt sich ja auch als eine Netzwerkroute in das Netzwerk 192.168.1.7/32 formulieren. Dieses Netzwerk hat nur einen Rechner, und zwar 192.168.1.7. Somit ist die Länge des Präfixes von Host-Routen konstant 32. Da es keine längeren Präfixe geben kann, stehen Host-Routen immer ganz oben in der Routing-Tabelle.

Die Default-Route lässt sich ebenfalls als Netzwerkroute umschreiben: Es ist die Route in das Netzwerk, in dem alle Rechner liegen: 0.0.0.0/0. Somit hat die Default-Route ein Präfix der Länge Null und steht immer ganz am Ende der Routing-Tabelle.

Mit Hilfe dieser Sortierung und dem oben angegeben Algorithmus ist eine Routing-Entscheidung immer eindeutig. Zwar wird keine Aussage darüber gemacht, wie Regeln mit gleicher Präfixlänge zu sortieren sind, dies ist für die Eindeutigkeit der Routing Entscheidung aber auch nicht notwendig: Aus einer Gruppe von Regeln mit gleicher Präfixlänge kann immer nur eine angewendet werden. Der Netzwerkteil dieser Regeln ist ja unterschiedlich und daher kann immer nur eine Regel auf die Zieladresse eines zu routenden Datagramms zutreffen.

6.2.7 Konfiguration von Routing-Tabellen in SuSE Linux

Nachdem wir nun die konzeptionellen Grundlagen für IP-Routing angeschaut haben, können wir uns an erst praktische Experimente mit SuSE Linux wagen.

Es gibt zwei verschiedene Standard-Werkzeuge, um die Routingtabellen unter Linux zu konfigurieren. Zum einen das klassische Unix-Kommando route und zum anderen das modernere ip route. Für einfache Aufgaben sind beide Kommandos gleichermaßen geeignet. Obwohl wir im Rahmen dieses Abschnitts nur mit ganz grundlegenden Funktionen befassen werden, verwenden wir gleich ip route. Diese Variante bietet Zugriff auf sämtliche Routing-Features des Linux-Kernels und ist somit auch für Anwender, die noch tiefer in die Materie einsteigen wollen, die richtige Wahl. Es ist zu beachten, dass das klassische route wegen seines geringeren Funktionsumfangs nicht sämtliche Einstellungen korrekt anzeigen kann, die mit ip route vorgenommen werden können. Somit ist es nicht ratsam, beide Werkzeuge bei komplexeren Routing-Konfigurationen parallel zu verwenden.

Ausgabe von Routen

Zunächst wollen wir uns die Routing-Tabelle unseres Linux Systems einmal anschauen. Führen Sie hierzu als root auf der Kommandozeile den Befehl ip route show aus. Die Ausgabe könnte etwa wie folgt aussehen:

```
192.168.6.0/24 dev eth0 proto kernel scope link src 192.168.6.1
192.168.7.0/24 dev eth1 proto kernel scope link src 192.168.7.1
10.0.0.0/24 via 192.168.7.10 dev eth1
127.0.0.0/8 dev lo scope link
default via 192.168.6.254 dev eth0
```

Diese Routingtabelle sieht nun etwas komplexer aus als das auf Seite 80 abgedruckte schematische Beispiel. Dennoch ist der grundsätzliche Aufbau ganz ähnlich. Ganz links steht jeweils das Routing-Ziel, also die Bedingung, wann eine Regel anwendbar ist. Die einzelnen Tabellenzeilen sind wiederum nach der Netzwerkpräfixlängen dieser Einträge sortiert. Rechts neben dem Routingziel stehen nun zum einen – genau wie im schematischen Beispiel – Informationen, was mit einem Datagramm im Fall der Regelanwendung gemacht werden soll. Zum anderen können dort aber auch noch Statusinformationen angezeigt werden, die die eigentliche Routing-Funktionalität gar nicht beeinflussen, sondern lediglich dem Administrator als Zusatzinformation dienen.

In der dargestellten Ausgabe erkennen wir in den beiden obersten Zeilen zwei Netzwerkrouten (Präfixlänge jeweils 24 Bits). Die Angabe hinter `dev` zeigt an, dass diese Netze über die Interfaces `eth0` bzw. `eth1` erreichbar sind.

Der Parameter `proto` (steht für Protokoll, engl. protocol) ist nun eine solche Zusatzinformation, die als Hinweis für den Administrator dient und keine direkten Auswirkungen auf die Routing-Funktionalität hat. Er zeigt an, über welches Protokoll dieser Routing-Eintrag in die Routing-Tabelle geschrieben wurde. Der Wert `kernel` bedeutet, dass der Linux Kernel selbst diesen Routing-Eintrag automatisch angelegt hat. Doch warum legt der Linux Kernel Einträge in der Routingtabelle an? Wenn ein Netzwerkinterface neu konfiguriert wird, so gibt man hierbei bereits alle notwendigen Informationen an, die das hierüber angeschlossene Netzwerk genau beschreiben: IP-Adresse und Netzwerkmaske. Nun nutzt der Linux Kernel diese Informationen bei der Interface Konfiguration gleich aus und legt eine Route für dieses Netzwerk an. In Kernel Versionen $\leq$ 2.0.X gab es diesen Automatismus übrigens noch nicht. Der Linux Kernel markiert Routen, die auf diese Weise automatisch angelegt wurden, mit `proto kernel`.

Auch `scope` ist ein Parameter, der von Linux automatisch bestimmt wird. Er wird zur internen Organisation des Routingcodes im Kernel benötigt und muss beim Konfigurieren des Routings in aller Regel nicht weiter beachtet werden. Er gibt an, auf welchen Zielbereich sich die Routing-Regel erstreckt. In unserem Beispiel zeigt der Wert `link` jeweils an, dass das Routing-Ziel direkt aufgelöst werden kann (also ein Interface im Zielteil der Regel angegeben ist, über das das Paket schließlich ausgegeben wird). Weitere mögliche Werte wären `host` (Ziel ist auf demselben Host) und `global` (Ziel ist eine Gateway-Route). Wenn in der Ausgabe kein Wert für `scope` auftaucht, impliziert dies den Wert `global`.

Der Parameter `src`, der in den ersten beiden Zeilen dieser exemplarischen Routingtabelle auftaucht, gibt an, welche Absenderadresse IP-Pakete tragen sollen, die auf dem lokalen Host erzeugt werden und über diese Routing-Regel verschickt werden. Schließlich kann ein lokales Interface durchaus mehrere IP-Adressen haben, sodass die Zuordnung zwischen Interfaces und IP-Adressen nicht immer eindeutig ist. Dieser Parameter gilt aber wirklich nur für lokal erzeugte Pakete und dient nicht etwa dazu, die Absenderadressen für weitergeleitete Pakete zu modifizieren.

In der dritten Zeile der Ausgabe sehen wir nun ein Beispiel für eine Gateway-Route. D.h. die Rechner aus dem Zielbereich werden nicht direkt über die lokalen Netzwerkinterfaces angesprochen, sondern müssen an einen anderen Router (den sog. Next-Hop) weitergeleitet werden.

Die vierte Zeile sorgt dafür, dass alle Pakete ins Netzwerk 127.0.0.0/8 an das Loopback-Device geschickt werden (vgl. auch Abschnitt 5.1.1).

Schließlich ist in der fünften Zeile noch die Default-Route angegeben. Alle IP-Pakete, auf die keine der vorhergehenden Regeln angewendet werden konnte, werden also an den Router 192.168.6.254 geschickt.

Anlegen neuer Routen

Wie lassen sich nun neue Einträge in die Routingtabelle hinzufügen? Die grundlegende Syntax zum Anlegen neuer Routen mit Hilfe des Kommandos `ip route add` lässt sich leicht anhand von Beispielen verdeutlichen:

```
linux: # ip route add 192.168.9/24 dev eth2
linux: # ip route add 192.168.9.12 dev eth3
linux: # ip route add default via 192.168.0.6
```

Der erste Parameter gibt das Routing Ziel an – bei Hostrouten also die IP-Adresse eines Hosts, bei Netzwerkrouten einen Netwerkadressbereich und bei einer Defaultroute das Schlüsselwort `default`. Handelt es sich bei der neu anzulegenden Route um eine direkte Route, so wird als nächstes das Netzwerkinterface angegeben, das zur direkten Auslieferung benutzt werden soll (im Beispiel also `dev eth2` bzw. `dev eth3`). Bei Gatewayrouten wird hingegen das Schlüsselwort `via` gefolgt von der IP-Adresse des Next-Hop-Routers angegeben. Hier ist die Angabe eines Netzwerkinterfaces entbehrlich, weil es über die anderen Zeilen der Routingtabelle ermittelt werden kann. Der Next-Hop muss ja über mindestens ein lokales Netzwerkinterface direkt erreichbar sein, und folglich muss es eine direkte Route dorthin schon geben. Bevor eine Gatewayroute angelegt wird, wird dies übrigens auch überprüft. Zum erfolgreichen Anlegen der Default-Route in diesem Beispiel müsste also schon eine Regel in der Routingtabelle existieren, die angibt, wie der Rechner 192.168.0.6 direkt erreichbar ist. Existiert eine solche Regel nicht, wird eine Fehlermeldung ausgegeben, die anzeigt, dass das Netzwerk des Next-Hop-Rechners nicht erreichbar ist.

Aktivierung des Routings

Standardmäßig fungiert ein Linux System nicht als Router im engeren Sinne. Die Regeln aus der Routingtabelle werden lediglich auf lokal erzeugte IP-Pakete angewendet. Eingehende Pakete auf den einzelnen Netzwerkinterfaces werden jedoch nicht an andere Interfaces weitergeleitet. Dieses sog. Packet-Forwarding muss man explizit aktivieren. Erst dann arbeitet das Linux System als richtiger Router.

Man kann mit folgendem Kommando prüfen, ob die Paketweiterleitung im Kernel eingeschaltet ist oder nicht:

```
linux: # cat /proc/sys/net/ipv4/ip_forward
```

Liefert dieses Kommando den Wert 0, so ist die Weiterleitung von IP-Paketen deaktiviert und für alle anderen Werte ist sie eingeschaltet.

Das folgende Kommando schaltet die IP-Weiterleitung ein:

```
linux: # echo -n "1" > /proc/sys/net/ipv4/ip_forward
```

Soll das Forwarding schon beim Booten aktiviert werden, können Sie in der Datei /etc/sysconfig/sysctl die Option IP_FORWARD=yes setzen.

Löschen von Routen

Über das `ip route` Kommando lassen sich Routen auch wieder löschen. Dazu muss `del` gefolgt vom Ziel der zu löschenden Route angegeben werden.

Beispiel:

```
linux: # ip route show
192.168.6.0/24 dev eth0 proto kernel scope link src 192.168.6.1
192.168.7.0/24 dev eth1 proto kernel scope link src 192.168.7.1
10.0.0.0/24 via 192.168.7.10 dev eth1
127.0.0.0/8 dev lo scope link
default via 192.168.6.254 dev eth0
linux: # ip route del default
linux: # ip route del 192.168.6.0/24
linux: # ip route show
192.168.7.0/24 dev eth1 proto kernel scope link src 192.168.7.1
10.0.0.0/24 via 192.168.7.10 dev eth1
127.0.0.0/8 dev lo scope link
```

Konfiguration permanenter Routen

Die Routingkonfiguration eines Linux Systems ist eine Datenstruktur im Speicher. Folglich gehen sämtliche Einträge bei einem Neustart des Systems verloren und müssen im Rahmen des Bootprozesses wieder neu in der Routingtabelle abgelegt werden. Selbiges gilt auch für die Aktivierung des IP-Forwardings. Bei SuSE Linux gibt es bereits fertige Init-Skripte und Konfigurationsdateien, über die sich diese Funktionalitäten beim Booten automatisch konfigurieren lassen.

Der Administrator braucht die entsprechenden Systemdateien aber nicht manuell zu editieren, sondern kann auf das komfortable Programm YaST zurückgreifen:

Hierzu wählt man im YaST Control Center „Netzwerkdienste > Routing" aus. Über das Auswahlfeld „IP-Forwarding aktivieren" kann man bestimmen, dass bei jedem Systemstart das IP-Forwarding automatisch eingeschaltet wird. Im Feld „Standardgateway kann man die IP-Adresse für den Next-Hop der Default-Route festlegen.

Um nun auch andere Routen dauerhaft zu konfigurieren, muss man zunächst das Feld „Konfiguration für Experten" aktivieren. Nun lassen sich in diesem Dialog Routen hinzufügen, bearbeiten und löschen. Beim Hinzufügen und Bearbeiten ist zu beachten, dass die Änderungen erst nach dem Beenden der YaST Routing-Konfiguration wirksam werden. Kontrollieren kann man den Erfolg, indem man, wie zuvor beschrieben, auf der Kommandozeile `ip route show` eingibt.

Die Benutzung des graphischen Tools YaST bringt jedoch in diesem Zusammenhang leider auch einige Nachteile mit sich: Anders als bei der Konfiguration von Routen direkt über die Kommandozeile unterstützt YaST nicht die CIDR-Syntax, sodass Adressbereiche immer über eine Subnetzmaske in den Yast-Dialogen angegeben werden müssen. Weiterhin ist es nur möglich, Gateway-Route mit YaST zu konfigurieren. Das manuelle Setzen von direkten Routen ist hingegen nicht möglich. Ein weiterer Nachteil bei der Benutzung von YaST besteht darin, dass man bei neuen Einstellungen keine Rückmeldung über die Gültigkeit von neuen Routingeinträgen bekommt. Ist eine Routingregel ungültig (beispielsweise weil das angegebene Gateway nicht direkt erreichbar ist), so wird diese Route nicht in die Routingtabelle des Kernels mit aufgenommen, der Benutzer wird jedoch nicht über dieses Problem informiert.

Alle in diesem YaST Dialog vorgenommenen Einträge der Routingtabelle werden in der Datei /etc/sysconfig/network/routes abgelegt. Diese Datei kann man mit einem beliebigen Texteditor auch direkt editieren (vgl. auch Abschnitt 22.5 im SuSE Linux 9.2 Administrationshandbuch: „Routing unter SuSE Linux"). Dieses Vorgehen empfiehlt sich vor allem dann, wenn man längere, komplexe Routingtabellen konfigurieren möchte: Beim direkten Editieren mit einem Texteditor gelten die im vorigen Absatz beschrieben Einschränkungen nämlich nicht. Hier lassen sich auch direkte Routen eintragen und auch die CIDR-Notation kann verwendet werden.

Das grundlegende Format dieser Textdatei ist eine vierspaltige Tabelle. Jede Zeile in dieser Datei muss also vier Einträge haben, die durch Leerzeichen oder Tabulatoren getrennt werden. Jede Zeile repräsentiert dabei eine Routingregel mit den Angaben: Ziel, Gateway, Netzmaske, Interface. Wie bereits beschrieben, sind nicht immer alle Angaben erforderlich. so kann beispielsweise die Netzmaske entfallen, wenn man die Präfixlänge gleich mit der Zieladresse in CIDR-Notation angibt. Um jedoch die vierspaltige Syntax einzuhalten, muss beim Weglassen von Angaben immer ein Minuszeichen als Platzhalter eingetragen werden.

Ein Beispiel für diese Datei könnte etwa so aussehen (analog zum `ip route add` Beispiel von Seite 85):

```
192.168.9/24       -              -    eth2
192.168.9.12       -              -    eth3
default            192.168.0.6    -    -
```

Damit die manuell vorgenommenen Einstellung wirksam werden, muss man das System noch anweisen, die Kernel-Routingtabelle anhand der Konfigurationsdateien neu aufzubauen (bei der Routingskonfiguration mit YaST geschieht dies automatisch). Diesen Schritt erledigt man mit dem Befehl `/etc/init.d/network restart`. Anschließend sollte man mit dem Befehl `ip route show` die Routingtabelle des Systems nochmals überprüfen.

6.2.8 Weiterführendes

In diesem Abschnitt konnten wir lediglich die elementaren Grundlagen des Routings im Internet darstellen. Hierbei haben wir uns auf statisches Routing beschränkt. Beim statischen Routing kümmert sich der Netzwerkadministrator um die Konfiguration der Routen, sämtliche Routen werden manuell konfiguriert und bleiben fest, bis der Administrator sie wieder ändert. Damit liegt es auch in der Hand des Administrators, ob das Routing stets optimal funktioniert.

Neben statischen Routing gibt es jedoch noch das sog. dynamische Routing. Hierbei tauschen die Router untereinander Informationen aus. Damit können Routen nach bestimmten Zielsetzungen automatische konfiguriert und weiter optimiert werden. Dynamisches Routing wird in der Praxis vor allem dann eingesetzt, wenn es in sehr großen Netzwerken um Lastverteilung geht. Der Informationsaustausch zwischen den Routern wird dabei über ein Routing-Protokoll (wie z.B. das Routing Information Protocol RIP) abgewickelt. Wir haben das weite Themenfeld des dynamischen Routing bewusst ausgeklammert, weil es den Rahmen dieses Buches bei weitem sprengen würde.

Weiterhin haben wir vereinfachend immer von „der" Routingtabelle gesprochen. Tatsächlich gibt es aber in modernen Linux Systemen mehrere Routingtabellen. Über `ip rules` kann man Regeln definieren, für welche Pakete welche Routing-Tabelle genutzt wird. Über diesen Mechanismus lässt sich sog. „Policy-based Routing" realisieren. D.h. in Abhängigkeit von bestimmten Eigenschaften eines Pakets (z.B. verwendetes Transportprotokoll oder Absenderadresse) können unterschiedliche Routing-Tabellen genutzt werden. Gibt man bei den `ip` Kommandos nicht explizit über einen zusätzlichen Parameter `table` an, welche Routingtabelle gemeint ist, so wird automatisch die Hauptroutingtabelle „Main" als Ziel angenommen. Somit muss man sich auch nur dann um die anderen Tabellen kümmern, wenn man tatsächlich Policy-based Routing einsetzen möchte.

Zielsetzung dieses Kapitels war es, die konzeptionellen Grundlagen von IP-Routing zu vermitteln und die wichtigsten Werkzeuge von SuSE-Linux zur Konfiguration von Routen vorzustellen. Der interessierte Leser sollte nun in der Lage sein, sich selbständig auch mit komplexeren Fragestellungen in diesem Themenfeld auseinander zu setzen. An dieser Stelle verweisen wir insbesondere auf das *Linux Advanced Routing & Traffic Control HOWTO* (http://lartc.org/howto/).

6.3 IP Masquerading und Network Address Translation (NAT)

Wie wir in den vergangenen Abschnitten gesehen haben, werden beim Routing Datagramme von einem Netzwerk in ein anderes weitergeleitet. Wesentlich ist hierbei, dass die Adressfelder der Datagramme hierbei unverändert bleiben. Im Folgenden geht es um Verfahren, bei denen die Datagramme nicht nur weitergeleitet werden, sondern auch ihre IP-Header-Felder für Absender- und/oder Zieladresse modifiziert werden.

❑ *Network Address Translation (NAT)* und

❑ *IP Masquerading* bzw. *Port and Address Translation (PAT)*.

Beide Verfahren realisieren eine Zuordnung zwischen IP-Adressen aus zwei verschiedenen IP-Adressbereichen (typischerweise ist einer davon ein privater Adressbereich). Wie wir sehen werden, können wir mit Hilfe dieser Verfahren Rechner mit privaten IP-Adressen ans Internet anbinden und kommen so mit weniger öffentlichen IP-Adressen für unser Netzwerk aus.

Aus technischer Sicht gibt es bei beiden Verfahren keinerlei Beschränkungen bezüglich der verwendeten Adressbereiche – sie funktionieren also auch zwischen zwei öffentlichen oder zwei privaten Adressbereichen. Jedoch sind solche Konfigurationen in der Praxis so gut wie nie anzutreffen. Die Hauptanwendung für NAT und PAT ist die Anbindung von Rechnern mit privaten IP-Adressen an das Internet mit dem Ziel, mit möglichst wenigen öffentlichen IP-Adressen auszukommen. Daher werden wir im Folgenden von öffentlichen und privaten Adressen sprechen, obwohl dies wie gesagt aus technischer Sicht nicht zwingend erforderlich ist.

6.3.1 Grundidee von Network Address Translation (NAT)

Ausgangspunkt ist ein Netzwerk mit privaten IP-Adressen. Wie wir in den letzten Abschnitten gesehen haben, ist dies recht praktisch, da private IP-Adressen kostenlos und ohne Absprache mit anderen Personen verwendet werden können. Da solche IP-Adressen jedoch im Internet nicht geroutet werden, können die Rechner unseres Netzwerks zwar untereinander kommunizieren, jedoch nicht mit Rechnern aus anderen Netzen. In vielen Anwendungsfällen stellt diese Einschränkung jedoch nur für einige Rechner im LAN ein Problem dar. Ein Druckserver oder ein Fileserver brauchen beispielsweise in aller Regel nicht an das Internet angebunden zu werden, hier genügen private Adressen. Ein Webserver hingegen soll weltweit erreichbar sein.

Verwendet man einen NAT-Router, braucht man nur so viele öffentliche IP-Adressen zu beantragen, wie man für Rechner braucht, die tatsächlich weltweit kommunizieren sollen. Die Übersetzung zwischen öffentlichen und nicht öffentlichen Adressen findet dabei zentral auf dem NAT-Router statt, so dass die Konfiguration auf den einzelnen Rechnern nicht geändert werden muss. Bei NAT ist es also möglich, innerhalb des LAN ausschließlich mit privaten IP-Adressen zu arbeiten und trotzdem bestimmte Rechner ans Internet anzubinden.

Betrachten wir noch einmal die Situation ohne NAT: Ein Paket, das aus unserem LAN an einen öffentlichen Host im Internet geschickt wird, wird auf dem Hinweg zwar noch richtig geroutet (schließlich ist der Empfänger über eine öffentliche Adresse erreichbar). Schickt dieser Host jedoch eine Antwort an den Absender zurück, so wird diese am nächsten Router verworfen, da Pakete mit einer privaten Zieladresse, nicht geroutet werden.

Die Lösung dieses Problems besteht darin, den (NAT-)Router unseres privaten Netzwerks so zu konfigurieren, dass die Absenderadresse des ausgehenden Paketes überprüft und die private IP-Adresse durch eine öffentliche ersetzt. Diesen Vorgang nennt man auch SNAT (Source Network Address Translation), weil die Source- bzw. Absenderadresse modifiziert wird. Kommt nun die Antwort vom Internet Host zurück, so muss unser NAT-Router die öffentliche Adresse, die im Empfängerfeld des eingehenden Datagramms steht, wieder in die korrespondierende private IP-Adresse umwandeln. Diesen Vorgang nennt man DNAT (Destination Network Address Translation).

Für die Rechner die aus dem Internet erreichbar sein oder auf diese zugreifen sollen, sind auf dem Router sog. NAT-Regeln abgelegt, die dazu führen, dass für diese Rechner eine Adressumsetzung durchgeführt wird. Auf der einen Seite einer NAT-Regel steht eine private IP-Adresse und auf der anderen Seite die korrespondierende öffentliche IP-Adresse. Wichtig ist hierbei, dass bei NAT immer eine Eins-zu-Eins-Zuordnung durchgeführt wird – d.h. eine Adresse aus dem einen Adressbereich wird genau einer korrespondierenden Adresse aus dem anderen Bereich zugeordnet.

Durch diese Eins-zu-Eins-Zuordnung sind diese Rechner nicht nur in der Lage, eine Verbindung zu Zielen im Internet aufzubauen, sondern sie sind auch aus dem Internet erreichbar. Die interne Struktur des lokalen Netzes bleibt jedoch nach außen hin verborgen, was ein Sicherheitsvorteil ist.

6.3.2 Beispiel für NAT

Abbildung 6.5 zeigt ein lokales Netz, das mittels eines Routers an das Internet angeschlossen ist. Die Rechner innerhalb des Netzes und auch der Router besitzen private IP-Adressen.

Der Router selbst besitzt mit 134.155.48.1 zusätzlich eine nach außen hin bekannte „echte" IP-Adresse.

Innerhalb des Routers gibt es nun eine Zuordnungstabelle, die für jede private IP-Adresse, die außerhalb des Intranets bekannt sein soll, festlegt, welche globale Adresse dazu gehört. Tabelle 6.5 zeigt eine solche Zuordnung, wobei für den Rechner 192.168.0.3 kein Eintrag vorhanden ist, so dass dieser Rechner nicht mit anderen Internethosts kommunizieren kann.

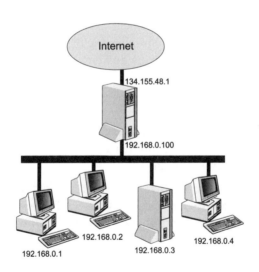

Abbildung 6.5: Beispiel für NAT

Tabelle 6.5: Beispiel für eine Zuordnungstabelle für NAT

Globale Adresse	Private Adresse
134.155.48.19	192.168.0.1
134.155.48.45	192.168.0.2
134.155.48.16	192.168.0.4

6.3.3 Grundidee von IP Masquerading/PAT

IP Masquerading – manchmal auch als *PAT* (*Port and Address Translation*) bezeichnet – bildet alle Adressen eines privaten Netzwerkes auf eine einzelne öffentliche IP-Adresse ab.

Dies geschieht dadurch, dass nicht nur die Header-Informationen des IP-Protokolls ausgewertet und modifiziert werden, sondern auch die des in den IP-Paketen eingepackten Transportprotokolles (also z.B. TCP oder UDP, vgl. Abschnitte 6.6 und 6.7). In diesen Transportprotokoll-Headern gibt es – analog zu Absender- und Empfänger-Adressen bei IP – Angaben über einen Absender- und einen Empfänger-Port. Ein Port ist dabei eine 16-Bit-Zahl, die von einem PAT-Router zusätzlich zu den IP-Adressen dazu verwenden wird, eine korrekte Zuordnung zwischen eintreffenden Paketen und einem Rechner in privaten Netz zu treffen. Während IP-Adressen Rechner adressieren, sind Ports ein Mittel, um Anwendungen auf einem Rechner zu adressieren.

Auf diese Weise ist es möglich, ein privates Netz nur über eine einzige öffentliche IP-Adresse an das Internet anzubinden. PAT eignet sich daher hervorragend dazu, mehrere Rechner eines privaten Netzwerks über einen einzelnen ISDN- oder DSL-Anschluss an das Internet zu koppeln. Schließlich bekommt man hier vom Internetprovider in aller Regel nur eine einzelne IP-Adresse dynamisch zugewiesen, die dann für das gesamte Netzwerk ausreichen muss.

6.3.4 Beispiel für Masquerading

Ein Beispiel für Masquerading zeigt Abbildung 6.6. Das gesamte interne Netz ist über die IP-Adresse `1.2.3.4` im Internet bekannt. Intern kommunizieren alle Rechner über die privaten Adressen.

Der Web-Browser auf einem Rechner aus unserem privaten Netzwerk mit der Adresse 192.168.0.1 fordert eine Webseite vom SuSE Web-Server an. Die Web-Server-Applikation wartet auf eingehende TCP-Verbindungen auf Port 80. Der Rechner, auf dem diese Applikation läuft, hat die (öffentliche) IP-Adresse 195.135.220.3. Unser Browser benutzt für diese TCP-Verbindung den Absender-Port 33431. Es wird also ein IP-Paket verschickt, dass als Absenderadresse 192.168.0.1 und als Zieladresse 195.135.220.3 in seinem Header trägt. Das darin eingebettete TCP-Paket trägt im Header-Feld Absender-Port den Wert 33431 und im Header-Feld Empfänger-Port den Wert 80.

Nun passiert das IP-Paket den PAT-Router unseres Netzwerks. Zunächst modifiziert er die Absenderadresse und trägt hier den Wert der öffentlichen IP-Adresse unseres Netzwerks ein: 1.2.3.4. Weiterhin modifiziert er den Wert des Absender-Port. Hier trägt er einen beliebigen Wert, z.B. 65000, ein. Der wesentliche Schritt besteht nun darin, dass sich der PAT-Router merkt, dass der Port 65000 zu einer Applikation (Port 33431) auf dem Rechner 192.168.0.1 gehört. Dann wird das

IP Masquerading und Network Address Translation (NAT)

Packet an den nächsten Hop weitergeleitet und ganz normal geroutet. Schickt der SuSE-Web-Server nun seine Antwort zurück, ist diese an den Host 1.2.3.4 gerichtet und trägt als Empfänger-Port den Wert 65000. Der PAT-Router kann nun das eingehende Paket in genau entgegengesetzter Weise modifizieren, weil er sich gemerkt hat, welche Applikation und welcher Host zum Port 65000 gehören. Er modifiziert also die Werte für Empfänger-Port (neuer Wert: 33431) und Empfänger-Adresse (neuer Wert: 192.168.0.1). Schließlich wird das IP-Packet im lokalen Netz ausgeliefert.

Auch hier wird im Router wieder eine Zuordnungstabelle benötigt. Diese wird jedoch nicht manuell konfiguriert, sondern dynamisch zur Laufzeit generiert. Jedes Mal, wenn aus dem lokalen Netzwerk eine Verbindung mit einem Internet-Host aufgebaut wird, fügt der PAT-Router eine Zeile hinzu. Tabelle 6.6 zeigt eine

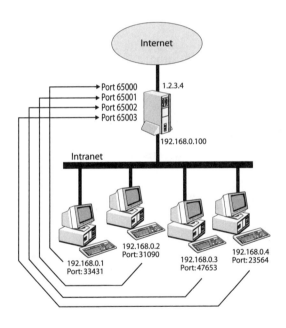

Abbildung 6.6: Beispiel für Masquerading

Tabelle 6.6: Zuordnungstabelle für IP-Masquerading

Globale IP-Adresse : Port	Private IP-Adresse : Port
1.2.3.4 : 65000	192.168.0.1 : 33431
1.2.3.4 : 65001	192.168.0.2 : 31090
1.2.3.4 : 65002	192.168.0.3 : 47653
1.2.3.4 : 65003	192.168.0.4 : 23564

Beispielzuordnung für das obige Netz. Neben der zuvor beschrieben Verbindung mit dem SuSE-Web-Server bestehen z.Zt. noch drei weitere Verbindungen.

6.3.5 NAT und Masquerading mit SuSE Linux

Unter Linux realisiert man NAT und Masquerading über das sehr mächtigen Konzept der IPTables (vgl. Abschnitt 15.7). Hierüber lassen sich – ganz allgemein ausgedrückt – Regeln zur Modifikation von Datenpaketen auf dem Linux System festlegen.

Eine der Hauptanwendung von IPTables ist die Definition von Filterregeln für Firewalls. Daher ist es nicht weiter verwunderlich, dass die SuSE-Entwickler sämtliche Funktionen für die Konfiguration von NAT und PAT in das zentrale Konfigurationsskript `SuSEfirewall2` integriert haben. Schließlich werden hier die Funktionen von IPTables für den Benutzer gekapselt und in ihrer Anwendung vereinfacht.

Wir wollen an dieser Stelle nicht weiter auf `SuSEFirewall2` eingehen, dies geschieht dann im Zusammenhang mit Firewalls im Abschnitt vgl. Abschnitt 15.8.

Mit dem in den vorangegangenen Abschnitten behandelten Grundlagen zu NAT und PAT sollte es jedem Anwender möglich sein, die einzelnen `SuSEFirewall2`-Optionen zu diesem Thema selbständig zu konfigurieren. Als Anhaltspunkte für die korrekte Konfiguration von Masquerading gibt es im Kapitel 19 noch ein konkretes Konfigurationsbeispiel zu diesem Thema.

6.4 Internet Control Message Protocol (ICMP)

Das *Internet Control Message Protocol* (ICMP) ist Bestandteil jeder IP-Implementierung und hat die Aufgabe, Fehler- und Diagnoseinformationen für IP zu transportieren. Es ist im RFC 792 spezifiziert. Es kann auch zum Testen verwendet werden, etwa um zu ermitteln, ob ein Host derzeit empfangsbereit ist.

ICMP transportiert eine Reihe unterschiedlicher Diagnosemeldungen. Deshalb ist nur der Grundaufbau des ICMP-Headers immer gleich, die Bedeutung der einzelnen Felder im Protokollkopf wechselt jedoch. Tabelle 6.7 listet die in ICMP verfügbaren Nachrichtentypen auf (nach Tanenbaum).

IP verwendet ICMP zum Versenden von Fehler- und Diagnosemeldungen. ICMP Pakete stellen jedoch keinen eigenen Pakettyp dar, sondern werden, wie auch TCP und UDP Pakete in IP-Pakete eingebettet. Das bedeutet, wenn eine ICMP-Nachricht verschickt werden muss, wird ein IP-Datagramm erzeugt und die ICMP-Meldung in den Datenbereich des IP-Datagramms eingekapselt.

Unter Linux wird das Kommando `ping` dazu verwendet, Echo Request Nachrichten zu verschicken. Beim Empfang einer Echo Response Nachricht, gibt das

Tabelle 6.7: ICMP-Nachrichtentypen

Nachrichtentyp	Beschreibung
Destination Unreachable	Paket kann nicht zugestellt werden
Time Exceeded	Das Feld TTL hat den Wert 0
Parameter Problem	Ungültiges Header-Feld
Source Quench	Ein Subnetz auf dem Weg ist überlastet
Redirect	Bringt dem Router etwas über die Netz-Topologie bei
Echo Request	Fragt eine Maschine, ob sie noch am Leben ist
Echo Reply	Maschine antwortet, dass sie noch am Leben ist
Timestamp Request	Wie Echo Request, aber mit Zeitstempel
Timestamp Reply	Wie Echo Reply, aber mit Zeitstempel

ping Kommando eine Meldung auf der Kommandozeile aus. Auf diese Weise kann man feststellen, ob die IP-Implementierung auf einem Internethost betriebsbereit ist oder nicht. Im folgenden Beispiel demonstrieren wir das „anpingen" des Hosts www.google.de. Das ping Kommando kann durch die Tastenkombination Strg-c abgebrochen werden.

```
linux: # ping www.google.de
PING www.google.akadns.net (66.102.11.99): 56 data bytes
64 bytes from 66.102.11.99: icmp_seq=0 ttl=240 time=45.1 ms
64 bytes from 66.102.11.99: icmp_seq=1 ttl=240 time=44.6 ms
64 bytes from 66.102.11.99: icmp_seq=2 ttl=240 time=45.4 ms

--- www.google.akadns.net ping statistics ---
3 packets transmitted, 3 packets received, 0% packet loss
round-trip min/avg/max = 44.6/45.0/45.4 ms
```

6.5 Ausblick: IP Version 6 (IPv6)

Das aktuelle Internet-Protokoll IPv4 (IP Version 4), das im vorangegangenen Abschnitt besprochen wurde, stößt langsam aber sicher an seine Grenzen. Zwei der wichtigsten Probleme sind der immer knapper werdende Adressraum sowie die fehlende Unterstützung für Echtzeit-Datenübertragung, wie sie etwa für Multimediaübertragungen notwendig wäre.

Bereits seit 1990 beschäftigte sich die IETF (Internet Engineering Task Force) daher mit dem Design und der Entwicklung eines neues IP-Protokolls. Die Ziele des Projekts waren dabei die folgenden (nach Tanenbaum, Computer Networks):

- Unterstützung von Milliarden von Hosts, auch bei ineffizienter Nutzung des Adressraums.
- Reduzierung des Umfangs der Routing-Tabellen.
- Vereinfachung des Protokolls, damit Router Pakete schneller abwickeln können.
- Höhere Sicherheit (Authentifizierung und Datenschutz) als das heutige IP.
- Mehr Gewicht auf Dienstarten, insbesondere für Echtzeitanwendungen.
- Unterstützung von Multicasting durch die Möglichkeit, den Umfang zu definieren.
- Möglichkeit für Hosts, ohne Adressänderung auf Reise zu gehen (Mobilität).
- Möglichkeit für das Protokoll, sich zukünftig weiterzuentwickeln.
- Unterstützung der alten und neuen Protokolle in Koexistenz für Jahre.

Nach einer öffentlichen Ausschreibung für Vorschläge zu einem neuen Protokoll wurden die besten Ideen gesammelt und zu einem neuen Protokoll vereinigt. Dieses Protokoll wurde zunächst IPnG – IP Next Generation genannt, um dann schließlich die offizielle Versionsnummer IPv6 (RFC 2640) zu bekommen (Version 5 ist durch das Streamingprotokoll 2, ST-II Protokoll belegt).

6.5.1 Merkmale von IPv6

Um diese Ziele zu erreichen, mussten diverse Eigenschaften des alten IP-Protokolls modifiziert werden. Die wichtigsten Designentscheidungen waren die folgenden:

- *Adressgröße*
  Als wichtigstes Merkmal hat IPv6 gegenüber IPv4 größere Adressen. Statt bisher 32 Bit stehen nun 128 Bit für die Adressen bereit. Damit lassen sich 2^{128} Adressen vergeben, was ungefähr einer 3 mit 38 Nullen entspricht. Theoretisch könnte damit jedes Atom auf der Erdoberfläche eine IP-Adresse bekommen, so dass auch eine weniger effiziente Nutzung des Adressraums nicht sonderlich tragisch ist. Weiterhin wurde das Routing von Multicast-Paketen durch die Einführung eines „Scope"-Feldes in Multicast-Adressen erleichtert. Zusätzlich gibt es jetzt den Adresstyp „Anycast", der ein Paket an den nächsten Rechner innerhalb einer Gruppe sendet. Die „Nähe" eines Rechners wird hierbei von der Metrik des Routing-Algorithmus bestimmt und spiegelt nicht unbedingt die räumliche Entfernung wider. Vielbesuchte Internetseiten können eine solche Adresse z. B. nutzen, um die Last auf mehrere Rechner zu verteilen. Hierbei ist jedoch zu beachten, dass momentan nur Router Anycast-Adressen bekommen dürfen. Für „normale" Rech-

6.5 Ausblick: IP Version 6 (IPv6)

ner sollen erst noch Tests durchgeführt werden, um Erfahrungen mit dieser neuen Technologie zu sammeln.

- *Header-Format*
  Durch statistische Analysen der im IPv4-Header tatsächlich benutzten Felder stellte sich heraus, dass viele der vorhandenen Felder zum Großteil gar nicht oder äußerst selten genutzt wurden – sprich, es wurde Netzbandbreite verschenkt.
  Aus diesem Grund wurde der IPv6 (Basis-) Header vollständig geändert. Der Header enthält nur 7 statt bisher 13 Felder, wodurch Router die Pakete schneller verarbeiten können. Im Gegensatz zu IPv4 gibt es bei IPv6 nicht mehr nur einen, sondern mehrere Header, die so genannten Erweiterungsheader. Diese werden aber nur bei Bedarf verwendet. Auf die Header folgen die eigentlichen Nutzdaten.

- *Modifizierte Unterstützung von Optionen und Erweiterungen*
  Einige bei IPv4 notwendigen Felder sind nun optional und wurden in die Erweiterungsheader verlagert. Durch diese veränderte Kodierung der Optionen wird es für Router damit einfacher, Optionen, die nicht für sie bestimmt sind, zu überspringen. Dies ermöglicht ebenfalls eine schnellere Verarbeitung von Paketen.

- *Dienstarten*
  IPv6 legt mehr Gewicht auf die Unterstützung von Dienstarten wie etwa Übertragung von Video- und Audiodaten. IPv6 bietet hierzu eine Option zur Echtzeitübertragung (siehe das Feld *Flow Label* im IPv6-Paketkopf).

- *Sicherheit*
  IPv6 beinhaltet nun im Protokoll selbst Mechanismen zur sicheren Datenübertragung. Wichtige neue Merkmale von IPv6 sind hier Authentifizierung (authentication), Datenintegrität (data integrity) und Vertraulichkeit (data confidentiality).

- *Mobilität der Benutzer*
  Derzeit noch in der Diskussion ist, ob das Protokoll Mobile IP zur Unterstützung mobiler Benutzer in IPv6 integriert werden soll.

- *Automatische Konfiguration (Neighbour Discovery)*
  IPv6 macht auch die Konfiguration der Netzwerke einfacher, indem ein neues Protokoll zur automatischen Erkennung der IPv6-Parameter definiert wurde. Dies basiert prinzipiell auf dem periodischen Versenden von Erkennungspaketen auf der Broadcast-Adresse des lokalen IP-Subnetzes. Auch hier muss wiederum auf die Sicherheit des Systems (Authentisierung, Vertraulichkeit) geachtet werden, um unbekannten Benutzern nicht versehentlich Zugriff auf das Netzwerk zu gewährleisten.

6.5.2 Das IPv6-Paket im Vergleich

Konsequenterweise wurde die Struktur des IP-Pakets gegenüber IPv4 stark verändert. Wie bereits angedeutet, besitzt der eigentliche Header nur noch wenige Felder. Abbildung 6.7 zeigt den grundsätzlichen Aufbau eines IPv6-Pakets. Die folgenden Felder sind besonders interessant:

❏ *Version*
   Wie bei IPv4 zeigt dieses Feld die Protokollversion an und hat damit bei IPv6 den Wert 6.

❏ *Flow Label*
   Hiermit wird eine der wichtigsten Neuerungen unterstützt, nämlich die Festlegung von Dienstklassen für Datenströme. Möchte der Sender beispielsweise für einen Videodatenstrom eine gesonderte Behandlung erreichen, dann legt er einen Wert für das Flow-Label-Feld fest, der in allen Paketen dieses Stroms gesetzt werden muss. IPv6-Router sind in der Lage, das Flow-Label-Feld zu analysieren und jedes Paket entsprechend einer Dienstklasse zuzu-

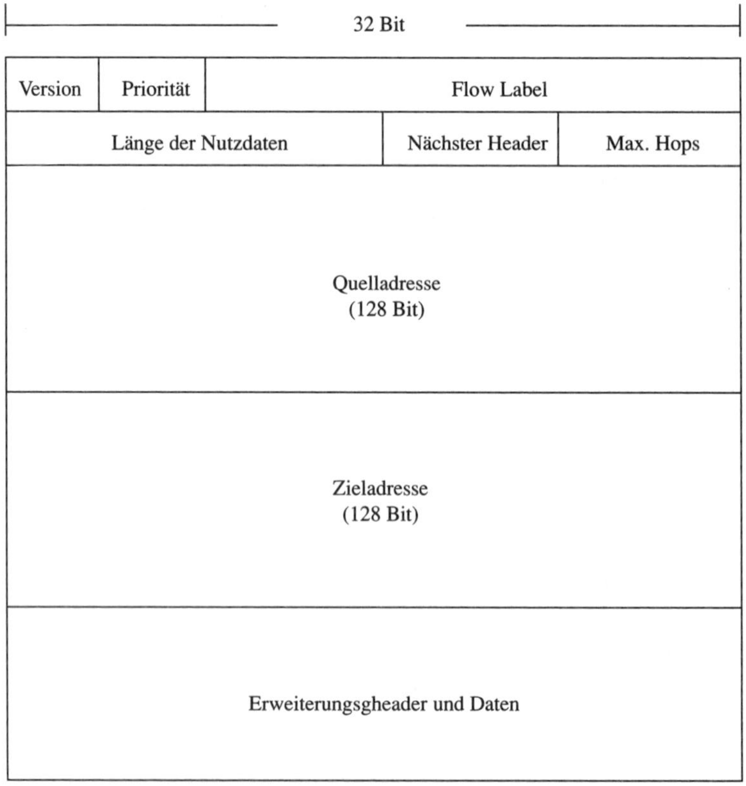

|← 32 Bit →|

Version	Priorität	Flow Label		
Länge der Nutzdaten			Nächster Header	Max. Hops
Quelladresse (128 Bit)				
Zieladresse (128 Bit)				
Erweiterungsheader und Daten				

Abbildung 6.7: Der IPv6-Header im Vergleich

ordnen. Die Dienstklasse bestimmt dann die Behandlung des Pakets, also ob es mit hoher oder niedriger Priorität weitergeleitet wird.

- *Nächster Header*
  Dies ist eine Sprungadresse zum ersten Erweiterungsheader.
- *Quell- und Zieladresse*
  Die beiden Adressen haben dieselbe Funktion wie bei IPv4, sind aber jetzt 128 statt 32 Bit lang.

6.5.3 Syntax von IPv6-Adressen

Die Aufteilung einer Adresse in verschiedene Komponenten wurde in IPv6 beibehalten, jedoch wurde die Anzahl auf acht Komponenten zu je 16 Bit erhöht, um die benötigten 128 Bits einer Adresse darstellen zu können (RFC 2373). Jede dieser Komponenten wird in Hexadezimalschreibweise aufgeführt, die Komponenten werden hierbei durch einen Doppelpunkt getrennt. Die Schreibweise sieht demnach wie folgt aus:

```
r:s:t:u:v:w:x:y
```

Eine gültige IPv6-Adresse ist z. B. `1080:0:0:0:8:800:200C:417A` – was deutlich macht, dass man in IPv6 ohne DNS oder ähnliche Mechanismen nicht auskommen kann, und was auch den Wunsch nach automatischer Konfiguration aufkommen ließ. Weiterhin ist eine abkürzende Schreibweise für IPv6-Adressen möglich, indem Nullen zwischen zwei Doppelpunkten nicht geschrieben werden müssen. Mehrere aufeinander folgende Nullen können durch `::` abgekürzt werden. Die obige Adresse kann also auch als `1080::8:800:200C:417A` geschrieben werden.

Es existiert auch eine Mischform von IPv6- und IPv4-Adressen, um den Wechsel auf IPv6 zu erleichtern:

```
r:s:t:u:v:w:a.b.c.d
```

Während des Übergangs auf IPv6 bekommen Router, die sowohl IPv4 als auch IPv6 verstehen, eine IPv4-kompatible IPv6-Adresse, bei der alle Adresskomponenten außer `a, b, c` und `d` Nullen sind. Damit können diese z. B. als `::11.1.2.3` geschrieben werden. Alte IPv4-Adressen können mit dem Präfix `w=FFFF` in das IPv6-Adressschema integriert werden (alle anderen Komponenten sind wiederum Null).

Beispiel: die IPv4-Adresse

```
108.62.42.205
```

kann in IPv6 als

```
::FFFF:108.62.42.205
```

geschrieben werden.

6.5.4 Wichtiges Konzept: Tunneling

Im Zusammenhang mit dem Übergang von IPv4 zu IPv6 muss ein Problem diskutiert werden, dass nicht ganz augenfällig ist: wie gestaltet man diesen Übergang, wenn die Protokolle nicht miteinander kompatibel sind, wie es hier der Fall ist?

Es ist nicht möglich, sämtliche IP-Router auf der ganzen Welt auf einen Schlag mit der neuen Version auszustatten. Stellt man jedoch nach und nach um, ohne besondere Vorkehrungen zu treffen, dann werden Teile des Netzes mit anderen Teilen nicht mehr kommunizieren können.

Eine Lösung findet sich im sog. *Tunneling-Prinzip*. Die Grundidee besteht darin, zwischen Routern, die das neue Protokoll benutzen, einen Tunnel einzurichten, der aus Routern mit dem alten Protokoll besteht. Aufgabe der alten Router ist die Weiterleitung der Pakete von einem neuen Router zum anderen. Die neuen Rechner bilden also die Enden der Tunnelröhre. Abbildung 6.8 stellt ein Szenario dar, in dem zwei IPv6-Router miteinander über einen Tunnel aus drei IPv4-Routern kommunizieren.

Für die Tunnel-End-Router stellt sich der Tunnel wie eine Punkt-zu-Punkt-Verbindung dar. Router *A* hat gerade ein IPv6-Paket erhalten und stellt fest, dass der nächste Router mit IPv6 die Maschine *E* ist, die jedoch nur indirekt er-

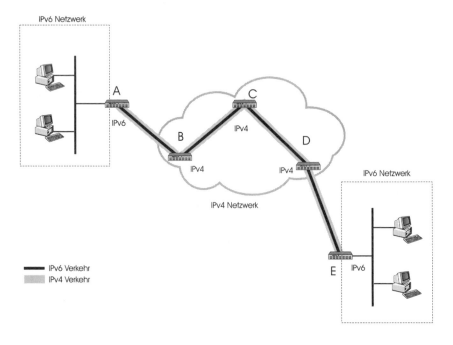

Abbildung 6.8: Tunneling-Prinzip

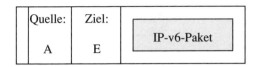

Abbildung 6.9: Struktur des IP-Pakets

reichbar ist. Die Maschinen *B*, *C* und *D* wären nicht in der Lage, das IPv6-Paket korrekt zu verarbeiten. Deshalb packt *A* es in ein IPv4-Paket ein (IP-in-IP). Dieses Paket adressiert er nun an den Tunnel-End-Router *E* und sendet es an IPv4-Router *B*, der der erste Tunnelrechner ist. Dieser routet das Paket basierend auf der IPv4-Adresse von *E* ganz normal mittels IPv4-Routing-Protokoll weiter.

So gelangt das Paket über *C* und *D* schließlich zu *E*. Dieser packt das Paket aus und erkennt, dass es sich beim Inhalt um ein IPv6-Paket handelt. Er behandelt es von nun an wie vorher *A*, indem er es auf die gleiche Art und Weise weiter in Richtung des eigentlichen Empfänger schickt. Zur Verdeutlichung zeigt Abbildung 6.9 noch einmal die Struktur des gekapselten Pakets.

Im Internet wird Tunneling oft für Multicast IP, Virtual Private Networks (VPN, vgl. 16) und Mobile IP eingesetzt.

6.6 Transmission Control Protocol (TCP)

Der zweite Teil dieses Kapitels geht nun von den Protokollen der Netzwerkschicht im Internet zu denen der Transportschicht über. Es werden mit TCP und UDP die beiden wichtigsten betrachtet.

6.6.1 Überblick

Das *Transmission Control Protocol* (TCP) ist ein zuverlässiges, verbindungsorientiertes Transportprotokoll. Es ist das wichtigste Transportprotokoll im Internet.

Die Hauptaufgabe von TCP besteht in der Bereitstellung eines *zuverlässigen* Transports von Daten durch das Netzwerk von einem Prozess zu einem anderen (zur Erinnerung: IP transportiert die Daten von einem Endsystemrechner zum anderen).

TCP ist ursprünglich im RFC 793 definiert, wurde jedoch später leicht korrigiert und verbessert (RFC 1122, 1323).

Was bedeutet es nun, wenn eine Datenübertragung *zuverlässig* und *verbindungsorientiert* ist?

6.6.2 Zuverlässige Übertragung

Zuverlässige Übertragung bedeutet, dass Daten, die von einem Rechner verschickt werden, entweder beim Empfänger eintreffen oder andernfalls der Sender eine Fehlermeldung erhält.

Die Zuverlässigkeit wird in TCP dadurch erreicht, dass ein Paket so lange immer wieder gesendet wird, bis der Empfänger eine Empfangsquittung zurückgeschickt hat. Für jedes Paket startet der Sender nach dem Abschicken einen Timer. Läuft der Timer ab, und es ist noch keine Quittung eingetroffen, dann wird das Paket erneut gesendet, bis zu einer maximalen Zahl von Sendeversuchen. Ist diese erreicht, wird angenommen, dass der Partnerrechner nicht erreichbar ist.

Weiterhin garantiert die Zuverlässigkeit, dass die Daten in genau derselben Reihenfolge beim Empfänger eintreffen, wie sie beim Sender abgeschickt wurden (auch hier zur Erinnerung: IP garantiert diese Eigenschaft nicht). TCP muss deshalb einen eigenen speziellen Mechanismus verwenden, der aus der verbindungslosen IP-Übertragung eine verbindungsorientierte macht.

Dies geschieht in TCP über *Sequenznummern*. Jedes gesendete Byte hat in TCP eine Sequenznummer. Diese Nummern werden in der Reihenfolge des Sendens vergeben. Auf der Empfängerseite werden nun die Daten entsprechend ihren Nummern wieder zusammengesetzt. Fehlt zwischendurch ein Paket, dann wartet TCP so lange, bis das Paket eingetroffen ist, bevor es mit den anderen zusammen an die Anwendung weitergegeben wird.

6.6.3 Verbindungsorientierte Übertragung

Ein Protokoll wird als *verbindungsorientiert* bezeichnet, wenn vor dem eigentlichen Datenaustausch eine Verbingung erstellt wird. Alle Daten die dann ausgetauscht werden, laufen im Kontext dieser Verbindung.

6.6.4 TCP-Paketformat

Die Dateneinheiten, die zwischen den sendenden und empfangenden TCP-Instanzen ausgetauscht werden, heißen *Segmente*. Ein TCP-Segment besteht aus einem mindestens 20 Byte großen Paketkopf und den zu übertragenden Daten. Jedes dieser Segmente wird als IP-Datagramm über das Netz verschickt. Abbildung 6.10 zeigt das generelle Format eines TCP-Segments.

Hier eine kurze Übersicht über die wichtigsten Felder:

- ❏ Source und Destination Port Number geben die jeweilige Portnummer (s. dazu auch Abschnitt 6.6.6) der beiden Kommunikationsendpunkte an. Es

6.6 Transmission Control Protocol (TCP)

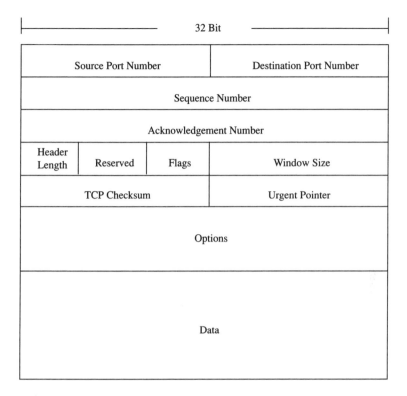

Abbildung 6.10: Struktur des TCP-Pakets

handelt sich hierbei praktisch um die Adressen auf Transportebene, womit die Felder vergleichbar sind mit Quell- und Zieladresse im IP-Protokoll.

- Die Sequenz- und Acknowledgement-Nummern werden sowohl in der Verbindungsaufbauphase als auch während der eigentlichen Datenübertragung verwendet. In der ersten Phase dienen sie zur Angabe der zu verwendenden Nummern (s. Abschnitt 6.6.5), in der zweiten geben sie jeweils an, welche Nummern die gesendeten Bytes haben bzw. welche Bytes tatsächlich schon beim Empfänger eingetroffen sind.
- Die Flags werden verwendet, um den Typ des Pakets festzulegen, also z. B. Verbindungsaufbau- oder Datenpaket.
- Das Feld Window Size gibt an, wie viele Pakete unbestätigt bleiben können, bevor TCP aufhört zu senden. Damit wird ganz erheblich die Leistung des Protokolls beeinflusst. Hat das Feld etwa einen Wert von 1, dann muss jedes Segment zunächst vom Empfänger bestätigt werden, bevor der Sender das nächste Segment auf die Reise schicken kann. Für datenintensive Anwendungen ist ein hoher Wert wichtig. Die Fenstergröße wird während des Verbindungsaufbaus verhandelt.

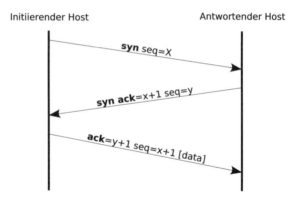

Abbildung 6.11: Dreiwege-Handshake

6.6.5 Verbindungsaufbau

Verbindungen werden über ein sog. *Dreiwege-Handshake (three-way handshake)* aufgebaut. Zum Aufbau einer Verbindung sendet ein Host edem gewünschten Kommunikationspartner ein Segment, in dem das SYN-Flag gesetzt ist. Diese Nachricht repräsentiert einen Verbindungsaufbauwunsch. Die Sequenznummer des gesendeten Segments gibt an, welche Sequenznummer der Initiator der Verbindung zur Datenübertragung verwenden will.

Der Empfänger kann die Verbindung nun annehmen oder ablehnen. Nimmt er die Verbindung an, wird ein Bestätigungssegment gesendet, in dem das SYN-Bit und das ACK-Bit gesetzt sind. Außerdem wird die Sequenznummer des Initiators dadurch bestätigt, dass die um eins erhöhte Sequenznummer als Acknowledgementnummer zurückgesendet wird. Außerdem gibt der Empfänger seine eigene Sequenznummer an.

Im dritten und letzten Schritt schließlich bestätigt der Initiator die Sequenznummer des Empfängers und kann in demselben Paket auch gleich mit der Datenübertragung beginnen. Der Ablauf des Verbindungsaufbaus ist noch einmal in Abbildung 6.11 dargestellt.

6.6.6 Portnummern

Wenn die Daten schließlich auf der Empfängerseite korrekt von TCP verarbeitet wurden, müssen sie an die richtige Anwendung weitergegeben werden. Jede solche Anwendung auf einem Internet-Host wird durch eine so genannte *Portnummer* identifiziert. Portnummern sind 16 Bit groß. Theoretisch kann ein Host somit bis zu 65535 verschiedene TCP-Verbindungen aufbauen (Port 0 ist reserviert). UDP kann übrigens dieselben Portnummern verwenden – mit dem TCP-Port 53 wird also eine andere Anwendung angesprochen als mit dem UDP-Port

53. In der Praxis findet man diesen Fall der Doppelbelegung (also verschiedene Anwendungen, die den gleichen Port nutzen) aber eher selten vor.

Eine IP-Adresse zusammen mit der Portnummer spezifiziert einen Kommunikationsendpunkt, einen so genannten *Socket*. Sockets werden detailliert in Kapitel 9 besprochen.

Man kann sich auf einem Linux-System die Portnummern selbst anschauen – sie sind in der Datei /etc/services gespeichert. Diese Datei spiegelt die Definition der von der IANA (Internet Assigned Numbers Authority) festgelegten Portnummern (*Well-Known Ports*) wieder. Früher wurden die Portnummern in den RFCs festgelegt (zuletzt in RFC 1700), in letzter Zeit handelt es sich jedoch bei der Definition um ein „lebendes" Dokument, welches jederzeit aktuell auf der Internetseite http://www.iana.org/assignments/port-numbers eingesehen werden kann.

Der gesamte Portnummernbereich ist in drei Bereiche eingeteilt:

- *Well-Known Ports* (Bereich 0 bis 1023)
  Portnummern in diesem Bereich dürfen nur von Serverprozessen belegt werden, die vom root- oder einem anderen privilegierten Benutzer gestartet werden müssen. Ansonsten wäre im System eine Sicherheitslücke vorhanden, denn jede Applikation könnte z.B. einen auf dem System absichtlich nicht aktivierten Dienst simulieren und so unter Umständen an vertrauliche Informationen gelangen.
  So ist z. B. für Telnet standardmäßig Port 23, für ftp sind die Ports 20 (für die Datenübertragung) und 21 (für die Kontrollverbindung) reserviert. Die den *Well-Known Ports* zugeordneten Portnummern waren über viele Jahre im Bereich von 0 bis 255 angesiedelt, durch die Vielzahl an hinzugekommenen Standardprotokollen und neuen Diensten musste dieser Bereich jedoch auf die Portnummern 0 bis 1023 ausgedehnt werden.

- *Registered Ports* (Bereich 1024 bis 49151)
  Dies sind Portnummern von Diensten, die offiziell bei der IANA angemeldet wurden (oder in Zukunft noch belegt werden) und sollten daher nicht von eigenen Applikationen genutzt werden.
  Die Anmeldung dieser Portnummern geschieht allerdings auf freiwilliger Basis, weshalb hier natürlich keineswegs eine konsistente Liste vorliegt. Jeder (Firmen, Organisationen, Einzelpersonen) darf die Portnummern seiner Dienste bei der IANA zur Anmeldung einreichen, die Entscheidung letztlich wird von der IANA anhand der zu erwartenden Anwendung des Dienstes und anderer Faktoren getroffen.

- *Private Ports* (Bereich 49152 bis 65535)
  Diese Portnummern sind frei verfügbar und können für beliebige Dienste genutzt werden. In diesem Bereich sollten zunächst sich in der Entwicklung befindliche Dienste getestet werden.

Hier ein kurzer Auszug aus der Datei /etc/services in der viele Anwendungen und ihre Standardports aufgeführt werden. Der echo-Service ist ein typisches Beispiel für einen Dienst, der sowohl über TCP als auch über UDP genutzt werden kann. Ein Überblick über die wichtigsten Well-known Ports findet sich in Anhang B.

```
echo      7/tcp
echo      7/udp
systat   11/tcp   users
daytime  13/tcp
daytime  13/udp
netstat  15/tcp
```

6.7 User Datagram Protocol (UDP)

Das andere der beiden hier besprochenen Transportprotokolle des Internets ist das *User Datagram Protocol* (UDP). Es ist im RFC 768 definiert. UDP ist ein unzuverlässiges, verbindungsloses Protokoll. Wie bei IP bedeutet unzuverlässig auch hier, dass das Protokoll nicht garantiert, dass gesendete Daten auch tatsächlich beim Zielrechner ankommen bzw. dass diese in der richtigen Reihenfolge eintreffen. Verbindungslos bedeutet, dass beim Einsatz von UDP vor der Datenübermittlung keine Verbindung zwischen Sender und Empfänger etabliert wird.

UDP bietet gegenüber TCP den Vorteil eines geringen Protokoll-Overheads. Viele Anwendungen, bei denen nur eine geringen Anzahl von Daten übertragen wird (z. B. Client/Server-Anwendungen, die auf der Grundlage einer einzigen Anfrage und Antwort laufen), verwenden UDP als Transportprotokoll, da unter Umständen der Aufwand zur Herstellung einer Verbindung und einer zuverlässigen Datenübermittlung größer ist als die wiederholte Übertragung der Daten. Ein anderes Beispiel sind Anwendungen, bei denen es auf die Geschwindigkeit der Übertragung ankommt, also etwa Multimedia. TCP ist hier wegen des Overheads zu langsam, außerdem sind Sendewiederholungen bei fehlerhafter Übertragung nicht angebracht.

Ein UDP-Segment besteht aus einem Header von 8 Byte, gefolgt von den Daten. Ein UDP-Datagram sieht generell aus wie in Abbildung 6.12 dargestellt.

Die Felder haben die folgende Bedeutung:

- ❑ Source und Destination Port identifizieren die Endpunkte der Prozesse auf der Quell- und Zielmaschine.
- ❑ Das Längenfeld kodiert die Gesamtlänge des Datagramms.
- ❑ Das optionale Prüfsummenfeld kann zur Überprüfung einer korrekten Übertragung verwendet werden.

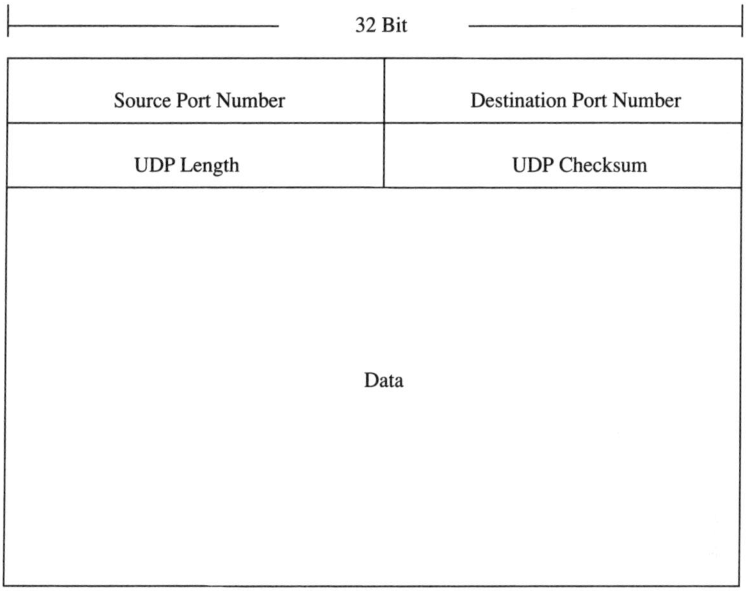

6.7 User Datagram Protocol (UDP)

|← 32 Bit →|

Source Port Number	Destination Port Number
UDP Length	UDP Checksum
Data	

Abbildung 6.12: UDP-Datagramm

Das einzige, was UDP zu IP hinzufügt, ist die Adressierung der Kommunikationsendpunkte (also der miteinander kommunizierenden Prozesse) durch die Portnummern. Hierdurch erklärt sich natürlich die hohe Effizienz und die damit einhergehende Eignung für Anwendungen, bei denen es in erster Linie auf die Geschwindigkeit der Datenübertragung ankommt (z. B. verteilte Dateisysteme wie NFS oder Multimediaübertragungen). TCP macht in diesen Bereichen vor allem durch die Algorithmen zur Übertragungswiederholung Probleme. Denn gerade bei Netzwerken, die nahe an ihren Auslastungsgrenzen liegen, ist die Wahrscheinlichkeit für einen Paketverlust besonders hoch und wenn dann noch die durch die TCP-Übertragungswiederholungen gesendeten Pakete zusätzlichen Verkehr erzeugen, kommt es zur *Network Congestion* (Netzwerkstau). Zusätzlich können die durch die Übertragungswiederholungen verspätet empfangenen Pakete nutzlos sein, etwa bei Anwendungen, die Echtzeit-Video- oder Audio-Übertragungen realisieren – wenn bei solchen Anwendungen veraltete Pakete ankommen, werden diese sowieso verworfen, da sich der Audio- oder Videostrom längst an einer späteren Stelle befindet.

Kapitel 7

Domain Name System (DNS)

Einer der zentralen Dienste für die Verwaltung des Internets ist das *Domain Name System* (*DNS*) (RFC 1033, 1034, 1035). Seine Aufgabe besteht darin, die symbolischen Namen von Rechnern auf deren IP-Adressen abzubilden.

In diesem Kapitel erläutern wir zunächst, warum ein Namensdienst wie DNS für das Internet von großer Bedeutung ist. Anschließend geht es um die technischen Grundlagen von DNS. Schließlich zeigen wir, wie ein DNS-Server unter SuSE Linux aufgesetzt wird und wie man so in den Genuss eines komfortablen Namensdienstes für sein privates Netzwerk kommt.

7.1 Symbolische Namen und IP-Adressen

7.1.1 Motivation

IP-Adressen sind zwar für Computer sehr gut zu gebrauchen, da sie direkt in allen Routing-Algorithmen verwendet werden können und somit für die Wegewahl gut geeignet sind. Menschen merken sich solche Zahlenfolgen jedoch nicht besonders gut. Das DNS bietet uns daher die Möglichkeit, mit einprägsamen symbolischen Namen anstelle von kryptischen IP-Adressen zu arbeiten.

Ein Beispiel für einen solchen Namen ist www.novell.com. Praktisch jeder, der mit der Namenskonvention des Internets vertraut ist, kann sich diesen Namen leicht merken. Außerdem kann man ihn auch leicht erraten, wenn man nach dem Web-Server der Firma Novell sucht.

Nun gibt es jedoch ein Problem: solche *symbolischen Namen* sind wesentlich schlechter für Aufgaben wie Routing verwendbar, da sie nicht der Systematik von IP-Adressen und Netzwerkpräfix genügen (vgl. Abschnitt 6.1.4).

Die Idee bei einem Namensdienst besteht nun darin, dem Benutzer die Verwendung von symbolischen Namen zu erlauben; der Namensdienst kümmert sich anschließend um eine für das Computersystem optimale Übersetzung des Namens in eine IP-Adresse.

7.1.2 Erste Ansätze zur Namensverwaltung

In den frühen Zeiten des Internets, als es nur aus sehr wenigen Hosts bestand, waren alle diese Namen und IP-Adressen in einer einzigen zentralen Datei abgespeichert. Jeder Host besaß eine Kopie dieser Datei. Wenn nun ein Benutzer mit einem bestimmten Host kommunizieren wollte, ermittelte die entsprechende Kommunikationssoftware mit Hilfe dieser Datei die zugehörige IP-Adresse.

Dieser Ansatz hat aber offensichtliche Nachteile:

- Er skaliert nicht. Sobald die Zahl der Rechner größer wird, leidet die Performance und die Pflege der Dateieinträge wird sehr schwierig.
- Die Namensvergabe muss zentral organisiert sein, da sonst die Eindeutigkeit der Namen nicht sichergestellt ist.

Zur Überwindung dieser beiden Probleme wurde das Domain Name System entwickelt. Er realisiert einen Namensdienst in Form einer verteilten Datenbank.

7.1.3 Aufbau der DNS-Namensbereiche

Die Verwaltung zahlreicher, sich dynamisch ändernder Namen ist keine einfache Aufgabe. Dabei muss sichergestellt werden, dass keine Namen doppelt vergeben werden. Außerdem ist die Verfügbarkeit des Namensdienstes für das Funktionieren des Internets von zentraler Bedeutung; zu keinem Zeitpunkt darf die Stabilität des Namensdienstes gefährdet sein. Im DNS werden diese Probleme – ähnlich wie bei der Vergabe von IP-Adressen – durch eine streng hierarchische Organisation gelöst. Diese organisatorischen Einheiten nennt man Domänen oder englisch „domains".

Auf der obersten Ebene dieser Hierarchie befinden sich die Top-Level-Domains (TLDs). Beispiele hierfür sind .com für kommerzielle Einrichtungen, .edu für Lehr- und Forschungseinrichtungen, .mil für den militärischen Bereich oder .aero für Luftfahrtunternehmen. Daneben gibt es länderspezifische Domains wie etwa .de für Deutschland oder .cn für China. Eine Sonderstellung nehmen die beiden TLDs .example und .test ein. Diese sind für Beispiele bzw. Testkonfigurationen reserviert und können ohne Absprache mit anderen frei verwendet werden. Auch im weiteren Verlauf dieses Buches werden wir auf diese TLDs zurückgreifen. Weiterführende Informationen zu TLDs und Angaben über die jeweiligen Verwaltungsorganisationen gibt es auf der entsprechenden Informationsseite der ICANN (Internet Corporation for Assigned Names and Numbers) `http://www.icann.org/tlds/`.

Jede TLD wird von einer Organisation verwaltet, die sich um die Vergabe von Domainnamen unterhalb ihrer Domain kümmert. Eine Domain unterhalb einer TLD nennt man auch Second-Level-Domain. Will beispielsweise die Werner Schmidt GmbH eine eigene Second-Level-Domain unterhalb der TLD `.de` haben, dann muss sie sich an die Administration der Domäne `.de` wenden – das *DENIC*. Ist der gewünschte Domainname noch frei, so wird die Werner Schmidt GmbH als Eigentümer dieser Domain registriert. Innerhalb dieser Domäne kann die Firma dann weitere Subdomänen selbständig einrichten, z. B. `marketing.<domainname>.de` oder `einkauf.<domainname>.de`.

Da in den letzten zehn Jahren die Nachfrage bei Domainnamen stark zugenommen hat, wurden die Verwaltungsorgane der TLDs durch eine immer größer werdende Zahl an Neuregistrierungen von Second-Level-Domains und dem damit verbundenen Verwaltungsaufwand belastet. Daher ist es inzwischen üblich und deutlich preiswerter, Second-Level-Domains nicht direkt beim Verwalter der TLD zu beantragen, sondern bei einem Internetprovider. Dieser nimmt die Registrierung dann stellvertretend beim TLD-Verwalter vor.

Als letztes Glied in der Namenshierarchie, gibt es den Hostnamen. Im Zusammenhang mit der kompletten Bezeichnung seiner Domäne bezeichnet dieser einen Internethost. Ein Beispiel hierfür wäre `prime1.einkauf.ws-gmbh.example`. Eine solche Zeichenkette bezeichnet man auch als „fully qualified domain name" (FQDN). Sie besteht aus dem Hostnamen und dem kompletten Domain-Teil inklusive der TLD. Über den FQDN kann man internetweit die IP-Adresse des Rechners „prime1" herausbekommen (sofern die DNS-Server an allen hier beteiligten Domänen korrekt konfiguriert sind).

Aufgrund dieser hierarchischen Anordnung von Domain-Namen lässt sich der Namensraum des Internet auch als Baum darstellen. Ein kleiner Ausschitt hieraus ist in Abbildung 7.1 dargestellt.

7.2 Aufbau der DNS-Datenbank

Im Folgenden geht es um die technische Umsetzung der oben beschrieben Namenshierarchie. Der Prozess der Namensauflösung im Internet ist – genau wie der Namensraum selbst – hierarchisch organisiert. Es gibt eine große Anzahl von so genannten Nameservern im Internet, die z.B. auf Anfragen der Art „Gib mir die IP-Adresse des Rechners `www.novell.com`" antworten. Ein Namen-Server kann jedoch nicht immer jede Anfrage allein beantworten, sondern leitet die Anfrage ggf. an andere Nameserver weiter.

7 Domain Name System (DNS)

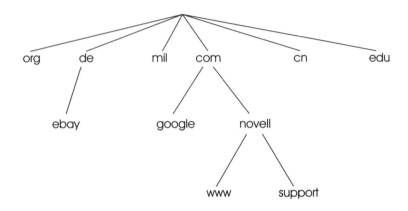

Abbildung 7.1: Ausschnitt aus dem Namensraum des Internet

Die oberste Hierarchieebene im DNS ist der sog. DNS-Root. Hier sind Informationen zu den Nameservern abgelegt, welche die TLDs verwalten. In den Datensätzen dieser Nameservern sind dann Informationen zu den Nameservern der Second-Level-Domains eingetragen. Jede Second-Level-Domain hat wiederum assoziierte DNS-Server, die Informationen über die nächste Hierarchieebene bereitstellen.

Auf jeder Hierarachiestufe wird auf den jeweiligen Nameservern ein kleiner Ausschnitt aus der gesamten DNS-Datenbank verwaltet. Diesen Ausschnitt nennt man auch Zone. Ein Beispiel für eine Zone ist `ws-gmbh.example`. Informationen über diese Zone werden in sog. Zonefiles abgelegt, die wiederum aus einzelnen Datensätzen bestehen – den sog. Ressource Records (RRs). Wir werden später im Detail darauf eingehen. Es kann immer nur einen Rechner geben, der für eine Zone das maßgebliche Zonefile verwaltet. So kann es nicht zu widersprüchlichen Angaben zwischen mehreren Zonefiles kommen. Diesen Rechner bezeichnet man auch als `Primary Nameserver`.

Durch diesen hierarchischen Aufbau lässt sich jeder symbolische Name iterativ auflösen. Für das Beispiel `www.novell.com` sieht dies wie folgt aus: Der Anfragende erkundigt sich beim DNS-Root-Server nach der IP-Adresse vom Nameserver, der die Zone `com` verwaltet. Dieser Nameserver kann dem Anfragenden dann Auskunft darüber geben, welcher Nameserver die Informationen der Zone `novell.com` verwaltet. Schließlich fragt der Anfrager bei diesem Server nach und bekommt hier die IP-Adresse vom Host `www.novell.com`. In der Praxis wird eine solche iterative Namensauflösung in aller Regel nicht gemacht, da dies viel zu lange dauern würde und die Root-Nameserver bei der Vielzahl von DNS-Anfragen weltweit sofort massiv überlastet wären. Es gibt daher zwei wesentliche Konzepte, welche die Skalierbarkeit und Ausfallsicherheit des DNS sicherstellen.

Das erste ist eine rekursive (statt einer iterativen) Abfragestrategie in Verbindung mit Caching: Rekursiv bedeutet hier, dass der Anfrager seine Frage nicht selbst schrittweise mit Hilfe mehrerer DNS-Anfragen beantwortet, sondern die Anfrage an einen Nameserver seiner Wahl weiterleitet. Typischerweise ist dies der Nameserver seiner eignen Domäne. Dieser muss sich dann um die Beantwortung der Anfrage kümmern. Kennt er die Antwort nicht selbst, so fragt er wiederum bei einem anderen DNS-Server nach, usw.

Der Trick besteht nun darin, dass auf jedem beteiligten System Informationen zwischengespeichert werden. Wenn ein Nameserver erstmal eine Antwort zu einer Anfrage herausgefunden hat, merkt er sich das Ergebnis für eine bestimmte Zeit. Auf diese Weise kann wirkungsvoll vermieden werden, dass für häufige Anfragen (z.B. www.google.de) immer wieder eine zeitaufwändige DNS-Abfrage über die komplette DNS-Hierarchie durchgeführt werden muss. In vielen Fällen kann der erste Nameserver in der Rekursionskette die Anfrage direkt aus seinem Cache beantworten.

Das zweite grundlegende Konzept von DNS ist Replikation. Wie bereits beschrieben, gibt es immer genau einen Rechner, der das maßgebliche Zonefile für eine DNS-Zone verwaltet. Was geschieht jedoch, wenn dieser Rechner einmal nicht erreichbar ist? Dies kann aufgrund von Überlast, Netzwerkproblemen oder Hardwaredefekten passieren und so dazu führen, dass die Namensauflösung für die verwaltete Zone nicht mehr möglich ist. Daher werden sämtliche Einträge im Zonefile nicht nur auf dem einen maßgeblichen Server (Primary Nameserver) gespeichert sondern werden zusätzlich auch auf mindestens einen weiteren Nameserver kopiert. Diese sog. Secondary-DNS-Server einer Zone gleichen in regelmäßigen Abständen ihren Datenbestand mit dem Primary-DNS-Server ab, so dass sie eine weitgehend aktuelle Kopie der Daten des Primary-DNS-Servers bereitstellen können. Neben der Ausfallsicherheit ist auch Lastverteilung ein wichtiger Grund für die Einrichtung von sekundären DNS-Servern.

7.3 Aufbau von DNS-Datensätzen

Wie sehen nun die Datensätze aus, die auf primären Nameservern einer Zone angelegt werden? Im RFC 1034 werden insgesamt sieben grundlegende Typen von Datensätzen aufgelistet, deren Aufbau immer gleich ist:

```
Name Time-to-live Class Type Value
```

- Name bezeichnet die Referenz, auf den sich der Datensatz bezieht.
- Time-to-live legt fest, wie langlebig ein Datensatz ist. Dieser Wert wird als Zeitspanne in Sekunden interpretiert und gibt an, wie lange dieser Datensatz im Cache eines anderen Nameservers verbleiben soll.

- ❏ `Class` gibt die Klasse an. Für Internet-Informationen ist dieser Wert immer IN.
- ❏ `Type` gibt an, um welche Art von Datensatz es sich handelt.
- ❏ Die Bedeutung des `Value`-Feldes hängt vom jeweiligen Datensatztyp ab.

Im Folgenden werden wir einen Überblick über Syntax und Bedeutung der grundlegenden DNS-Datensatztypen geben. Zusätzlich zu diesen sieben Grundtypen werden in anderen RFCs noch eine Vielzahl von weiteren Typen spezifiziert, die jedoch nur in bestimmten Anwendungsbereichen interessant sind und nicht von allen DNS-Implementierungen unterstützt werden.

Wir haben in der folgenden Darstellung jeweils den `Time-to-live`-Wert weggelassen, da dieser bei allen Datensatztypen gleich aussieht. Häufig findet man auch Darstellungen, in denen zusätzlich der Wert für `Class` weggelassen wird. Diese Formen der Darstellung dienen jedoch lediglich der besseren Lesbarkeit und der kompakteren Schreibweise von Konfigurationsdateien. DNS-Implementierungen tauschen auf technischer Ebene immer vollständige DNS-Datensätze aus.

SOA

Der erste Eintrag eines jeden Zonefiles ist der *Start of Authority (SOA)* Datensatz. Es kann pro Zone immer nur einen solchen Eintrag geben. Der SOA-Datensatz hat folgendes Format:

```
zone IN SOA origin contact (
   serial
   refresh
   retry
   expire
   minimum time to live
)
```

Der Parameter `zone` legt den Namen der Zone fest.

Das Feld `origin` legt den Hostnamen des primären Nameservers für diese Zone fest. Der Name sollte als „fully qualified domain name" angegeben werden; also der Hostname gefolgt von allen Subdomains bis hin zur TLD.

Unter `contact` wird die E-Mail-Adresse des administrativen Ansprechpartners für diese Zone eingetragen. Das @-Zeichen wird dabei jedoch durch einen Punkt ersetzt.

Der Wert `serial` kann auch als Versionsnummer dieses Zonefiles angesehen werden. Er sollte aus dem aktuellen Datum in der Schreibweise Jahr (YYYY) Monat (MM) Tag (TT) und einer zweistelligen Zahl NN nach folgendem Muster gebildet werden: YYYYMMDDNN. Die Zahl NN gibt dabei die Anzahl der Aktualisierungen des Zonefiles für den betreffenden Tag an. Wird das Zonefile beispielsweise am 1. August 2004 zum zweiten Mal geändert, so lautet der korrekte Wert für `serial` 2004080102. Jedesmal wenn das Zonefile geändert wird, muss der Wert `serial` entsprechend aktualisiert werden. Anhand dieses Eintrags stellt nämlich ein sekundärer Nameserver dieser Zone fest, ob sich das Zone-file des primären Servers geändert hat oder nicht.

Der Eintrag `refresh` legt eine Zeitspanne in Sekunden fest. Nach dieser Zeitspanne sollen sekundäre Nameserver dieser Zone die Aktualität ihrer Zonen-Daten überprüfen und ggf. aktualisieren. Wird ein Zonefile sehr häufig aktualisiert, so ist hier ein kleiner Wert sinnvoll. Ändern sich die Zonen-Daten hingegen nur selten, so kann ein größerer Wert eingetragen werden, was sowohl das Netzwerk als auch die Nameserver entlast. Ein gängiger Wert ist hier 10800 (3 Stunden).

Im Feld `retry` wird festgelegt, in welchen Zeitabständen (in Sekunden) sekundäre Nameserver nach einem fehlgeschlagenen Abgleich mit dem primären Nameserver einen Wiederholungsversuch starten sollen. Ein sinnvoller Wert ist 3600 (eine Stunde).

Der Wert `expire` gibt an, wie lange (in Sekunden) ein sekundärer Nameserver Daten dieser Zone aufbewahren soll, ohne dass ein erfolgreicher Abgleich mit dem primären Nameserver stattgefunden hat. Ein günstiger Wert ist hier 604800 (eine Woche).

Schließlich wird im Feld `minimum time to live` eine Zeitspanne in Sekunden eingestellt, die je nach verwendeter Nameserverimplementierung unterschiedlich interpretiert wird. Grundsätzlich legt eine „time to live" (TTL) fest, wie lange ein Eintrag im Cache eines anderen DNS-Systems aufgehoben werden soll. Dieser Wert hat also nichts mit dem Replikationsmechanismus zwischen dem primären und den sekundären Nameservern einer Zone zu tun, sondern bezieht sich ausschließlich auf das Zwischenspeichern (Caching) von Datensätzen dieser Zone auf anderen Nameservern. In älteren Versionen des Nameservers „BIND" fungierte die `minimum time to live` als Default-Wert, falls bei einem Datensätzen unterhalb von SOA kein eigener TTL-Wert eingetragen war. Ab Bind Version 9 wird die `minimum time to live` als negatives Caching-Intervall interpretiert: Wird eine Anfrage mit der Antwort „NXDOMAIN: der angefragte Domain-Name existiert nicht" beantwortet, so sollen andere Nameserver dieses negative Ergebnis für die hier angegebene Zeitspanne cachen, bevor sie erneut anfragen. Ein sinnvoller Wert ist hier 86400 (ein Tag).

NS

Nameserver (NS) Datensätze legen die maßgeblichen Nameserver (engl. „authoritative servers") für Domains dieser Zone fest. Es muss mindestens einen solchen Datensatz geben, damit dieser Zone überhaupt ein Nameserver zugeordnet wird.

Ein NS Datensatz hat folgenden Aufbau:

```
domain IN NS server
```

Der Wert `domain` gibt den Namen der Domain an, auf den sich der Datensatz bezieht.

Das Feld `server` enthält schließlich den FQDN von einem „authoritative" Server für diese Domain.

A

Ein *Address (A)* Datensatz ordnet einem Hostnamen eine IP-Adresse zu.

Er hat folgendes Format:

```
host IN A address
```

Hierbei bezeichnet `host` den Namen des Hosts, dem eine Adresse zugeordnet werden soll.

Der Wert `address` legt dann die IP-Adresse für den zuvor spezifizierten Host fest.

MX

Ein *MX-Datensatz* legt einen sog. Mail Exchanger für einen Domainnamen fest. Ein Mail Exchanger ist ein Mailserver, der sämtliche Mails für die Benutzer dieser Domäne entgegennimmt und dann entweder direkt ausliefert oder an andere Mail-Server weiterleitet. Der Aufbau eines MX-Eintrags ist wie folgt:

```
name IN MX preference host
```

Der Parameter `name` bezeichnet die Domain (oder einen einzelnen Host), auf den sich dieser MX-Datensatz bezieht.

Über `preference` ordnet man einem MX-Eintrag eine Priorität zu. Gibt es zu einer Domäin mehrere MX-Einträge, so legt dieses Feld eine Reihenfolge aller Einträge fest. Wird nun eine Mail an die unter `name` angegebene Domäne verschickt, versucht das sendende Mailsystem zunächst, diese Mail dem Mail Exchanger mit dem niedrigsten (!) Wert im Feld `preference` zu übergeben. Schlägt dies fehl – etwa weil dieser Mail Exchanger gerade ausgefallen ist oder eine Netzwerkstörung vorliegt – wird der Mail Exchanger mit dem nächst höheren `preference` Wert benutzt, usw. Um auch später noch weitere Mail Exchanger zwischen bestehenden Einträgen einfügen zu können, ist es üblich, die `preference` Werte nicht fortlaufen, sondern als Vielfache von fünf oder zehn zu vergeben.

Das Feld `host` enthält den Hostnamen des Mail Exchangers.

CNAME

Ein *Canonical Name (CNAME)* Datensatz dient dazu, einem Host, der bereits einen Hostnamen hat, noch einen weiteren Namen zuzuordnen. Ein solcher zusätzlicher Name wird häufig dafür genutzt, um auf Dienste hinzuweisen, die ein Host anbietet. Laufen auf dem Rechner `xyz.ws-gmbh.example` beispielsweise ein Web- und und ein FTP-Server, so ist es gängige Praxis, die Spitznamen `ftp` und `www` für `xyz` zu vergeben, damit ein Benutzer diesen Host auch über `ftp.ws-gmbh.example` und `www.ws-gmbh.example` erreichen kann.

Das Format für einen CNAME Eintrag ist wie folgt:

```
alias IN CNAME host
```

Dabei steht `alias` für den zusätzlichen Namen, der vergeben werden soll.

Im Feld `host` steht der „richtige" Hostnamen (der sog. „canonical name").

Es ist zu beachten, dass ein vergebener Alias-Name nicht selbst in anderen DNS-Datensätzen auftauchen darf. Hier muss immer der echte Hostname verwendet werden. Durch diese Einschränkung wird sichergestellt, dass für einen Alias-Hostnamen niemals andere DNS-Datensätze gelten als für den Hostnamen selbst.

PTR

Pointer (PTR) Einträge werden dazu benutzt, um zu einer gegebenen IP-Adresse den Hostnamen zu ermitteln. Damit realisieren sie die inverse Funktionalität eines A-Datensatzes. Solche PTR-Datensätze sollten grundsätzlich für alle Hostnamen einer Zone angelegt werden, nicht jedoch für die Alias-Namen in CNAME-Datensätzen.

Häufig wird die Pflege von PTR-Einträge in Zonefiles vernachlässigt. Dies kann jedoch dazu führen, dass einige Dienste (wie zum Beispiel FTP) eine Verbindung mit Hosts ohne korrekten PTR-Eintrag ablehen. Daher sollten PTR-Einträge stets gewissenhaft angelegt und aktualisiert werden.

PTR-Datensätze haben folgendes Format:

```
reverse-name IN PTR host
```

Hierbei steht `reverse-name` für die IP-Adresse des beschrieben Hosts. Um jedoch den DNS-Konventionen zu genügen, darf die IP-Adresse hier nicht direkt eingetragen werden, sondern muss umgeschrieben werden. Dabei werden zunächst die einzelnen Bytes der IP-Adresse in umgekehrter Reihenfolge geschrieben und schließlich wird die Endung `.in-addr.arpa` für IPv4-Adressen angehängt. Beispielsweise würde die Adresse `192.168.1.2` als `2.1.168.192.in-addr.arpa` geschrieben werden.

Für `host` trägt man den Hostnamen des Rechners als FQDN ein.

HINFO

Der Eintrag *Host Information (HINFO)* kann dazu verwendet werden, Informationen zur Hard- und Software eines Internet-Hosts abzulegen. In der Praxis wird hiervon jedoch so gut wie nie Gebrauch gemacht.

HINFO-Einträge sehen wie folgt aus:

```
host IN HINFO hardware software
```

Der Wert `host` steht für den Hostnamen, auf den sich dieser HINFO Eintrag bezieht.

Das Feld `hardware` beschreibt die Hardware, die auf dem Hostrechner eingesetzt wird. Die Beschreibung erfolgt formlos und in Textform. Enthält die Beschreibung Leerzeichen, so muss sie in Anführungszeichen gesetzt werden.

Unter `software` wird das auf dem Host eingesetzte Betriebssystem angegeben. Auch hier muss die Beschreibung, falls sie Leerzeichen enthält, in Anführungszeichen gesetzt werden.

7.4 Namensauflösung unter Linux

Nachdem wir im vorangegangenen Abschnitt einen konzeptionellen Überblick über DNS und seine verschiedene Datensatztypen gegeben haben, geht es nun um DNS in der Praxis. Zunächst werden wir erläutern, welche Konfigurationsschritte auf einem Linux-System notwendig sind, um Namensauflösung überhaupt durchführen zu können. Anschließend erläutern wir den Umgang mit den Tools `nslookup` und `dig`.

7.4.1 Basiskonfiguration des Resolvers

Damit nicht jede Applikation auf einem Linux-System selbst einen Mechanismus zur Abfrage des DNS implementieren muss, gibt es eine zentrale Programmbibliothek, die diese Funktionalität für alle Anwendungen implementiert: den sogenannten *Resolver*.

Damit der Resolver richtig funktioniert, müssen noch einige Konfigurationdaten festgelegt werden. Dies sind vor allem:

- ❑ der eigene Hostname (mit dem Programm `hostname`)
- ❑ der eigene Domainname (in der Datei `/etc/resolv.conf`)
- ❑ IP-Adressen von Nameservern, die zur Namensauflösung benutzt werden sollen (in der Datei `/etc/resolv.conf`)
- ❑ eine Liste von Domänen, die durchsucht werden sollen, falls ein Hostname ohne Domainnamen angegeben wurde (in der Datei `/etc/resolv.conf`)

7.4 Namensauflösung unter Linux

❏ lokale Informationen zu IP-Adressen und Hostnamen, falls eine Namensauflösung über DNS mal nicht möglich sein sollte (in der Datei /etc/hosts)

Bei der SuSE-Distribution lassen sich diese Parameter auch komfortabel über das Konfigurationswerkzeug YaST einstellen:

Die vier zuerst aufgeführten Konfigurationsparameter werden in der Dialogmaske Netzwerkdienste > DNS- und Hostname von YaST eingestellt. Rechnername und Domainname sind dann, wie in Abbildung 7.2 dargestellt, getrennt voneinander einzugeben. In diesem Beispiel zeigen wir die Konfiguration für den Rechner mitarb-b01.ws-gmbh.example. Es wird die TLD .example verwendet, um im Falle einer Fehlkonfiguration keine Nameskonflikte hervorzurufen (vgl. auch RFC 2606). Eine Domain unterhalb einer „echten" TLD wie .de sollte hier wirklich nur dann eingetragen werden, wenn dieser Domainname tatsächlich bei der zuständigen Stelle registriert ist.

Weiterhin kann man in diesem Dialog bis zu drei IP-Adressen von Nameservern eintragen, die vom Resolver zur Namensauflösung verwendet werden sol-

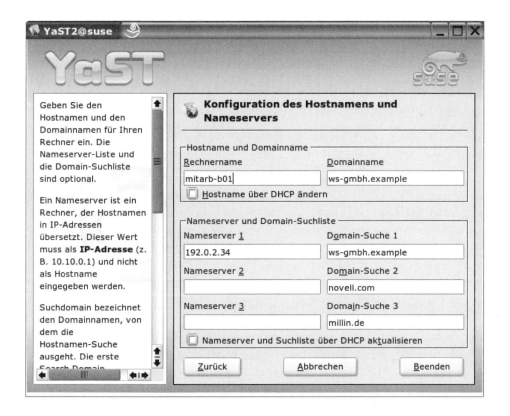

Abbildung 7.2: Konfigurationsparameter des Resolvers

119

len. Schließlich lassen sich noch bis zu drei Such-Domainnamen angeben. Diese werden der Reihe nach durchprobiert, falls der Resolver einen Namen auflösen muss, zu dem nicht explizit ein Domainnamen angegeben wurde. Würde also ein Anwender auf `mitarb-b01` versuchen, den Hostnamen www aufzulösen, dann würde der Resolver zunächst nach www.ws-gmbh.example suchen, dann nach www.novell.com und schließlich nach www.millin.de. Bei einem Treffer wird die Suche abgebrochen. Typischerweise setzt man den ersten Suchdomainnamen auf die eigene Domain, so dass man alle ihre Hostnamen besonders kompakt an den Resolver übergeben kann.

Der fünfte Konfigurationsparameter, der für den Resolver wichtig ist, ist die Datei `/etc/hosts`. In Ihr werden lokale Informationen zu Hostnamen und IP-Adressen abgelegt. Als es noch kein DNS gab, war diese Datei die einzige Informationsquelle zur Auflösung von Hostnamen. Sie wird aber auch heute noch vielfach eingesetzt: In sehr kleinen Netzen lohnt sich das Aufsetzen eines eigenen Nameservers häufig nicht. Hier werden sämtliche Hostnamen und IP-Adressen auf allen Host unter `/etc/hosts` abgelegt. Ein weiteres Anwendungsfeld dieser Datei ergibt sich aus der Tatsache, dass während des Bootprozesses noch kein DNS verwendet werden kann, da die Netzwerkinterfaces noch nicht konfiguriert sind. Benötigt man schon während des Bootprozesses eine Namensauflösung, muss dies über `/etc/hosts` realisiert werden.

Der Aufbau dieser Datei folgt einem einfachen Schema. Jede Zeile hat die folgende Syntax:

```
IP-Adresse kanonischer_Hostname Alias-Namen
```

Sämtliche Felder und auch die Alias-Namen werden dabei durch eine beliebige Anzahl von Tabulatoren und/oder Leerzeichen getrennt.

Der Inhalt dieser Datei lässt sich entweder mit einem normalen Texteditor bearbeiten oder mit YaST. Den entsprechenden Konfigurationsdialog findet man hier unter `Netzwerkdienste > Hostnamen`. In Abbildung 7.3 ist dieser Dialog mit den Werten des Rechners `mitarb-b01` dargestellt. Bis auf den Eintrag für die Adresse `192.0.2.70` entsprechen alle Werte den Voreinstellungen eines neu aufgesetzten SuSE 9.2 Systems.

7.4.2 Arbeitsweise des Resolvers

Der Resolver kann mehrere Datenquellen für die Namensauflösung auswerten. Welche Quellen er in welcher Reihenfolge verwendet, kann in der Datei `/etc/nsswitch.conf` konfiguriert werden. Im folgenden gehen wir von der Standardeinstellung aus.

Liegt nun dem Resolver eine Anfrage zur Namensauflösung vor, beispielsweise weil der Benutzer in seinem Browser eine URL mit einem Hostnamen eingege-

7.4 Namensauflösung unter Linux

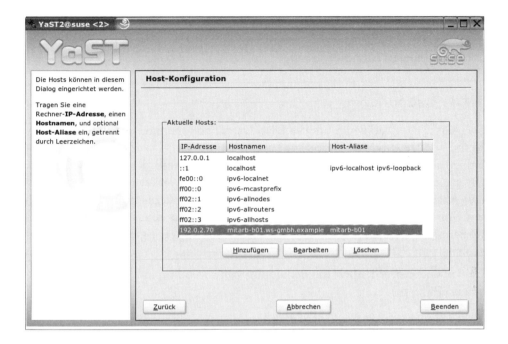

Abbildung 7.3: Konfiguration von /etc/hosts über YaST

ben hat, so kontrolliert er als erstes die eigene Hostdatenbank des Rechners, die in der Datei /etc/hosts gespeichert ist. Wird der symbolische Name hier bereits gefunden, so wird die entsprechende IP-Adresse ausgelesen und an den Aufrufenden zurückgegeben.

Ist dies jedoch nicht der Fall, dann leitet der Resolver die Anfrage an den Nameserver weiter, der bei der Resolver-Konfiguration im YaST an erster Stelle eingetragen wurde. Ist dieser Nameserver zur Zeit nicht erreichbar, werden der Reihe nach der zweite und ggf. auch der dritte Ausweichserver kontaktiert. Konnte die Anfrage erfolgreich an einen der Server abgesetzt werden, gibt es drei mögliche Fälle:

1. Besitzt der kontaktierte Nameserver eine „maßgebliche (authoritative) Information" zu dem gewünschten Namen, gibt er diese gleich an den Resolver zurück. Dies ist immer dann der Fall, wenn er selbst primärer oder sekundärer Nameserver für die zugehörige Zone ist.

2. Der kontaktierte Nameserver besitzt zwar keine maßgebliche Information über die Anfrage, hat aber noch ein Ergebnis in seinem Cache. Auch dann wird der (nicht-authoritative) Inhalt des Caches mit einem entsprechenden Hinweis an den Resolver geliefert. Sobald der Time-to-Live-Wert eines solchen Eintrags im Cache abgelaufen ist, wird dieser gelöscht.

3. Der kontaktierte Nameserver kann die Anfrage nicht allein auf Basis des eigenen Datenbestandes beantworten. Er fragt die fehlenden Informationen von anderen Nameservern an.

7.4.3 nslookup

Das klassische Werkzeug, um die DNS-Datenbank manuell abzufragen, ist das Kommandozeilenwerkzeug nslookup. Es ist im SuSE-Paket bind-utils enthalten und dient vorwiegend dazu, DNS-Problemen auf den Grund zu gehen. Zwar gibt es neben nslookup noch das modernere Werkzeug dig (siehe nächster Abschnitt) oder host, doch bevorzugen viele Systemadministratoren nach wie vor nslookup[1]. Beide Werkzeuge haben nahezu einen identischen Funktionsumfang; lediglich im Bezug auf das Bedienkonzept gibt es einige Unterschiede.

Im Folgenden werden wir die Bedienung von nslookup anhand einfacher Beispiele erläutern.

Die Grundlegende Syntax ist wie folgt:

```
nslookup [optionen] Domainname [Nameserver]
```

Dabei kann man über Optionen angeben, welche Informationen man zum angegebenen Domainnamen haben möchte. Sind keine Optionen angegeben, wird nach Address (A) Datensätzen gesucht. Weiterhin kann man optional einen Nameserver angeben, an den die Anfrage gestellt werden soll. Ist kein Nameserver angegeben, so wird die Resolver-Konfiguration ausgewertet und die dort angegebenen Nameserver benutzt.

Das einfachste Beispiel ist die Ermittlung einer IP-Adresse zu einem Hostnamen:

```
linux: # nslookup www.millin.de
Server:         192.0.2.34
Address:        192.0.2.34#53

Non-authoritative answer:
Name:   www.millin.de
Address: 82.165.15.236
```

Da wir keinen Nameserver auf der Kommandozeile angegeben haben, hat nslookup den Default-Nameserver der Resolver-Konfiguration für diese Anfrage ausgewählt (im Beispiel also 192.0.2.34). Da wir auch speziellen Optionen übergeben haben, wurde nach einem A-Datensatz für www.millin.de gesucht und der Wert der zugeordneten IP-Adresse ausgegeben.

---

[1] Beim Aufruf von nslookup kommt zumeist die Aufforderung das neuere dig zu benutzen, da nslookup evtl. in zukünftigen Distributionen nicht mehr enthalten sein kann. Trotz dieses Hinweis kann man es aber natürlich jetzt noch nutzen.

Schließlich ist noch interessant, dass in der Ausgabe von nslookup explizit vermerkt ist, dass es sich bei der Antwort um eine „non-authoritative answer" handelt. Dies liegt daran, dass der Nameserver 192.0.2.34 kein maßgeblicher Nameserver für die Domäne millin.de ist. Wenn wir ein Ergebnis aus erster Hand haben wollen, müssen wir zunächst den primären oder einen sekundären Nameserver für diese Domäne ermitteln und die Anfrage direkt an diesen Server stellen. Wir erfragen also mit der Option -type=NS die NS-Datensätze für die Domäne millin.de und kontaktieren dann irgendeinen der dort vermerkten Nameserver direkt:

```
linux: # nslookup -type=NS millin.de
Server:         192.0.2.34
Address:        192.0.2.34#53

Non-authoritative answer:
millin.de nameserver = ns.schlund.de.
millin.de nameserver = ns2.schlund.de.

linux: # nslookup www.millin.de ns2.schlund.de
Server:         ns2.schlund.de
Address:        212.227.123.3#53

Name:    www.millin.de
Address: 82.165.15.236
```

Bei ersten Aufruf erscheint wieder der Hinweis, dass die Antwort nicht maßgeblich ist, weil sie ja nach wie vor vom Server 192.0.2.34 kommt. Die zweite Anfrage ging jedoch direkt an den „authoritative" Server ns2.schlund.de, und folglich entfällt hier die entsprechende Warnung.

7.4.4 dig

Das Werkzeug dig unterscheidet sich, wie bereits erwähnt, im Bezug auf seinen Funktionsumfang kaum von nslookup. Lediglich seine Bedienung und sein Ausgabeformat sind etwas anders. Die Ausgaben von dig sind in der Standardeinstellung deutlich detaillierter und entsprechen in ihrer Ausführlichkeit etwa denen von nslookup, wenn man es mit der zusätzlichen Option -debug startet. Weiterhin versucht dig nicht, die vom Nameserver gelieferten Antworten in Textform aufzubereiten, sondern gibt die Antworten des Nameservers im Wesentlichen direkt in Textform aus.

Anders als zu nslookup gibt es zu dig eine gut gepflegt man-Page, die die Benutzung dieses Werkzeugs in aller Ausführlichkeit erläutert.

Die grundlegende Syntax, die für die meisten Anwendungsfälle ausreichend ist, ist wie folgt:

7 Domain Name System (DNS)

```
dig [@Nameserver] [Domainname] [type]
```

Als erster Parameter wird die IP-Adresse oder der Hostname des Nameservers angegeben, an den die DNS-Anfrage geschickt werden soll. In beiden Fällen muss ein @-Zeichen vorangestellt werden. Spezifiert man keinen Nameserver, so wertet `dig` die Resolver-Konfigurationsdateien aus, um einen geeigneten Nameserver automatisch zu ermitteln.

Als zweiter Parameter wird der Domainname angegeben, auf den sich die Anfrage bezieht. Auch dieser Parameter ist optional. Lässt man ihn weg, so bezieht `dig` die Anfrage auf den DNS-Root.

Im Feld `type` gibt man schließlich noch den Datensatztyp an, nach den gesucht werden soll. Gibt man hier nichts an, so ist auch bei `dig` Address (A) der Standardwert.

Im folgenden Beispiel benutzen wir `dig`, um die Mail Exchanger für die Domäne `millin.de` zu ermitteln. Die Mail Exchanger nehmen sämtliche Mail entgegen, die für Benutzer der Domäne `millin.de` bestimmt sind (also an `username@millin.de` adressiert ist).

```
linux: # dig millin.de MX

; <<>> DiG 9.2.4 <<>> millin.de MX
;; global options:  printcmd
;; Got answer:
;; ->>HEADER<<- opcode: QUERY, status: NOERROR, id: 52557
;; flags: qr rd ra; QUERY: 1, ANSWER: 1, AUTHORITY: 2, ADDITIONAL: 2

;; QUESTION SECTION:
;millin.de.                     IN      MX

;; ANSWER SECTION:
millin.de.              78434   IN      MX      10 mail.millin.de.

;; AUTHORITY SECTION:
millin.de.              83444   IN      NS      ns2.schlund.de.
millin.de.              83444   IN      NS      ns.schlund.de.

;; ADDITIONAL SECTION:
ns2.schlund.de.         78377   IN      A       212.227.123.3
ns.schlund.de.          78377   IN      A       195.20.224.97

;; Query time: 84 msec
;; SERVER: 192.0.2.34#53(192.0.2.34)
;; WHEN: Fri Feb 18 12:54:00 2005
;; MSG SIZE  rcvd: 123
```

7.4 Namensauflösung unter Linux

Die Ausgabe von `dig` ist im Vergleich zu der von `nslookup` in der Standardeinstellung deutlich ausführlicher. Zunächst werden etliche Header-Informationen zu dieser Anfrage ausgegeben. Die Angabe `status: NOERROR` zeigt beispielsweise, dass die DNS-Datenbank die Anfrage erfolgreich beantworten konnte. Wichtig sind vor allem die Angaben hinter `flags`. Taucht hier der Wert `aa` auf, handelt es sich um eine „authoritive answer". Das ist in dem oben dargestellten Beispiel nicht der Fall. Hier bedeuten `qr` (Query Response), dass es sich um eine Antwort auf eine DNS-Anfrage handelt, `rd` und `ra` zeigen an, dass eine rekursive Abfrage der DNS-Datenbank sowohl zugelassen (Recursion Allowed) als auch erwünscht (Recursion Desired) ist. Vollständige Erläuterungen zu den einzelnen Werten findet der Leser in RFC 1035 Abschnitt 4.1.1.

Unter „Question Section" wird dann noch einmal die gestellte Anfrage wiederholt.

Unter „Answer Section" sehen wir den vollständigen vom Nameserver gelieferten Datensatz. Diese Darstellungsform entspricht genau dem in Abschnitt 7.3 erläuterten Standardformat: Zunächst der Domain-Name, dann der TTL-Wert (dieser Datensatz darf also eine Stunde lang im Cache eines Nameservers aufgehoben werden), dann IN als Angabe der Klasse, der Typ des Datensatzes MX, der Wert 10 als Präferez für diesen Mail Exchanger (der Wert ist in diesem Beispiel nicht relevant, weil es nur einen MX-Eintrag gibt), und `mail.millin.de` ist schließlich der FQDN des Mail Exchangers.

Unterhalb der „Answer Section" gibt es noch eine ganze Reihe von zusätzlichen Informationen zur gestellten Anfrage. Interessant sind hier vor allem die Felder `Query time` und `SERVER`. Der Wert von `Query time` wird sich bei einer wiederholten Anfrage deutlich verringern, da der gefragte Nameserver das Ergebnis noch in seinem Cache zwischengespeichert hat und die Kette einer rekursiven Anfrage nicht mehr durchlaufen werden muss. Unter `SERVER` wird noch einmal der Server aufgeführt, der die Anfrage beantwortet hat. In unserem Fall ist es der Default-Nameserver `192.0.2.34`, der in der lokalen Resolver-Konfiguration unseres Testsystems angegeben ist.

In einem letzten Beispiel werden wir mit `dig` noch eine inverse DNS-Anfrage durchführen. Wir wollen dabei den Hostnamen zur IP-Adresse `217.12.3.11` ermitteln. Dazu bilden wir den Domainnamen des zugehörigen PTR-Datensatzes, indem wir die einzelnen Bytes der IP-Adresse umdrehen und die Endung `in-addr.arpa` anhängen. Der Aufruf von `dig` sieht dann wie folgt aus:

```
linux: # dig 11.3.12.217.in-addr.arpa PTR

; <<>> DiG 9.2.4 <<>> 11.3.12.217.in-addr.arpa PTR
;; global options:  printcmd
;; Got answer:
;; ->>HEADER<<- opcode: QUERY, status: NOERROR, id: 30977
;; flags: qr rd ra; QUERY: 1, ANSWER: 1, AUTHORITY: 0, ADDITIONAL: 0
```

7 Domain Name System (DNS)

```
;; QUESTION SECTION:
;11.3.12.217.in-addr.arpa.      IN      PTR

;; ANSWER SECTION:
11.3.12.217.in-addr.arpa. 1200 IN       PTR     www2.vip.ukl.yahoo.com.

;; Query time: 94 msec
;; SERVER: 217.237.149.161#53(217.237.149.161)
;; WHEN: Sat Aug  7 22:03:03 2004
;; MSG SIZE  rcvd: 78
```

Die Anfrage gibt den Domainnamen eines Web-Servers der Suchmachine Yahoo zurück: www2.vip.ukl.yahoo.com.

7.5 Konfiguration eines BIND 9 Nameservers

Nachdem wir nun gesehen haben, wie man die DNS-Datenbank abfragen kann, geben wir im Folgenden einen kurzen Einblick in die Konfiguration eines eigenen Nameservers.

Wir werden hierzu die im Internet am weitesten verbreitete DNS-Software BIND (Berkeley Internet Name Domain) in der Version 9 vorstellen, die auch Bestandteil der aktuellen SuSE-Distribution ist.

Es empfiehlt sich, die Grundkonfiguration des Nameservers mit YaST vorzunehmen, da durch die menügeleitete Konfiguration typische Fehlkonfiguration gezielt vermieden werden. Für kleinere Updates der lokalen DNS-Konfiguration werden viele Systemadministratoren jedoch das direkte Editieren der Konfigurationsdateien bevorzugen – auch dies ist mit SuSE Linux möglich.

Der erste Schritt der Konfiguration besteht darin, den BIND-Server zu starten. Dazu aktivieren wir in YaST unter Netzwerkdienste > DNS-Server „DNS-Server beim Systemstart starten". Nun sollte auf unserem lokalen System ein voll funktionstüchtiger Nameserver laufen, der zwar noch keine eigenen Datensätze für eine Zone bereitstellt, aber schon DNS-Anfragen entgegennimmt, rekursiv weiterleitet und Ergebnisse in seinem Cache zwischenspeichert. Das Kommando dig @localhost www.millin.de müsste nun also fehlerfrei ausgeführt werden.

Zwar ist ein Nameserver, der ausschließlich als Cache fungiert, mitunter auch schon eine sinnvolle Ergänzung für ein Netzwerk, doch möchte man in aller Regel auch selbst Datensätze für die Namensauflösung einer eigenen Zone bereitstellen. Wir wollen dies an dieser Stelle nicht in allen Details darstellen – ein komplettes Konfigurationsbeispiel finden Sie in Abschnitt 20. Im Folgenden geht es stattdessen um die grundlegenden Konzepte bei der BIND-Konfiguration.

7.5 Konfiguration eines BIND 9 Nameservers

Die zentrale Konfigurationsdatei, die den BIND-Server steuert, ist /etc/named.conf. Hier werden zum einen globale Einstellungen festgelegt, beispielsweise wer den Namensdienst benutzen darf. Zum anderen werden hier die Zonefiles referenziert, die sämtliche Datensätze für Zonen enthalten, über die der Server „authoritative" Informationen bereitstellt. Der Aufbau der von BIND verwendeten Zonefiles entspricht weitgehend dem in RFC 1035 festgelegten Basisformat.

Ein solches Zonefile kann entweder lokal verwaltet werden oder eine Kopie des Zonefiles eines anderen Servers sein. Lokal wird es immer dann verwaltet, wenn der lokale Server der primäre Nameserver (Master Server) für die betreffende Zone ist. Eine Kopie wird dann abgelegt, wenn der lokale Server als sekundärer Nameserver (Slave Server) fungiert.

Für jede Zone gibt es mindestens zwei Zonefiles, eines für die Zone selbst und ein zweites für die inverse Zone. Das erste enthält Informationen für die normale „Vorwärts-Namensauflösung" (forward) und das zweite Informationen für die „Rückwärts-Namensauflösung" (reverse). Jedes Zonefile beginnt mit einem SOA-Eintrag und muss mindestens einen NS-Eintrag haben. Im Zonefile für die „Vorwärts-Namensauflösung" stehen dann alle Datensätze für die Zone außer denen vom Typ PTR. Im Zonefile für „Rückwärts-Namensauflösung" gibt es außer dem SOA-Eintrag und den NS-Einträgen typischerweise nur Datensätze vom Typ PTR. In einigen Spezialfällen ist es aber doch angebracht, auch CNAME- oder sogar MX-Einträge in der inversen Zone mit aufzunehmen.

Wird unter SuSE 9.2 der BIND-Server installiert, so wird automatisch ein solches Paar von Master-Zonefiles für die Zone localhost mitinstalliert: /var/lib/named/localhost.zone und /var/lib/named/127.0.0.zone. Die Dateien dienen nur dazu, den symbolischen Namen localhost in beide Richtungen über DNS auflösen zu können.

Anhand dieser Dateien können wir zum einen den grundsätzlichen Aufbau solcher Dateien erläutern und auf ein paar Besonderheiten hinweisen, die Anfängern häufig Schwierigkeiten bereiten: Beginnen wir mit der Datei für die „Vorwärts-Namensauflösung":

```
linux: # cat /var/lib/named/localhost.zone
$TTL 1W
@                IN SOA   @      root (
                                 42              ; serial (d. adams)
                                 2D              ; refresh
                                 4H              ; retry
                                 6W              ; expiry
                                 1W )            ; minimum
                 IN NS    @
                 IN A     127.0.0.1
```

In der ersten Zeile wird der Default-Wert für den `TTL`-Wert von Datensätzen dieses Zonefiles eingetragen. Ist bei einem Datensatz kein Wert angegeben, so wird dieser Wert eingesetzt. `1W` ist dabei eine abkürzende Schreibweise für "one week" und wird intern – wie in der DNS-Spezifikation gefordert – in einen Wert in Sekunden umgerechnet. Entsprechend können Zahlenwerte auch mit der Endung `D` (day), `H` (hour) oder `M` (minute) eingegeben werden.

Es gibt neben `$TTL` eine ganze Reihe weiterer Variablen, die den Aufbau eines Zonefiles vereinfachen können (eine Übersicht findet der Leser in RFC 1035). Die neben `$TTL` wohl am häufigsten verwendete Variable ist `$ORIGIN`. Wird `$ORIGIN` nicht explizit im Zonefile gesetzt, so hat sie den Wert des Zonennamens, der in `/etc/named.conf` für jedes Zonefile festgelegt wird (im Beispiel wäre das `localhost`. Auf den Wert von `$ORIGIN` kann mit dem Symbol `@` zugegriffen werden.

Eine weitere Besonderheit ist, wenn ein Domainname nicht absolut angegeben wird (absolute Domainnamen sind durch einen abschließenden Punkt gekennzeichnet), dass dann der Wert von `$ORIGIN` automatisch an den Domainnamen angehängt wird. Diese Tatsache ist vielen BIND-Anfängern nicht bekannt und ist eine häufige Fehlerursache! Beispiel: `mitarb-b01.ws-gmbh.example` würde als `mitarb-b01.ws-gmbh.example.ws-gmbh.example` interpretiert werden. Richtig wäre `mitarb-b01` oder `mitarb-b01.ws-gmbh.example.` (mit einem abschließendem Punkt).

Kommentare sind besonders bei längeren Zonefiles ein wichtiges Hilfsmittel, um langfristig die Übersicht zu behalten. Kommentare werden mit einem Semikolon eingeleitet.

Eine weitere Möglichkeit zur besonders kompakten Schreibweise von Zonefiles ist das Auslassen von Domainnamen am Anfang eines Datensatzes. Sowohl für den NS- als auch den A-Eintrag im obigen Beispiel wurde die gemacht. In diesem Fall wird automatisch der Wert des vorhergegangenen Datensatzes jeweils eingesetzt. Im Beispiel als der Wert vom SOA-Datensatz (Wert von `$ORIGIN`).

Schreibt man beispielsweise das Beispiel-Zonefile ohne jegliche Abkürzungen, so würde es wie folgt aussehen:

```
$TTL 1W

localhost.              IN SOA   localhost. root.localhost. (
                                 42                  ; serial (d. adams)
                                 172800              ; refresh
                                 14400               ; retry
                                 3628800             ; expiry
                                 604800 )            ; minimum

localhost.              IN NS    localhost.
localhost.              IN A     127.0.0.1
```

Betrachten wir abschließend noch das Reverse-Lookup-Zonefile der Zone `localhost`. Da in der Zone `localhost` nur ein A-Datensatz abgelegt ist, wird es im Zonefile für die Rückwärtsauflösung, neben den obligatorischen Einträgen für SOA und NS, einen PTR-Eintrag geben. Die gesamte Datei sieht wie folgt aus:

```
linux: # cat /var/lib/named/127.0.0.zone
$TTL 1W
@                   IN SOA          localhost.      root.localhost. (
                                    42              ; serial (d. adams)
                                    2D              ; refresh
                                    4H              ; retry
                                    6W              ; expiry
                                    1W )            ; minimum

                    IN NS           localhost.
1                   IN PTR          localhost.
```

Der in `/etc/named.conf` festgelegte Name für diese Zone ist `0.0.127.in-addr.arpa` (und damit auch der initiale Wert von `$ORIGIN`). Beim dargestellten PTR-Datensatz wird der führende Hostname zu daher zu `1.0.0.127.in-addr.arpa` ergänzt (weil er kein Punkt am Ende hat).

Zusammenfassung

Anhand der beiden gezeigten Zonefiles konnten wir nun die wichtigsten Punkte erläutern, die beim Anlegen von Zonefiles und dem Eintragen neuer Datensätze zu beachten sind.

Wie eingangs erwähnt, ist ist es für den Anfang empfehlenswert, für die Grundkonfiguration des BIND-Servers YaST zu verwenden, anstatt die Zonen- und Konfigurationsdateien vollständig manuell zu editieren. Ein ausführliches Beispiel hierzu findet der Leser in Abschnitt 20. Zur Fehlersuche ist es jedoch in aller Regel dennoch zweckmäßig, die von YaST erzeugten Zonefiles noch einmal genau zu kontrollieren. Häufig findet man beim direkten betrachten der Zonefiles einen Fehler schneller als in YaST. Die von YaST angelegten Master-Zonefiles findet man im Verzeichnis `/var/lib/named/master`. Parallel dazu sollte man sich bei der Fehlersuch auch die Warnung und Fehlermeldungen des `named` (so heißt der BIND-Prozess) in der Datei `/var/log/messages` anschauen. Testanfragen an den eigenen Nameserver stellt man mit den Tools `nslookup` oder `dig`. Mit diesem Grundwissen sollten Sie nun in der Lage sein, den „BIND-Dämonen" zu bändigen – viel Erfolg!

7.6 Spezialfall: Dynamic DNS

Viele Anwender haben den Wunsch, auf Ihrem PC Dienste aufzusetzen, die internetweit verfügbar sein sollen – etwa einen Web-Server, einen Chat-Server oder ähnliches. Vielfach bekommt man jedoch von seinem Internetprovider keine feste IP-Adresse zugewiesen, sondern eine, die sich bei jedem Verbindungsaufbau ändert. Das stellt ein Problem dar, weil potentielle Dienstnutzer die aktuelle IP-Adresse des PCs nicht kennen.

Nun liegt die Idee nahe, dieses Problem über das DNS zu lösen. Ein fester symbolischer DNS-Name zeigt auf die jeweils aktuelle IP-Adresse des Rechner. Zwar müsste man recht kleinen TTL-Werte für die entsprechenden Datensätze wählen, damit die geänderte IP-Adresse in kurzer Zeit im ganzen Internet bekannt wird, doch dies kann höchstens zu Effizienz- bzw. Performance-Nachteilen führen. Ein viel größeres Problem stellt die Tatsache dar, dass die meisten Anwender keinen Nameserver administrieren; dieser muss schließlich eine permanente Netzanbindung haben und seine Konfiguration ist – wie wir gesehen haben – nicht ganz einfach.

Die Lösung stellt ein proprietärer Dienst dar: Dynamic DNS. Ein Betreiber eines Nameservers ermöglicht dabei Internetnutzern, selbst Einträge in einem Zonefile anzulegen und bei Bedarf zu aktualisieren. Selbstverständlich bekommt der Internetnutzer nicht Zugriff auf das gesamte Zonefile, sondern kann lediglich seine eigenen Einträge bearbeiten. Auch wird nicht das Zonefile als Datei editiert, sondern alle Änderungen laufen über ein proprietäres Protokoll ab, für das man auf Anwenderseite einen speziellen Client benötigt. Dieser Client kümmert sich auch selbständig darum, dass bei einem Adresswechsel die DNS-Einträge automatisch aktualisiert werden. Für den Anwender ist Dynamic DNS damit sehr einfach zu konfigurieren und zu benutzen.

Exemplarisch wird in diesem Abschnitt das für private Nutzung kostenlose Angebot der Seite `http://dyndns.org` vorgestellt; es gibt mittlerweile weitere vergleichbare Anbieter mit sehr ähnlicher oder sogar identischer Funktionalität wie z.B. `hn.org`, `zoneedit.org` oder `easydns.org`.

ddclient

Der DynDNS-Client `ddclient` wurde komplett in Perl entwickelt. Nach der Installation des gleichnamigen Paketes ist das ausführbare Skript unter `/usr/sbin/ddclient` zu finden, die zugehörige Konfigurationsdatei liegt unter `/etc/ddclient.conf`. Ein ausführliches Konfigurationsbeispiel ist in Kapitel 19 abgedruckt.

Kapitel 8

DHCP

Wie wir in den vergangenen Kapiteln gesehen haben, gibt es auf einem Rechner, der in ein Netzwerk aufgenommen werden soll, viel zu konfigurieren. Zunächst müssen den Netzwerkinterfaces IP-Adressen zugewiesen werden, eine Default-Route muss gesetzt werden und schließlich müssen noch diverse Einstellungen an der Resover-Konfiguration eines Hosts vorgenommen werden, bevor einem Benutzer auf diesem Host ganz grundlegende Funktionalitäten bereitstehen (etwa um die Seite http://www.google.de/ im Browser aufzurufen).

Das *Dynamic Host Configuration Protocol* (*DHCP*) wurde geschaffen, um die Einbindung von neuen Netzteilnehmern in ein bestehendes IP-Netzwerk zu vereinfachen. Hierbei kann es sich etwa um einen neuen Rechner handeln oder beispielsweise um einen Gastrechner, der das Netz kurzfristig benutzen möchte. Wird also ein neuer Host an das Netzwerk angeschlossen, so werden ihm über DHCP alle erforderlichen Parameter übermittelt, so dass die eigentlich Konfiguration dann automatisch ablaufen kann.

DHCP kann dabei auch BOOTP-Clients bedienen. Das *Boot Protocol (BOOTP)* gilt als Vorläufer von DHCP und diente ursprünglich zur Konfiguration von Rechnern während des Neustarts. Aus Clientsicht ist DHCP lediglich eine Erweiterung von BOOTP.

Eine wesentliche Eigenschaft von DHCP ist, dass seine Verwendung optional ist. Es erlaubt Systemadministratoren, korrekte Konfigurationsparameter über einen Dienst allen an das Netzwerk angeschlossenen Geräten zur Verfügung zu stellen. DHCP ist also lediglich ein Dienst-Angebot, bietet jedoch keine Garantien, dass jedes Endgerät diesen Service auch nutzt. So ist es durchaus möglich, dass ein Rechner durch manuelle Konfiguration falsch konfiguriert wird. DHCP zwingt also keinen Rechner, sich korrekt zu konfigurieren. Diese Eigenschaft bringt jedoch auch einen wichtigen Vorteil mit sich: Es ist problemlos möglich, nur einen Teil der Geräte im Netzwerk über DHCP konfigurieren zu lassen und den übrigen Geräten ihre Konfigurationsparameter manuell zuzuweisen.

DHCP verfolgt dabei den Ansatz einer zentralen Verwaltung in Verbindung mit dem Client-Server-Kommunikationsmodell. Es gibt im Netzwerk einen oder mehrere DHCP-Server, auf denen die Konfigurationsparameter für alle Hosts verwaltet werden. Die DHCP-Server werden dann so konfiguriert, dass sie für das lokale Netz gültige Konfigurationsparameter an anfragenden DHCP-Clients übermittelt.

DHCP-Clients können durchaus von mehr als einem DHCP-Server Konfigurationsparameter angeboten bekommen. In sehr großen Netzen werden typischerweise mehrere DHCP-Server aufgesetzt, um die Ausfallsicherheit zu erhöhen und einen höheren Grad an Skalierbarkeit zu erreichen.

Obwohl man über DHCP prinzipiell alle möglichen Konfigurationsparameter bereitstellen kann (auch Informationen über Drucker im Netzwerk usw.) ist die zentrale Aufgabenstellung eines DHCP-Servers Vergabe von gültigen IP-Adressen. Laut der Spezifikation des Internet-Protokolls müssen die Adressen hierbei natürlich kollisionsfrei vergeben werden. Zwei Netzteilnehmer dürfen also niemals die gleiche Adresse benutzen. Doch wie kann man verhindern, dass einem DHCP-Server nach einiger Zeit die IP-Adressen ausgehen? Diese sind schließlich nur in begrenzter Zahl vorhanden und der DHCP-Server kann sich zunächst nicht sicher sein, wann er eine einmal vergebene IP-Adresse nicht mehr benutzt wird und neu vergeben werden kann.

Daher verfolgt man bei DHCP das Konzept der „Leases". Jede von einem DHCP-Server ausgegebene Konfiguration ist nur für eine bestimmte „Pachtzeit" (Leasetime) gültig. Kurz bevor diese Zeit abläuft, muss der Client beim Server eine neue Konfiguration erfragen. Typischerweise weist ihm der Server, soweit dies möglich ist, dieselbe Konfiguration erneut zu, damit der Client nicht ständig seine Konfiguration ändern muss.

DHCP für IP der Version 4 wurde von der IETF in RFC 2131 und RFC 2132 spezifiziert und ist in der Praxis sehr weit verbreitet. Für IP Version 6 ist ein Draft in Arbeit, der in naher Zukunft ebenfalls als RFC verabschiedet werden wird. In den folgenden Abschnitte geben wir zunächst einen Überblick über die generelle Arbeitsweise von DHCP und erläutern dann die Konfiguration eines DHCP-Servers anhand eines Beispiels.

8.1 Arbeitsweise von DHCP

Sämtliche DHCP-Nachrichten werden über UDP verschickt. Ein DHCP-Server empfängt Nachrichten auf Port 67 und ein Client auf Port 68.

In Tabelle 8.1 sind die alle DHCP-Nachrichtentypen aufgelistet. Im Folgenden werden wir kurz beschreiben, in welchen Schritten die automatische Konfiguration über DHCP abläuft und dabei die verschiedenen Nachrichtentypen erläutern.

Tabelle 8.1: Liste der DHCP Nachrichten

Nachricht	Beschreibung
DHCPDISCOVER	Client an Server: Anfrage, per Broadcast gesendet.
DHCPOFFER	Server an Client: Angebot einer Adresse.
DHCPREQUEST	Client an Server: Anforderung der angebotenen Adresse.
DHCPACK	Server an Client: Bestätigung mit Konfigurationsoptionen.
DHCPNAK	Server an Client: Ablehnung der Anforderung.
DHCPDECLINE	Client an Server: Adresse schon benutzt.
DHCPRELEASE	Client an Server: Adresse nicht mehr benötigt.
DHCPINFORM	Client an Server: Nachfrage zusätzlicher Optionen.

1. Der erste Schritt bei DHCP besteht darin, dass die DHCP-Client-Software auf einem Endgerät ein DHCPDISCOVER-Paket aussendet. Ein solches DHCPDISCOVER-Paket kann bereits Vorschläge für Netzwerkadresse und Gültigkeitsdauer der DHCP-Leases beinhalten. Da auf dem Endgerät zu diesem Zeitpunkt noch keine IP-Adresse für das Netzwerkinterface des Endgerätes konfiguriert wurde, ist im UDP-Header als Absenderadresse 0.0.0.0 eingetragen. Zieladresse ist die Broadcast-IP-Nummer 255.255.255.255, somit wird das DHCPDISCOVER-Paket an alle Rechner im lokalen Netz verschickt.

2. Empfängt ein DHCP-Server nun ein DHCPDISCOVER, so antwortet er mit einer DHCPOFFER-Nachricht, die bereits ein Angebot für eine (noch freie) Netzadresse enthält. Auch können schon andere Konfigurationsparamter übertragen werden, wie etwa Angaben zu Druck-, Zeit oder Nameservern. Der Server muss zu dem Zeitpunkt jedoch noch keine Reservierung der angebotenen Adresse vornehmen, sondern darf die Adresse in diesem Stadium auch noch anderen DHCP-Clients anbieten. Die DHCPOFFER-Nachricht wird entweder per Broad- oder Unicast zum Client gesendet, wobei Unicast die bevorzugte, technisch jedoch etwas unsichere Variante ist. Bei Unicast wird die Nachricht nämlich schon an die vorgeschlagene IP-Adresse adressiert, obwohl das Netwerkinterface auf dem Endgerät noch gar nicht auf diese Adresse konfiguriert ist. Es sollte jedoch so sein, dass im Falle eines nicht konfigurierten Interfaces schon sämtlicher IP-Verkehr an laufende Anwendungen weitergeleitet wird. Leider funktioniert dies nicht mit allen IP-Implementierungen; für diesen Fall kann der DHCP-Client schon beim DHCPDISCOVER ein Header-Flag setzen, um anzuzeigen, dass er DHCPOFFER-Nachrichten nicht per Uni- sondern per Broadcast zugeschickt bekommen möchte.

3. Als nächstes empfängt der Client eine oder mehrere DHCPOFFER-Pakete von einem oder mehreren DCHP-Servern. Anhand der in den DHCPOFFER-

Paketen angebotenen Konfigurationen wählt der Client ein passendes aus und sendet per Broadcast eine DHCPREQUEST-Nachricht zurück an alle DHCP-Server im Netz. In diesem Paket signalisiert er, für welche Konfiguration er sich entschieden hat, indem er die IP-Adresse des gewählten Servers in der DHCP-Nachricht vermerkt. Auf diese Weise weiß jeder DHCP-Server im Netz, ob sein Konfigurationsvorschlag abzeptiert wurde.

4. Der DHCP Server empfängt den DHCPREQUEST vom Client. Diejenigen Server, deren DHCPOFFER-Angebot nicht explizit quittiert wurde, werten diese Nachricht als Ablehnung ihres Angebotes. Der Server, dessen Angebot vom Client angenommen wurde, aktualisiert seine internen Datenstrukturen dahingehend, dass der Client nun das Angebot annimmt (insbesondere wird die vergebene IP-Adresse für den anfragenden Client verbindlich reserviert), und antwortet mit einer DHCPACK-Nachricht, die noch einmal alle Konfigurationsparameter für den Client beinhaltet. Wurde die nun vom Client angeforderte Adresse mittlerweile an einen anderen Client vergeben, sendet der Server ein DHCPNAK.

5. Der Client empfängt die DHCPACK-Nachricht mit den Konfigurationsparametern und der Lease-Time. Bevor der Client die automatische Konfiguration durchführt, sollte er noch einmal zur Vorsicht überprüfen, ob die zugewiesene IP-Adresse auch wirklich frei ist (z.B. über das ARP-Protokoll, vgl. Abschnitt 6.2.2). Falls diese Gültigkeitsprüfung zu dem Ergebnis kommt, dass die Adresse nicht mehr frei ist, sendet der Client ein DHCPDECLINE an den Server. Nach einer minimalen Wartezeit von zehn Sekunden beginnt die Konfigurationsprozedur dann von vorne. Kann die Gültigkeit zugewiesenen Adresse vom Client verifiziert werden, führt er schließlich die Konfiguration durch. Der Client ist ab diesem Zeitpunkt komplett konfiguriert und kann am Netzverkehr voll teilnehmen.
Empfängt der Client DHCPNAK vom DHCP-Server, startet der die Konfigurationsprozedur ebenfalls erneut.
Wenn der Client nach einer gewissen Zeit weder ein DHCPACK noch ein DHCPNACK empfangen hat, so sendet er die DHCPREQUEST-Nachricht noch einmal. Die meisten Implementierungen haben hierfür einen Timeout von 15 Sekunden vorgesehen und probieren es viermal, die Nachricht nochmals zuzustellen.

6. Der Client muss sich vor Ablauf der Lease-Time um eine Verlängerung der Gültigkeitsdauer für seine Konfiguration kümmern. Dazu sendet er erneut ein DHCPREQUEST an den Server, von dem er seine aktuelle Konfiguration bezogen hat. Der Server quittiert dies dann mit einem DHCPACK.

7. Der Client kann die Adresse beim Server auch vorzeitig durch das Senden eines DHCPRELEASE-Paketes freigeben. Dies geschieht etwa, wenn der Client neu gestartet wird, oder wenn eine PCMCIA-Netzwerkkarte gestoppt wird.

Die Nachricht DHCPINFORM hat eine Sonderstellung: Wenn ein Client seine Netzwerkadresse statisch (d.h. manuell) konfiguriert hat, aber trotzdem gewisse Netzwerkparameter (z.B. den Default-Router) mit Hilfe von DHCP erfragen möchte, so kann er DHCPINFORM-Nachrichten verschicken. Jeder DHCP-Server im Netzwerk kann die gewünschte Information dann direkt in Form einer DHCPACK-Nachricht an den Client schicken.

8.2 Einrichten des DHCP-Servers

Im YaST-Control-Center findet man den DHCP-Server unter der Rubrik *Netzwerkdienste*. Beim Start der Einrichtung des DHCP-Servers wird der hierfür benötigte DHCP-Dämon automatisch nachinstalliert, falls dies nicht schon zuvor geschehen ist. In den folgenden Dialogen kann man dann festlegen, mit welchen Werten die DHCP-Clients im Netzwerk konfiguriert werden sollen (siehe auch Abschnitt 22.11. im SuSE 9.2 Administrationshandbuch).

Obwohl die Konfigurationsmöglichkeiten, die YaST für die Einrichtung eines DHDP-Servers zur Verfügung stellt, schon sehr umfangreich sind und für viele Anwendungsfälle völlig ausreichen, lassen sich manche Einstellungen nur durch manuelles Editieren der Konfigurationsdatei /etc/dhcpd.conf ändern. Es bietet sich mithin an, zunächst mit YaST eine funktionierende Basiskonfiguration des DHCP-Servers zu erstellen. Den „letzten Schliff" kann man der Konfiguration dann per Hand geben. Detaillierte Informationen hierzu bekommt man über die Befehle man dhcpd.conf und man dhcp-options und man dhcp-eval.

Im folgenden wollen wir die Struktur der Datei /etc/dhcpd.conf anhand eines einfachen Beispiels erläutern:

```
linux: # cat /etc/dhcpd.conf
ddns-update-style none;
default-lease-time 14400;      # 4 Stunden

  subnet 192.168.0.0 netmask 255.255.255.0 {
    range 192.168.0.10 192.168.0.20;
    option subnet-mask 255.255.255.0;
    option broadcast-address 192.168.0.255;
    option routers 192.168.0.1;
    option domain-name "abc.example";

    host xyz {
      hardware ethernet 00:02:56:32:EC:CB;
      fixed-address 192.168.0.5;
      option host-name "xyz";
    }
  }
```

Das abgedruckte Beispiel ist, wie durch die Einrückungen kenntlich gemacht, in drei Abschnitte gegliedert. Die obersten beiden Zeilen steuern das allgemeine Verhalten des DHCP-Servers. Über die Option `ddns-update-style` kann man die Einträge eines DNS-Servers automatisiert aktualisieren lassen, wenn der DHCP-Server einen neuen Host im Netzwerk konfiguriert. Diese Funktionalität ist hier nicht erwünscht, und daher ist der eingetragene Wert `none`. Die Angabe `default-lease-time` legt die Gültigkeitsdauer für alle ausgegebenen Leases fest.

Der Zweite Abschnitt bezieht sich nicht mehr auf das allgemeine Verhalten des DHCP-Servers, sondern auf ein ganz bestimmtes Subnetz. Dieses Subnetz muss über eines der lokalen Netzwerkinterfaces auch direkt erreichbar sein. In diesem Subnetz sollen nun einzelne Hosts über DHCP konfiguriert werden. Zunächst legt man über die Anweisung `range` fest, welche Adressen der DHCP-Server in diesem Subnetz dynamisch vergeben darf. Über `option` Einträge legt man dann die weiteren Konfigurationsparameter für die Clients in diesem Subnetz fest. Im Beispiel haben wir uns auf die wichtigsten beschränkt: Subnetz-Maske, Broadcast-Adresse, Default-Router und Domainnname.

Man kann das Verhalten des DHCP-Servers noch feingranularer steuern: Möchte man für bestimmten Clients spezielle Konfigurationsparameter festlegen, so legt man innerhalb des Subnetzes noch Host-Abschnitte an. Hier kann man Clients anhand ihrer MAC-Adresse identifizieren und genau festlegen, welche Konfigurationsparameter der DHCP-Server an diesen Client schicken soll. Im Beispiel sieht man die Daten eines Clients mit der MAC-Adresse `00:02:56:32:EC:CB`. Diesem soll immer den Hostnamen `xyz` und die IP-Adresse `192.168.0.5` zugewiesen werden. Das heißt, die Adresse ist permanent reserviert als wäre der Client statisch auf diese Adresse konfiguriert. Ein wichtiger Vorteil im Vergleich zu einer echten statischen Konfiguration ohne DHCP liegt darin, dass die MAC-Adressen aller Clients sauber in der DHCP-Konfiguration an zentraler Stelle aufgeführt sind und der Administrator somit einen guten Überblick über die Endgeräte im Netzwerk hat. Müssen die IP-Adressen doch einmal geändert werden (z.B. weil dem Netzwerk ein neuer Adressbereich zugewiesen wird), so kann dies durch Änderung der DHCP-Server Konfiguration geschehen. Die Clients konfigurieren sich dann automatisch entsprechend um und müssen nicht manuell umgestellt werden. In großen Netzwerken wäre dies mit einem enormen Arbeitsaufwand verbunden.

8.3 Einrichten eines DHCP-Clients

Unter SuSE Linux wird standardmäßig eine DHCP-Client-Software während des Boot-Prozesses gestartet.

Über YaST lässt sich dann in den entsprechenden Konfigurationsdialogen das Verhalten steuern. Über Checkboxen mit dem Namen „mit DHCP konfigurieren" (oder ähnlich) kann man festlegen, ob der jeweilige Parameter statisch oder per DHCP konfiguriert werden soll. Beispiele hierfür findet man etwa in den Dialogen zur Resolver-Konfiguration, bei der Konfiguration von IP-Adressen und beim Einstellen einer Default-Route (vgl. auch Abbildungen 6.3 und 7.2).

DHCP-Software gibt es natürlich nicht nur für Linux. Setzt man in einem Netzwerk Betriebssysteme unterschiedlicher Hersteller ein, bietet DHCP noch den großen Vorteil, dass sich der Systemadministrator nicht im Detail mit den jeweiligen Einstellungensmöglichkeiten auseinandersetzen muss. Man wählt jeweils „automatisch konfigurieren" und verwaltet die eigentlichen Einstellungen zentral auf dem DHCP-Server.

Kapitel 9

Programmierung von Anwendungen im Internet

Nachdem wir nun mit TCP/IP das Transportsystem des Internet kennengelernt haben, stellt sich als nächstes die Frage, wie Anwendungen auf dieses System aufgesetzt werden können.

Prinzipiell gibt es dazu mehrere Möglichkeiten, wobei wir uns hier nur mit der grundsätzlichsten beschäftigen wollen: eine Anwendung kann direkt die Dienste von TCP bzw. UDP nutzen. Sie tut dies über eine entsprechende Programmierschnittstelle, die sog. *Socket-Schnittstelle*. Alle weiteren Varianten basieren auf der Verwendung von *Middleware*. Dieser Ansatz ist jedoch außerhalb des Fokus dieses Buches.

In diesem Kapitel wird gezeigt, wie Anwendungen basierend auf der Socket-Schnittstelle funktionieren und wie man sie selbst programmieren kann. Dabei gehen wir wie folgt vor: zunächst betrachten wir eingehend das im Internet dominierende Kommunikationsmodell, nämlich das Client-Server-Modell. Anschließend gehen wir auf den Ablauf einer Kommunikationsbeziehung zwischen einem Client und einem Server ein, um dann die dazu notwendigen Funktionen der Socket-Schnittstelle besser einordnen zu können. Anhand dieser Funktionen entwickeln wir daraufhin die Grundstruktur je eines Client- und eines Server-Programms. Ein Beispiel – zur Abwechslung nicht in der ursprünglichen Socket-Programmiersprache C, sondern in Java – rundet das Kapitel ab.

9.1 Client-Server im Internet

Grundsätzlich sind verschiedene Arten von Kommunikationsbeziehungen denkbar. Das heute immer noch bekannteste und im Internet dominierende ist das *Client-Server-Modell*. In diesem Modell gibt es

❏ *Server*, die bestimmte Ressourcen verwalten und einen Dienst anbieten, der den Zugriff auf die Ressourcen erlaubt, und

❏ *Clients*, die die Ressourcen für ihre Arbeit verwenden möchten.

Im Internet basiert praktisch jegliche Art von Kommunikation auf diesem Modell. Auch bei denjenigen Anwendungen, die eigentlich *Peer-to-Peer*-basiert sind – also zwischen gleichberechtigten Partnern – läuft die Verbindungsaufbauphase nach dem Client-Server-Prinzip ab.

Dies bedeutet im Wesentlichen, dass einer der Kommunikationpartner auf den Verbindungsaufbau wartet, den der andere Partner initiiert. Der Wartende heißt dann Server, der Initiator Client.

Nachdem die Verbindung aufgebaut ist, kann die Kommunikation durchaus auf Peer-to-Peer-Basis erfolgen, d. h. der Server kann genauso Anfragen an den Client schicken wie umgekehrt. Ein typisches Beispiel für diese Art von Anwendungen sind Chat-Programme, bei denen zwei Partner miteinander kommunizieren.

9.2 Ablauf einer Kommunikationsbeziehung

Eine Verbindung zwischen Client und Server bei Verwendung von TCP als Transportprotokoll läuft immer wie folgt ab:

1. *Suchen des Kommunikationspartners*
   Der Client muss zunächst wissen, mit wem er kommunizieren möchte, um dann herauszufinden, wie der Partner erreicht werden kann.

2. *Aufbau der Verbindung*
   Sobald der Server identifiziert ist, wird ein Verbindungsaufbauwunsch geschickt. Wenn der Server diesen positiv beantwortet, ist die Verbindung etabliert.

3. *Austausch der Daten*
   Sowohl Client als auch Server können über die bidirektionale Verbindung Daten schicken, die jeweils von der Gegenseite gelesen und verarbeitet werden.

4. *Verbindungsabbau*
   Sind alle Daten ausgetauscht, kann die Verbindung beendet werden.

Bei der Verwendung von UDP wird keine Verbindung aufgebaut. Hier schickt jeweils der Client direkt ohne vorherige Ankündigung ein Datenpaket an den Server, ohne die Sicherheit einer Verbindung. Die korrekte Ankunft des Pakets wird also nicht überprüft.

9.3 Lokalisierung des Servers

Ein Server-Programm wird über eine Transportadresse identifiziert. Diese besteht aus zwei Teilen:

- ❑ der IP-Adresse des Rechners, auf dem der Server läuft, und
- ❑ dem Port, an dem der Server auf ankommende Requests wartet.

Ein Client muss im Prinzip diese beiden Informationen haben, um mit dem Server-Programm Kontakt aufnehmen zu können.

Allerdings ist es meist nicht notwendig, die numerischen Werte zu kennen. Es genügt, wenn der Client den symbolischen Namen des Server-Hosts kennt sowie den Namen des Dienstes. Mittels der Namensauflösung z. B. über das Domain Name System werden die symbolischen Namen dann in die numerischen Werte übersetzt.

Es gibt zwei Varianten, wie ein Server auf Verbindungsaufbauwünsche wartet:

- ❑ Entweder, der Server läuft auf dem Hostrechner im Hintergrund und „lauscht" am Transport-Port auf eintreffende Daten, oder
- ❑ der sogenannte Superserver `xinetd` übernimmt diese Arbeit und startet den Server erst, wenn dies notwendig ist. Dazu muss der Service entsprechend in der Datei `etc/xinetd.conf` oder im Verzeichnis `/etc/xinetd.d` aufgelistet sein.

9.4 Vergabe von Ports

Weiter vorne hatten wir schon gesehen, dass es im Internet eine Reihe von Standard-Diensten, die auf vielen Host verfügbar sind. Beispiele sind E-Mail, WWW, FTP, ping, time, etc. (siehe Abschnitt 6.6.6 und später Kapitel 11).

Damit sich Clients nicht jedesmal umständlich um die Portnummer des gewünschten Dienstes bemühen müssen, wurden diesen Standard-Diensten feste Ports zugewiesen, die schon beschriebenen „Well-Known Ports" (siehe auch Anhang B). Diese Ports lassen sich zum größten Teil in der Datei `/etc/services` nachschauen, die offizielle Liste ist im Internet einsehbar (`http://www.iana.org/assignments/port-numbers`).

Dienste, die nicht „well-known" sind, müssen sich eigene Portnummern besorgen. Auch hier gibt es wieder zwei Möglichkeiten:

- ❑ Man läßt sich die Portnummer(n) seines Dienstes von der IANA registrieren (`http://www.iana.org`). Dann kann jeder Client den Dienst anhand der (bekannt gemachten) Portnummer finden.

❏ Man verwendet einfach einen zufällig gewählten Port im Bereich der *Private Ports* von 49152 bis 65535 und teilt diesen seinen potentiellen Kommunikationspartnern mit. Dies ist eine brauchbare Methode, wenn Client und Server von demselben Programmierer erstellt werden und er im Client gleich die entsprechende Information verwenden kann. Ein gewisses Risiko gibt es bei diesem Verfahren, denn im Prinzip kann eine andere Anwendung zufällig denselben Port auswählen. Allerdings laufen auf typischen Internet-Hosts nicht so viele selbst implementierte Dienste, so dass das Risiko eher gering ist.

Für die allermeisten Anwendungen ist die erste Möglichkeit völlig irrelevant, da es nicht um die Bereitstellung von global verfügbaren Anwendungen gehen wird. Möchte man einfach eine Anwendung programmieren, die auf das eigene Unternehmen beschränkt ist, so genügt der zweite Ansatz völlig.

9.5 Client-Server-Anwendungen selbst programmieren

Es ist problemlos möglich, eigene TCP/UDP/IP-Anwendungen zu schreiben. Hierzu wird in praktisch allen gängigen Programmiersprachen eine Programmierschnittstelle (*Application Programming Interface - API*) angeboten, die eine Reihe grundlegender Funktionen zur Verfügung stellt.

Die vorhandene Funktionalität der Schnittstelle deckt die folgenden Aufgaben ab:

❏ Allokation von notwendigen Systemressourcen
❏ Lokalisieren des Servers
❏ Initiierung von bzw. Warten auf Verbindungsaufbau
❏ Senden und Empfangen von Daten
❏ Verbindungsabbau

9.5.1 Idee der Socket-Schnittstelle

Grundlage für die eigene Erstellung von Client-Server-Anwendungen ist die sog. *Socket-Schnittstelle*. Ein Socket bildet den Endpunkt einer Verbindung; Client und Server besitzen für ihre Verbindung je einen Socket. Man kann sich einen Socket als Ein- oder Ausgang einer Röhre vorstellen. Daten, die an einem Ende hereingesteckt werden, kommen am anderen Ende wieder heraus.

Dieses Kommunikationsmodell der TCP/UDP Sockets ist noch einmal in Abbildung 9.1 dargestellt.

Damit zwei Prozesse über eine TCP-Verbindung miteinander kommunizieren können, müssen beide Prozesse zunächst einen Socket eröffnen. Dieser ist nach

9.5 Client-Server-Anwendungen selbst programmieren

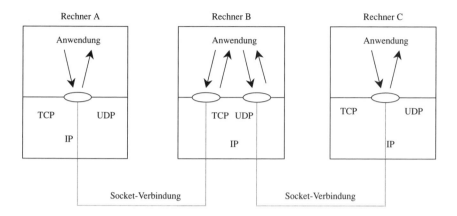

Abbildung 9.1: Kommunikationsmodell

seiner Erzeugung unabhängig von einer Verbindung. Erst mit dem Aufbau der Verbindung wird er zu deren Bestandteil; er wird an die Verbindung „gebunden".

Wie ein File-Descriptor in Linux dient der Socket nun als Identifikator der Verbindung beim Client bzw. Server. Jede Aktion auf der Verbindung, also Lesen oder Schreiben von Daten oder Schließen der Verbindung wird unter Angabe des Sockets durchgeführt.

Dies spiegelt sich auch in der im folgenden beschriebenen Programmierschnittstelle wieder.

9.5.2 Funktionen der Socket-Schnittstelle

Das Betriebssystem ermöglicht den Zugriff auf TCP/UDP-Verbindungen bzw. auf deren Endpunkte, die Sockets, mittels Systemaufrufen, die dem Benutzer als Funktionen zur Verfügung stehen. Die einzelnen Routinen spiegeln den typischen Ablauf einer Verbindung wieder.

Im folgenden wird diese Socket-Schnittstelle beschrieben, wie sie als Funktionsbibliothek für die Sprache C zur Verfügung steht. Es gibt aber in praktisch jeder anderen Sprache ebenfalls eine Socket-Schnittstelle, so z.B. in Java. Ein kleines Java-Beispiel findet sich weiter hinten.

Erzeugen eines Sockets

Ein Socket wird mit der Funktion `socket()` erzeugt. Die Aufrufschnittstelle lautet wie folgt:

```
int socket(int family, int type, int protocol)
```

❏ family
Der erste Parameter gibt die Protokollfamilie an. Hier sollte der Parameter AF_INET für die Internet-Protokollfamilie angegeben werden. Für reine Interprozeßkommunikation innerhalb eines UNIX-Rechners wird AF_UNIX verwendet.

❏ type
Der zweite Parameter spezifiziert den Typ des Socket. Wenn TCP als Transportprotokoll verwendet wird, ist der Typ SOCK_STREAM, womit angedeutet wird, dass über die Verbindung *Datenströme* übertragen werden. Für UDP steht der Typ SOCK_DGRAM zur Verfügung.

❏ protocol
Dieser Parameter spezifiziert ein bestimmtes Protokoll, das für den Socket dieser Protokollfamilie benutzt werden soll. Gewöhnlich existiert nur ein einziges Protokoll in einer Protokollfamilie. In diesem Fall wird hier einfach 0 angegeben. Falls jedoch mehrere Protokolle existieren, kann mit diesem Parameter ein bestimmtes Protokoll ausgewählt werden.

Die Funktion liefert als Ergebnis die *Nummer des erzeugten Sockets*. Mittels dieser Nummer kann der Socket von nun an durch das erzeugende Programm referenziert werden.

Verbindungsaufbauwunsch

Ein Prozeß, der eine Verbindung zu einem anderen Prozeß aufbauen möchte (also ein Client) und bereits einen Socket erzeugt hat, ruft anschließend die Funktion connect() auf. Es werden drei Parameter benötigt:

```
connect(int socket, sockaddr_in * addr, int addrlen);
```

Der Parameter *socket* gibt den Socket an, über den auf die Verbindung zugegriffen werden soll. Dies ist ein typisches Beispiel für die oben beschriebene Verwendung des Socket-Identifikators.

Der Parameter *addr* enthält die IP-Adresse des Partner-Rechners sowie die *Portnummer*. Mittels dieser Nummer wird wie oben beschrieben der Server-Prozeß identifiziert. Der letzte Parameter gibt die Größe der Adresse *addr* an.

Warten auf einen Verbindungsaufbauwunsch

Damit der Verbindungsaufbauwunsch eines Prozesses erfolgreich sein kann, muss sein beabsichtigter Partner diesen Aufbauwunsch erwarten. Dazu werden auf der Server-Seite im wesentlichen die drei Routinen bind(), listen() und accept() verwendet.

9.5 Client-Server-Anwendungen selbst programmieren

Mittels `bind()` wird dem vorher erzeugten Socket mitgeteilt, zu welchem Port er gehört. Hier ist der Zusammenhang zur `connect()`-Funktion zu erkennen: nur wenn der Partner-Socket mit `bind()` an einen Port gebunden wurde, dessen Nummer beim `connect()`-Aufruf angegeben wird, kann der Verbindungsaufbau erfolgreich sein, denn ansonsten gibt es ja für die Server-Seite gar keinen Endpunkt der aufzubauenden „Röhre".

Die Syntax von `bind()` lautet wie folgt:

```
int bind(int socket, sockaddr * localaddr, int addrlen);
```

Der erste und dritte Parameter entsprechen dem ersten und dritten Parameter des `connect()`-Aufrufes. Der zweite Parameter enthält die IP-Adresse und die Portnummer, zu der der Socket von nun an gehört.

Die `listen()`-Funktion dient nun dazu, einen Socket in den passiven Modus zu versetzen, was bedeutet, dass der Socket auf Verbindungsaufbauwünsche wartet. Das ist ja genau das, was ein Server-Prozeß tun soll.

Gleichzeitig wird mit dem Aufruf eine Warteschlange eingerichtet, in der neu eintreffende Wünsche eingereiht werden, bis sie bearbeitet werden können. Mittels dieses Konstrukts kann ein Server mehrere Aufträge nacheinander bearbeiten, ohne dass jedem Client, der zu einem ungünstigen Zeitpunkt anfragt (nämlich wenn der Server gerade kommuniziert), eine ablehnende Antwort auf seinen Aufbauwunsch gegeben werden muss.

Die Funktion hat die folgende Aufrufsyntax:

```
int listen(int socket, int queuelen);
```

Der zweite Parameter gibt die Länge der einzurichtenden Warteschlange an.

Die `accept()`-Funktion schließlich behandelt eintreffende bzw. wartende Verbindungsaufbauwünsche, indem ein neuer Socket erzeugt wird, über den der aufrufende Prozeß ab sofort die Datenübertragung durchführen kann. Dies hat den Sinn, dass über den anderen Socket weiterhin Verbindungsaufbauwünsche entgegengenommen werden können.

Oftmals ist es auch so, dass bei erfolgreichem Verbindungsaufbau ein neuer Prozeß erzeugt wird. Dieser ist dann für die Behandlung des Requests verantwortlich, während der alte Prozeß weiter am Port lauschen bzw. bereits wartende Requests abarbeiten kann. Somit ist eine Parallelisierung der Arbeiten möglich.

Ein erfolgreiches Beenden von `accept()` führt auf der Partnerseite zu einem erfolgreichen Beenden von `connect()`. Die Syntax von `accept()` lautet wie folgt:

```
int accept(int socket, sockaddr * addr, int addrlen);
```

Der Parameter `socket` gibt denjenigen Socket an, an dem der Verbindungsaufbauwunsch eingetroffen ist. Der zweite Parameter enthält die Adresse des Partnerprozesses und der dritte die Länge dieser Adresse.

Waren sowohl `accept()` als auch `connect()` erfolgreich, dann besteht zwischen den beiden Prozessen eine TCP-Verbindung, über die nun Daten übertragen werden können.

Senden von Daten

Daten können nun mit Hilfe der Funktion `write()` geschickt werden. Beim Aufruf von `write()` muss außer dem die Verbindung identifizierenden Socket die Adresse des Speicherbereichs, in dem die Daten stehen, und die Länge dieses Bereichs angegeben werden:

```
int write(int socket, char * data, in datalen);
```

War der Aufruf erfolgreich, so gibt `write()` die Anzahl der gesendeten Daten (in Bytes) zurück. Die Verwendung von TCP garantiert, dass die Daten genau in der Sendereihenfolge auch beim Empfänger eintreffen.

Empfangen von Daten

Zum Datenempfang wird die Funktion `read()` verwendet. Auch `read()` besitzt drei Parameter: die Nummer des Sockets, die Adresse eines Datenpuffers, in den die eintreffenden Daten kopiert werden können, sowie die Länge dieses Puffers. Der Aufruf von `read()` blockiert, wenn auf der TCP-Verbindung keine Daten eintreffen. Treffen mehr Daten ein, als Platz im Puffer zur Verfügung steht, so liest `read()` maximal so viele Daten, wie im Puffer Platz finden. Treffen weniger Daten ein, so liest `read()` alle Daten ein und gibt die Anzahl der gelesenen Bytes als Ergebnis zurück:

```
int read(int socket, char * buf, int buflen);
```

Schließen der Verbindung

Die Funktion `close()` dient dazu, einen Socket und damit die Verbindung zu schließen. Die Funktion `close()` hat nur einen Parameter, nämlich den Socket, der die zu schließende Verbindung identifiziert:

```
close(int socket);
```

9.5.3 Ablauf einer Client-Anwendung basierend auf der Socket-Schnittstelle

Client-Anwendungen laufen im Wesentlichen immer nach dem oben schon beschriebenen Prinzip ab. Hier wird nun beschrieben, wie dieser Ablauf auf die Socket-Schnittstelle abgebildet wird.

1. *Lokalisierung des Servers*

   Zum Herausfinden der Adresse des Servers sowie dessen Portnummer stehen dem Client mehrere Möglichkeiten zur Verfügung:
   - Feste Kodierung im Quelltext
   - Angabe über Kommandozeilenparameter
   - Nutzung der Netzdatenbanken

   Die ersten beiden Varianten können verwendet werden, wenn dem Programmierer bzw. Benutzer des Programms die Daten des Servers bekannt sind. Dies ist z. B. der Fall, wenn eine verteilte Anwendung völlig neu entwickelt wird, und deshalb der Port (relativ) frei gewählt werden kann. Oftmals werden jedoch auch nur Client-Programme entwickelt, die einen im Internet wohlbekannten Dienst wie z. B. FTP oder SMTP verwenden wollen. Diese standardisierten Dienste haben eine festgelegte Portnummer, an denen die entsprechenden Server auf Dienstanfragen warten. Diese Portnummer ist in den verschiedenen Datenbanken des Unix-Systems abgelegt. Mittels bestimmter Funktionsaufrufe kann dann jeweils die entsprechend benötigte Information abgerufen werden.

   ➤ Feststellen des Servers
   Die einfachste Art, den Server anzugeben, besteht darin, dessen symbolischen Namen in der bekannten Internet-Notation zu verwenden. Mittels der Funktion `gethostbyname()` kann dann die entsprechende Internetadresse ermittelt werden. Mit dem Aufruf
   ```
   hostinfo = gethostbyname("www.millin.de");
   ```
   wird die verfügbare Adreßinformation über www.millin.de (den Host) in die Variable `hostinfo` geschrieben. Die entsprechenden Daten werden aus der Datei /etc/hosts oder über den *Domain Name System* ermittelt.

   ➤ Feststellen der Portnummer
   Soll eine Verbindung zu einem standardisierten Internet-Dienst aufgebaut werden, dann kann die Funktion `getservbyname()` zur Ermittlung der Portnummer verwendet werden. Soll z. B. die Portnummer des FTP-Dienstes ermittelt werden, dann lautet der Aufruf wie folgt:
   ```
   serviceinfo = getservbyname("ftp","tcp");
   ```
   Der erste Parameter gibt den gewünschten Dienst und der zweite das verwendete Protokoll an. Die Information wird dann aus der /etc/services-Datenbank bezogen und als Rückgabeparameter der Funktion geliefert.

2. *Verbindungsaufbau auf der Basis der Serveradresse*

   Für den Verbindungsaufbau wird zunächst ein Socket allokiert:
   ```
   sockfd = socket(AF_INET,SOCK_STREAM,0);
   ```
   Um die Verbindung schließlich aufzubauen, wird die Funktion `connect()` aufgerufen, in der die Internet-Endpunktadresse zur Anwendung kommt:
   ```
   connect(sockfd, (struct sockaddr *)&dest_addr, sizeof(struct sockaddr));
   ```

3. *Datenübertragung*

   Sobald die Verbindung steht, kann mit der Datenübertragung begonnen werden. Typischerweise werden hier nun eine Reihe von `read()`- und `write()`-Aufrufen aufeinander folgen, je nach gewünschtem Anwendungsprotokoll.

4. *Verbindungsabbau*

   Am Ende muss die Verbindung mittels `close()` geschlossen werden.

9.5.4 Ablauf eines Server-Programms

Auch beim Server-Programm gibt es die oben beschriebenen Möglichkeiten, um herauszufinden, an welchem Port es lauschen muss:

- feste Kodierung im Quelltext
- Angabe über Kommandozeilenparameter
- Nutzung der Netzdatenbanken

Bei der dritten Variante verwendet es, genauso wie es beim Client der Fall ist, die Funktion `getservbyname()`.

Anschließend wird mit der Funktion `socket()` ein Stream-Socket erzeugt.

Aufgabe der `bind()`-Funktion ist es nun, diesen Socket an den mit der Funktion `getservbyname()` ermittelten Port zu binden.

Der Server ist anschließend bereit, auf eintreffende Verbindungsaufbauwünsche zu reagieren. Mit dem `listen()`-Aufruf wird die Warteschlange eingerichtet, die es erlaubt, mehrere eintreffende Verbindungswünsche zu behandeln.

Anschließend wird die Funktion `accept()` aufgerufen, die erst dann beendet wird, wenn ein Verbindungsaufbauwunsch eingetroffen ist und behandelt wurde:

```
listen(sockfd,5);
sockfd1 = accept(sockfd, (struct sockaddr *)
&their_addr, sizeof(struct sockaddr_in));
/* Eine einzige lange Zeile ist hier aufgespalten (kursiv dargestellt) */
```

`sockfd1` ist der Socket, über den nun die Verbindung abgewickelt wird.

Der Socket `sockfd` steht weiterhin zur Behandlung von Verbindungsaufbauwünschen zur Verfügung. Allerdings kann der Server in dieser Form Verbindungen nicht parallel abarbeiten; vielmehr werden neue Verbindungen zunächst in der Warteschlange gespeichert. Erst wenn der Server die laufende Verbindung beendet hat, kann eine neue Verbindung aufgebaut werden. Will man parallele Verbindungen verwenden, sind noch einige zusätzliche Aufrufe notwendig.

Aus den vorangegangenen Abschnitten geht hervor, dass es prinzipiell zwei Möglichkeiten gibt, einen Dienst bekannt zu machen: entweder soll der Dienst nur in der Anwendung bekannt oder netzweit verfügbar sein. Im ersten Fall genügt es, dass die Portnummer nur Client und Server bekannt gemacht wird, also etwa durch feste Kodierung oder durch Kommandozeilenparameter. Im zweiten Fall sollte der Dienst in die Datei `/etc/services` eingetragen werden. Dieser Eintrag muss auf der Client- und der Serverseite erfolgen; er muss folgendes Format haben:

```
service_name portnummer/protokollname
```

Außerdem wird man meist den Start des entsprechenden Servers dem `xinetd` überlassen. Dazu muss dieser entsprechend konfiguriert werden, d. h., es muss ein Eintrag in die Datei `/etc/xinetd.conf` vorgenommen, bzw. die Konfiguration in einer Datei in `/etc/xinetd.d` gespeichert und anschließend `xinetd` neu gestartet werden.

9.5.5 Zusammenspiel der Anwendungen

Die Abbildung 9.2 zeigt noch einmal zusammenfassend, wie Client und Server zusammenspielen, um die verteilte Anwendung zu realisieren.

Im Prinzip ist dieser Ablauf immer gleich, weswegen es sinnvoll ist, ein Template für Client und Server zu verwenden und je nach speziellen Bedürfnissen zu modifizieren.

9.5.6 Sockets in Java

Die obige Socket-Schnittstelle ist als C-Funktionsbibliothek beschrieben. Auch in der objekt-orientierten Sprache Java gibt es jedoch eine Zugriffsmöglichkeit auf das TCP-Transportsystem. In diesem Abschnitt wird ein kleines Beispiel vorgestellt, das zeigt, wie man einfache Netzwerkprogramme und -dienste selbst erstellen kann.

Das Beispiel implementiert einen einfachen Nachrichtenaustausch. Ein Client schickt eine Nachricht an einen Server, der diese Nachricht empfängt und zurückschickt. Client und Server werden im folgenden kurz vorgestellt.

9 Programmierung von Anwendungen im Internet

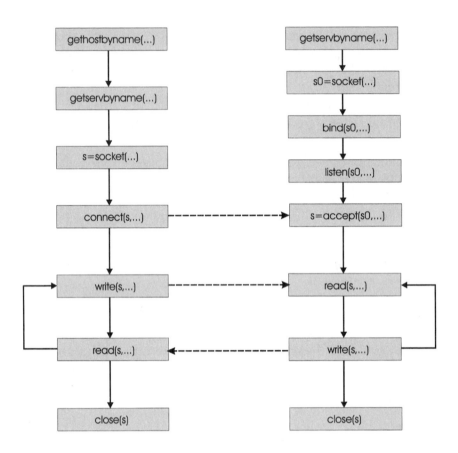

Abbildung 9.2: Zusammenspiel zwischen Client und Server

Der Java-Client

Der Hello-Client in Java besteht aus einer einzigen Klasse `HelloClient`, der wiederum nur eine `main`-Funktion besitzt, in der das Programm abläuft. Bevor die Klasse definiert werden kann, müssen die beiden Klassenbibliotheken für die Netzwerkanbindung sowie Ein- und Ausgabe geladen werden.

```
import java.io.*;
import java.net.*;

public class HelloClient {
    public static void main(String[] args) throws IOException {
```

Im zweiten Schritt werden nun die notwendigen Variablen deklariert und initialisiert. Typischerweise benötigt man in einem Socketprogramm natürlich mindestens einen Socket. Außerdem werden Ein- und Ausgabekanäle für den Datenaustausch gebraucht. In Java sollte man für die Ausgaben über einen Socket

9.5 Client-Server-Anwendungen selbst programmieren

einen `PrintWriter` und für die Eingaben, die man von der anderen Seite erwartet, einen `BufferedReader` verwenden. Diese werden dann jeweils basierend auf dem `OutputStream` bzw. `InputStream` des initialisierten Sockets erzeugt:

```
Socket helloSocket = null;
PrintWriter out = null;
BufferedReader in = null;

try {
    helloSocket = new Socket("www.millin.de", 17002);
    out = new PrintWriter(helloSocket.getOutputStream(), true);
    in = new BufferedReader(new InputStreamReader(helloSocket.getInputStream()));
} catch (UnknownHostException e) {
    System.err.println("Don't know about host: www.millin.de.");
    System.exit(1);
} catch (IOException e) {
    System.err.println("Couldn't get I/O for the connection to: www.millin.de.");
    System.exit(1);
}
```

Die eigentlich Kommunikation läuft nun sehr komfortabel über die `Printer` bzw. `Reader` ab. Die zu sendende Nachricht wird in eine `String` geschrieben und dann per `println()` auf den Ausgabestrom ausgegeben, während eingehende Nachrichten ebenfalls als `String` ausgelesen werden:

```
String message = new String("Hi, I am a client!");
String received;

out.println(message);

received = in.readLine())
System.out.println("Server answers: " + received);
```

Es bleiben noch die Aufräumarbeiten, nämlich das Schließen der Ein- und Ausgabegeräte sowie des Sockets:

```
        out.close();
        in.close();
        helloSocket.close();
    }
}
```

Der Java-Server

Der Server ist prinzipiell sehr ähnlich aufgebaut. Auch hier wird eine einzige Klasse mit einer `main`-Funktion verwendet:

9 Programmierung von Anwendungen im Internet

```
import java.net.*;
import java.io.*;

public class HelloServer {
    public static void main(String[] args) throws IOException {
```

Anstelle eines normalen Sockets wird im Server ein `ServerSocket` verwendet, der einige zusätzliche Eigenschaften besitzt. Insbesondere kann er eingehende Verbindungen akzeptieren. Der `ServerSocket` wird nur für den Aufbau der Verbindung verwendet; gelingt der Aufbau, so wird ein normaler Socket (hier in der Variable `clientSocket`) erzeugt, über den dann die Kommunikation abgewickelt wird.

```
ServerSocket serverSocket = null;
try {
    serverSocket = new ServerSocket(17002);
} catch (IOException e) {
    System.err.println("Could not listen on port: 17002.");
    System.exit(1);
}

Socket clientSocket = null;
try {
    clientSocket = serverSocket.accept();
} catch (IOException e) {
    System.err.println("Accept failed.");
    System.exit(1);
}
```

Der folgende Code ist dann in seiner Struktur ähnlich dem entsprechenden Client-Code, indem zuerst die Ein- und Ausgabekanäle geöffnet werden, um dann Nachrichten zu empfangen bzw. zu senden:

```
PrintWriter out = new PrintWriter(clientSocket.getOutputStream(), true);
BufferedReader in = new BufferedReader(
                    new InputStreamReader(
                    clientSocket.getInputStream()));

String input = in.readLine();

out.println("Hello client! I received your message:" + inputLine);
```

Auch beim Server können die abschließenden Aufräumarbeiten nicht schaden:

```
        out.close();
        in.close();
        clientSocket.close();
        serverSocket.close();
    }
}
```

9.6 Zusammenfassung

Dieses Kapitel gab eine Einführung in die Client-Server-Technologie. Es wurde gezeigt, wie Clients und Server grundsätzlich ablaufen. Außerdem wurde der Begriff des Ports eingeführt und damit das zentrale Mittel zur Identifikation und Lokalisierung von Servern im Internet. Schließlich wurde die Socket-Programmierschnittstelle eingeführt, mit deren Hilfe sich eigene Client-Server-Anwendungen für das Internet schreiben lassen. Ein Beispiel in Java zeigte, wie einfach sich solche Anwendungen erstellen lassen.

Wir verlassen nun in den folgenden Kapiteln die Ebene des „Selbsprogrammierens" und wenden uns den wichtigsten Standarddiensten zu, aber man sollte im Hinterkopf behalten, dass sämtliche Dienste bzw. die allermeisten der dafür verfügbaren Implementierungen, die wir einführen werden, auf der Socket-Schnittstelle beruhen.

Kapitel 10

Zugriff auf entfernte Ressourcen

Zu den wichtigsten Diensten in einem verteilten System gehört der Zugriff auf entfernte Ressourcen – vielfach ist dies überhaupt der Grund für die Einrichtung eines lokalen Netzwerks. Die bekanntesten und immer wieder angeführten Beispiele sind die Bereitstellung eines Abteilungsdruckers, so dass nicht an jedem Rechner ein eigener Drucker lokal angeschlossen werden muss, sowie die Einrichtung eines File-Servers, auf dem alle Benutzer zentral ihre Daten ablegen.

Um solche entfernten – dieser Begriff ist denkbar unschön, aber man hat keine bessere Übersetzung für das englische „remote" gefunden – Ressourcen nutzen zu können, müssen entsprechende standardisierte Protokolle in der Anwendungsschicht und darauf basierende Anwendungen bereit gestellt werden. Wir wollen in diesem Kapitel einen Blick auf die wichtigsten und heute gebräuchlichsten Protokolle werfen. Dabei beginnen wir mit dem Network Information Service (NIS), der es ermöglicht, Konfigurationsdateien im LAN verfügbar zu machen. Zwar gibt es inzwischen mächtigere Alternativen zu NIS (insbesondere OpenLDAP), die vor allem im Bezug auf Sicherheit deutliche Vorteile bieten, jedoch sind diese Dienste auch deutlich komplexer. Eine fundierte Behandlung der konzeptionellen Grundlagen würde den Rahmen dieses Buches sprengen. In Abschnitt 2 geht es dann um das FTP-Protokoll, das sozusagen der Dinosaurier unter allen Anwendungsprotokollen ist, denn das gibt es schon seit Anbeginn des Internets. Es dient dem Zugriff auf entfernte Dateibestände. Im dritten Abschnitt gehen wir auf die Einbindung von File-Servern in die eigene Verzeichnisstruktur ein, wobei wir mit NFS und Samba die beiden dominierenden Protokolle vorstellen werden. Anschließend betrachten wir Protokolle, über die ein Benutzer Zugriff auf ein entferntes Terminal bekommen kann. Damit erhält man prinzipiell eine mächtige Variante des bekannten Telnet. Schließlich präsentiert der fünfte Abschnitt mit CUPS eine bekannte Lösung zur Einbindung von Netzwerkdruckern.

10.1 Netzwerkweite Konfigurationsdateien mit NIS

In Computernetzwerken ist es häufig wünschenswert, dass bestimmte Konfigurationsdateien auf mehreren Rechnern gleich sind.

Beispielsweise könnte eine Universität beabsichtigen, alle öffentlich zugänglichen Rechner so zu konfigurieren, dass sich alle Studenten mit ihrem Anmeldenamen und ihrem Passwort darauf einloggen können. Hierzu müssten die Benutzerdaten sämtlicher Studenten in die Konfigurationsdateien /etc/passwd, /etc/group, /etc/shadow auf den einzelnen Rechnern eingetragen und immer wieder aktualisiert werden. In der Praxis wird dieses Vorhaben jedoch langfristig nicht gelingen: Wenn ein Student die Universität verlässt oder sich ein neuer Student einschreibt, müssten die Konfigurationsdateien auf allen Rechnern aktualisiert werden. Selbst in kleineren Netzwerken ist dieser administrative Aufwand auf die Dauer nicht tragbar.

Zur Lösung dieses Problem hat die Firma Sun Microsystems schon vor etwa 20 Jahren das *Network Information System (NIS)* vorgestellt. Über diesen Mechanismus kann man Konfigurationsdateien zentral auf einem Rechner halten und pflegen. Alle anderen Rechner können dann über das Netzwerk darauf zugreifen.

NIS wird auch häufig mit der Abkürzung *YP* verwendet. Dieses Kürzel steht für *Yellow Pages* bzw. *Gelbe Seiten*. Dies hängt damit zusammen, dass der ursprüngliche Name dieses Dienstes „Yellow Pages" sein sollte. Allerdings musste Sun den Namen nachträglich ändern, weil die British Telecom „Yellow Pages" in Commonwealth-Staaten bereits als geschützten Markenname registriertert hatte. Wie wir später sehen werden, beginnen jedoch alle NIS-Kommandos noch immer mit dem Präfix yp.

Im NIS werden Rechner, die sich Konfigurationsdateien teilen, zu einer NIS-Domäne zusammengefasst. Jede NIS-Domäne hat einen NIS-Domänennamen. Dieser hat nichts mit dem DNS-Domänennamen von den einzelnen Rechnern zu tun, und kann daher völlig frei gewählt werden. Pro NIS-Domäne gibt es einen Rechner, auf dem die zu verteilenden Konfigurationsdateien aufbereitet werden. Dieser heißt NIS-Master-Server. Jeder NIS-Client im LAN, der zur NIS-Domäne des Master-Servers gehört, kann nun Konfigurationsdateien beim Server abfragen.

Die entsprechenden Konfigurationsdateien werden auf dem NIS-Master-Server zunächst in kleine Datenbankdateien umgewandelt, so dass ein Zugriff schnell und effizient möglich ist. Solche Datenbankdateien werden im NIS auch als „Map" bezeichnet. Pro Konfigurationsdatei, die über NIS exportiert werden soll, kann es dabei mehrere NIS-Maps geben. Zur Datei /etc/passwd gibt es typischerweise die beiden Maps passwd.byname und passwd.byuid. Beide Maps enthalten dieselben Informationen, die Daten sind aber jeweils anders strukturiert. Über die erste Map kann sehr schnell der komplette Datensatz zu einem gegebenen Benutzernamen abgefragt werden. Und die zweite Map arbeitet besonders effizient, wenn die numerische User-ID (UID) bekannt ist.

Damit man sich nicht so lange Namen für die einzelnen Maps merken muss, werden in der Datei `/var/yp/nicknames` Abkürzungen für bestimmte Maps festgelegt. Somit lässt sich die Map `passwd.byname` typischerweise auch als `passwd` schreiben.

Neben dem NIS-Master-Server kann es noch einen oder mehrere NIS-Slave-Server geben, die eine Kopie der NIS-Datenbestände des Master-Servers lokal speichern. Wird der Datenbestand auf dem Master-Server geändert, aktualisieren auch die Slave-Server ihre Daten automatisch. Fällt der Master-Server aus, so können die NIS-Clients ihre Konfigurationsdateien noch über einen NIS-Slave-Server beziehen.

Aus technischer Sicht ist noch interessant, dass NIS auf Basis des sog. RPC-Dienstes arbeitet, der ebenfalls von Sun Microsystems eingeführt wurde und auch noch heute auf nahezu allen Unix-Systemen eingesetzt wird. RPC steht dabei für *Remote Procedure Calls* und ist ein Mechanismus, um die unterschiedlichen Datenformate auf verschiedenen Rechnerarchitekturen so zu vereinheitlichen, dass eine Kommunikation zwischen diesen Systemen über eine einheitliche Schnittstelle möglich wird. Man spricht hierbei auch von sog. *Middleware*.

10.1.1 Einrichten eines NIS-Servers

Unter SuSE Linux ist das Einrichten von NIS in wenigen Minuten erledigt. Unter YaST ruft man unter „Netzwerkdienste > NIS-Server" zunächst das entsprechende YaST-Modul auf. Sollten die zum Betrieb eines NIS-Servers notwendigen Pakete noch nicht installiert sein, erledigt YaST dies auf Wunsch automatisch. Im nächsten Dialog wählt man „NIS Master Server einrichten" aus drückt auf „Weiter".

Abbildung 10.1 zeigt den nächsten Dialog: Hier trägt man zunächst den NIS-Domainnamen ein. Derselbe Name muss später bei der Konfiguration von NIS-Clients verwendet werden. Weiterhin empfiehlt es sich, „Dieser Rechner ist zugleich NIS-Client" auszuwählen. Dadurch hat man die Möglichkeit, auch auf dem lokalen System die gesamte NIS-Funktionalität zu testen. Weiterhin sollte man noch „Ändern der Passwörter zulassen" auswählen. Hiermit erlaubt man Benutzern, auch von anderen Rechnern im Netzwerk aus ihr NIS-Kennwort zu ändern.

Weitere Konfigurationsparameter lassen sich unter „Andere globale Einstellungen" festlegen (siehe Abbildung 10.2). „YP Quellverzeichnis" legt das Verzeichnis fest, in welchem die Konfigurationsdateien abgelegt sind, die über NIS exportiert werden sollen. Die Standardeinstellung `/etc` ist sicherlich in den allermeisten

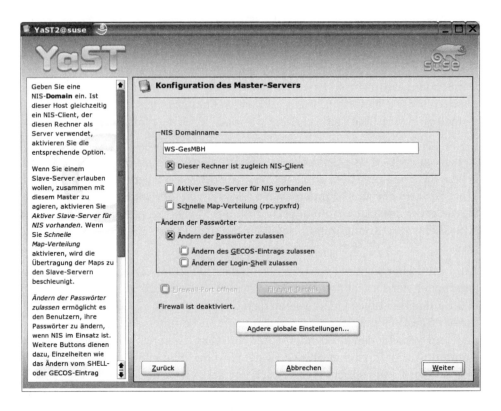

Abbildung 10.1: Grundeinstellungen für den NIS-Server

Fällen die richtige Wahl, denn auf normal konfigurierten Unix-Systemen liegen dort die wesentlichen Konfigurationsdateien.

Die Auswahlpunkte „Passwörter zusammenführen" und „Gruppen zusammenführen" hängen mit den sog. Shadow-Dateien /etc/shadow und /etc/gshadow zusammen: Auf klassischen Unix-Systemen wurden Informationen zu Passwörtern und Gruppenzugehörigkeiten von Benutzern ausschließlich in den Dateien /etc/passwd und /etc/group gespeichert. Doch die in diesen Dateien abgelegten Informationen sollten zum Teil auch für Benutzer ohne Root-Rechte zugänglich sein. Folglich musste man die Zugriffsrechte für diese beiden Dateien so setzen, dass auch normale Benutzer sie lesen konnten. Ein Teil der Daten dieser beiden Dateien ist jedoch sicherheitskritisch, insbesondere standen dort die Hashwerte aller Benutzer- und Gruppenpasswörter. Wenn ein normaler Benutzer diese Hashwerte lesen kann, so kann er möglicherweise über einen Wörterbuch- oder Brute-Force-Angriff auch die Passwörter anderer Benutzer und Gruppen ermitteln. Daher werden auf modernen Unix-Systemen, insbesondere auch unter SuSE Linux, die sicherheitsrelevanten Daten in zwei separaten Da-

10.1 Netzwerkweite Konfigurationsdateien mit NIS

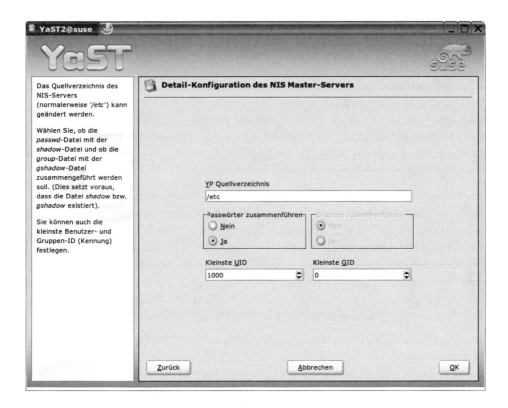

Abbildung 10.2: Weitere Einstellungen für den NIS-Server

teien gehalten, die nur für den Administrator „root" lesbar sind: /etc/shadow und /etc/gshadow. Die öffentlich zugänglichen Daten stehen weiterhin unter /etc/passwd und /etc/group.

Diese Trennung ist für ein einzelnes Unix-System sicherlich eine gute Sache. Bei NIS bringt sie jedoch keine Vorteile, weil hier ja der Grundgedanke darin besteht, sämtliche Konfigurationsdaten als Maps zu exportieren. Wenn man seine Netzwerkrechner so konfigurieren möchte, dass man sich überall mit demselben Passwort anmelden kann, so führt kein Weg am Export der Passwort-Hashwerte vorbei. Hierbei gibt es nun zwei Möglichkeiten: Wählt man „Passwörter zusammenführen" und „Gruppen zusammenführen" aus, dann werden sämtliche Passwörter direkt über dieselben Maps exportiert wie die Daten aus /etc/passwd und /etc/group. Wählt man dagegen „Passwörter zusammenführen" und „Gruppen zusammenführen" nicht aus, so werden separate Maps für die Passwort-Hashwerte angelegt. Die zweite Lösung bietet keinerlei Sicherheitsvorteile und funktioniert nur mit neueren NIS-Versionen. Daher ist das Zusammenführen der Daten in aller Regel eine gute Wahl.

Unter SuSE Linux 9.2 gibt es die Datei /etc/gshadow standardmäßig nicht mehr. Daher ist die Option „Gruppen zusammenführen" ausgegraut.

Schließlich kann man in diesem Dialogfeld noch eine kleinste User- und Group-ID angeben. Gibt man hier einen Wert ungleich Null an, so werden nur solche Benutzer- und Gruppendaten per NIS exportiert, deren ID größer oder gleich dem eingestellten Wert ist. Diese Funktion wird typischerweise benutzt, damit Pseudo-Benutzer wie www, ftp oder mail oder auch der Root-Account nicht per NIS exportiert werden. Normale Benutzeraccounts beginnen typischerweise ab der UID 1000.

Im nächsten Dialogfenster der YaST-NIS-Server-Konfiguration werden schließlich noch die Maps festgelegt, die über NIS zur Verfügung gestellt werden sollen (Abbildung 10.3). Für die Grundkonfiguration des NIS-Servers genügt es, zunächst nur die Einträge passwd und group auszuwählen. Falls Sie nicht mit „Passwörter zusammenführen" arbeiten, müssen Sie zusätzlich die Map „Shadow" auswählen, damit das Login auf NIS-Clients klappt. In der Abbildung steht diese Map gar nicht zur Auswahl, weil sie im Zusammenhang mit der zuvor gewählten Option „Passwörter zusammenführen" nicht sinnvoll ist.

Im letzten Dialogfeld von der NIS-Server-Einrichtung legt man noch IP-Adressenbereiche fest, aus denen Rechner auf die NIS-Maps zugreifen dürfen (Abbildung 10.4). Im dargestellten Beispiel könnten sowohl der lokale Rechner (Loopback-Netzwerk 127/8) als auch alle Rechner aus dem Adressraum 192.0.2.0/24

Abbildung 10.3: Festlegen der NIS-Server-Maps

10.1 Netzwerkweite Konfigurationsdateien mit NIS

Abbildung 10.4: IP-Adressenbereiche für NIS-Abfragen

auf die NIS-Maps unseres Servers zugreifen. Ein Druck auf die Schaltfläche „Beenden" schließt die Konfiguration des NIS-Servers ab.

Falls die Konfigurationsmöglichkeiten in YaST nicht ausreichen, können Sie die Dateien /etc/ypserv.conf, /var/yp/Makefile und /var/yp/securenets übrigens auch manuell editieren.

10.1.2 Einrichten eines NIS-Clients

Auch die Konfiguration eines NIS-Clients kann vollständig mit dem Werkzeug YaST bewerkstelligt werden. Hierzu wählt man im YaST-Kontrollzentrum „Netzwerkdienste > NIS-Client". Der Konfigurationsdialog ist in Abbildung 10.5 dargestellt. Es genügt, den NIS-Domainnamen und die IP-Adresse des NIS-Servers in die dafür vorgesehenen Felder einzutragen.

Nach Verlassen dieses YaST-Dialoges sollte man sich auf dem NIS-Client mit denselben Benutzerdaten anmelden können, wie auch auf dem NIS-Server. (Falls dies noch nicht klappt, gehen Sie bitte den folgenden Abschnitt über die manuelle Abfrage von NIS-Datenbanken durch und überprüfen Sie zunächst, ob Ihr NIS-Server korrekt funktioniert.)

Obwohl YaST sämtliche Einstellungen so vornimmt, dass man damit sinnvoll arbeiten kann und man sich in aller Regel nicht weiter um irgendwelche Systemdateien kümmern muss, wollen wir dennoch einen knappen Überblick über die wichtigsten Konfigurationsdateien geben.

Von zentraler Bedeutung ist die Datei /etc/nsswitch.conf. Hier wird festgelegt, was der Rechner machen soll, wenn auf Konfigurationsdaten zugegriffen wird: Sollen die Daten aus lokalen Konfigurationsdateien gelesen werden oder

10 Zugriff auf entfernte Ressourcen

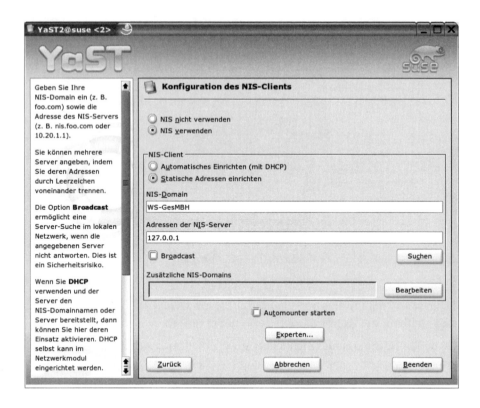

Abbildung 10.5: Konfigurationsdialog für einen NIS-Client

soll auf einen Dienst wie NIS zugegriffen werden? Diese Datei sieht auf unserem Testrechner wie folgt aus:

```
passwd:       compat
group:        compat

hosts:        files dns
networks:     files dns

services:     files
protocols:    files
rpc:          files
ethers:       files
netmasks:     files
netgroup:     files
publickey:    files
bootparams:   files
automount:    files
aliases:      files
```

Links vom Doppelpunkt steht eine Bezeichnung für die Konfigurationsdateien, auf die zugegriffen werden soll und rechts vom Doppelpunkt sind die Datenquellen angegeben, die hierfür ausgewertet werden. Ist mehr als eine Datenquelle angegeben, so wird die zweite nur dann ausgewertet, wenn die erste kein passendes Ergebnis geliefert hat. Die Angaben `files` und `compat` stehen für die lokalen Konfigurationsdateien, `dns` steht für DNS (vgl. Kapitel 7) und `nis` bedeutet (nicht im Beispiel enthalten), dass die erforderlichen Konfigurationsdateien über NIS abgerufen werden. Detaillierte Erläuterungen zu den einzelnen Angaben finden Sie in den Kommentaren in der Datei selbst und über das Kommando `man nsswitch.conf`.

Besonders interessant ist der Wert `compat`. Im Unterschied zu `files` werden nicht nur die lokalen Konfigurationsdateien in ihrer normalen Form ausgewertet, sondern es wird zusätzlich nach speziellen Platzhaltern gesucht, durch die es möglich wird, in den lokalen Dateien auf den Inhalt von NIS-Maps zu verweisen. Im abgedruckten Beispiel passiert dies bei `passwd` und `group`. Wenn wir die zugehörigen lokalen Dateien `/etc/passwd` und `/etc/group` betrachten, finden wir tatsächlich solche Platzhalter am Ende der Dateien. Folgendes Beispiel zeigt die letzten Zeilen der Datei `/etc/passwd` auf dem Testsystem der Autoren:

```
dhcpd:x:100:65534:DHCP server daemon:/var/lib/dhcp:/bin/false
nobody:x:65534:65533:nobody:/var/lib/nobody:/bin/bash
+:::::::
```

Dieser Eintrag bedeutet, dass ab dieser Stelle der gesamte Inhalt der NIS-Map `passwd` eingefügt werden soll. Auf diese Weise ist es möglich, auf einem NIS-Client sowohl lokale als auch NIS-Benutzer einzutragen.

Es ist sogar möglich, über diese Platzhalter nur bestimmte NIS-Benutzer lokal mit aufzunehmen. Im folgenden Beispiel dürfen sich nur die Benutzer `fischer` und `cwerner` anmelden.

```
dhcpd:x:100:65534:DHCP server daemon:/var/lib/dhcp:/bin/false
nobody:x:65534:65533:nobody:/var/lib/nobody:/bin/bash
+fischer::::::
+cwerner::::::
```

Außerdem kann man auch gezielt Benutzer ausschließen. Hier werden alle NIS-Benutzer außer `schmidt` übernommen:

```
dhcpd:x:100:65534:DHCP server daemon:/var/lib/dhcp:/bin/false
nobody:x:65534:65533:nobody:/var/lib/nobody:/bin/bash
-schmidt::::::
+:::::::
```

Schließlich kann man auch noch gezielt einzelne Felder der NIS-Map übergehen. Im folgenden Beispiel würde für alle Benutzer die Login-Shell auf `/bin/bash` gesetzt werden, zusätzlich bekäme der Benutzer walther die GID 142 zugewiesen – jeweils unabhängig vom jeweiligen Wert in der NIS-Map:

```
dhcpd:x:100:65534:DHCP server daemon:/var/lib/dhcp:/bin/false
nobody:x:65534:65533:nobody:/var/lib/nobody:/bin/bash
+walther:::142:::/bin/bash
+::::::/bin/bash
```

10.1.3 Manuelle Benutzung von NIS-Datenbanken und Fehlerdiagnose

Im folgenden werden wir noch die wichtigsten Kommandos behandeln, um die NIS-Datenbank manuell zu benutzen. Dies ist vor allem zur Fehlerdiagnose bei NIS-Servern wichtig. Wir werden dabei jedoch nur die typischen Aufrufoptionen der einzelnen Befehle demonstrieren, eine detaillierte Funktionsbeschreibung finden Sie in der jeweiligen man-Page.

Einstellung der NIS-Domäne

Zur Überprüfung der aktuellen NIS-Domäne benutzen wir das Kommando ypdomainname:

```
user@linux: > ypdomainname
WS-GesMBH
```

Der Benutzer root kann die NIS-Domäne auch zur Laufzeit ändern, indem er ypdomainname mit dem neuen Namen als Parameter aufruft. Der Standard-NIS-Domänenname wird übrigens in der Datei /etc/defaultdomain festgelegt.

Bitte beachten Sie, dass im Unterschied zum DNS-Domänenname beim NIS-Domänenname Groß- und Kleinschreibung eine Rolle spielt. Der auf dem NIS-Server eingestellte Domänenname muss also exakt mit dem auf den NIS-Clients übereinstimmen!

Festlegen des NIS-Server

Der Befehl ypwhich liefert den NIS-Server, den der lokale NIS-Client gerade benutzt. Der Benutzer root kann diesen Wert mit dem Befehl ypset jederzeit ändern:

```
linux: # ypwhich
wert1
linux: # ypset wert2
linux: # ypwhich
wert2
```

Testen des NIS-Server

Bei SuSE Linux wird ein kleines Tool mitgeliefert, um verschiedene NIS-Funktionen zu testen. Hierzu führen Sie als `root` einfach das Kommando `yptest` aus. Es werden dann insgesamt neun Funktionstests durchgeführt.

Neben diesem vollautomatischen Test gibt es noch die Möglichkeit manuelle Anfragen an die NIS-Datenbank zu stellen. Eine Möglichkeit besteht darin, sich eine komplette NIS-Map mit dem Kommando `ypcat` ausgeben zu lassen:

```
user@linux: > ypcat passwd
cwerner:8DhcL5hnmJo4s:1000:100:Christian Werner:/home/cwerner:/bin/bash
nobody:*:65534:65533:nobody:/var/lib/nobody:/bin/bash
walther:q2vYReQKWPtaU:5001:100:Uli Walther:/home/walther:/bin/bash
```

Im Gegensatz zu `ypcat`, das immer die gesamte Map abfragt und ausgibt, selektiert `ypmatch` nur bestimmte Einträge einer Map:

```
user@linux: > ypmatch cwerner walther passwd
cwerner:8DhcL5hnmJo4s:1000:100:Christian Werner:/home/cwerner:/bin/bash
walther:q2vYReQKWPtaU:5001:100:Uli Walther:/home/walther:/bin/bash
```

Ändern von Benutzerdaten

Über die Kommandos `yppasswd`, `ypchfn`, `ypchsh` kann ein Benutzer von einem NIS-Client aus sein Passwort, seinen vollen Namen (auch GECOS-Name genannt) oder seine Login-Shell ändern. Diese Optionen müssen jedoch zuvor am NIS-Server freigeschaltet werden (vgl. Abbildung 10.1 auf Seite 158). Typischerweise erlaubt man Benutzern nur das Ändern ihres Passworts. Dazu genügt es, wenn der Benutzer den Befehl `yppasswd` auf einem NIS-Client ohne irgendwelche Optionen ausführt.

Leider kann beim Ändern des Passworts eine ganze Menge schief gehen. Auf modernen Unix-Systemen, und so auch bei SuSE Linux, gibt es eine Reihe von Mechanismen, die beim Ändern des Passworts korrekt ineinandergreifen müssen. Im Idealfall funktioniert das ganze so, dass `yppasswd` auf dem NIS-Client sich an den RPC-Dienst `rpc.yppasswdd` auf dem NIS-Server wendet und diesen veranlasst, das Passwort in der entsprechenden Konfigurationsdatei (typischerweise `/etc/shadow`) zu ändern. Anschließend ruft `rpc.yppasswdd` das Skript `/usr/lib/yp/pwupdate` auf. Dieses sorgt dafür, dass die zugehörige NIS-Map ebenfalls aktualisiert wird.

Eine Sache, die häufig für Irritation beim Testen der Passwortfunktionalitäten sorgt, ist der „Name Service Cache Daemon" `nscd`. Bei SuSE Linux ist er aus Performance-Gründen so konfiguriert, dass er Passwörter zehn Minuten lang zwischenspeichert. Daher kommen Passwortänderungen erst nach einer gewissen Zeit zum Tragen. Es empfiehlt sich für den Testbetrieb, diese Funktionalität vorübergehend auszuschalten. Dazu setzt man in der Datei /etc/nscd.conf in der entsprechenden Zeile den Wert no:

```
enable-cache        passwd         no
```

Damit die Änderungen wirksam werden, muss man den Daemon noch mit dem Befehl /etc/init.d/nscd restart neu starten.

Eine weitere Fehlerquelle besteht darin, dass Benutzer ihr Passwort direkt auf dem NIS-Server ändern. Dann wird zwar das Passwort in der Datei /etc/shadow geändert, jedoch wird die entsprechende NIS-Map nicht aktualisiert. Diesen typischen Fehler kann man verhindern, wenn man in der Datei /etc/pam.d/passwd den folgenden Eintrag macht:

```
password required       pam_make.so      /var/yp
```

In der SuSE-Standardkonfiguration sollte dieser Eintrag bereits vorhanden sein, lediglich das Kommentarzeichen # am Zeilenanfang muss noch entfernt werden. Dieser Eintrag führt dazu, dass bei jeder Passwortänderung das Makefile im Verzeichnis /var/yp abgearbeitet wird, so dass die NIS-Maps gegebenenfalls aktualisiert werden.

10.2 Zugriff auf Dateiarchive: File Transfer Protocol (FTP)

10.2.1 Aufgaben, Architektur und Eigenschaften

Im Internet findet sich eine große Anzahl von Dateiarchiven, die verschiedene Typen von Dateien beherbergen:

- ❏ Programmpakete,
- ❏ Elektronische Artikel, Bücher etc. in Postscript oder im PDF-Format,
- ❏ Internet-Standards,
- ❏ Typische Anwendung im Wissenschaftsbereich: elektronische Sammlung von Artikeln, die zu einer Konferenz eingereicht wurden.

Der Zugriff auf diese Dateien erfolgt über das FTP-Protokoll, welches in RFC 959 spezifiziert ist. Die Dateispeicher werden von FTP-Servern verwaltet, die auch den Zugang gestatten oder ablehnen. Benutzer verwenden einen FTP-Client, um mit den Servern in Kontakt zu treten.

Die Hauptaufgabe des Protokolls besteht in der Übertragung von Dateien zwischen zwei Rechnern. Dies kann einerseits das Lesen einer Datei aus dem Speicher sein (Richtung: von Server zu Client), aber auch das Hinzufügen neuer Dateien (Richtung: von Client zu Server).

10.2 Zugriff auf Dateiarchive: File Transfer Protocol (FTP)

Die wesentlichen Möglichkeiten, die das FTP-Protokoll unterstützt und damit dem Benutzer zur Verfügung stellt, sind die folgenden:

- Senden, Empfangen, Löschen und Umbenennen von Dateien,
- Einrichten und Löschen von Verzeichnissen,
- Wechsel des Verzeichnisses,
- Dateiübertragung im binären oder textuellen Modus.

Das Modell, das dem FTP-Protokoll zugrunde liegt, ist in Abbildung 10.6 dargestellt:

Das Protokoll läuft über zwei Ports ab, wobei Port 21 den Kommandokanal bedient und Port 20 für die Datenübertragung zuständig ist. Diese Aufteilung hat den großen Vorteil, dass Client und Server während der Übertragung einer Datei weiterhin Kommandofolgen austauschen können. Solange die Steuerprozesse existieren, besteht auch die FTP-Verbindung. Eine Datenverbindung ist dazu also nicht unbedingt notwendig.

Es gibt weitere wichtige Charakteristiken, durch die sich FTP deutlich von anderen Lösungen zum entfernten Dateizugriff unterscheidet. Hier ist anzumerken, dass

- FTP Textfolgen zur Kommunikation verwendet werden (festgelegte Zeichenfolgen als Schlüsselworte),
- keine Integration in das lokale Dateisystem wie bei *NFS* erfolgt,
- eine Authentifizierung durch Passwort beim Verbindungsaufbau erfolgt.

Damit lässt sich als ein sehr wichtiges Unterscheidungskriterium zu anderen Formen des Dateizugriffs festhalten, dass bei FTP der Zugriff *nicht transparent* er-

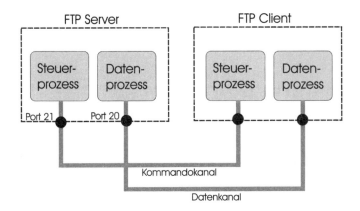

Abbildung 10.6: Prinzip des FTP-Protokolls

folgt. Der Benutzer merkt bei der Verwendung von FTP ganz eindeutig, dass er auf Dateien eines anderen Rechners zugreift. Er muss explizit eine Verbindung zu diesem Rechner aufbauen, und er muss sich beim Verbindungsaufbau gegenüber dem Server identifizieren.

10.2.2 Anonymous FTP

Die Abfrage eines wirklich geheimen Passworts ist sinnvoll, wenn Benutzer auf Daten zugreifen wollen, die explizit nur einer ausgewählten Personengruppe zur Verfügung stehen soll. Ein gutes Beispiel hierfür ist eine Person, die Accounts auf mehreren Rechnern einer Firma an unterschiedlichen Standorten besitzt. Von Zeit zu Zeit möchte diese Person Daten von einem Account zum anderen übertragen. Dazu lässt sich das Passwort-geschützte FTP hervorragend einsetzen.

Allerdings wird bei FTP das Passwort im Klartext übertragen, so dass es von einem Angreifer in vielen Fällen mühelos mitgelesen werden kann. Es ist bei sicherheitsrelevanten Anwendungen daher unerlässlich, dieses Problem zu beheben. Entweder durch die Verwendung von VPN-Technologien wie IPsec (vgl. Abschnitt 14.1) oder aber durch den Einsatz von anderen Protokollen, bei denen der Sicherheitsaspekt mehr im Vordergrund steht (vgl. Abschnitt 14.3.3).

Für die meisten der oben genannten Anfragen ist eine solche Passwortabfrage jedoch gar nicht notwendig. Internet-Standards etwa oder große Sammlungen von Public-Domain-Programmpaketen sind für alle gedacht. Zwar ließe sich dies auch mit dem „normalen" FTP lösen, indem jeder Benutzer ein Passwort zugewiesen und per E-Mail zugesandt bekommt. Dies würde jedoch einen riesigen administrativen Aufwand bedeuten.

Die Lösung besteht in der Einrichtung eines allgemein bekannten Gast-Zugangs, der mit bestimmten Rechten wie der Möglichkeit des Lesens eines bestimmten Bereichs der Verzeichnisstruktur ausgestattet ist. Jeder kann diesen Gastzugang nutzen (wenn er eingerichtet ist), denn die Benutzung folgt bestimmten bekannten Regeln.

Zunächst einmal hat dieser Zugang immer die Kennung `anonymous`. Als Passwort muss der Benutzer typischerweise seine eigene E-Mail-Adresse angeben. Dies ermöglicht das Führen von Statistiken und gibt dem Administrator des Servers Aufschluss darüber, wer auf seine Maschine zugreift. Allerdings wird die tatsächliche Korrektheit der Adresse nicht überprüft; sie muss nur dem allgemeinen Format von E-Mail-Adressen entsprechen, also etwa `joe@mail.test.de`.

Im folgenden werden mit Server und Client die beiden Komponenten des FTP-Systems betrachtet.

10.2.3 FTP-Server

Die Aufgabe eines FTP-Servers ist die Verwaltung eines Dokumentenarchivs. Die Struktur dieses Archivs und welche Benutzer auf welche Teile des Archivs Zugriff haben, legt der Administrator dabei selbst fest.

Viele FTP-Server sind wie folgt konfiguriert:

- Wenn sich ein autorisierter Benutzer des Systems anmeldet, dann kann er auf die gleichen Dateien zugreifen, als säße er selbst vor dem Rechner und würde in seinen Account eingeloggt sein. Das heißt, er kann typischerweise lesend und schreibend auf die Daten seines Home-Verzeichnisses sowie zumindest lesend auf die meisten Systemverzeichnisse wie /etc, /bin, /usr/local etc. zugreifen.

- Ein anonymer Benutzer kann gewöhnlich nur auf das pub-Verzeichnis zugreifen. Deshalb sollten alle frei zugänglichen Dateien dort abgelegt werden. Hier können beliebige weitere Verzeichnisse angelegt werden, allerdings nicht von den anonymen Benutzern, sondern nur vom Verwalter des FTP-Dienstes auf dem Rechner.

- Um es auch anonymen Benutzern zu ermöglichen, Dateien auf dem Server abzulegen, gibt es typischerweise ein incoming-Verzeichnis. Üblicherweise ist hier nur Schreibzugriff erlaubt, so dass andere anonyme Benutzer nicht auf die abgelegten Dokumente zugreifen können. Allerdings können anonyme Benutzer hier immerhin Dateien anlegen.

Sicherlich ist diese Unterteilung heutzutage nicht immer zweckmäßig. Vielfach wird aus Sicherheitsgründen über den FTP-Dienst nur noch ein ausgesuchter Teil des Dateisystems zur Verfügung gestellt (z. B. alles unterhalb von /srv/ftp), so dass ein Zugriff auf Home- oder Systemverzeichnisse gar nicht mehr möglich ist.

10.2.4 FTP-Clients

Hauptaufgabe eines FTP-Clients ist es, einem Benutzer Steuerungsmöglichkeiten zur Dateienübertragung zur Verfügung zu stellen.

Die meisten der klassischen Clients bieten ein text-orientiertes Interface an, in dem die Kommandos eingetippt werden müssen:

- cd zum Verzeichniswechsel,
- get und put zum Lesen bzw. Schreiben von Dateien,
- mget für mehrere Dateien,
- bye zum Beenden der Verbindung.

Ein typisches Beispiel hierfür ist das Programm ftp, das ebenfalls in jeder Distribution verfügbar ist.

Komfortablere text-basierte Programme stellen zusätzlich diverse weitere Funktionen zur Verfügung, z. B. eine Anzeige, an der der aktuelle Downloadstand einer Datei abgelesen werden kann, oder eine Wiederholfunktion für zuletzt abgesetzte Kommandos.

Das eindeutige Problem dieser Clients ist die doch relativ kryptische Bedienung, da sie auf Unix-Anwender alter Schule zugeschnitten sind. Eine gängige Lösung besteht in der Verwendung grafischer Clients. Dabei sind im Prinzip zwei Varianten denkbar und auch verfügbar:

- ❑ Der Zugriff auf den Server erfolgt über einen eigenen Client, der in zwei Fenstern das jeweilige Ziel- und Quellverzeichnis mit den dort vorhandenen Dateien darstellt. Die Ausführung von Aktionen, also die Übertragung von Daten, das Anlegen von Verzeichnissen etc. erfolgt über Anklicken der zu übertragenden Datei und anschließender Spezifikation des Befehls.
- ❑ Der FTP-Client wird in einen vorhandenen Client integriert, also z. B. in den Browser oder einen lokalen Dateimanager. Kopieroperationen laufen dann im letzteren Fall genauso ab, wie man das vom Dateimanager gewohnt ist, also z. B. über Drag-and-Drop.

Die meisten Benutzer bevorzugen die Nutzung von FTP-Diensten über ihren Web-Browser. Fast alle modernen Browser haben einen eingebauten FTP-Client. Dieser wird automatisch genutzt, wenn man eine URL eingibt, die nach dem Muster `ftp://username:Passwort@ftpserver/pfad` aufgebaut ist.

Um jedoch zu verdeutlichen, welche Nachrichten der Browser bei einer FTP-Sitzung mit dem FTP-Server austauscht, werden wir im folgenden noch einmal die klassische, text-basierte Variante einer FTP-Sitzung vorstellen.

10.2.5 Eine FTP-Sitzung

Zur Veranschaulichung wird nun exemplarisch ein Zugriff auf den im lokalen Netz der Werner Schmidt GmbH eingerichteten FTP-Server vorgeführt. Der Zugriff erfolgt mit dem Standard-Programm `ftp`, dem als Aufrufparameter der Name des Servers mitgegeben wird:

```
user@linux: > ftp ftp.ws-gmbh.example
Connected to ftp.ws-gmbh.example.
220-Welcome to the ftp server at the
220-Werner Schmidt GmbH, Berlin
...
220-NB *All activities are logged.*
220-If you disagree with this policy, quit now!
...
220 Werner Schmidt GmbH FTP server (Version
wu-2.4.2-academ[BETA-12](1) Wed Apr 23
```

10.2 Zugriff auf Dateiarchive: File Transfer Protocol (FTP)

```
14:49:17 MET DST 1997) ready.
Name (ftp.ws-gmbh.example:stefis): stanislaw
331 Password required for stanislaw.
Password:
```

Hier sieht man schon die bereits erwähnte notwendige Authentifizierung: Erst nach Eingabe des korrekten Passworts erhält der Benutzer `stanislaw` Zugriff auf seinen Verzeichnisbaum.

```
230 User stanislaw logged in.
ftp>
```

Alles korrekt, `stanislaw` sieht nun den Prompt des FTP-Programms. Der Benutzer `stanislaw` möchte sich nun die aktuelle Preisliste für Gewindeschneider besorgen. Er wechselt zunächst in den Ordner `preislisten` und schaut sich mit dem Kommando `ls` dessen Inhalt an:

```
ftp> cd preislisten
250 CWD command successful.
ftp> ls
200 PORT command successful.
150 Opening ASCII mode data connection for file list.
gewindeschneider
gartenzwerge
kanthoelzer
226 Transfer complete.
35 bytes received in 0.019 seconds (1.81 Kbytes/s)
```

Nach einigen weiteren Wechseln in tiefere Verzeichnisse (hier im Text nicht angezeigt) findet er schließlich die Datei und überträgt sie auf seinen Rechner (mittels des Kommandos `get`):

```
ftp> get gewindeschneider-m1-m6.txt
200 PORT command successful.
150 Opening ASCII mode data connection for gewindeschneider-m1-m6.txt (92152 bytes).
226 Transfer complete.
local: gewindeschneider-m1-m6.txt remote: gewindeschneider-m1-m6.txt
95658 bytes received in 0.095 seconds (981.56 Kbytes/s)
ftp>
```

Das war's, Ausloggen nicht vergessen:

```
ftp > bye
```

10.2.6 Konfiguration von `vsftpd`

Einer der empfehlenswertesten FTP-Server, die mit der aktuellen SuSE Distribution ausgeliefert werden, ist `vsftpd`. Er wurde komplett neu entwickelt und ist insbesondere in Hinblick auf Sicherheit optimiert. Damit löst er den früher häufig eingesetzten FTP-Server WU-FTP ab, der in den letzten Jahren wegen zahlreicher Sicherheitslücken bei vielen Administratoren an Beliebtheit verloren hat.

Der Name `vsftpd` steht dabei für Very Secure FTP Daemon. Der im Namen der Software verankerte Sicherheitsaspekt bezieht sich ausschließlich auf die Software selbst – nicht jedoch auf das zugrunde liegende FTP-Protokoll: In der Vergangenheit ergaben sich durch schlecht programmierte FTP-Server immer wieder recht kritische Sicherheitslücken (vor allem Buffer-Overflows), die es einem Angreifer ermöglichten, beliebigen Code auf dem Server auszuführen. Durch einen besonders sorgfältigen Softwareentwicklungsprozess sind die Entwickler von `vsftpd` diesem Problem begegnet.

Doch ein viel offensichtlicheres Sicherheitsproblem stellt das FTP-Protokoll selbst dar – daran ändert auch `vsftpd` nichts, denn es implementiert nur das FTP-Protokoll und erweitert es nicht etwa um zusätzliche Sicherheits-Features. Wie oben bereits beschrieben, wird beim FTP-Anmeldeprozess etwa das Passwort im Klartext übertragen, was FTP damit für viele Anwendungen unbrauchbar macht. Wird eine gesicherte Benutzerauthentifizierung beim Anmeldeprozess benötigt, so sollte die Übertragung beispielsweise mit `scp` (vgl. Abschnitt 14.3.3) erfolgen.

Damit liegt die Hauptanwendung von FTP heutzutage klar in der Bereitstellung von ohnehin öffentlich zugänglichen Daten, so dass in aller Regel keine Benutzerauthentifizierung durchgeführt wird.

Im folgenden werden wir zusammenfassend darstellen, wie man unter SuSE Linux den `vsftpd` erfolgreich installiert und konfiguriert.

1. Installieren Sie über YaST das Paket `vsftpd`.
2. Editieren Sie die Datei `/etc/xinetd.d/vsftpd` und kommentieren Sie die Zeile `disable = yes` aus, indem Sie das Zeichen # am Anfang der Zeile einfügen.
3. Starten Sie über den Befehl `/etc/init.d/xinetd restart` den „extended Internet services daemon" neu. Dieses Programm sorgt ab jetzt dafür, dass bei jedem Verbindungsaufbau auf dem FTP-Port (TCP, Port 21), das Programm `vsftpd` gestartet wird.

Anschließend können Sie den neu eingerichteten FTP-Dienst wie folgt testen:

```
user@linux: > ftp localhost
Trying 127.0.0.1...
Connected to localhost.
220 (vsFTPd 1.2.1)
Name (localhost:username): anonymous
331 Please specify the password.
Password: irgendwas
230 Login successful.
Remote system type is UNIX.
```

```
Using binary mode to transfer files.
ftp> bye
221 Goodbye.
```

Nach der Installation läuft `vsftpd` mit einer Beispielkonfiguration, die unter `/etc/vsftpd.conf` eingesehen und editiert werden kann. Die meisten Optionen sind selbsterklärend. Eine ausführliche Erläuterung und eine vollständige Übersicht über alle Konfigurationsoptionen bekommt man mit dem Befehl `man vsftpd.conf`.

In der Standardkonfiguration akzeptiert `vsftpd` ausschließlich anonyme Benutzer; d. h. man muss am Login-Prompt immer `anonymous` eingeben. Als Passwort kann man irgendetwas eingeben, oder einfach nur die Enter-Taste drücken. Gibt man etwas anderes als `anonymous` ein, so bricht `vsftpd` die Verbindung ab. Dies ist eine Sicherheitsfunktion, damit Benutzer gar nicht die Gelegenheit haben, ihr richtiges Passwort einzugeben, das ja dann im Klartext übermittelt werden würde.

Möchte man tatsächlich auch das FTP-Login für alle lokalen Benutzer erlauben (also alle, die sich auch lokal am Rechner anmelden können), so kann man in `/etc/vsftpd.conf` die Option `local_enable=YES` hinzufügen. Dies sollte man jedoch wirklich nur dann machen, wenn keine Gefahr besteht, dass jemand die Login-Passwörter der Benutzer ausspäht. Für den Fall, dass man die Anmeldung lokaler Benutzer zulässt, haben diese nach dem FTP-Login dieselben Schreib- und Leserechte im Dateisystem, wie sie sie auch bei einem lokalen Login hätten.

Bei einem anonymen Login läuft die FTP-Sitzung unter dem Account `nobody`. Dies ist ein niedrig privilegierter System-Benutzer-Account, der auf den meisten Unix-Systemen standardmäßig eingerichtet ist. Das Start-Verzeichnis für anonyme FTP-Sitzungen ist `/srv/ftp/`. Wenn Sie in diesem Verzeichnis Dateien ablegen und den Dateien mit `chmod o+r Dateiname` für alle Benutzer (insbesondere den Benutzer `nobody`) lesbar machen, so kann man per FTP diese Dateien herunterladen. Probieren Sie es aus!

Wenn Sie FTP-Benutzern zusätzlich erlauben wollen, Dateien hochzuladen, so sind in der Konfigurationsdatei `/etc/vsftpd.conf` vor allem die folgenden Optionen von Bedeutung:

```
write_enable=YES              # schaltet FTP-Schreiboperationen frei
anon_upload_enable=YES        # Schreiben f. anonyme User
anon_mkdir_write_enable=YES   # Verzeichnisanlegen f. anonyme User
anon_other_write_enable=YES   # Löschen/Umbenennen. f. anonyme User
```

Weiterhin müssen noch die Schreibrechte für das Verzeichnis `/srv/ftp` so gelockert werden, dass der FTP-Benutzer dort auch schreiben darf. Eine Möglichkeit hierzu sieht so aus:

```
linux: # chmod o+w /srv/ftp
```

Mit den hier vorgestellten Konfigurationsvorschlägen ist es in weniger als einer Stunde möglich, einen funktionierenden FTP-Server aufzusetzen. Jedoch hat `vsftpd` noch weit mehr zu bieten. Um den kompletten Leistungsumfang dieser Software voll nutzen zu können, ist es aber unerlässlich, sich mit den entsprechenden `man`-Pages auseinanderzusetzen.

10.3 Einbindung entfernter Dateisysteme

Der Zugriff auf entfernte Dateien über FTP ist zwar für viele Anwendungsfälle ausreichend, doch eignet sich FTP aufgrund von fehlender Ortstransparenz nicht dazu, alltäglich benötigte Datenbestände komplett auf Netzwerkrechner auszulagern: Keinem Benutzer ist es zuzumuten, nach getaner Arbeit sämtliche geänderten Dateien per FTP z. B. auf einen Backup-Server hochzuladen. Im folgenden geht es um Lösungsansätze, die für den Benutzer völlig transparent sind. Er merkt gar nicht, dass seine Daten nicht auf der lokalen Festplatte abgelegt werden, sondern auf einem Netzlaufwerk. Ein typischer Anwendungsbereich dieser Technik ist etwa das Auslagern der Homeverzeichnisse aller Benutzer auf einen zentralen Fileserver. Auf diese Weise kann man an zentraler Stelle Backups der Daten aller Benutzer machen. Ein weiterer Vorteil dieser Lösung ist, dass die Benutzer von jedem Rechner im Netzwerk aus Zugriff auf ihr persönliches Homeverzeichnis haben.

10.3.1 Network File System (NFS)

Das *Network File System* (*NFS*) ist die klassische und zugleich in der Unix-Welt mit Abstand am häufigsten eingesetzte Variante eines entfernten Dateisystems. Die Integration in die Unix-Verzeichnisstruktur ist nahezu perfekt möglich. Für einen Benutzer macht es so gut wie keinen Unterschied, ob er auf einem lokalen oder einem NFS-Dateisystem arbeitet. Lediglich bei knappen Netzwerkressourcen spürt man mitunter einen Performance-Unterschied. NFS bietet insbesondere volle Unterstützung für die Unix-Zugriffsrechte auf Dateien. Auf Basis von Benutzernamen und Gruppenzugehörigkeit wird entschieden, ob eine Dateioperation erlaubt wird oder nicht.

Bei NFS gibt es eine Serverapplikation, den NFS-Server, der Teile des lokalen Verzeichnisbaums für andere Rechner über das NFS-Protokoll verfügbar macht. Eine solche Freigabe nennt man auch *Export*.

Andere Rechner können dann als NFS-Client fungieren und solche exportierten Verzeichnisse lokal mounten – also irgendwo in ihren eigenen Verzeichnisbaum einhängen. Der Mountvorgang läuft dabei völlig analog zu lokalen Dateisystemen ab, nur ist der Dateisystemtyp nfs und nicht etwa ext2, ext3 oder reiserfs.

Ein Gerätetreiber im Linux-Kern sorgt dann dafür, dass die Daten zwischen NFS-Client und NFS-Server zuverlässig ausgetauscht werden.

Als technologische Basis kommt – genau wie bei NIS – der klassische RPC-Dienst von Sun Microsystems zum Einsatz.

Abgleich von UIDs und GIDs

Eine wichtige Voraussetzung für eine derart vollständige Integration ist jedoch das Angleichen der User- und Group-IDs (UIDs und GIDs) auf den einzelnen Rechnern. In Unix-Dateisystemen wird die Benutzer- und Gruppenzugehörigkeit eines Files immer in Form von zwei numerischen Werten gespeichert, die in den lokalen Dateien /etc/passwd und /etc/group symbolischen Namen zugeordnet werden. Ist nun diese Zuordnung auf einzelnen NFS-Rechnern verschieden, so ergeben sich schwerwiegende Probleme. Ein Beispiel für unterschiedlich vergebene UIDs verdeutlicht dies: Zwei Rechner A und B haben ein Verzeichnis gemountet, das auf einem NFS-Server gehalten wird. Auf Rechner A schreibt Herr Müller eine Datei in dieses Verzeichnis. In der Datei /etc/passwd auf Rechner A ist festgelegt, dass Herr Müller die UID 128 hat. Also wird auf dem NFS-Server eine Datei erzeugt, die dem Benutzer mit der UID 128 gehört. In der Datei /etc/passwd auf Rechner B hat jedoch nicht Herr Müller die UID 128, sondern Herr Meyer. Meldet sich nun Herr Meyer auf Rechner B an, so hat er auf der Datei von Herrn Müller die Zugriffsrechte, die eigentlich Herr Müller selbst haben sollte. NFS arbeitet also immer anhand von UIDs und GIDs, die Zuordnung zu Benutzern und deren symbolischen Login- und Gruppennamen, erfolgt auf jedem Rechner lokal.

Es existieren zwei verschiedene Ansätze um dieses Problem zu beheben:

- ❏ Alle Rechner im Netzwerk, die NFS nutzen, verwenden dieselben UIDs und GIDs für Benutzer und Gruppen. Typischerweise verwendet man hierfür NIS, bei sehr kleinen Netzwerken ist es aber sicherlich auch möglich, die IDs von Hand abzugleichen.

- ❏ Beim Zugriff auf NFS-Dateisysteme übersetzt der NFS-Server die UIDs und GIDs so, dass sie zur Konfiguration des jeweiligen Clients passen.

Obwohl beide Varianten funktionieren, ist die erste Lösungsmöglichkeit in aller Regel zu bevorzugen. Eine Übersetzung der UIDs und GIDs wird bei mehreren unterschiedlich konfigurierten Clients schnell unübersichtlich und ist eine häufige Fehlerursache. Falls dies dennoch gewünscht ist, muss ein Daemon installiert und konfiguriert werden, der sich um die ID-Übersetzung kümmert (z.B. ugidd).

NFS setzt also voraus, dass die UIDs und GIDs auf Client- und Server-Seite abgeglichen sind. Hat man diese Hürde erstmal überwunden, kann man sich um die Konfiguration der einzelnen Daemonen kümmern. Im folgenden wollen wir nur einen Überblick über die wichtigsten NFS-Daemonen geben. Die Konfiguration und das Starten der einzelnen Prozesse erledigt YaST für uns (siehe nächster Abschnitt).

- `nfsd`
  Dieser Daemon läuft auf dem NFS-Server-System und nimmt sämtliche Anfragen von NFS-Clients entgegen. Der Userspace-Prozess `nfsd` erledigt diese Aufgabe jedoch nicht allein, sondern arbeitet eng mit dem gleichnamigen Kernel-Modul zusammen. Beides wird über das Startup-Skript `/etc/init.d/nfsserver` aktiviert.

- `mountd`
  Dieser Daemon läuft ebenfalls ausschließlich auf dem NFS-Server und tritt immer dann in Aktion, wenn ein NFS-Client ein NFS-Verzeichnis mounten möchte. Auch er wird im Skript `/etc/init.d/nfsserver` mit gestartet.

- `lockd`
  Dieser Dienst wird sowohl von NFS-Clients als auch von NFS-Servern bereitgestellt. Über Ihn wird NFS-weites File-Locking realisiert. Durch diesen Mechanismus kann verhindert werden, dass mehrere Prozesse gleichzeitig auf eine Datei zugreifen. Gestartet wird er im Skript `/etc/init.d/nfslock`.

- `statd`
  Dies ist ein Benachrichtigung-Dienst auf Clients und Servern. Er sorgt insbesondere dafür, dass ungültige File-Locks aufgehoben werden, falls ein Server oder Client abstürzt. Bei SuSE Linux gibt es hier eine kleine Besonderheit: Diese Funktionalität ist zu einem Großteil direkt im Kernel implementiert. Ergänzend ist das User-Space-Programm `/sbin/sm-notify` notwendig, das über das Startup-Skript `/etc/init.d/nfsboot` gestartet wird.

- `portmap`
  Dieser Daemon ist kein NFS-Dienst im engeren Sinne. Er ist ein Basisdienst für RPC und muss auf allen NFS-Clients und -Servern laufen. Bei SuSE Linux wird er über das Startup-Skript `/etc/init.d/portmap` gestartet.

Einrichten eines NFS-Servers

Zur Konfiguration des NFS-Server verwenden wir wieder YaST. Im YaST-Kontrollzentrum wählt man „Netzwerkdienste > NFS-Server" und dann „NFS-Server starten". Dies führt dazu, dass YaST alle Daemonen konfiguriert und startet, die zum Betrieb eines NFS-Servers erforderlich sind. Das nächste Dialogfenster ist in Abbildung 10.7 dargestellt. Hier wählt man in der oberen Hälfte der Bildschirmmaske alle Verzeichnisse aus, die als NFS-Exports freigegeben werden sollen. In der unteren Hälfte legt man dann für jedes einzelne Verzeichnis Zugriffsparameter fest. Diese bestehen immer aus einem Adressteil und einem Options-

10.3 Einbindung entfernter Dateisysteme

Abbildung 10.7: NFS-Server-Konfiguration mit YaST

teil. Im dargestellten Beispiel haben wir das Verzeichnis /home/ freigegeben. Im Adressteil haben wir das Netzwerk 192.0.2.0/24 eingetragen. Hier könnte man auch eine IP-Adresse oder einen Domain-Namen eintragen. Bei letzteren werden sogar Wildcards unterstützt (z. B. würde *.ws-gmbh.example auf alle Hosts in der Domäne ws-gmbh.example zutreffen). Bitte beachten Sie, dass Domain-Namen nur dann korrekt funktionieren, wenn das Reverse-Lookup im DNS für die jeweiligen Hosts korrekt konfiguriert ist.

Für jeden Adressteil kann man einzeln Zugriffsoptionen festlegen. Ausführliche Erläuterungen zu den möglichen Optionen finden Sie entweder im SuSE Administrationshandbuch oder auf der man-Page exports. Die gängigsten Optionen sind:

- ro
  Nur Lesezugriff ist möglich. (Vorgabe)
- rw
  Lese- und Schreibzugriff ist möglich.
- root_squash
  Greift der Benutzer root (UID 0) auf das exportierte Verzeichnis zu, so ersetzt der NFS-Server seine UID durch den Wert 65534 (Benutzer nobody). Dadurch wird verhindert, dass der Benutzer root auf einem NFS-Clients seine Sonderrechte auf einem über NFS exportierten Verzeichnis ausnutzen kann. (Vorgabe)

- `no_root_squash`
  Es wird keine Ersetzung von UID 0 durchgeführt.

- `sync`
  Beim schreibenden Zugriff auf ein Verzeichnis antwortet der NFS-Server erst dann, wenn die Daten erfolgreich auf das Speichermedium geschrieben wurden. Das führt dazu, dass z. B. das Kopierkommando recht lange blockiert, wenn große Dateien in ein NFS-Verzeichnis geschrieben werden. Der Benutzer kann sich aber sicher sein, dass seine Daten nach Abschluss des Kommandos vollständig auf dem NFS-Server angekommen sind.

- `async`
  Über diese Option wird dem NFS-Server erlaubt, schon vor dem Abschluss einer Schreiboperation auf dem Medium dem NFS-Client zu antworten. Dadurch wird zwar die Performance erhöht, jedoch kann es zu Datenverlusten kommen, falls der Server abstürzt oder unsauber heruntergefahren wird. In früheren NFS-Versionen war diese Option standardmäßig aktiviert, heute ist die Standardeinstellung `sync`. Man sollte jedoch immer `sync` oder `async` explizit angeben, da sonst wegen der geänderten Standardeinstellung eine Warnung ausgegeben wird.

Nach Auswahl von „Beenden" werden sämtliche Einstellungen in der Datei `/etc/exports` gespeichert und der NFS-Server neu gestartet.

Natürlich ist es auch möglich, bei späteren Änderungen diese Datei direkt zu editieren. Informationen zur Syntax bekommen Sie mit dem Befehl `man exports`. Damit manuelle Änderungen wirksam werden, muss man den NFS-Server mit dem Befehl `/etc/init.d/nfsserver restart` neu starten.

Einrichten eines NFS-Clients

Nachdem wir einen NFS-Server eingerichtet haben, können wir nun NFS-Clients auf unseren Netzwerkrechnern installieren. Zunächst müssen wir sicherstellen, dass beim Systemstart alle notwendigen Daemonen gestartet werden. Dann müssen wir angeben, welche NFS-Verzeichnisse wo im lokalen Verzeichnisbaum eingebunden werden sollen. Am einfachsten geht beides wiederum über YaST: Wir wählen im Kontrollzentrum „Netzwerkdienste > NFS-Client"' und dann „Hinzufügen". In dieser Maske tragen wir die gefragten Parameter ein. Abbildung 10.8 zeigt ein Beispiel, in dem das auf unserem NFS-Server `suse` exportierte Verzeichnis `/home` an der Stelle `/mnt` in unseren lokalen Verzeichnisbaum eingebunden wird. Bitte beachten Sie, dass der Pfad `/mnt/` in der Unix-Welt typischerweise für die temporäre Einbindung von Dateisystemen reserviert ist. Wenn Sie ein NFS-Verzeichnis dauerhaft mounten wollen, empfiehlt es sich, dafür einen separaten Pfad im Verzeichnisbaum anzulegen.

10.3 Einbindung entfernter Dateisysteme

Abbildung 10.8: NFS-Client-Konfiguration mit YaST

Im Feld „Optionen" lassen sich eine ganze Reihe von zusätzlichen Parametern festlegen. Der von YaST vorgeschlagene Standardwert „defaults" ist zwar für die meisten Anwendungen völlig ausreichend, jedoch lässt sich vielfach die Performance verbessern, wenn man wie in der Abbildung dargestellt die Puffergrößen für Lese- und Schreibzugriffe auf 8 Kilobytes einstellt. Eine komplette Übersicht aller NFS-Optionen bekommen Sie mit dem Befehl `man nfs`.

Beim Beenden dieses YaST-Moduls, werden sämtliche Einstellungen in der Datei `/etc/fstab` abgespeichert, so dass die importierten NFS-Dateisysteme bei jedem Bootvorgang gemountet werden. Auch diese Datei lässt sich manuell editieren (siehe `man fstab`).

Natürlich kann man – genau wie bei anderen Dateisystemen auch – NFS-Dateisysteme nicht nur beim Booten einbinden. Der Benutzer `root` kann sie jederzeit über die Befehle `mount` und `umount` mounten und unmounten. Die Syntax ist dabei wie folgt:

```
mount -t nfs -o <optionen> <hostname>:<verzeichnis> <mountpunkt>
```

Also für unser Beispiel würde das Mounten und Unmounten wie folgt aussehen:

```
linux: # ls /mnt
linux: # mount -t nfs -o rsize=8192,wsize=8192 tulpe:/home /mnt
linux: # ls /mnt
cwerner   walther
linux: # umount /mnt
linux: # ls /mnt
linux: #
```

10.3.2 Samba

Das nach NFS wohl am häufigsten eingesetzte Linux-Softwarepaket für entfernte Dateisysteme ist Samba. Es implementiert einen Server für das von Microsoft entwickelte Datei- und Druckerfreigabe-Protokoll *Server Message Block (SMB)*. Seit 1996 bezeichnet Microsoft Nachfolgeversionen von SMB zwar offiziell als *Common Internet File System (CIFS)*, jedoch ist SMB noch immer die gängigere Bezeichnung.

Der Hauptvorteil von Samba gegenüber NFS ist die große Verbreitung von geeigneter Client- und Server-Software. Jede Microsoft-Windows-Installation beinhaltet bereits die benötigte Software zur Nutzung und Bereitstellung von SMB-Diensten. Somit ist Samba vor allem dann interessant, wenn man eine gemischte Umgebung aus Windows- und Unix-Systemen im Netzwerk betreibt.

Seit der Version 3 bringt Samba auch volle Unterstützung für Unix-File-Permissions und Dateisystem-Links mit. Durch diese sog. „Unix Extensions" steht der Funktionsumfang von Samba dem von NFS in nichts mehr nach. Auch Performance-Unterschiede gibt es kaum. Abhängig von den gewählten Einstellungen bietet mal das eine und mal das andere Protokoll Geschwindigkeitsvorteile. Es bleibt also abzuwarten, ob sich Samba auch in reinen Unix-Umgebungen langfristig gegen andere Netzwerkfilesysteme durchsetzen kann. Zur Zeit ist es so, dass man in reinen Unix-Umgebungen noch immer auf NFS setzt, denn es ist etwas leichtgewichtiger und vor allem bewährt.

Samba ist in den letzten Jahren zu einem äußerst umfangreichen und komplexen Softwareprojekt angewachsen, so dass wir im Rahmen dieses Buches nur einen kurzen Vorgeschmack darauf geben können, was Samba alles kann. Sehr viel ausführlichere Informationen finden Sie beispielsweise in der Samba-HOWTO-Sammlung, die inzwischen nahezu vollständig ins Deutsche übersetzt wurde (`http://gertranssmb3.berlios.de`).

Das Samba-Projekt stellt dabei einen freien SMB-Server zur Verfügung. Unter SuSE Linux gibt es aber auch eine Auswahl an geeigneten SMB-Clients. Zu nennen wären hier vor allem die beiden Kernelmodule `smbfs.o` (samt dem dazugehörigen User-Space-Daemon) und `cifs.o`. Das erste ist schon sehr ausgereift und läuft entsprechend stabil. Das zweite ist laut Angabe der Autoren noch in einem frühen Entwicklungsstadium, bietet jedoch mehr Funktionen.

Im folgenden werden wir zunächst kurz vorstellen, wie man unter Linux ein Verzeichnis mountet, das auf einem Windows-PC über die „Datei- und Druckfreigabe" freigegeben wurde.

Dann zeigen wir den umgekehrten Weg: Ein Verzeichnis wird über Samba freigegeben und unter Windows gemountet.

Mounten einer Windows-Dateifreigabe mit Linux

Zunächst müssen wir auf dem Windows-System ein Verzeichnis freigeben. Bei allen aktuellen Windows-Versionen sollte der hierzu benötigte Dienst „Datei- und

10.3 Einbindung entfernter Dateisysteme

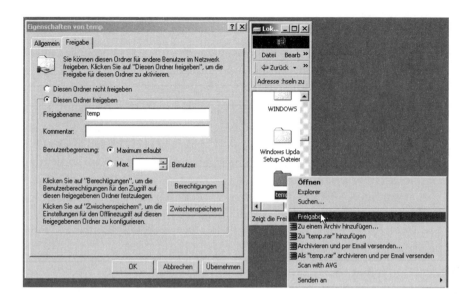

Abbildung 10.9: Ordnerfreigabe unter Windows

Druckerfreigabe" bereits installiert sein. Daher genügt es, den freizugebenden Ordner mit der rechten Maustaste anzuklicken und im Kontextmenü „Freigeben..." auszuwählen. Dann wählt man, wie in Abbildung 10.9 dargestellt, „Freigabe > Diesen Ordner freigeben" aus und bestätigt mit „Ok".

Auf dem Linux-System können wir freigegebene Verzeichnisse ganz normal mounten:

```
linux: # mount -t smbfs -o username=cwerner //winpc/temp /mnt
```

In diesem Beispiel haben wir den SMB-Client smbfs eingesetzt, cifs wird von SuSE Linux aber ebenso unterstützt. Hinter dem Parameter -o können wieder diverse Optionen angegeben werden, die wichtigste ist hierbei username. Über sie wird der Windows-Benutzername (!) angegeben, mit dem sich der SMB-Client am Windows-PC anmelden soll. Geben Sie hier also eine gültige Windows-Benutzerkennung ein. Einen vollständigen Überblick über die unterstützten Optionen erhält man mit man smbmount.

Als nächstes folgt in der Kommandozeile die Angabe des Hostnamens (oder der IP-Adresse) des Windows-Servers und die Angabe des Freigabenamens nach dem Muster //hostname/freigabename. Als letztes folgt der die Angabe eines Mount-Punktes, im Beispiel /mnt.

Nach dem Absetzen des Befehls erscheint eine Kennwortabfrage. Hier wird das zum angegebenen Benutzernamen passende Windows-Passwort verlangt.

Einrichten eines Samba-Servers

Auch die Freigabe von Unix-Verzeichnissen über Samba ist unter SuSE Linux mit wenigen Mausklicks erledigt. Im YaST-Kontrollzentrum erreicht man den entsprechenden Konfigurationsdialog über „Netzwerkdienste > Samba-Server".

In Abbildung 10.10 sind typische Konfigurationsparameter dargestellt. Zunächst muss man sich entscheiden, ob Samba lediglich als Fileserver oder auch als primärer bzw. sekundärer „Domain Controller". Ein solcher Domain Controller realisiert Account- und Rechtemanagement in einem Windows-Netzwerk für Benutzer und Rechner. Die Einrichtung eines *Primary Domain Controllers* (*PDC*) ist eine recht komplexe Aufgabe und setzt tiefergehendes Windows-Wissen voraus. Nähere Erläuterungen zu diesem Thema finden Sie in Abschnitt *Samba als Anmeldeserver* des SuSE Administrationshandbuchs. Im folgenden werden wir nur die Konfiguration als Fileserver behandeln.

Weiterhin muss man Werte für „Name der Arbeitsgruppe" und „NetBIOS-Rechnername" festlegen. Diese Angaben beziehen sich alle auf die sog. NetBIOS-API. NetBIOS steht dabei für *Network Basic Input/Output System*. Über diese Programmierschnittstelle können Windows-Anwendungen auf einfache Art und Weise bestimmte Netzwerkdienste nutzen. Hierzu gehört vor allem der NetBIOS Na-

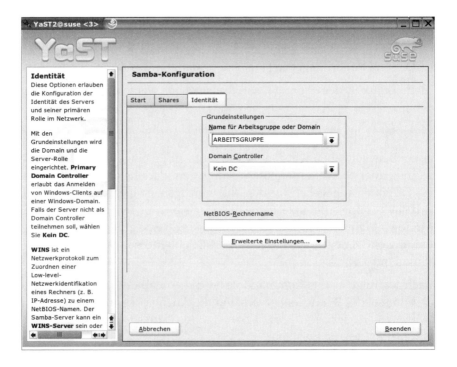

Abbildung 10.10: Konfiguration eines SMB-Servers mit YaST

10.3 Einbindung entfernter Dateisysteme

mensdienst, der, ähnlich wie DNS, zu einem symbolischen Namen die Netzwerkadresse eines Rechners herausfindet.

Damit unser Samba-Server von SMB-Clients im Netzwerk gefunden wird, ist es ratsam, überall denselben Wert für „Arbeitsgruppe" einzutragen. Bei deutschen Windows-Installationen ist der Standardwert hier „Arbeitsgruppe", bei englischen Installationen ist er hingegen „Workgroup".

Der Wert für „NetBIOS-Rechnername" ist optional. Ist hier nichts eingetragen, verwendet Samba automatisch den Hostnamen des Rechners als NetBIOS-Namen.

Über die Schaltfläche „Erweiterte Einstellungen..." lassen sich noch weitergehende Einstellungen vornehmen. Beispielsweise lässt sich hier festlegen, welche Datenquellen Samba zur Authentifizierung von Nutzern und Rechnern berücksichtigen soll. Falls nicht bereits andere Datenquellen im Netzwerk vorhanden sind (wie z. B. ein LDAP-Server oder eine MySQL-Datenbank mit Benutzerinformationen), sollte man die Standardwert beibehalten.

Im nächsten Konfigurationsschritt (Abbildung 10.11) wird festgelegt, welche Ressourcen (sog. „Shares") freigegeben werden. Hier kann man beispielsweise auswählen, dass sämtliche Home-Verzeichnisse aller Unix-Benutzer per Samba frei-

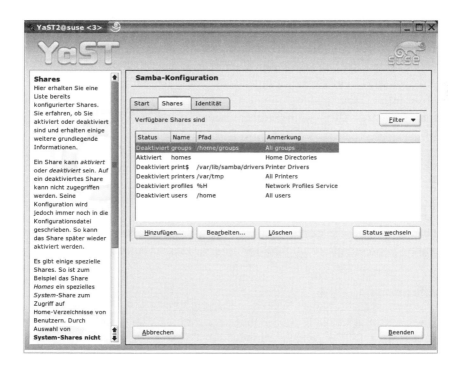

Abbildung 10.11: Auswählen von Samba-Shares

gegeben werden sollen. Diese Funktion erspart es dem Administrator, die Home-Verzeichnisse einzeln freizugeben. Weiterhin kann man hier auch Drucker auswählen, die dann über SMB zur Verfügung stehen. Hierzu muss man jedoch zunächst Drucker einrichten (vgl. Abschnitt 10.5).

Alle getroffenen Einstellungen werden in der Datei /etc/samba/smb.conf abgelegt. Um die Möglichkeiten von Samba optimal nutzen zu können, führt in aller Regel kein Weg daran vorbei, diese Datei direkt zu editieren. Informationen über ihren Aufbau findet man in der Manualpage (Kommando: man smb.conf).

Benutzerverwaltung für den Samba-Server

In der Standardkonfiguration arbeitet der Samba-Server mit der Sicherheitsrichtlinie „User Level Security" (Eintrag security = user in der Datei smb.conf). Dies bedeutet, dass sich ein Benutzer zunächst mit einem Benutzernamen und einem Passwort am Samba-Server authentifizieren muss, bevor er auf ein Share zugreifen kann.

Samba verwendet dabei nicht dieselben Benutzerdaten wie Linux (also die aus den Dateien /etc/passwd und /etc/shadow), sondern verwaltet sämtliche Samba-Benutzer in der Datei /etc/samba/smbpasswd.

Obwohl die Samba-Benutzernamen und -passwörter völlig getrennt von den Linux-Benutzerdaten verwaltet werden, gibt es dennoch eine Zuordnung zwischen Samba-Benutzer und Linux-Benutzer: Zu jedem Samba-Benutzer gibt es einen Linux-Benutzer, unter dessen User-ID die eigentlichen Dateizugriffe ausgeführt werden (mehr dazu weiter unten). Standardmäßig wird einem Samba-Benutzer immer sein gleichnamiger Linux-Benutzer zugeordnet (dieser muss auch existieren!). Alternative Zuordnungen lassen sich in der Datei /etc/samba/smbusers festlegen.

Das Anlegen eines neuen Samba-Benutzers funktioniert über das folgende Kommando:

```
linux: # smbpasswd -a benutzername
```

Bitte beachten Sie, dass der Samba-Benutzer nur dann erfolgreich angelegt werden kann, wenn ein gleichnamiger Linux-Benutzer bereits vorhanden ist.

Zugriffskontrolle

Die Entscheidung, ob ein Samba-Benutzer auf eine Datei eines Shares zugreifen kann oder nicht, fällt in zwei Schritten:

Der Samba-Server entscheidet zunächst, ob der betreffende Benutzer nach den in der Datei smb.conf festgelegten Richtlinien auf das Share zugreifen darf oder nicht. Hier sind vor allem die Optionen `read only = yes/no` und `valid users = name1, name2, ...` interessant.

Wurde dem Benutzer auf dieser ersten Ebene Zugriff gewährt, so versucht der Samba-Server den eigentlichen (Datei-)Zugriff durchzuführen. Wenn nicht über Mapping-Anweisungen (z. B. in der Datei `/etc/samba/smbusers`) etwas anderes eingestellt wurde, verwendet der Samba-Server die User-ID des gleichnamigen Linux-Benutzers. Nun gelten dieselben Regeln wie bei einem direkten Zugriff des Linux-Benutzers auf das Dateisystem. Über die normalen Unix-Dateirechteverwaltung wird entschieden, ob der Zugriff erlaubt oder verweigert wird.

10.4 Zugriff auf entfernte Terminals

Im vorangegangenen Abschnitt haben wir Netzwerkdienste kennengelernt, über die man Programm-, Anwender- und Konfigurationsdaten im Netzwerk übertragen kann.

Einen ganz anderen Ansatz verfolgen wir hier. Die Daten können irgendwo auf einem Netzwerkrechner liegen und verbleiben auch dort. Lediglich die Ein- und Ausgaben des Benutzers, der auf diesen Daten arbeitet, werden über das Netzwerk übertragen.

Diese Form des entfernten Zugriffs stammt ursprünglich aus den 60er Jahren. Hier war es üblich, dass an einen einzelnen Großrechner etliche Terminals angeschlossen waren. Diese Terminals taten nichts weiter als Benutzereingaben für den Großrechner entgegenzunehmen und die Ausgaben dem Bedienpersonal anzuzeigen.

Heutzutage gibt es kaum noch derartige „dumme" Terminals, die selbst keine Rechenleistung haben. Doch auch auf heutigen PCs ist es in vielen Situationen praktisch, Anwendungen nicht lokal auszuführen sondern auf einem anderen Rechner. Gründe hierfür können sein:

- ❏ Die gewünschte Software ist lokal nicht verfügbar.
- ❏ Das Ausführen von System- und Wartungsprogrammen bei der Fernadministration.
- ❏ Anwendungen mit hohen Hardwareanforderungen (z. B. Simulationen) können auf besonders leistungsstarken Maschinen ausgeführt werden, die nicht an den Arbeitsplätzen stehen, sondern in Serverräumen (wegen Klimatisierung, Lärmbelastung).

10.4.1 Telnet und SSH

Der klassische Weg für den entfernten Zugriff auf ein Unix-System ist *Telnet*. Über das folgende Kommando startet man eine text-basierte Terminalsitzung:

```
user@linux: > telnet -l <remoteusername> <remotehostname>
```

Sollen in dieser Sitzung auch Programme genutzt werden, die das X-Window-System benötigen, so kann man das X-Display dieser Sitzung auf das lokale X-Window-System umlenken. Grundvoraussetzung hierfür ist natürlich, dass auf dem lokalen System ein X-Server läuft. Zum Umleiten des Displays gibt man zunächst auf dem lokalen System Kommando `xhost +<remotehostname>` ein. Hierdurch erlaubt man dem Remote-Host, dass er den lokalen X-Server benutzen kann. Schließlich gibt man auf dem entfernten System den Befehl `export DISPLAY=<localhostname>:0.0` ein. Startet man hiernach in der Telnet-Sitzung eine X-Anwendung, so werden sämtliche Ein- und Ausgaben auf das X-Window-System auf dem lokalen Rechner umgelenkt.

Der entfernte Zugriff über Telnet hat jedoch einen gravierenden Nachteil. Es bietet keinerlei Sicherheitsfunktionalitäten, vor allem werden Benutzername und Passwort im Klartext übertragen. Daher wird der Telnet-Server-Dienst auf modernen Unix-Systemen standardmäßig gar nicht mehr installiert.

Auch die manuelle Umleitung des X-Displays funktioniert auf modernen Systemen nicht mehr ganz so einfach. Inzwischen bietet das X-Window-System mächtige Sicherheitsfunktionalitäten und eine Host-basierte Freigabe über den Befehl `xhost` genügt auf modernen Systemen wie SuSE Linux nicht mehr.

Glücklicherweise steht mit *Secure Shell* (*SSH*) eine Lösung zur Verfügung, die beide Probleme auf einmal beseitigt (vgl. auch Abschnitt 14.3.3). Heutzutage wird der entfernte Zugriff nur noch in wenigen Ausnahmefällen über Telnet durchgeführt, und es kommt fast immer SSH zum Einsatz.

Bei SuSE Linux kommt sowohl client- als auch server-seitig die SSH-Implmentierung `OpenSSH` zum Einsatz. In der Standardinstallation wird der SSH-Serverdienst auch gleich mit installiert und beim Booten gestartet.

Die Benutzung des SSH-Client-Programms funktioniert fast völlig analog zur klassischen Telnet-Variante:

```
user@linux: > ssh -X -l <remoteusername> <remotehostname>
```

Die Option `-X` (Achtung: Großbuchstabe X) sorgt hier dafür, dass auch die X-Umleitung automatisch eingeschaltet wird. SSH-Client und -Server kümmern sich dann automatisch um das richtige Setzen der Umgebungsvariablen `DISPLAY` und sorgen auch für die Authentifizierung am X-Server.

Selbstverständlich ist der Remote-Zugang über SSH nicht auf die Unix-Welt beschränkt. Sowohl Client- als auch Serverimplementierungen sind für viele verschiedene Betriebssysteme erhältlich. Allerdings macht eine SSH-Server-Implementation natürlich vor allem dann Sinn, wenn das Betriebssystem mehrere gleichzeitig angemeldete Benutzer unterstützt. Diese sog. Multiuser-Funktionalität gehört bei Unix-Systemen zur Grundfunktionalität. Unter Windows wird echter Multiuser-Betrieb jedoch nur von speziellen Windows-Server-Versionen unterstützt.

10.4 Zugriff auf entfernte Terminals

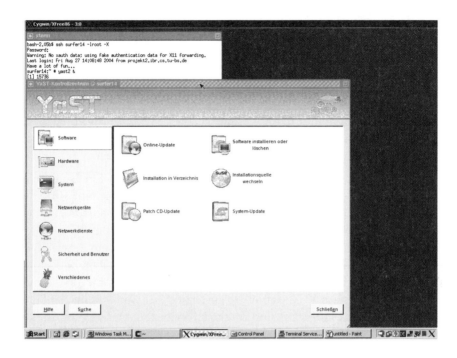

Abbildung 10.12: Remote-X-Anwendung in der Cygwin-Umgebung

Soll von der X-Display-Umleitung Gebrauch gemacht werden, so muss – wie zuvor beschrieben – ein X-Server auf dem lokalen System des SSH-Clients laufen. Bei Unix-SSH-Clients ist dies in aller Regel ohne weiteres Zutun der Fall. Kommt jedoch ein SSH-Client unter Windows zum Einsatz, muss in aller Regel ein X-Server für Windows nachinstalliert werden. Neben diversen kommerziellen Produkten kann man hier auch die frei verfügbare Unix-Emulationsumgebung Cygwin (http://www.cygwin.com) einsetzen, die auch mit einem X-Server für Windows ausgestattet ist. Abbildung 10.12 zeigt die Cygwin-Umgebung im Einsatz: Ein Benutzer hat sich über das Cygwin-SSH-Kommando mit einem SuSE Linux-System verbunden. Dabei wurde das X-Display umgeleitet, so dass sich selbst grafische Anwendungen wie YaST vom Windows-Rechner aus bedienen lassen.

10.4.2 VNC

Eine andere Variante für den entfernten Zugriff stellt VNC dar. Die Abkürzung VNC steht für *Virtual Network Computing*. Das VNC-Protokoll und seine erste Implementierung stammen vom Telekommunikationskonzern AT&T. VNC wurde für die Fernwartung von Computersystemen konzipiert. Auch heute noch wird VNC hauptsächlich zur Fernwartung und Ferndiagnose eingesetzt.

10 Zugriff auf entfernte Ressourcen

Genau wie bei Telnet und SSH gibt es auch bei VNC einen Server-Dienst, der mehrere Clients (sog. Viewer) bedienen kann.

Anders als Telnet und SSH setzt VNC nicht auf das für Unix typische Multiuser-Konzept auf. Beim Starten einer VNC-Sitzung wird nicht notwendigerweise ein neues Login auf dem Server-System durchgeführt. Vielmehr ist es möglich, sich auf eine bereits existierende Sitzung „aufzuschalten". VNC wurde völlig betriebssystemunabhängig entwickelt und tut im Prinzip nichts weiter als Tastatur, Maus und Bildschirm eines Rechners über das Netzwerk fernzusteuern.

Ein typisches Szenario für VNC könnte wie folgt aussehen: Ein Unternehmen stattet alle Anwender-PCs mit VNC-Server-Software aus. Hat nun ein Anwender ein Problem, so kann er bei seiner EDV-Service-Abteilung anrufen und einen Service-Mitarbeiter um Hilfe bitten. Dieser startet auf seinem Rechner einen VNC-Viewer und verbindet sich mit dem VNC-Server auf dem Anwender-PC. Über den VNC-Viewer sieht nun der Servicemitarbeiter denselben Bildschirminhalt wie der Anwender. Auch die Fernsteuerung von Tastatur und Maus ist möglich (sofern dies am VNC-Server freigeschaltet ist). Somit kann der Servicemitarbeiter fast so komfortabel und direkt Hilfe leisten, als wäre er direkt vor Ort.

Ein weiterer Unterschied zu den im vorhergehenden Abschnitt behandelten Protokollen besteht in der Fähigkeit, dass sich auch mehrere Clients an derselben Sitzung anmelden können. So ist es beispielsweise bei Schulungen möglich, dass sich die einzelnen Teilnehmer über VNC mit dem Dozenten-PC verbinden und so genau mitverfolgen können, welche Aktionen dort vorgeführt werden.

VNC-Server-Implementierungen sind für nahezu alle modernen Betriebssysteme verfügbar. Bei SuSE Linux wird ein VNC-kompatibler Server in Form der KDE-Funktion „Arbeitsfläche freigeben" zur Verfügung gestellt. Zum Starten des Servers wählt man unter KDE „System > Verbindung zu Fremdrechner > Arbeitsfläche freigeben" aus. Neben der reinen VNC-Server-Funktionalität bietet diese Implementierung auch etliche Zusatzmöglichkeiten, wie etwa das Einladen von Benutzern über E-Mail. Näheres hierzu finden Sie im SuSE-Linux-Benutzerhandbuch im Abschnitt 1.4.9.

Auch VNC-Clients gibt es für jedes gängige Betriebssystem. Unter SuSE Linux kann man beispielsweise unter KDE „System > Verbindung zu Fremdrechner > Verbindung zu Fremdrechner" auswählen. Dieser Client unterstützt neben VNC auch weitere Desktop-Freigabe-Protokolle. Abbildung 10.13 zeigt einen Windows-VNC-Client, mit dem ein Rechner unter SuSE Linux ferngesteuert wird.

Ein großer Nachteil von VNC ist seine Performance: Zum einen belasten die Algorithmen zur effizienten Übertragung von Bildschirmdaten die CPU und den Hauptspeicher des VNC-Servers recht stark. Die erforderliche Netzwerkdatenrate für eine VNC-Sitzung ist in etwa vergleichbar mit der eines umge-

10.4 Zugriff auf entfernte Terminals

Abbildung 10.13: Windows-VNC-Client zur Fernsteuerung eines Linux-Systems

leiteten X-Displays: In Zusammenhang mit einer Wählverbindung über ISDN oder Modem ist der Einsatz von VNC nicht empfehlenswert. Über eine DSL-Anbindung lassen sich Anwendungen aber vergleichsweise flüssig fernsteuern.

10.4.3 RDP

Ein weiteres Protokoll für Remote-Computing ist das *Remote Desktop Protocol* (*RDP*). Es wurde von Microsoft entwickelt und hat vor allem durch seine Verwendung im Microsoft Terminal Server Verbreitung erlangt. RDP ist deutlich komplexer als VNC, bietet jedoch auch deutlich bessere Performance. So ist es hiermit problemlos möglich, auch über ISDN-Wählverbindungen auf entfernten Rechnern zu arbeiten.

Leider existieren für Linux zum jetzigen Zeitpunkt noch keine ausgereiften RDP-Server. RDP-Clients laufen aber bereits sehr stabil und sind auch in der SuSE-Distribution enthalten.

Wie in Abbildung 10.14 dargestellt, kann man wiederum die KDE-Funktion „Verbindung zu Fremdrechner" für den Zugriff verwenden. Für Installationen ohne KDE-System bietet sich das Programm `rdesktop` an.

10 Zugriff auf entfernte Ressourcen

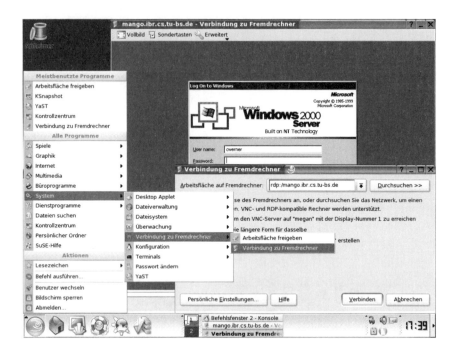

Abbildung 10.14: Zugriff auf einen Windows Terminal Server

10.5 Drucken über das Netz: CUPS

Eine weitere Ressource, die sich in modernen Netzwerken für den entfernten Zugriff anbieten, sind Drucker. Hochqualitative Drucker sind nicht nur teuer, sondern vor allem auch recht wartungsintensiv. Daher liegt der Wunsch nahe, nicht jeden Arbeitsplatz mit einem eigenen Drucker auszustatten, sondern nur wenige Drucker anzuschaffen und den Anwendern Remote-Zugriff auf diese Geräte zu gewähren.

Lange Zeit gab es unter Unix keine einheitliche Druck-Infrastruktur. Unix-Systeme stellten proprietäre Druckdienste zur Verfügung, so dass es in heterogenen Systemumgebungen häufig zu Problemen kam.

Das z. Zt. mächtigste Softwarepaket zur Überwindung dieser Schwierigkeiten ist das *Common Unix Printing System (CUPS)*. Es unterstützt unter anderem das weitverbreitete *Internet Printing Protocol (IPP)*. CUPS ist bei SuSE Linux standardmäßig mit enthalten und kann bequem über YaST konfiguriert werden.

CUPS bietet einen so großen Funktionsumfang, dass wir im Rahmen dieses Abschnitts lediglich einen ganz kleinen Ausschnitt daraus vorstellen können. Im SuSE Administrationshandbuch gibt es jedoch eine ausführliche Anleitung, die die Grundlagen vom Drucken unter Unix erklärt und auch CUPS behandelt.

Im folgenden verzichten wir auf eine ausführliche Anleitung, wie man einen Drucker mit YaST einrichtet. Der YaST-Dialog unter „Hardware > Drucker" ist weitgehend selbsterklärend und zudem im Administrationshandbuch ausführlich erläutert. Stattdessen werden wir einen kurzen Einblick in die grundlegenden Konzepte von CUPS geben. Dann stellen wir die web-basierte Bedienoberfläche von CUPS vor. Schließlich schauen wir noch auf die Konfiguration von CUPS-Clients im Netzwerk.

10.5.1 Grundlagen

Die Softwarekomponenten von CUPS lassen sich in zwei Bereiche aufteilen.

- Der Druckerdämon `cupsd` fungiert als Druckserver. Er verwaltet in erster Linie die Druckerwarteschlangen und kümmert sich um die Übersetzung von eingehenden Druckaufträgen in das vom jeweiligen Drucker benötigte Datenformat. Weiterhin stellt er eine web-basierte Benutzerschnittstelle zur Verwaltung von Druckern und Druckaufträgen zur Verfügung. Der Druckserver wird auch dann benötigt, wenn ausschließlich lokal auf die am Rechner angeschlossenen Drucker zugegriffen werden soll. Die zentrale Konfigurationsdatei für `cupsd` ist `/etc/cups/cupsd.conf`. Hier werden vor allem Zugriffsrechte auf die verschiedenen Komponenten von CUPS festgelegt.

- Eine Reihe von Kommandozeilenwerkzeugen, die den CUPS-Server verwenden. Über diese Client-Tools kann man man Druckoptionen festlegen (`lpoptions`), Druckaufträge absetzen (`lp` und `lpr`), sich die Druckerwarteschlange anzeigen lassen (`lpq`), Druckaufträge löschen (`lprm`), Statusinformationen vom CUPS-Server abfragen (`lpstat`) und Drucker und Warteschlangen auf dem CUPS-Server einrichten (`lpadmin`). Sämtliche Tools werten die Datei `/etc/cups/client.conf` aus. Hier wird vor allem der CUPS-Server festgelegt, auf den zugegriffen werden soll. Neben diesen kommandozeilenorientierten Werkzeugen gibt es auch grafische Systeme (z. B. `kprinter` oder `xpp`), die ebenfalls als CUPS-Client fungieren können.

10.5.2 Administration über das Web-Interface

Jeder CUPS-Server läßt sich komfortabel über ein Web-Interface administrieren. Sobald `cupsd` läuft (z. B. nach der Einrichtung eines lokalen Druckers mit YaST) kann man sich über das HTTP-Protokoll auf TCP-Port 631 mit dem CUPS-Server verbinden. Hierzu öffnet man auf dem Rechner, auf dem `cupsd` läuft, einen beliebigen Web-Browser und gibt die URL `http://localhost:631` ein. Es wird das in Abbildung 10.15 dargestellte Benutzerinterface angezeigt.

10 Zugriff auf entfernte Ressourcen

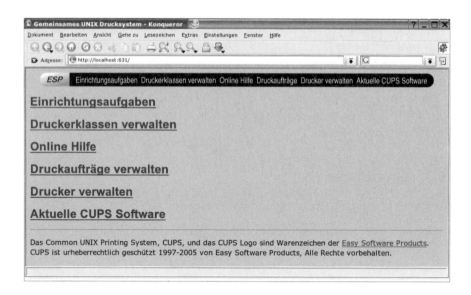

Abbildung 10.15: Web-Benutzerschnittstelle von CUPS

Natürlich kann man prinzipiell von jedem Internetrechner aus auf diese Benutzerschnittstelle zugreifen. Unter `/etc/cups/cupsd.conf` kann man jedoch feingranular einstellen, von welchen Rechnern aus man auf welche Teile des CUPS-Servers zugreifen darf. Neben dieser auf IP-Adressen basierenden Zugriffskontrolle verfügt der CUPS-Server auch über ein eigenes Benutzer- und Gruppenmanagement. In der Standardkonfiguration kann man auf den Bereich „Einrichtungsaufgaben" nur unter folgenden Bedingungen zugreifen:

1. Der Zugriff muss von `localhost` aus erfolgen.
2. Der Benutzer muss sich mit einem CUPS-Benutzer-Account anmelden und zur Gruppe `sys` gehören.

Zum Verwalten solcher Benutzeraccounts verwendet man das Kommando `lppasswd`. Das Anlegen eines Benutzers `root` zur CUPS-Administration erledigt man z. B. wie folgt:

```
linux: # lppasswd -a root -g sys
```

10.5.3 Testen des CUPS-Servers und Konfiguration von CUPS-Clients

Nachdem man auf dem Druckserver mit YaST einen lokalen Drucker eingerichtet hat, sollte man diesen zunächst lokal testen. Ein ganz einfacher Test besteht darin, einen kurzen Text über das Kommando `lpr` an den Standarddrucker zu schicken:

10.5 Drucken über das Netz: CUPS

```
user@linux: > echo "Hallo Welt!" | lpr
```

Nun sollte der am CUPS-Server angeschlossene Drucker eine Testseite mit „Hallo Welt!" drucken. War dieser Test erfolgreich, so kann man sich an die Konfiguration von CUPS-Clients wagen.

Läuft der CUPS-Client ebenfalls unter SuSE Linux, so erledigt man die Konfiguration am besten mit YaST. Unter „Hardware > Drucker > Ändern > Erweitert" kann man zwei verschiedene Wege wählen, um den client zu konfigurieren.

Standardvorgabe ist hier, auch auf CUPS-Clients den CUPS-Serverdienst zu starten. Dieser wartet dann auf Netzwerknachrichten vom CUPS-Server und konfiguriert sich weitgehend automatisch. Damit dies funktioniert, muss man auf dem CUPS-Server in der Datei /etc/cups/cupsd.conf noch über die Option BrowseAddress Adressen festlegen, an die solche Netzwerknachrichten versendet werden sollen.

Der andere (und nach Erfahrung der Autoren unproblematischere) Weg führt über die Einstellung „CUPS nur Client-Installation". Hier wird auf dem Client nicht cupsd gestartet, sondern es wird über IPP direkt auf die Druckerwarteschlangen auf dem CUPS-Server zugegriffen. Hierzu muss man im folgenden Dialogfeld lediglich den Hostnamen des CUPS-Servers eintragen, und nach Abschluss der YaST-Konfiguration sollten auf dem Client sämtliche Drucker des CUPS-Servers zur Verfügung stehen.

Sie können sich auf dem Client die zur Verfügung stehenden Drucker(-Warteschlangen) mit dem folgenden Kommando anzeigen lassen:

```
user@linux: > lpstat -a
xerox_docuprintp8e accepting requests since Jan 01 00:00
```

Im dargestellten Beispiel stellt der Druck-Server eine Druckerwarteschlage zur Verfügung. Diese kann nun auf dem Client genauso genutzt werden, als wäre es eine lokale CUPS-Warteschlange.

Fall Sie Clients unter einem anderen Unix als SuSE Linux einrichten möchten, genügt es in aller Regel das CUPS-Client-Paket der jeweiligen Distribution einzuspielen und in der Datei /etc/cups/client.conf folgenden Eintrag zu ergänzen:

```
ServerName <Hostname des Druckservers>
```

Auch unter Windows ist der Zugriff auf einen CUPS-Drucker schnell konfiguriert, denn unter modernen Windows-Versionen wie Windows 2000 oder Windows XP ist ein IPP-kompatibler Druck-Client bereits integriert. Man wählt hierzu im Druckerkonfigurationsdialog „Neuer Drucker > Internet Drucker" und trägt die URL http://<HostnamedesDruckservers>:631/printers/<NamederDruckerwarteschlange> ein. Anschließend wählt man einen geeigneten Druckertreiber aus und schon kann man auch unter Windows über CUPS drucken.

Kapitel 11

Informations- und Kommunikationsdienste

Neben dem Zugriff auf entfernte Ressourcen steht bei der Einrichtung von Netzen vor allem die Kommunikation und Information im Vordergrund. Der wichtigste und bekannteste Kommunikationsdienst im Internetist *E-Mail*, wobei dieser asynchrone Dienst heute durch diverse synchrone Chat-Anwendungen wie etwa den *Internet Relay Chat (IRC)* ergänzt wird. Im Bereich der Informationsdienste gab es Ende der achtziger Jahre eine Reihe konkurrierender Ansätze, zu denen zum Beispiel *gopher* gehörte. Tatsächlich haben sich bis heute allerdings nur zwei Standardanwendungen wirklich durchgesetzt, nämlich *Network News* und *World Wide Web*.

In diesem Kapitel wollen wir je zwei Kommunikations- und Informationsdienste detailliert vorstellen.

Im ersten Abschnitt schauen wir uns die Architektur des E-Mail-Dienstes im Internet an und stellen die notwendigen Protokolle SMTP, POP und IMAP vor. Dazu gehören auch die entsprechenden Software-Pakete, in diesem Fall E-Mail-Server und Mail-Client. Den Abschluss des Abschnitts bildet eine Betrachtung von Werkzeugen zur Verwaltung von Mailinglisten.

Der zweite Abschnitt geht auf den IRC ein. Auch hier stellen wir kurz das Protokoll vor, um anschließend kurz auf entsprechende Software-Pakete einzugehen.

Im dritten Abschnitt steht das News-System im Vordergrund, das auf dem NNTP-Protokoll beruht. Der Abschnitt folgt im Aufbau den beiden vorhergehenden: einer kurzen Einführung in NNTP folgt wiederum eine Betrachtung von News-Servern sowie News-Clients.

Schließlich beschreiben wir im vierten Abschnitt den Aufbau des World Wide Web und stellen das Anwendungsprotokoll HTTP vor. Eine Übersicht über die am häufigsten eingesetzten Client- und Server-Programme schließt das Kapitel ab.

11.1 E-Mail

E-Mail war von Anfang an der wichtigste Dienst im Internet. Noch bis Ende der 80er Jahre waren es hauptsächlich Wissenschaftler, die mittels E-Mail im Internet die neuesten Forschungsergebnisse austauschten.

Heute wird der E-Mail-Datenverkehr zwar eindeutig vom WWW-Verkehr dominiert, was aber vor allem auf den Multimedia-Inhalt des letzteren zurückzuführen ist. Seit das Internet populär geworden ist, hat auch das Aufkommen von E-Mail ganz erheblich zugenommen.

Wie in Abbildung 11.1 dargestellt, besteht ein E-Mail-System aus mehreren Komponenten. Der *Mail User Agent (MUA)*, häufig auch als Mail-Client bezeichnet, ermöglicht dem Benutzer eine einfache Interaktion mit dem E-Mail-System. Dazu bietet der MUA dem Benutzer eine grafische Oberfläche zum Lesen und Erstellen neuer E-Mail. Beim Versenden einer neuen E-Mail schickt der MUA die E-Mail typischerweise nicht direkt an den Empfänger, sondern zunächst an einen *Mail Submission Agent (MSA)*.

Dieser reicht sie dann an einen *Mail Transfer Agent (MTA)* weiter, der sich um die Zustellung der E-Mail kümmert. Dabei muss der MTA die E-Mail nicht immer direkt zustellen. Er kann die E-Mail auch an einen anderen E-Mail-Server, einen sog. Relay-Server, weiterleiten, der sich dann um die Auslieferung kümmert. Eine E-Mail kann also durchaus über mehrere MTAs laufen, bevor sie ihr Ziel erreicht. Auf dem Ziel-System speichert ein *Mail Delivery Agent (MDA)* die E-Mail schließlich im *Mail Storage (MS)*. Der Empfänger kann seine E-Mail dann

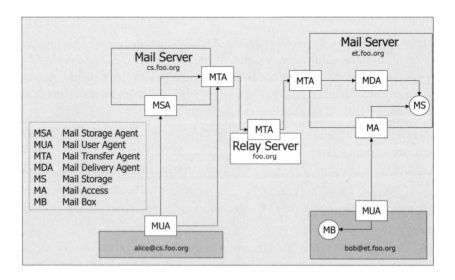

Abbildung 11.1: Komponenten eines E-Mail-Systems

über einen MUA abrufen. Dieser greift über einen *Mail Access (MA)* unter Verwendung eines speziellen Protokolls auf den *Mail Storage (MS)* zu und kann die E-Mails in seine lokale *Mail Box (MB)* herunterladen oder, falls das verwendete Protokoll dies unterstützt, auch direkt auf dem Server bearbeiten.

Informationen, wie eine E-Mail jeweils weitergeleitet werden muss, entnehmen die beteiligten E-Mail-Server zum einen direkt aus der E-Mail und zum anderen aus dem Domain Name System (DNS). Mittels der Empfängeradresse, in der Form `Mailboxname@Domänenname`, wird über das DNS der Eintrag *Mail eXchange (MX)* für den betreffenden Domänennamen ermittelt. Der MX-Eintrag enthält eine oder mehrere Mail-Server bzw. MTAs, die für die Zustellung von E-Mails in diesem Bereich zuständig sind.

Bereits 1971 wurde die erste E-Mail durch Ray Tomlinson im damaligen ARPANET versandt. Darauf aufbauend haben sich die Standards *Internet Message Format* für das Nachrichtenformat einer E-Mail und *Simple Message Transfer Protocol (SMTP)* für den Transfer einer E-Mail entwickelt. Für den Abruf einer E-Mail von einem E-Mail-Server, haben sich das *Post Office Protocol Version 3 (POP3)* und das *Internet Message Access Protocol (IMAP)* etabliert. Bei allen Protokollen, die für die Übertragung von E-Mails zuständig sind, handelt es sich um Protokolle, die auf der Client-/Server-Architektur basieren.

Diese Protokolle werden fortlaufend weiterentwickelt. Die einzelnen Spezifikationen umfassen heute z. T. bereits eine ganze Reihe unterschiedlicher RFCs, die sich mit diversen Aspekten der einzelnen Protokolle befassen. In den folgenden Teilabschnitten werden wir zunächst den Aufbau einer E-Mail nach dem „Internet Message Format" und dann die Protokolle SMTP, POP und IMAP kurz beschreiben.

11.1.1 Das Internet Message Format

Der Aufbau einer E-Mail wird in RFC 2822 beschrieben. Bei dem RFC 2822 handelt es sich um eine aktuelle Überarbeitung des lange Zeit gültigen RFC 822 und dessen Erweiterungen. Dabei ist zu bemerken, dass RFC 2822 nur den Aufbau einer E-Mail beschreibt und nicht die Übertragung von E-Mails zwischen Hosts definiert.

Eine E-Mail besteht aus zwei Teilen: einem *Header* und dem *Body*. Beide Teile werden durch ASCII-Text dargestellt. Der Header einer E-Mail enthält verschiedene Parameter in der Form `Typ: Wert`. Eine einzelne Zeile ist durch die Zeichen `carriage return` (ASCII-Code 13) gefolgt vom einem `linefeed` (ASCII-Code 10), kurz `<CRLF>`, abgegrenzt und darf maximal, einschließlich dieser Zeichenkette, 1000 Zeichen lang sein. Die Header-Zeile `To:` gibt beispielsweise den Empfänger einer E-Mail an, `From:` den Absender, `Subject:` den Betreff und `Date:` das Sendedatum der E-Mail. Das Header-Feld `Received:` wird von dem

Tabelle 11.1: Typische Felder des E-Mail-Header

Feldname	Beschreibung
From:	Adresse des Verfassers der E-Mail
Sender:	Adresse des Absenders der E-Mail
To:	primäre Empfängeradresse
Cc:	sekundäre Empfängeradresse (Carbon Copy)
Bcc:	Empfängeradresse, die nicht angezeigt wird (Blind Carbon Copy)
Date:	Sendedatum der E-Mail
Reply-To:	Antwortadresse
Message-ID:	Eindeutige ID der E-Mail
Received:	Kennzeichnet den Empfang einer E-Mail durch einen MTA
Subject:	Betreffzeile der E-Mail

zustellenden E-Mail-System ausgefüllt und beinhaltet die Adresse von jedem E-Mail-Server, den die E-Mail durchlaufen hat. Tabelle 11.1 zeigt die typischen Felder eines E-Mail-Headers. Parameter, deren Name mit X beginnt, sind nicht reserviert und können für den lokalen Gebrauch verwendet werden.

Vom Header durch eine Leerzeile getrennt, enthält der Body die eigentliche Nachricht. Um die Einschränkungen durch den 7-bit ASCII-Zeichensatz zu umgehen, wurde 1993 die Erweiterung *Multipurpose Internet Mail Extensions* (MIME) definiert. MIME ermöglicht es, unterschiedliche Datentypen in E-Mails zu übertragen, beispielsweise Audio, Video und Grafiken. Dazu benutzt MIME eine Reihe weiterer Header-Felder, die den Typ der MIME-Nachricht klassifizieren. Im Einzelnen sind dies Mime-Version: die benutzte MIME-Version, Content-Description: eine Beschreibung des Inhalts der Nachricht, Content-Type: der Inhaltstyp der Nachricht und Content-Transfer-Encoding: die Kodierung der im Body enthaltenen Daten. RFC 2046 definiert eine Reihe von Inhaltstypen und Subtypen für den Parameter Content-Type:. Durch die unterschiedlichen Inhaltstypen/Subtypen wird es einem MUA ermöglicht bzw. in Kenntnis gesetzt, wie die Nachricht korrekt darzustellen ist. Die Typen image/gif und image/jpeg definieren beispielsweise zwei verschiedene Typen für Grafiken, text/xml ist der Typ für eine XML-kodierte Nachricht.

11.1.2 Das Simple Mail Transfer Protocol (SMTP)

Das Protokoll *Simple Mail Transfer Protocol* (SMTP) aus RFC 2821 dient der Übertragung von E-Mails von einem Host zu einem anderen. Das Kommunikationsmodell von SMTP beruht auf der Client/Server-Architektur. Als Transportprotokoll wird überwiegend TCP verwendet; SMTP ist aber an kein spezielles Protokoll gebunden. Denkbar wären auch andere zuverlässige, bidirektionale Kom-

Tabelle 11.2: Fehlerkategorien bei SMTP

Code	Description
2xx	The command was successful
3xx	Additional data is required for the command
4xx	The command suffered a temporary error
5xx	The command suffered a permanent error

munikationsprotokolle. Um eine E-Mail zu versenden, baut ein Client eine Verbindung zu einem SMTP-Server auf. Bei Verwendung von TCP wird dabei standardmäßig der Port 25 genutzt. Über die aufgebaute Verbindung können nun mehrere E-Mails im ASCII-Format vom Client zum Server gesendet werden. Nach dem Aufbau einer Verbindung erfolgt die Kommunikation zwischen Client auf Basis von Kommandos (*SMTP Commands*) und Antworten (*SMTP Replies*).

Einige der Kommandos besitzen zusätzlich noch Argumente. Diese sind durch ein Leerzeichen von dem Kommandonamen getrennt und besitzen eine variable Länge. Abgeschlossen wird eine Befehlzeile, bestehend aus dem Kommando und einem optionalen Argument, durch die zwei ASCII-Zeichen <CR> (Carriage Return) und <LF> (Line Feed).

Nach dem Empfang einer Befehlszeile von einem Client beantwortet der Server den Befehl durch eine Antwort. Diese beinhaltet, neben einem 3-stelligen Code, noch einen erklärenden Zusatztext. Die drei Ziffern des Statuscodes ordnen die Antwort in unterschiedliche Kategorien (vgl. Tabelle 11.2) ein. Dabei zeigt beispielsweise die erste Ziffer an, ob es zu einem Fehler (Code 4xx oder 5xx) kam oder die E-Mail problemlos (Code 2xx) bearbeitet werden konnte. Im Anschluss an einen E-Mail-Transfer werden entweder weitere E-Mails übertragen oder die Verbindung wird abgebaut.

SMTP-Kommandos

Nach der ursprünglichen Spezifikation kannte SMTP nur einen bestimmten Satz an Kommandos. Diese bestanden aus einer vier Zeichen umfassenden Zeichenkette (üblicherweise in Großschreibung notiert):

- HELO domain
  Das Hello-Kommando HELO wird dazu benutzt, den Client gegenüber dem Server zu identifizieren. Der Parameter domain gibt die vollständige Domäne des Clients an.

- MAIL FROM:<Reverse-Path>
  Mittels des MAIL-Kommandos wird eine neue E-Mail-Transaktion initiiert. Der Parameter <Reverse-Path> enthält eine Liste der Hosts, die die E-Mail

durchlaufen haben. Dabei ist das erste Element auf der Liste der Client, der die E-Mail ursprünglich gesendet hat.

- RCPT TO:<Forward-Path>
  Gibt den Empfänger (Recipient) der E-Mail an den Server weiter. Bei mehreren Empfängern kann das Kommando beliebig oft wiederholt werden. Der Parameter <Forward-Path> enthält den Namen der Empfänger-Mailbox.

- DATA
  DATA: kennzeichnet den Beginn der eigentlichen E-Mail-Nachricht. Das Ende der Nachricht besteht aus der Zeichenfolge <CRLF>.<CRLF>.

- RSET
  Mit dem Reset-Kommando RSET wird die laufende Transaktion abgebrochen. Alle die Transaktion betreffenden Daten werden vom Server gelöscht.

- VRFY <String>
  Das Verify-Kommando VRFY dient dazu zu überprüfen, ob die als String übergebene Mailbox bzw. der Nutzer auf dem Server eine Mailbox eingerichtet hat. Falls vorhanden werden Informationen über die Mailbox zurückgegeben.

- EXPN <String>
  Bei dem Expand-Kommando EXPN gibt der Server als Antwort eine Liste aller zur Mailingliste <String> gehörenden Mailbox-Adressen zurück.

- HELP <String>
  Das Kommando HELP fordert beim Server Hilfe-Informationen an. Dabei kann ein Parameter in Form eines Strings übergeben werden, der ein spezielles Kommando enthält. Was genau diese Informationen sein können, ist nicht spezifiziert.

- NOOP
  Keine Operation (No Operation) wird ausgeführt. Sollte in jedem Fall vom Server positiv quittiert werden.

- QUIT
  Mittels des Kommandos QUIT wird dem Server angezeigt, dass der Client die Sitzung beenden möchte. Der Server antwortet mit dem Code 250 OK und baut anschließend die Verbindung ab.

In späteren Spezifikationen wurde SMTP um ein flexibles Framework ergänzt, das es erlaubt, SMTP um neue Kommandos und Argumente zu erweitern. Diese *SMTP Service Erweiterungen* (ESMTP) wurden erstmals im Jahre 1993 veröffentlicht. Die Spezifikation ermöglichte es, SMTP zu erweitern, ohne auf die Kompatibilität zu älteren Implementierungen verzichten zu müssen. Neben einem neuen Kommando EHLO bietet die Erweiterung zusätzliche Parameter für die Kommandos MAIL und RCPT. Außerdem wurde eine zentrale Datenbank eingerichtet,

Tabelle 11.3: Registrierte Kommandoerweiterungen von SMTP

Keywords	Description	Reference
SEND	Send as mail	[RFC821]
SOML	Send as mail or terminal	[RFC821]
SAML	Send as mail and terminal	[RFC821]
EXPN	Expand the mailing list	[RFC821]
HELP	Supply helpful information	[RFC821]
TURN	Turn the operation around	[RFC821]
8BITMIME	Use 8-bit data	[RFC1652]
SIZE	Message size declaration	[RFC1870]
VERB	Verbose	[Eric Allman]
ONEX	One message transaction only	[Eric Allman]
CHUNKING	Chunking	[RFC3030]
BINARYMIME	Binary MIME	[RFC3030]
CHECKPOINT	Checkpoint/Restart	[RFC1845]
PIPELINING	Command Pipelining	[RFC2920]
DSN	Delivery Status Notification	[RFC1891]
ETRN	Extended Turn	[RFC1985]
ENHANCEDSTATUSCODES	Enhanced Status Codes	[RFC2034]
STARTTLS	Start TLS	[RFC3207]

die alle öffentlichen Erweiterungen des SMTP-Protokolls registriert. Tabelle 11.3 zeigt eine Auflistung der aktuell registrierten Erweiterungen.

Zu Beginn einer neuen Sitzung unter Verwendung der SMTP Service Erweiterungen sendet ein Client anstatt HELO das Kommando EHLO. Anhand dieser Vorgehensweise wird geprüft, ob der Server die Protokollerweiterungen laut ESMTP versteht. Falls der Server ESMTP kennt, quittiert er die Anfrage mit 250 OK und gibt eine Liste der implementierten Befehlserweiterungen zurück. Die Liste kann neben den offiziellen Erweiterungen, auch eine Aufzählung von lokal vereinbarten Protokollerweiterungen enthalten. Diese Schlüsselwörter beginnen mit dem Zeichen X. Falls der Server die Erweiterung ESMTP nicht versteht, wird das EHLO-Kommando durch den Code 500 quittiert und die Verbindung beendet.

Beispiel einer SMTP-Sitzung

```
S: 220 foo.com Simple Mail Transfer Service Ready
C: EHLO bar.com
S: 250-foo.com greets bar.com
S: 250-8BITMIME
S: 250-SIZE
S: 250-DSN
```

```
S: 250 HELP
C: MAIL FROM:<Smith@bar.com>
S: 250 OK
C: RCPT TO:<Jones@foo.com>
S: 250 OK
C: RCPT TO:<Green@foo.com>
S: 550 No such user here
C: RCPT TO:<Brown@foo.com>
S: 250 OK
C: DATA
S: 354 Start mail input; end with <CRLF>.<CRLF>
C: Blah blah blah...
C: ...etc. etc. etc.
C: .
S: 250 OK
C: QUIT
S: 221 foo.com Service closing transmission channel
```

Ein E-Mail-Client (C) auf Host bar.com sendet eine E-Mail an die Benutzer Jones, Green und Brown auf Host foo.com. Dazu initiiert der Client eine direkte Verbindung zu dem E-Mail-Server (S) mittels des Kommandos EHLO. Da der Server die ESMTP-Erweiterungen kennt, antwortet er mit der Meldung 250-foo.com greets bar.com und gibt eine Auflistung der ihm bekannten Erweiterungen zurück.

Anschließend übermittelt der Client seine Absenderadresse (MAIL FROM: <Reverse-Path>) und darauf folgend eine Liste der Empfänger. Nach Eingang der Informationen überprüft der Server die einzelnen Empfängeradressen und kontrolliert die Existenz der Mailboxen (die Mailbox des Benutzers Green@foo.com existiert nicht). Letztendlich startet der Client die Übertragung der eigentlichen E-Mail durch das Kommando DATA. Die Eingabe beendet er durch eine Zeile mit einem einzelnen Punkt. Schließlich, nach der Bestätigung des QUIT-Kommandos durch den Server, wird die Verbindung abgebaut.

11.1.3 Das Post Office Protocol (POP)

Auf Hosts, denen keine ständige Internet-Verbindung zur Verfügung steht oder denen nur wenige Ressourcen (Speicherplatz, Prozessorleistung) zur Verfügung stehen, ist der Betrieb eines eigenen SMTP-Servers schwierig bzw. nicht möglich. Trotzdem ist es in vielen Fällen wünschenswert auch von solchen Hosts aus auf E-Mails zugreifen zu können. Aus diesem Grunde wurde das *Post Office Protocol* (*POP*) entwickelt. POP erlaubt es einem Mail User Agent, bei Bedarf auf einen Mail Transfer Agent zuzugreifen und E-Mail herunterzuladen oder zu löschen. Die aktuelle Version des Protokolls ist die Version 3 (*POP3*) aus dem RFC 1939.

11.1 E-Mail

Bei Verwendung von TCP als Transportprotokoll ist der Standardport des POP3-Servers Port 110. POP ist ebenfalls nicht auf TCP als Transportprotokoll festgelegt. Es ist möglich, POP mit jedem anderen zuverlässigen Protokoll für den Nachrichtentransport zu nutzen. Ähnlich dem Ablauf bei SMTP verbindet sich ein Client mit einem Server und kommuniziert mit Hilfe von POP-Kommandos mit diesem. Die POP-Kommandos sind drei oder vier Zeichen lang, gefolgt von einem oder mehreren Argumenten.

Das Kommando und die Argumente sind dabei durch Leerzeichen getrennt. Abgeschlossen wird eine Zeile durch <CRLF>. Die Antworten des Servers bestehen aus einem Status Indikator (ASCII Zeichen + oder -) und einem der Schlüsselwörter OK oder ERR. Optional folgt noch eine Beschreibung der Meldung, getrennt wiederum durch ein Leerzeichen und abgeschlossen durch ein <CRLF>. Mehrzeilige Antworten werden ebenfalls mit <CRLF> terminiert. Die letzte übertragene Zeile ist durch einen „." mit folgendem <CRLF> markiert. Der Ablauf einer POP-Sitzung folgt einem 3-Phasen-Modell.

Das POP3-Phasenmodell ist einfach aufgebaut und umfasst die Phasen *Authorization*, *Transaction* und *Update* (vgl. Abbildung 11.2).

Nachdem ein Client eine Verbindung zu einem Server aufgebaut hat, antwortet der Server (hier S) mit einer Bereitschaftsmeldung:

```
S:   +OK POP3 server ready.
```

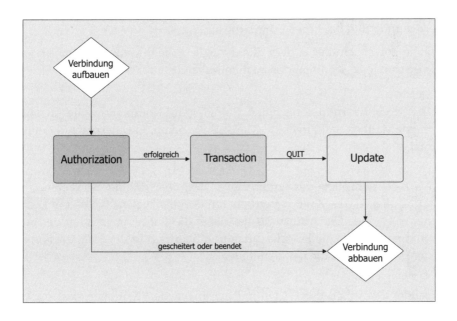

Abbildung 11.2: Das POP3-Phasenmodell

Der Client befindet sich danach im Zustand *Authorization*. Nun ist der Client dazu aufgefordert, sich gegenüber dem POP3-Server zu authentifizieren. Es stehen verschiedene Authentifizierungsmethoden zur Verfügung: eine Kombination der Kommandos USER und PASS und das Kommando APOP. Alternativ dazu existiert das Kommando AUTH aus RFC 1734 mit Authentifizierungsmechanismen wie CRAM-MD5 aus RFC 2195.

Während bei der Kombination der Kommandos USER und PASS das Passwort unverschlüsselt übertragen wird, ermöglicht der APOP-Befehl eine sicherere Lösung. Bei der Verwendung des APOP-Befehls berechnet der Client einen MD5-Fingerabdruck (*message digest*) über das Passwort und einen vorher ausgetauschten Zeitstempel und sendet diesen dann an den Server. Der Server berechnet denselben Fingerabdruck und kann ihn nun zur Authentifizierung mit dem Empfangenen vergleichen. Da die Verwendung des APOP-Kommandos jedoch einige andere Nachteile aufweist, wurde das Kommando AUTH eingeführt, das im Gegensatz zu APOP erweiterbar ist und insbesondere das Problem des Speicherns der Passwörter im Klartext sowohl auf dem Client als auch auf dem Server umgeht.

Da POP3 sich auf kein Authentifizierungsprotokoll festlegt, ist es nicht nötig, dass jeder POP3-Server alle Protokolle beherrscht. Jeder Server muss jedoch mindestens eines der genannten Verfahren implementieren.

Falls die Authentifizierung erfolgreich war, sichert sich der Server exklusiven Zugriff auf die Mailbox des Benutzers. Nun erfolgt ein Zustandsübergang in den Zustand *Transaction*. Wenn die Zugangsdaten falsch oder der Server die Mailbox nicht für einen exklusiven Zugriff sperren konnte, antwortet der Server mit einer Fehlermeldung und baut die Verbindung ab.

Im *Transaction*-Zustand ist es dem Client möglich, die E-Mails auf dem Server mit Hilfe verschiedener Kommandos zu manipulieren:

- STAT

  Der Server übermittelt nach dem Empfang des Kommandos die Anzahl der in der Mailbox enthaltenen E-Mails sowie deren Speicherplatz in dem Format +OK count size.

- LIST [msg]

  Nach dem Empfang des Kommandos LIST überträgt der Server eine Auflistung aller in der Mailbox verfügbaren E-Mails, welche nicht zum Löschen markiert sind. Die Auflistung hat dabei die Form msg size, der Server nummeriert also die E-Mails durch und überträgt in der Liste die Nummer der E-Mail, sowie die Größe in Bytes.

- RETR [msg]

  Sendet den Inhalt der E-Mail mit der angegeben Nummer [msg] an den Client. Das Ende einer mehrzeiligen Antwort wird wie üblich mit <CRLF>. <CRLF> gekennzeichnet.

- ❑ DELE [msg]
  Markiert die E-Mail mit der Nummer [msg] als gelöscht. Alle weiteren, sich auf die E-Mail beziehenden Anfragen des Client, werden mit einer Fehlermeldung quittiert (vgl. Beispiel). Die E-Mail wird jedoch erst im Zustand Update wirklich gelöscht.
- ❑ NOOP
  Der Server führt keine Operation aus. Die Anfrage wird normalerweise mit einer positiven Antwort quittiert.
- ❑ RSET
  Alle als gelöscht markierten E-Mails werden zurückgesetzt. Der Server kehrt in den Anfangsstatus der Transaktionsphase zurück.

Falls der Client die gewünschten Aktionen auf dem Server abgeschlossen hat, sendet er das Kommando QUIT und die Sitzung wechselt in die Phase *Update*. Nun werden die auf den Server als gelöscht markierten E-Mails wirklich gelöscht, der Client über das erfolgreiche Entfernen der E-Mails informiert und anschließend die exklusive Inanspruchnahme der Mailbox aufgehoben. Schließlich wird die bestehende Verbindung zwischen Client und Server abgebaut.

11.1.4 Das Internet Message Access Protocol (IMAP)

Neben dem *Post Office Protocol* hat sich auch das *Internet Message Access Protocol (IMAP)* als ein Protokoll für den E-Mail-Zugriff etabliert. Bei IMAP handelt es sich um ein sehr umfangreiches Protokoll, welches aktuell in der Version 4 Revision 1 aus RFC 3051 vorliegt. Bemerkenswert ist, dass IMAP4 nicht auf die ältere Version 3 aufbaut, sondern nur kompatibel zur Version 2 und *2bis* ist. Die Version 3 des Protokolls aus RFC 1203 war ihrerseits inkompatibel zu Version 2 und wurde kaum realisiert. IMAP4 ist wie POP3 transportprotokollunabhängig und verwendet serverseitig den well-known Port 143.

IMAP wurde zu dem Zweck entwickelt, nicht nur die E-Mails vom Server abzurufen und zu löschen, sondern die E-Mails auf dem Server zu belassen und dort Manipulationsfunktionen bereitzustellen. RFC 1733 spezifiziert drei allgemeine Bearbeitungsmodi: *Offline*, *Online* und *Disconnected*, in denen jeweils unterschiedliche Protokollfunktionalitäten zu Verfügung stehen.

IMAP ist ein Protokoll, dass funktional eine Obermenge von POP bildet. Wie oben bereits angedeutet, kann man bei IMAP vor allem auch E-Mails auf den E-Mail-Server hochladen. Weiterhin können die E-Mails eines Nutzers von verschiedenen Standorten überall in der Welt gelesen, kopiert und gelöscht werden. Dabei ist es möglich, dass auch unterschiedliche Benutzer gleichzeitig die E-Mails einer Mailbox bearbeiten. Die E-Mails können vor dem herunterladen überprüft und separiert werden. Außerdem können zur Strukturierung der Mailbox Unterordner angelegt und E-Mails in andere Ordner verschoben werden.

Trotz dieser Vorteile ist IMAP nicht immer die bessere Wahl im Vergleich zu POP. Bei IMAP ist der Bedarf an Speicherplatz und Prozessorleistung auf dem E-Mail-Server deutlich höher, so dass der Einsatz von IMAP auf schwachen Servern zu einem Leistungsengpass führen kann. Beim Einsatz moderner Rechnersysteme verliert dieser Nachteil jedoch zunehmend an Bedeutung.

IMAP4 basiert auf einem Phasenmodell ähnlich dem POP3-Modell. Für jeden Zustand gibt es eine Reihe möglicher Kommandos. Falls ein Kommando im aktuellen Zustand nicht ausgeführt werden darf, erhält der Client eine Fehlermeldung BAD oder NO (je nach Implementierung).

Nachdem eine Verbindung zwischen Client und Server aufgebaut wurde, befindet sich die Verbindung im Zustand *initial connection* (vgl. Abbildung 11.3). Falls der Client sich nicht mittels des PreAuth-Kommandos (2) authentifiziert oder die Verbindung nicht von vornherein abgelehnt wird (3), gelangt er in den Zustand *non-authenticated*. In diesem Zustand sind nun, neben dem Beenden der Verbindung über *Logout* (7), nur solche Kommandos zugelassen, die zu einer erfolgreichen Authentifizierung des Clients führen. Nach einer erfolgreichen Authentifizierung (4) oder einer Pre-Authentifizierung (2) durch PreAuth, gelangt die Verbindung in den Zustand *authenticated*. Nun muss der Client eine Mailbox wählen (durch Select oder Examine) und gelangt danach in den Zustand *selected* (IMAP ist nicht wie POP3 auf eine Mailbox beschränkt). In diesem Zustand sind alle Kommandos zur Manipulation der E-Mails auf dem Server erlaubt. An-

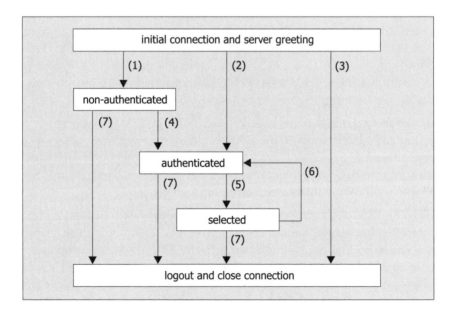

Abbildung 11.3: Das IMAP-Phasenmodell

schließend kann der Client eine andere Mailbox (6) durch `Select` oder `Examine` auswählen, um dort E-Mails zu bearbeiten oder aber die Verbindung beenden (7).

Jedes IMAP-Kommando besteht dabei aus einem vorangestellten *Tag*, gefolgt von dem Namen des Kommandos und einer variablen Anzahl an Parametern, jeweils getrennt durch Leerzeichen. Abgeschlossen wird eine Kommandozeile wieder durch <CRLF>. Ein *Tag* ist ein beliebiger ASCII-String der für jedes Kommando neu generiert wird. Der Server stellt bei einer Antwort ebenfalls den entsprechenden String aus der Kommandozeile voran.

Gefolgt wird das Tag einer Antwort vom Server-Status, einem optionalen Response-Code, einem Statustext für den MUA und ein abschließendes <CRLF>. Das Zeichen „*" kennzeichnet eine *Untagged*-Response. Mittels dieses Zeichens kennzeichnet der Server Antwortzeilen, die nicht der Bestätigung von Kommandos dienen (z. B. mehrzeilige Antworten). Des weiteren signalisiert der Server durch das „+"-Zeichen, dass weitere Eingaben für das empfangene Kommando nötig sind.

Wir verzichten an dieser Stelle auf die Auflistung und Erläuterung aller IMAP4-Kommandos und verweisen stattdessen auf RFC 3501. Das nachfolgende Beispiel illustriert aber die typischen Kommandos beim Ablauf einer IMAP-Sitzung (Einloggen, Auswahl einer Mailbox, Ausloggen). Ein `S:` steht dabei wieder für eine Kommandozeile des Servers, ein `C:` für eine des Clients.

```
S:    * OK IMAP4rev1 Service Ready
C:    a001 login mrc secret
S:    a001 OK LOGIN completed
C:    a002 select inbox
S:    * 18 EXISTS
S:    * FLAGS (     Answered     Flagged     Deleted     Seen     Draft)
S:    * 2 RECENT
S:    * OK [UNSEEN 17] Message 17 is the first unseen message
S:    * OK [UIDVALIDITY 3857529045] UIDs valid
S:    a002 OK [READ-WRITE] SELECT completed
...
C:    a006 logout
S:    * BYE IMAP4rev1 server terminating connection
S:    a006 OK LOGOUT completed
```

11.1.5 Konfiguration des E-Mail-Systems mit YaST

Unix-Systeme sind typischerweise als MTA konfiguriert, so dass sie über das SMTP-Protokoll E-Mail für lokale Benutzer entgegennehmen können. Das klassische Programm hierfür ist `sendmail`. Es wird zur Annahme von E-Mails als Dämon gestartet und wartet auf eingehende Verbindungen auf TCP-Port 25.

Bei SuSE Linux kommt jedoch standardmäßig nicht `sendmail` sondern `postfix` zum Einsatz. Diese Software ist weitgehend kompatibel zu `sendmail` und zeichnet sich vor allem durch eine einfachere Konfiguration aus.

Zur Konfiguration des E-Mail-systems kann wieder YaST verwendet werden. Hierzu wählt man im Kontrollzentrum „Netzwerkdienste > Mail Transfer Agent". Hier legt man zunächst fest, ob der lokale Rechner über eine Permanent- oder Wählverbindung an das Internetangeschlossen ist.

Im nächsten Dialogfenster kann man einen E-Mail-Server festlegen, der als Mail-Relay fungiert. An ihn werden alle E-Mails gesendet, die nicht lokal ausgeliefert werden können. Typischerweise bieten E-Mail-Anbieter wie `web.de` oder `epost.de` solche SMTP-Server an, die als Mail-Relay konfiguriert sind. In aller Regel muss man sich bei diesen Servern mit einem Benutzernamen und Passwort authentifizieren. Diese Daten werden im Dialog „Authentifikation" eingegeben. Gibt man hier keinen SMTP-Server an, so versucht `postfix`, sämtliche ausgehenden E-Mails direkt an den Ziel-E-Mail-Server zu schicken. Hierzu ermittelt `postfix` für eine ausgehende E-Mail zunächst einen geeigneten Mail-Exchange-Server, indem es den MX Eintrag im DNS zum Domainteil der Empfängeradresse auswertet. Dieser Server wird dann direkt kontaktiert und die E-Mail dorthin verschickt. Bei Rechnern mit nicht permanenter Internet-Verbindung ist die Variante über ein Mail-Relay-Server zu bevorzugen, weil hier bei fehlgeschlagenen Sendeversuchen eine Sendewiederholung u. U. viel schneller erfolgen kann.

Im letzten Konfigurationsschritt (vgl. Abbildung 11.4) werden weitere wichtige Betriebsparameter von `postfix` festgelegt. Zunächst kann man hier „Entfernte SMTP-Verbindungen akzeptieren" auswählen. Dies veranlasst `postfix` dazu, als Dämon auf eingehende SMTP-Verbindungen zu warten. Wählt man diese Option nicht aus, können keine E-Mails über SMTP empfangen werden (der lokale Rechner fungiert dann nicht als MTA!). Eine Alternative zum Empfang von E-Mails über SMTP ist das Abholen von E-Mails über Protokolle wie POP3 oder IMAP von anderen E-Mail-Servern. Solche E-Mail (hier kommt das Programm `fetchmail` zum Einsatz) wird dann in die Mailboxen der lokalen Benutzer einsortiert. Unter „Details..." kann man genau festlegen, welche lokalen Benutzer ihre E-Mail von anderen Server beziehen.

Schließlich legt man unter „Auslieferungsmodus" noch fest, was mit empfangenen E-Mails gemacht werden soll. Der klassische Weg ist hier, dass sämtliche E-Mail in der normalen Unix-Mailbox unter `/var/mail/` landet (Modus „Direkt"). Alternativ kann man die E-Mail an das Programm `procmail` übergeben. Dieser Mail-Prozessor kann sehr vielfältige Operationen auf eingehenden E-Mails ausführen. Jeder Benutzer kann die von `procmail` durchzuführenden Verarbeitungsschritte selbst über die Datei `.procmailrc` in seinem Homeverzeichnis festlegen. Schließlich bietet YaST noch die Möglichkeit an, dass einge-

11.1 E-Mail

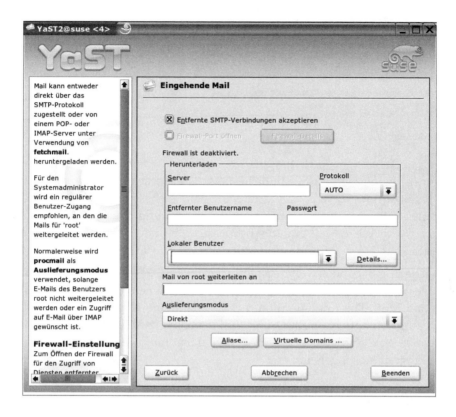

Abbildung 11.4: Konfiguration des E-Mail-Systems über YaST

hende E-Mail direkt an das Programm `cyrus` übergeben wird. Diese Software realisiert Serverfunktionalitäten für POP3 und IMAP.

Nach Abschluss dieser Konfigurationsschritte ist das E-Mail-System in einem funktionstüchtigen Zustand und kann benutzt werden.

11.1.6 E-Mail-Clients

E-Mail auf der Kommandozeile mit `mail`

Ein klassisches Unix-Mailprogramm heißt `mail` und ist durch folgende Eigenschaften charakterisiert:

- Die Bedienung ist textbasiert.
- Es hat zahlreiche Optionen.
- Seine Bedienung ist nicht besonders komfortabel.

Der folgende Text stellt eine typische Sitzung zur Erstellung einer E-Mail mit `mail` dar. In der Kommandozeile wird mittels des Parameters `-s` der Betreff der

E-Mail angegeben; außerdem ist natürlich die E-Mail-Adresse des Empfängers anzugeben. Der Text wird anschließend einfach getippt und mittels eines einzelnen „." abgeschlossen – `mail` weiß dann, dass die E-Mail fertig ist:

```
user@linux: > mail -s "Betreff" dummy@mail.test.de
Dies ist eine Beispielmail.
.
user@linux: >
```

Mit `mail` kann man auch E-Mails lesen. Dazu startet man es einfach ohne Optionen. Es werden dann sämtliche E-Mails aufgelistet, die für den jeweiligen Benutzer unter `/var/mail` zur Verfügung stehen. Jede E-Mail trägt eine Nummer. Gibt man die Nummer einer E-Mail ein und drückt dann die Entertaste, so wird die E-Mail angezeigt. Mit `quit` beendet man den Lese-Modus von `mail`.

Neben `mail` gibt es noch weitere Kommandozeilen-E-Mail-Programme, die komfortabler und auch deutlich leistungsfähiger sind. Zu nennen sind hier vor allem Pine und Mutt. Die Konfiguration dieser Programme ist zwar vergleichsweise aufwendig, gelingt aber sicher unter Zuhilfenahme jeweiligen Anleitungen, die auch im WWW verfügbar sind. Wir werden daher im folgenden nicht weiter auf diese Programme eingehen.

KMail, ein moderner Mail-Client

Sicherlich ist das Bearbeiten von E-Mails über `mail` nur für hartgesottene Puristen ein gangbarer Weg. Viel komfortabler geht es mit modernen E-Mail-Client-Programmen. Wir werden im folgenden kurz KMail vorstellen. Es gibt jedoch auch andere gute Software in diesem Bereich, viele Benutzer bevorzugen etwa Thunderbird aus dem Mozilla-Projekt (http://www.mozilla.org).

Neben dem eigentlichen E-Mail-Empfangen und -Senden haben moderne E-Mail-Programme wie KMail eine Fülle interessanter Funktionen. Einige Beispiele sind:

- E-Mail-Ordnerverwaltung
  Dies ermöglicht die Sortierung und Gruppierung von E-Mails, um ein Wiederauffinden zu erleichtern.

- Reply, Forward, Delete
  Eingegangene E-Mails möchte man evtl. beantworten, an andere Leute weiterleiten oder löschen.

- Mail-Filter
  Diese erlauben es, eingehende E-Mails vor dem Lesen zu sortieren (evtl. auch auszusortieren). Eine sinnvolle Anwendung ist die sofortige Einordnung in entsprechende Mailordner, nach bestimmten Kriterien, aber auch das Löschen von E-Mails, die z. B. Werbung enthalten.

11.1 E-Mail

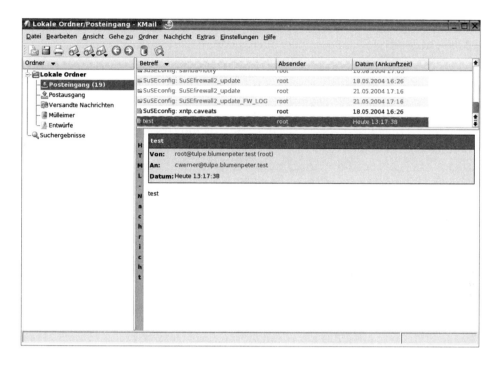

Abbildung 11.5: Benutzeroberfläche von KMail

❏ Online/Offline-Betrieb
Man muss nicht ständig mit dem Netz verbunden sein, um sinnvoll mit E-Mail-Programmen arbeiten zu können. Gerade bei der Verwendung von DFÜ-Verbindungen, bei denen nach Onlinedauer abgerechnet wird, ist das Offline-Schreiben von E-Mails sinnvoll, weil es Kosten sparen kann.

KMail ist in der KDE-Standardinstallation von SuSE Linux bereits enthalten und wird über „Internet > E-Mail" gestartet.

Wie in Abbildung 11.5 dargestellt, präsentiert sich das Programm in der für moderne Mail-Programme typischen Drei-Bereiche-Ansicht. Im linken Bereich kann man innerhalb der Ordnerstruktur navigieren, rechts oben wählt man eine E--Mailaus und rechts unten wird die ausgewählte E-Mailschließlich dargestellt.

Bevor Sie KMail benutzen können, müssen Sie zunächst drei grundlegende Konfigurationsschritte vornehmen, die wir im folgenden beschreiben.

Benutzeridentität einstellen

Um bei neu erstellten E-Mails die From-Zeile im Mail-Header korrekt schreiben zu können, muss unter „Einstellungen > KMail einrichten... > Identitäten" mindestens eine gültige Benutzerindentität eingetragen werden. Besitzt man mehrere E-Mail-Adressen, so kann man hier auch mehrere Identitäten anlegen.

Einstellungen zum Empfangen vom E-Mails

Im nächsten Schritt sollte man KMail so konfigurieren, dass es die lokalen E-Mails (aus dem Verzeichnis /var/mail) des Linux-Benutzers anzeigen kann. Hierzu wählt man „Einstellungen > KMail einrichten... > Netzwerk > Empfang > Hinzufügen... > Lokales Postfach". Abbildung 11.6 zeigt das zugehörige Dialogfenster. Hier kann man die von KMail vorgeschlagenen Werte übernehmen. Es empfiehlt sich zusätzlich „Posteingang regelmäßig überprüfen" auszuwählen, damit man umgehend über neue E-Mail informiert wird.

Nach Abschluss dieses Konfigurationschritts müssten unter „Lokale Ordner > Posteingang" sämtliche lokale E-Mails angezeigt werden. Über einen einfachen Test können Sie diese Funktionalität testen: Schicken Sie sich über das Kommando mail <Ihr Benutzername> selbst eine E-Mail. Kurze Zeit später müsste diese E-Mail in ihrem lokalen Ordner „Posteingang" angezeigt werden.

Abbildung 11.6: Festlegen der Einstellungen für lokalen Mail-Empfang

Neben den lokalen E-Mails können Sie in KMail selbstverständlich auch POP3- und IMAP-Mailkonten anlegen, um E-Mail von anderen E-Mail-Servern abzufragen. Dies geschieht ebenfalls über den Dialog „Einstellungen » KMail einrichten... > Netzwerk > Empfang".

Einstellungen zum Senden von E-Mails

Um auch E-Mails versenden zu können, müssen noch einige grundlegende Einstellungen für den E-Mail-Versand konfiguriert werden. Hierbei gibt es zwei Möglichkeiten: Entweder verwendet KMail direkt SMTP für den E-Mail-Versand oder aber es übergibt neue E-Mails dem Kommando `sendmail`, das sich dann um die Weiterleitung des E-Mail über SMTP kümmert. (Auch Postfix stellt aus Kompatibilitätsgründen ein Kommando `sendmail` bereit.)

Ist das lokale E-Mail-System bereits wie in Abschnitt 11.1.5 beschrieben konfiguriert, so ist die Verwendung von `sendmail` empfehlenswert. Hierzu wählt man „Einstellungen > KMail einrichten... > Netzwerk > Versand > Hinzufügen... > Sendmail" aus.

Nun ist KMail soweit konfiguriert, dass man damit in alle Welt E-Mails verschicken und empfangen kann.

11.1.7 Rundschreiben mit Komfort: Mailinglisten

In den letzten Jahren sind Mailinglisten immer beliebter geworden. Hierdurch wird es möglich, gleich mehrere Empfänger über eine einzige E-Mail-Adresse zu erreichen. Beispielsweise könnte man eine Mailingliste `einkauf@ws-gmbh.example` einrichten, auf der alle Mitarbeiter der Einkaufsabteilung eingetragen sind. Schickt nun jemand eine E-Mail an diese Adresse, so wird die E-Mail an alle Mitarbeiter dieser Abteilung verteilt.

Die Datei `/etc/aliases`

Der einfachste Weg einen solchen Mailverteiler einzurichten, führt über die Datei `/etc/aliases`. Hier kann man Postfix anweisen, Nachrichten für einen bestimmten Empfänger an eine oder mehrere andere E-Mail-Adressen weiterzuleiten.

Für obiges Beispiel könnte man auf dem E-Mail-Server der Domäne `ws-gmbh.example` die Datei wie folgt ergänzen:

```
einkauf:    mueller, meier, meier@irgendein.mail.provider.example
```

Hier würden sämtliche E-Mails für `einkauf@ws-gmbh.example` an die lokalen Benutzer `mueller` und `meier` weitergeleitet werden. Zusätzlich würde Postfix die E-Mails auch an die externe Adresse `meier@irgendein.mail.provider.example` schicken.

Nach Modifikationen in `/etc/aliases` muss `root` anschließend das Kommando `newaliases` ausführen.

Tools für die Verwaltung von Mailinglisten

Zwar ist das Einrichten von Mailverteilern über `/etc/aliases` ein schlanker und vergleichsweise einfacher Weg, jedoch gibt es hierbei auch einige Nachteile: Zum einen muss der Administrator des E-Mail-Servers sämtliche Änderungen an Mailverteilern stets selbst vornehmen, was bei mehreren Listen mit einem sich häufiger ändernden Mitgliederkreis zu einem hohen administrativen Aufwand führt. Zum anderen gibt es hier keinen Mechanismus für Zugangskontrollen. Dies ist aber häufig erforderlich – beispielsweise weil man möchte, dass nur Mitglieder der Liste auch E-Mails an die Liste schicken können.

Daher wurden spezielle Programme für die komfortable Verwaltung von Mailinglisten entwickelt.

Eines der ersten Programme zur Verwaltung von Mailinglisten ist *Listserv*, das in seiner ersten Version schon knapp 20 Jahre alt ist.

Im Unix-Bereich wurde dann das *Majordomo*-System immer beliebter. Dieses System wurde in der Programmiersprache Perl entwickelt und wird auch ausschließlich über die E-Mail-Schnittstelle administriert.

Eine Erweiterung für Majordomo ist *Majorcool*. Hier können Benutzer über eine web-basierte Schnittstelle Listen verwalten.

Typische Merkmale eines solchen Systems sind:

- ❏ Anlegen und Löschen von Listen.
- ❏ Ein- und Austragen von Benutzern.
- ❏ Festlegen von ausgewählten Benutzern, die administrative Aufgaben für eine Mailingliste übernehmen.
- ❏ Anlegen von Sammelbänden und Archiven. Hierüber kann man Diskussionen auf einer Mailingliste für die Nachwelt erhalten.
- ❏ Festlegen von Zugriffsbeschränkungen.

Das Open-Source-System *Mailman* ist die konsequente Weiterentwicklung von Systemen wie Majorcool. Es ist besonders komfortabel zu bedienen und bietet einen noch größeren Funktionsumfang.

Installation von Mailman

Bevor Sie mit der Installation von Mailman beginnen, sollten folgende Voraussetzungen erfüllt sein:

- ❏ Das E-Mail-System ist korrekt aufgesetzt (vgl. Abschnitt 11.1.5).
- ❏ Der Web-Server ist bereits installiert und konfiguriert (vgl. Abschnitt 11.4.6).

Die Installation beginnt mit dem Installieren des Software-Pakets „mailman". Hiernach muss zunächst die Datei /etc/sysconfig/mailman in folgenden Zeilen angepasst werden:

- ❏ MAILMAN_SMTPHOST: Tragen Sie unter hier den Host ein, über den Mailman E-Mails versenden soll. Wenn Sie das lokale E-Mail-System verwenden wollen, tragen ist hier localhost ein.
- ❏ MAILMAN_DEFAULT_EMAIL_HOST: Geben Sie hier den Domänennamen an, der für die Absenderadressen von den E-Mails der Mailingliste verwendet werden soll. Wird hier z. B. ws-gmbh.example eingegeben, so tragen ausgehende E-Mails die Absenderadresse <listenname>@ws-gmbh.example.
- ❏ MAILMAN_DEFAULT_URL_HOST: Tragen Sie hier den FQDN Ihres Web-Servers ein. Diese Angabe nutzt Mailman, um korrekte Links für die WWW-Benutzerschnittstelle zu generieren.

Falls Sie News-Archive anlegen wollen oder virtuelle Hosts in Ihrer Apache-Konfiguration verwenden, müssen Sie zusätzlich die Werte für MAILMAN_DEFAULT_NNTP_HOST und MAILMAN_VIRTUAL_HOSTS anpassen.

Führen Sie anschließend als root die Befehle SuSEconfig -module mailman und /usr/lib/mailman/bin/mmsitepass aus. Der erste sorgt dafür, dass die Änderungen in der Datei /etc/sysconfig/mailman wirksam werden und der zweite legt das Master-Passwort für Mailman fest.

Öffnen Sie nun die Datei /etc/postfix/main.cf und ergänzen Sie den Eintrag für alias_maps um den Wert hash:/var/lib/mailman/data/aliases. Die entsprechende Zeile müsste dann wie folgt aussehen:

```
alias_maps = hash:/etc/aliases,hash:/var/lib/mailman/data/aliases
```

Dieser zusätzliche Eintrag weist postfix an, eingehende E-Mails für Mailinglisten direkt der Mailman-Software zu übergeben. Damit diese Änderung auch wirksam wird, müssen Sie Postfix über das Kommando rcpostfix restart neu starten.

Führen Sie dann den Befehl /usr/lib/mailman/bin/newlist mailman aus, um die Master-Mailingliste „mailman" anzulegen. Diese Liste ist zwingend erforderlich, damit Mailman korrekt funktioniert.

Ergänzen Sie schließlich in der Datei `/etc/sysconfig/apache2` den Eintrag `APACHE_SERVER_FLAGS` um den Wert `MAILMAN`:

```
APACHE_SERVER_FLAGS="MAILMAN"
```

Dieser Eintrag führt dazu, dass der Apache-Server mit einer zusätzlichen Option gestartet wird, so dass die Anweisungen in der die Datei `/etc/apache2/conf.d/mailman.conf` ausgewertet werden. Hier wird die WWW-Benutzerschnittstelle von Mailman in den lokalen Web-Server eingebunden. Führen Sie nun die Befehle `SuSEconfig -module apache2` und `rcapache2 restart` hintereinander aus, damit auch diese Änderungen wirksam werden.

Damit ist die Grundkonfiguration von Mailman abgeschlossen. Sie können nun über die URL `http://<domainname>/mailman/admin` auf die in Abbildung 11.7 dargestellte Administrationsschnittstelle zugreifen. Hierüber können Sie komfortabel neue Listen anlegen und administrieren.

Die in diesem Abschnitt dargestellten Konfigurationsschritte reichen jedoch bei Weitem nicht aus, um alle Fähigkeiten von Mailman voll auszuschöpfen. Detaillierte Anleitungen für Benutzer und Administratoren finden Sie auf der Homepage zum Projekt `http://www.gnu.org/software/mailman/`.

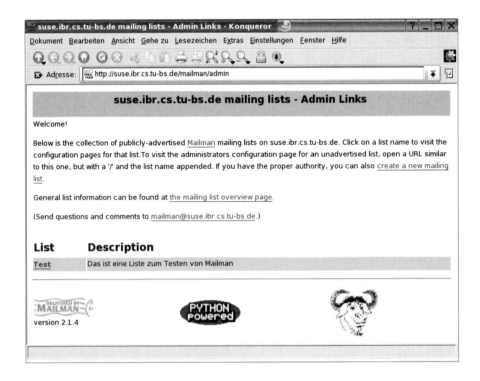

Abbildung 11.7: Web-basierte Administration von Mailinglisten über Mailman

11.2 Internet Relay Chat (IRC)

Jarkko Oikarinen war Student an der der Universität von Oulu in Finnland und hatte dort einen Nebenjob als Systemadministrator. Offensichtlich war er mit seiner Arbeit nicht ganz ausgelastet und hatte genügend Zeit, um sich weitere Verbesserungen für die von ihm administrierten Maschinen einfallen zu lassen. Er überlegte, wie man den Nutzern den Nutzern auf seinen Systemen einen komfortablen Chat-Dienst anbieten könnte. Zwar gab es schon einige Chat-Programme, jedoch boten diese nur wenige Funktionen oder funktionierten einfach nicht richtig.

Ende 1988 entwickelte Jarkko Oikarinen ein Client-/Server-basiertes Chat-System, das er *Internet Relay Chat* (*IRC*) nannte. Der erste IRC-Server hatte schon nach wenigen Tagen zehn Nutzer, und immer mehr Leute wollten diesen neuen Dienst verwenden. Zunächst verbreitete sich IRC in Finnland, doch schon bald wurden auch IRC-Server an amerikanischen Universitäten aufgesetzt.

Heutzutage gibt es weltweit eine große Zahl von IRC-Servern, die zu mehreren IRC-Netzwerken gehören. Die vier bekanntesten Netzwerke sind Undernet (http://www.undernet.org), EFnet (http://www.efnet.org), DALnet (http://www.dal.net) und IRCnet (http://www.ircnet.org). Für deutschsprachige Anwender ist das IRCnet besonders interessant, denn hier gibt es die meisten deutschsprachigen Diskussionsrunden.

Jedes Netzwerk besteht aus mehreren Server. Ein Anwender kann sich mit Hilfe von einem IRC-Client mit einem solchen Server verbinden und der Server sorgt dann dafür, dass sämtliche Chat-Nachrichten auch an die anderen Server des Netzwerks weitergegeben werden. Jeder Server verteilt die Nachrichten wiederum an seine Clients. Durch diese Form der Nachrichtenweiterleitung können alle Teilnehmer eines Netzwerks miteinander kommunizieren – bei gleichzeitiger Lastverteilung und erhöhter Ausfallsicherheit durch den Einsatz mehrerer Server.

Zur Strukturierung eines IRC-Netzwerk gibt es das Konzept der *Channels*. In einem solchen Channel wird über ein bestimmtes Thema diskutiert. Ein Benutzer kann einem Channel beitreten, die Diskussionen dort mitverfolgen und auch selbst Nachrichten schreiben. Die Namen von Channels beginnen immer mit dem Zeichen #.

Erste Schritte im IRC

Für die Teilnahme am IRC benötigt man zunächst einmal einen IRC-Client. Hier gibt es einerseits rein textbasierte Programme, Beispiele hierfür sind irssi und BitchX. Andererseits gibt es grafische Varianten wie Kopete und XChat. Ein grafischer Client, der sich besonders komfortabel bedienen lässt und sich damit auch gut für Einsteiger eignet, ist konversation. Im Folgenden beschreiben wir die ersten Schritte mit diesem Programm.

Nach der Installation des Software-Pakets „kdenetwork3-news" muss man beim ersten Programmstart noch einige Einstellungen vornehmen: Geben Sie unter „Einstellungen > Konversation einrichten... > Identität" zunächst Ihren echten Namen (Realname) und ein frei wählbares Identifikationskürzel an. Wählen Sie außerdem einen Spitznamen (Nickname). Unter diesem Namen sind Sie im Chat sichtbar. Nun kann es vorkommen, dass der gewählte Nickname im IRC-Netzwerk bereits vergeben ist. Aus diesem Grunde ermöglicht es Konversation, bis zu vier verschiedene Nicknames pro Benutzeridentität anzugeben, die dann sukzessive durchprobiert werden. Ein Beispiel für eine Konversation-Identität ist in Abbildung 11.8 dargestellt.

Geben Sie als nächstes unter „Einstellungen > Konversation einrichten... > Serverliste > Neuer Server..." den Chat-Server an, mit dem Sie sich verbinden möchten (vgl. Abbildung 11.9). Eine Übersicht über IRC-Netzwerke und deren Server gibt es hier: http://irc.netsplit.de/networks/. Im Beispiel verwenden wir den Server irc.fu-berlin.de aus dem IRCnet.

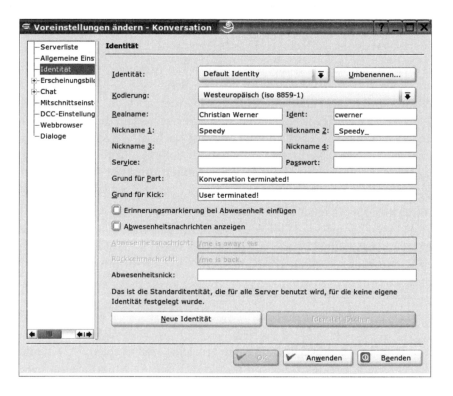

Abbildung 11.8: Angaben zur Benutzeridentität

11.2 Internet Relay Chat (IRC)

Abbildung 11.9: Hinzufügen eines IRC-Servers

Nachdem ein geeigneter IRC-Server eingetragen ist, wählen Sie diesen unter „Einstellungen > Konversation einrichten... > Serverliste" aus, klicken auf „Verbinden" und dann auf „Ok".

In Abbildung 11.10 ist die Willkommensnachricht des IRC-Servers dargestellt. Über den Befehl /join können Sie dann einem Kanal beitreten.

Abbildung 11.11 zeigt schließlich einen kurzen Ausschnitt aus einem Gespräch, das im Kanal #linux.de stattgefunden hat.

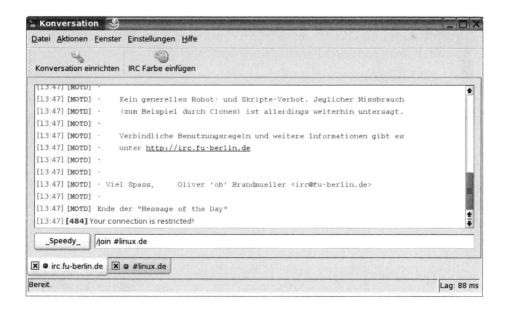

Abbildung 11.10: Betreten des Kanals #linux.de

11 Informations- und Kommunikationsdienste

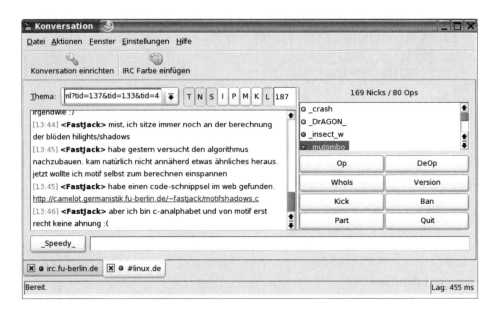

Abbildung 11.11: Linux-Benutzer im Fachgespräche

Die wichtigsten IRC-Befehle im Überblick

- `/join channel [passwort]`
  Betritt den angegeben Channel. Ist ein Channel über ein Passwort geschützt, wird dieses als zweiter Parameter angegeben.

- `/part channel`
  Verlässt den angegeben Channel wieder.

- `/list`
  Listet sämtliche Channels auf dem Servers auf.

- `/nick nick`
  Ändert den aktuellen Spitznamen.

- `/me nachricht`
  Sendet eine Nachricht. Die Zeichenkette `/me` wird dabei durch den aktuellen Spitznamen ersetzt.

- `/msg nick/channel nachricht`
  Schickt eine Nachricht an einen Channel oder exklusiv an einen bestimmten Benutzer. Über dieses Kommando kann man also Nachrichten an einen Channel verschicken, dem man z. Zt. nicht beigetreten ist. Diese Funktion muss für den jeweiligen Channel aber freigeschaltet sein (Chanmode +n).

- `/notice nick/channel nachricht`
  Vergleichbar mit `/msg`. Die Nachricht wird aber (abhängig vom verwendeten Client) anders dargestellt.

- `/whois nick`
  Listet Informationen über einen anderen Benutzer auf. Funktioniert meistens auch mit Platzhaltern (beispielsweise würde `/whois *linux*` alle Benutzer auflisten, bei denen das Wort `linux` auftaucht.

- `/quit [nachricht]`
  Verlässt den aktuellen IRC-Server. Optional kann dabei eine Grußbotschaft angehängt werden.

- `/away nachricht`
  Kennzeichnet den aktuellen Benutzer als abwesend. Hierüber werden die anderen IRC-Teilnehmer darüber informiert, dass man gerade nicht zum Chat bereit ist. Ruft man `/away` ohne Parameter auf, wird der aktuelle Benutzer wieder als anwesend markiert.

Weitere Befehle, Hinweise zu richtigen Umgangsformen im IRC und zahlreiche Tipps und Tricks finden Sie auf etlichen WWW-Seiten zum Thema. Ein guter Startpunkt für deutschsprachige Benutzer ist `http://www.irc-info.de/`.

11.3 Network News

11.3.1 Diskussionsgruppen (*Newsgroups*) im Internet

Network News ist sicher eine der beliebtesten Anwendungen im Internet und übrigens auch eine der wichtigsten Entwicklungsgrundlagen für Linux – das System entstand auf der Basis der Mitarbeit unzähliger freiwilliger Programmierer, die über verschiedene Newsgruppen ihre Arbeit koordinierten und noch immer koordinieren.

Eine *Newsgroup* ist ein Diskussionsforum zu einem bestimmten Thema. Möchte man bei einem Thema mitdiskutieren oder aktuelle Informationen zu diesem Thema haben, dann kann man diese Gruppe „abonnieren". Newsgruppen und Artikel in diesen Gruppen werden von News-Servern verwaltet. Möchte man Artikel lesen bzw. schreiben, dann benötigt man ein News-Reader-Programm.

Es gibt heute mehrere 10.000 Newsgroups, die wegen der großen Menge hierarchisch gegliedert sind. Man kann sich das im Prinzip genauso wie bei symbolischen Rechnernamen (etwa `www.google.de`, vgl. auch Kapitel 7) vorstellen mit dem Unterschied, dass hier nicht die Domäne, sondern das Thema verfeinert wird, und dass die Schreibweise umgekehrt ist. Ein typisches Beispiel für eine Newsgruppe zum Thema Linux ist z. B. `comp.os.linux`, nämlich Hauptgruppe Computer, Untergruppe Betriebssysteme (Operating Systems, OS) und Thema Linux.

11.3.2 News-Server

Systeme zur Verwaltung von Diskussionsgruppen basieren vorwiegend auf dem *Network News Transfer Protocol* (NNTP).

Ein *News-Server* ist für die Verwaltung zuständig. Er erledigt normalerweise die folgenden Aufgaben:

- Anlegen und Löschen von Diskussionsgruppen,
- Empfangen und Abspeichern von Diskussionsbeiträgen,
- Weiterleiten von Diskussionsbeiträgen an sich neu anmeldende Clients. Dabei wird ein solcher Client nur die Nachrichten bekommen, die er bisher noch nicht empfangen hatte.
- Evtl. Möglichkeiten zur Moderation von Gruppen.

Das News-Server-System basiert stark auf dem Prinzip der Replikation. Es gibt also nicht nur einen News-Server auf der Welt, von dem alle Benutzer ihre Informationen beziehen. Vielmehr können Kopien von News-Gruppen auf vielen verschiedenen Servern vorhanden sein. Damit auf den einzelnen Servern die News-Beiträge ständig aktuell sind, müssen die Server ihre Datenbestände fortlaufen abgleichen.

Hierbei ist es jedoch so, dass nicht jeder News-Server auch alle Newsgruppen anbietet. In Abhängigkeit davon wie beliebt eine Newsgruppe ist, entscheiden die Betreiber von News-Servern, ob sie eine bestimmte Newsgruppe auf ihrem System anbieten oder nicht. Alle größeren Internet-Provider betreiben jedoch News-Server, auf denen sie für ihren Kunden eine sehr große Auswahl an Newsgruppen bereithalten; somit sind auch exotische Newsgruppen in aller Regel problemlos zu beziehen.

11.3.3 Funktionsweise von NNTP

Das Network News Transfer Protocol (NNTP) ist in RFC 977 standardisiert. NNTP verwendet zwei verschiedene Ansätze, um Nachrichten auszutauschen:

- *News-Pull*: ein News-Reader oder News-Server holt sich News von einem News-Server ab.
- *News-Push*: ein News-Server wird von einem anderen News-Server darauf hingewiesen, dass neue Nachrichten vorhanden sind.

Um Nachrichten zu erhalten, baut ein News-Server oder ein News-Reader eine Verbindung zum Port 119 des Nachrichten-Providers auf. Dann einigen sich beide Partner über ein Vorgehen (Pull oder Push). Der News-Server oder News-Reader kann nun Newsgruppenlisten abrufen, Listen von neuen Artikeln in einer Gruppe, Listen aller Artikel und Artikel selbst. Basierend auf den Informationen, welche neuen Artikel der News-Provider vorliegen hat, kann der Client nun gezielt bestimmte Artikel abrufen.

11.3.4 News-Reader

Um News-Artikel lesen oder selbst schreiben zu können, benötigt man einen *News-Reader*. Heutige News-Reader sind meist recht komfortabel und fenster- oder menübasiert. Sie erfüllen u. a. die folgenden Aufgaben:

- Lesen von Artikeln,
- Schreiben von Artikeln, z. B. Antworten auf eine Nachricht, Beginn eines neuen Unterthemas,
- Löschen von Artikeln,
- Abonnieren und Kündigen von News-Gruppen,
- Senden privater E-Mails an den Autor eines Artikels.

11.3.5 News-Reader unter Linux

Unter Linux gibt es eine ganze Reihe guter News-Reader-Programme. Beispiele hierfür sind nn, tin, Pine, Mozilla-News, KNews und KNode. Die Konfiguration beschränkt sich in aller Regel auf den Hostnamen des NNTP-Servers, den Benutzernamen und dessen E-Mail-Adresse.

Abbildung 11.12: Einstellen der Benutzeridentität

Für das Lesen von News unter SuSE Linux empfiehlt sich besonders KNode, denn es ist als KDE-Applikation sehr gut in den Standard-Desktop integriert. Nach dem ersten Starten öffnet sich automatisch der Konfigurationsdialog.

Zunächst stellt man unter „Identität" Benutzername und E-Mail-Adresse ein (Abb. 11.12). Beachten Sie, dass man in jedem Fall seinen echten Namen und eine gültige E-Mail-Adresse angeben sollte, um nicht unangenehm in Newsgruppen aufzufallen.

Stellen Sie als nächstes in „Konten > Newsgruppen-Server" den Hostnamen des NNTP-Servers ein, den Sie benutzen wollen (siehe hierzu Abb. 11.13). Tragen Sie außerdem unter „Konten > Mail-Server (SMTP)" einen gültigen SMTP-Server ein, über den Sie E-Mails versenden wollen. Falls das E-Mail-System Ihres Rechners bereits konfiguriert ist, können Sie hier auch einfach „localhost" angeben.

Damit ist die Grundkonfiguration von KNode bereits abgeschlossen. Ähnlich wie bei KMail ist auch die Benutzeroberfläche von KNode in drei Bereiche eingeteilt.

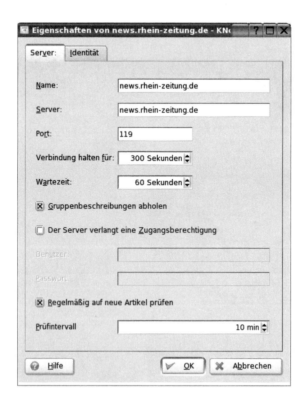

Abbildung 11.13: Festlegen des NNTP-Servers

11.3 Network News

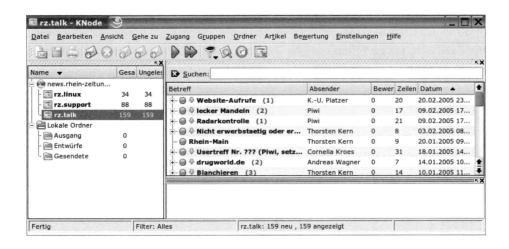

Abbildung 11.14: Drei-Bereiche-Ansicht von KNode

Wie in Abbildung 11.14 dargestellt, sieht man in linken Teil des Fensters eine Auflistung der eingerichteten News-Server. Nun können Sie damit fortfahren, Newsgruppen bei bei einem Server zu abonnieren. Klicken Sie dazu im linken Teil des Fensters einen Server-Eintrag mit der rechten Maustaste an und wählen Sie „Newsgruppen abonnieren...". Selektieren Sie dann die gewünschten Gruppen (vergleiche Abbildung 11.15).

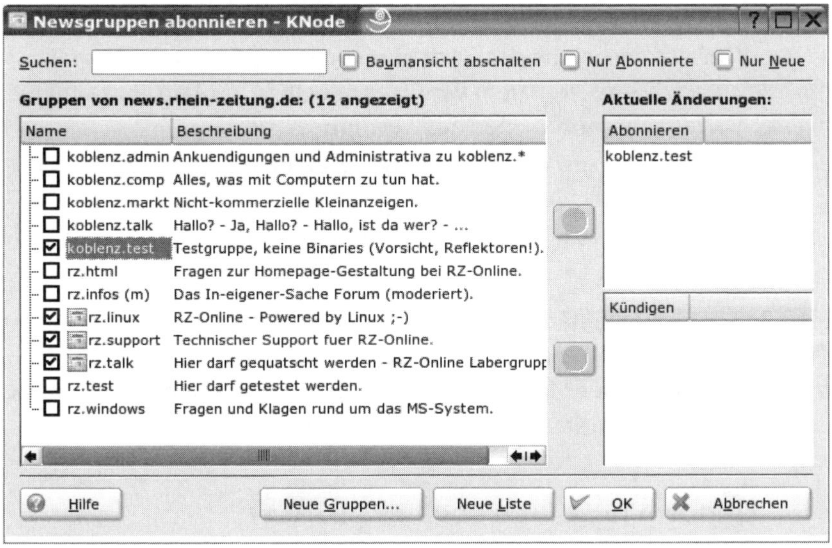

Abbildung 11.15: Abonnieren von Newsgruppen

11.3.6 Einrichten eines News-Servers unter SuSE Linux

Bei SuSE Linux 9.2 werden zwei News-Server-Applikationen mitgeliefert. Die erste ist `inn`, ein sehr mächtiger News-Server, der auch auf professionellen News-Servern zum Einsatz kommt. Leider ist die Konfiguration von `inn` vergleichsweise aufwendig. Einfacher geht es mit `leafnode`. Dieser Server implementiert nur eine Teilmenge vom NNTP und ist vor allem für kleinere News-Server gedacht, die keine eigenen Newsgruppen anbieten, sondern lediglich die Nachrichten von anderen News-Servern abholen und lokal zur Verfügung stellen.

Die Installation von `leafnode` ist in wenigen Minuten erledigt. Nach der Installation des gleichnamigen Programmpakets muss lediglich die Datei `/etc/leafnode/config` leicht angepasst und und der Server schließlich gestartet werden.

Ein ausführliches Konfigurationsbeispiel für `inn` zeigen wir in Kapitel 20.

11.4 World Wide Web (WWW)

11.4.1 Einführung

Für viele Benutzer ist das *World Wide Web (WWW)* das „eigentliche" Internet. Erst durch dieses System gelang dem Internet der Durchbruch als Massenkommunikationsmedium. Das WWW ist ein System zur Verwaltung von miteinander verknüpften Dokumenten, sog. *WWW-Dokumenten* (auch als *Hypertext-Dokumenten* bekannt). Ein WWW-Dokument enthält Verweise auf andere Dokumente, die möglicherweise auf ganz anderen Rechnern im Netz platziert sind. Das allein macht den Erfolg jedoch noch nicht aus; vielmehr gehört dazu noch eine grafische Benutzeroberfläche, die das Springen von einem Dokument zum anderen extrem erleichtert. Damit steht dem Benutzer mit ein paar Mausklicks ein riesiger weltweiter Vorrat an Informationen zur Verfügung.

Die Entwicklung des WWW begann erst 1989 am CERN in Genf. Es war als Kommunikationsmittel für Physiker gedacht, die an weltweit verteilten Standorten über komplexe physikalische Experimente mit dem Teilchenbeschleuniger informiert werden sollten.

Von der Text-basierten ersten Form hat sich das WWW inzwischen zu einer Grafik-basierten Anwendung entwickelt, die selbst Designern keine großen Wünsche mehr offen lässt. Einer der Motoren war die Firma Netscape, die die Entwicklung von grafischen Browsern stark vorangetrieben hat.

11.4.2 Uniform Resource Locators (URLs)

Wenn erreicht werden soll, dass Dokumente weltweit zur Verfügung stehen, dann müssen diese Dokumente zunächst einmal eine weltweit eindeutige Adresse bekommen. Zur Identifizierung von Dokumenten im WWW wurde daher das Konzept der *Uniform Resource Locators (URLs)* entwickelt. Die genaue Spezifikation findet man in RFC 1630. Mit deren Hilfe kann man jedes im WWW verfügbare Dokument (Text, Grafik, Film etc.) eindeutig adressieren.

Syntax von URLs

URLs sind wie folgt aufgebaut:

```
Protokoll://User:Password@Hostname:Port/Pfad/Dateiname?Argumente
```

Die Bedeutung der einzelnen Felder ist wie folgt:

- *Protokoll*
  Diese Komponente legt fest, mit welchem Protokoll auf das entsprechende Dokument zugegriffen wird. Werte, die häufig verwendet werden, sind: `http`, `ftp`, `Telnet`, `mailto`, `news` und `file`.
- *Hostname*
  Es kann entweder die IP-Adresse oder der symbolische Name des Servers, auf dem das Dokument abgelegt ist, angegeben werden.
- *User* und *Password* (Optional)
  Diese Angabe gibt bei Servern, bei denen eine Anmeldung benötigt wird, Benutzername und Passwort an. Wenn bei FTP-URLs diese Angabe fehlt, wird die Anmeldung mit dem Gastbenutzer `anonymous` durchgeführt und als Passwort wird die E-Mail-Adresse des Benutzers verwendet. Diese Konvention ist jedoch nicht in jedem FTP-Server gleich implementiert oder absichtlich vom Betreiber deaktiviert, so dass eine Anmeldung nicht immer möglich ist.
- *Port* (Optional)
  Diese Komponente legt die Portnummer fest, auf der der Server mit dem angegebenen Protokoll kontaktiert werden soll. Gibt man die Portnummer nicht explizit mit an, wird der *Well-Known Port* (siehe Abschnitt 6.6.6) des benutzen Protokolls verwendet. Für das Protokoll `http` wäre dies beispielsweise Port 80.
- *Pfad*
  Diese Komponente gibt das Verzeichnis an, über das das Dokument erreicht werden kann. Die Angabe erfolgt relativ zu einem Datenwurzelverzeichnis (Document-Root-Verzeichnis) des Servers.
- *Dateiname*
  Der Dateiname des eigentlichen Dokuments.
- *Argumente* (Optional)
  Die Argumente werden insbesondere zur Ausführung von Skripten benötigt.

Ein typisches Beispiel für eine einfache URL ist etwa

```
http://www.ws-gmbh.example/index.html
```

Diese URL identifiziert das Wurzeldokument auf dem Web-Server der Werner Schmidt GmbH, das mittels HTTP zum Benutzer übertragen wird.

Ein Beispiel, welches alle Felder der Definition nutzt, ist

```
http://cwerner:geheim@www.ws-gmbh.example:8000/cgi/verwalt.cgi?aktion=artikel%20neu
```

Hier wird der HTTP-Server auf Port 8000 (im Gegensatz zum Standard-Port 80) angesprochen, und ein CGI-Skript `verwalt.cgi` wird mit dem Parameter `aktion` aufgerufen, welchem ein Wert (`artikel neu`) zugewiesen wird. Man beachte hier die Kodierung des Leerzeichens (ASCII-Code $32_{dez} = 20_{hex}$). Der Benutzername (`cwerner`) und das Passwort (`geheim`) für die Anmeldung wurden ebenfalls in der URL mitgeführt. Übrigens würden die aktuellen Web-Browser bei fehlender Angabe des Benutzernamens bzw. Passworts automatisch danach fragen; jedoch kann die Möglichkeit, die Anmeldedaten in der URL zu integrieren, sehr sinnvoll sein (beispielsweise um einen Link für die Anmeldung abzulegen) – auf der anderen Seite bergen sie natürlich auch ein Sicherheitsrisiko, da das Passwort im Klartext lesbar ist.

11.4.3 HTML

Hypertext-Dokumente werden in der Sprache *Hypertext Markup Language (HTML)* kodiert. Es gibt inzwischen etliche HTML-Varianten, die vom Wold Wide Web Consortium (W3C) standardisiert sind (siehe hierzu `http://w3.org/`). *Markup Language* bedeutet, das mittels bestimmter Zeichenfolgen (sog. *Tags*) das Dokument in einzelne Bereiche aufgeteilt wird. Diese Bereiche werden dann von Browser unterschiedlich dargestellt (Farbe, Schriftart, Schriftgröße usw.).

Da wir uns in diesem Abschnitt eher auf die Protokollmechanismen im WWW konzentrieren wollen, verzichten wir auf Erläuterungen zu HTML. Eine sehr ausführliche Anleitung gibt es unter `http://de.selfhtml.org/`.

11.4.4 Hypertext Transfer Protocol (HTTP)

HTTP wurde entwickelt, um Hypertext-Dokumente zwischen zwei Rechnern übertragen zu können. Es ist ein Client-/Server-Protokoll und neben der Seitenbeschreibungssprache HTML *die* wesentliche technologische Grundlage des WWW. HTTP arbeitet gewöhnlich auf dem Well-known TCP-Port 80.

HTTP existiert in zwei Version: HTTP 1.0 (RFC 1945) und HTTP 1.1 (RFC 2616). Obwohl sich HTTP 1.1 immer mehr durchsetzt, wird in der Praxis nach wie vor auch noch HTTP 1.0 eingesetzt.

11.4 World Wide Web (WWW)

Die Designziele bei der Entwicklung von HTTP 1.0 waren die folgenden:

- einfaches Request/Response-Protokoll auf ASCII-Basis,
- minimale Belastung des Servers: für jedes einzelne Dokument wird eine eigene TCP-Verbindung aufgebaut. Daher müssen keine Zustände gespeichert werden.

In HTTP 1.0 läuft eine Transaktion zur Übertragung eines Dokuments vom HTTP-Server zum Client auf die folgende Art und Weise ab:

1. Verbindungsaufbau: Der Client baut eine Verbindung zum Server über Port 80 auf. Falls in der URL der Anfrage eine andere Portnummer angegeben war, wird natürlich diese für den Verbindungsaufbau genutzt.
2. Die Dokument-Anforderung (Request) wird vom Client an den Server geschickt.
3. Der Server beantwortet den Request. Im Fehlerfall (wenn das gewünschte Dokument etwa nicht existiert) erzeugt der Server ein Dokument, welches eine Fehlerbeschreibung enthält, und sendet dieses an den Client.
4. Abschließend erfolgt der Verbindungsabbau durch den Server.

HTTP 1.0 besitzt nur wenige Befehle, die in Tabelle 11.4 zusammengefasst sind:

HTTP 1.1 implementiert noch einige zusätzliche Funktionen. Der Hauptvorteil besteht darin, dass gleich mehrere Dokumente in einer einzigen TCP-Verbindung übertragen werden können. Bei HTTP 1.0 musste beispielsweise zum Laden einer HTML-Seite mit 15 Grafiken 16 TCP-Verbindungen auf- und wieder abgebaut werden. Bei HTTP 1.1 genügt eine einzige TCP-Verbindung. Dies verringert den Protokoll-Overhead und verbessert die Verarbeitungsgeschwindigkeit. Allerdings ist HTTP 1.1 auch deutlich komplexer als HTTP 1.0 (siehe RFC 2616).

Um zu demonstrieren, wie ein HTTP-Request und die dazugehörige Response aussehen, können wir über das Kommando `telnet` auch manuell HTTP-Anfra-

Tabelle 11.4: Befehle des HTTP-1.0-Protokolls

Methode	Beschreibung
GET	Lesen einer Web-Seite
HEAD	Lesen des Headers einer Web-Seite
PUT	Hochladen einer Web-Seite
POST	Senden von Informationen an den Web-Server (wird z. B. häufig für das Absenden von Formulareingaben verwendet)
DELETE	Entfernen einer Web-Seite
LINK	Verbindet Ressourcen
UNLINK	Löst die Verbindung zwischen Ressourcen

gen an Web-Server stellen. In aller Regel nutzt man hierzu natürlich einen Browser. Im folgenden Beispiel veranlassen wir den Web-Server Header-Informationen zur Datei /index.html auszugeben.

```
user@linux: > telnet www.millin.de 80
Trying 82.165.15.236...
Connected to millin.de.
Escape character is '^]'.
HEAD /index.html HTTP/1.0
Host: www.millin.de

HTTP/1.1 200 OK
Date: Mon, 21 Feb 2005 16:10:33 GMT
Server: Apache/2.0.52 (Debian GNU/Linux) PHP/4.3.10-2 mod_ssl/2.0.52 OpenSSL/0.9.7e
Last-Modified: Tue, 15 Feb 2005 10:50:24 GMT
ETag: "60011d3-2686-8828dc00"
Accept-Ranges: bytes
Content-Length: 9862
Connection: close
Content-Type: text/html

Connection closed by foreign host.
```

Würde man den Befehl HEAD durch GET ersetzen, würden der Web-Server tatsächlich die Datei /index.html mit übertragen (ein Browser würde diese dann grafisch darstellen).

11.4.5 Web-Browser

Für Linux gibt es inzwischen eine Vielzahl von guten Web-Browsern. Besonders beliebt sind Mozilla und die etwas schlankere Variante namens Firefox (http://www.mozilla.org). Beide Programme sind freie Software und in der SuSE-Distribution enthalten. Ebenfalls sehr beliebt und vor allem wegen seiner guten Integration in den KDE-Desktop weit verbreitet ist Konqueror.

Da ein Web-Browser heutzutage zur Grundausstattung eines jeden Rechners gehört, wollen wir im Rahmen dieses Buches nicht näher auf solche Programme eingehen.

11.4.6 Apache-Web-Server

Inzwischen gibt eine eine ganze Reihe von ausgereiften Web-Servern. Im Unix-Bereich hat sich vor allem *Apache* durchgesetzt. Er ist frei verfügbar und hat weltweit einen erheblichen Marktanteil. Früher war diese Software dafür bekannt, dass es ständig neue Patches (also Verbesserungen bzw. Reparaturen) hierfür gab. Daher auch der Name: **A PATCHy sErver**.

11.4 World Wide Web (WWW)

Apache liegt auch SuSE Linux bei – standardmäßig wird bereits die neue Version Apache 2 eingesetzt. Die Software kann leicht über YaST im Menüpunkt „Netzwerkdienste > HTTP-Server" installiert und konfiguriert werden (vgl. Abbildung 11.16).

Wir verzichten im Folgenden auf eine ausführliche Dokumentation zur Konfiguration und Administration von Apache 2, weil sich das SuSE-Administrationshandbuch auf 30 Seiten recht ausführlich diesem Thema widmet.

Für erste Tests genügt es aber schon, das Software-Paket mittels YaST mit den Standardeinstellungen zu installieren und den Apache-Server zu starten. Legt man dann eine Datei im Verzeichnis /srv/www/ ab, so kann man diese über die URL http://<Hostname>/<Dateiname> erreichen.

Achten Sie bei Ihren ersten Experimenten vor allem darauf, dass Sie die Rechte für Dateien, die über HTTP abrufbar sein sollen, so setzen, dass sie für den Benutzer wwwrun oder für die Gruppe www lesbar sind. Der Apache-Server läuft nämlich standardmäßig unter dieser Benutzerkennung. Die Dateirechte können Sie z. B. mit dem Befehl chgrp www <Dateiname> ; chmod g+r <Dateiname> entsprechend setzen.

Für das Aufsetzen eines voll ausgestatteten Web-Servers ist es jedoch unerlässlich, die Dokumentation zu Apache 2 wenigstens auszugsweise zu lesen, sie ist unter http://httpd.apache.org/docs-2.0/ abrufbar.

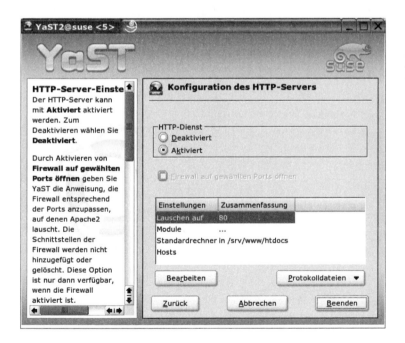

Abbildung 11.16: Grundkonfiguration von Apache 2 mit YaST

Teil III

Sicherheit

Kapitel 12

Gefahren, Risikoabschätzung und Sicherheitskonzepte

Das Thema Datensicherheit spielt in der öffentlichen Diskussion eine immer größere Rolle. Mit dem Anschluß eines Computers oder auch eines ganzen lokalen Netzes an ein öffentliches Netz muss man sich sofort die Frage stellen, welchen Gefahren die eigenen Ressourcen (Daten, Software, Hardware) ausgesetzt sind, und wie man diesen Gefahren entgegentreten kann.

Der dritte Teil dieses Buches, der mit diesem Kapitel beginnt, beschäftigt sich intensiv mit den Sicherheitsrisiken in einem Netz, deren Ausnutzung durch potentielle Angreifer sowie schließlich dem Aufbau von Verteidigungsmaßnahmen, einerseits durch die Einführung eines durchgängigen Sicherheitskonzepts, andererseits durch die Durchführung gezielter Maßnahmen wie beispielsweise dem Einsatz von Firewall-Rechnern.

Dieser dritte Teil geht davon aus, dass ein lokales Netz erfolgreich eingerichtet und mit dem Internet verbunden wurde. Nun sollen die Probleme dieser Anbindung bzw. der Vernetzung überhaupt aufgezeigt und Lösungen angeboten werden.

Dieses Kapitel diskutiert zunächst allgemein Gefahren und Sicherheitsrisiken in einem Netz. Nach einer kurzen Einführung des Sicherheitsbegriffs werden allgemeine konzeptionelle Probleme des Netzwerkbetriebs angesprochen, bevor eine detaillierte Kommunikations- und Risikoanalyse durchgeführt wird. Dieser letze Punkt beschäftigt sich insbesondere mit verschiedenen Schwachpunkten bezüglich der Sicherheit eines Informationssystems, wie etwa den Benutzern oder verwendetenDiensten und Protokollen.

Anschließend stellen wir allgemeine Richtlinien zur Lösung der Sicherheitsproblematik vor, die man allgemein als Sicherheitskonzept bzw. in ihrer Umsetzung dann als Sicherheitspolitik bezeichnet. Die beschriebene Vorgehensweise richtet sich weitgehend nach den Vorschlägen des Bundesamts für die Sicherheit in der Informationstechnik (BSI, www.bsi.de).

12.1 Was ist Sicherheit?

Bevor man sich mit den Gefahren für die Sicherheit einer Installation beschäftigen kann, muss zunächst einmal klargestellt werden, was eigentlich Sicherheit bedeutet. Die Sicherheit eines Rechners wird allgemein durch die folgenden sechs Punkte definiert:

1. Schutz der Ressourcen vor unberechtigter Benutzung
2. Zugang zu den Informationen für berechtigte Benutzer
3. Verfügbarkeit von Daten
4. Integrität der Daten (die Daten wurden nicht von Unberechtigten verändert)
5. Vertraulichkeit der Daten (die Daten wurden nicht von Unberechtigten gelesen)
6. Schutz der Privatsphäre

Jeder dieser Punkte stellt ein potentielles Sicherheitsrisiko dar und muss durch ein Sicherheitskonzept (s. Kapitel 12.4) erfaßt sein. Potentielle Sicherheitsrisiken sind vielfältig und nicht nur durch den Einsatz von Netzwerken bedingt:

- direkter physikalischer Zugriff von Unberechtigten auf den Rechner, z. B. durch Einbrecher,
- Naturkatastrophen wie Hochwasser, Erdbeben, Stürme sowie deren Folgen wie Feuer, Überflutungen etc. – Computer sind dagegen extrem anfällig,
- fehlerhafte Hardware und Software, deren Einsatz zur Zerstörung von Rechnern oder zur Vernichtung von Daten führen kann,
- Verlust von Speichermedien wie Disketten, Bändern, CD-ROMs,
- Ausnutzung der elektromagnetischen Strahlung von Computer-Monitoren, Netzkabeln und Rechnern. Diese Strahlung kann „abgehört" und „ausgelesen" werden,
- ungeschulte Benutzer, die sich der Sicherheitsrisiken nicht bewußt sind,
- Benutzer, die absichtlich Schaden anrichten,
- Kommunikation über Netze.

Dieser dritte Teil des Buches wird sich im wesentlichen auf die letzten drei Punkte beschränken bzw. sich besonders auf den letzten Punkt konzentrieren und in den folgenden Abschnitten und Kapiteln auf die Risiken durch den Anschluß an öffentliche Netze eingehen.

12.2 Konzeptionelle Probleme des Netzwerkbetriebs

Die Übertragung von Daten von einem Rechner zu einem anderen über ein Netzwerk ist aus Sicherheitssicht grundsätzlich riskant:

- Die Daten können abgehört werden (*passiver Angriff*). Die Möglichkeit dazu hängt grundsätzlich von der Beschaffenheit des Kommunikationsmediums ab:
  - Funkübertragung ist sehr einfach abhörbar.
  - Zum Anzapfen metallischer Leitungen wird zumindest ein physikalischer Zugang benötigt.
  - Das Abhören optischer Lichtwellenleiter ist teuer.
  - In lokalen Netzen ist das Abhören des lokalen Verkehrs meist kein Problem (d. h. wenn **ein** Rechner nicht mehr sicher ist, kann unter Umständen das gesamte lokale Netz abgehört werden).
- *Verkehrsanalyse* erlaubt das Ziehen von Schlußfolgerungen aus bestimmtem auffälligen Sendeverhalten.
- Veränderung gesendeter Daten oder Erzeugung von Daten an Stelle eines anderen (*aktiver Angriff*). Ein aktiver Angriff kann die folgenden Formen annehmen:
  - Modifizierung, Ergänzung, Löschung oder Neusendung von Dateneinheiten.
  - Veränderung von Routing-Tabellen
    Mittels dieser Methode wird der Verkehrsfluß im Netz geändert.
  - Überflutung des Empfängers
    Dies wird auch oft als „Denial of Service Angriff" (DoS) bezeichnet. Rechtmäßige Benutzer können das System nicht mehr nutzen, da ihnen die entsprechenden Ressourcen nicht mehr zur Verfügung stehen.

Oft werden passive und aktive Angriffen kombiniert. Mögliche Angriffe gegen ein Netz oder einen einzelnen Rechner werden im Detail in Kapitel 13 besprochen. Hier seien nur schon einmal einige typische Beispiele genannt:

- *Password Guessing*
  Raten der Passwörter eines Benutzers. Dies ist bei vielen Benutzern recht einfach, da oft „sinnvolle" Worte verwendet werden, die sich z. B. in einem Wörterbuch finden lassen.
- *Abhörangriffe*
  Passwörter werden oft noch im Klartext übertragen, z. B. bei `Telnet` oder `FTP` mit der Sequenz: `PASS <password>`.

- *Blinde Authentizitätsangriffe*, z. B. das „Sequence Number Guessing" oder „IP Spoofing" (s. Kapitel 13).
- *DNS Cache Poisoning* (s. Kapitel 13).
- *Trojanische Pferde, Viren* und *Würmer*.

12.3 Detaillierte Kommunikations- und Risikoanalyse

12.3.1 Kommunikationsbedarf

Vor einem übereilten Anschluß eines Rechners bzw. eines lokalen an das Internet muss zunächst einmal festgestellt werden, ob der Internetanschluß überhaupt notwendig ist. Ein isolierter Rechner ist bereits wesentlich weniger Risiken ausgesetzt als ein angeschlossener.

Die Beantwortung dieser Frage hängt sehr stark davon ab, welche Dienste des Internets eigentlich genutzt werden sollen. Möchte man etwa nur von Zeit zu Zeit ein bißchen „Web-Surfen", dann wäre es wahrscheinlich viel sinnvoller, einen einzigen isolierten Rechner mit einer Wählleitung (z. B. T-Online oder AOL) auszustatten und den ganzen Rest des Netzes weiter in Isolierung zu betreiben. Hat die Organisation dagegen vielfältige Kontakte mit anderen Organisationen, die sich von E-Mail über Datei-Transfer bis zu Electronic Commerce erstrecken, dann wird sicher eine Internet-Anbindung des lokalen Netzes eine wünschenswerte Alternative sein. Abbildung 12.1 stellt diese beiden Alternativen grafisch dar.

Die Art des zu realisierenden Zugangs hängt also ganz wesentlich davon ab, welche Dienste des Internets genutzt werden sollen. Dabei ist es wichtig, zwischen Diensten, die von lokalen Benutzern im Internet abgerufen werden, und Diensten, die von lokalen Rechnern für Benutzer im Internet erbracht werden, zu unterscheiden. Diese Anforderungen sollten auf Grund der unterschiedlichen Aufgaben auf jeden Fall sowohl für den zentralen Zugang zum Internet als auch für jeden einzelnen Rechner analysiert werden. In diese Analyse müssen zwei Faktoren eingehen:

- der Schutzbedarf der einzelnen Daten auf unterschiedlichen Rechnern,
- die Risiken der unterschiedlichen Dienste.

12.3.2 Wichtige Fragen bei der Risikoanalyse

Das BSI-Grundschutzhandbuch (Bundesamt für Sicherheit in der Kommunikationstechnik, s. auch http://www.bsi.bund.de/gshb/_start.htm, empfiehlt, im Rahmen einer Risikoanalyse zur Feststellung des Schutzbedarfs folgende Fragen zu beantworten:

12.3 Detaillierte Kommunikations- und Risikoanalyse

- Welche Datenpakete dürfen auf der Grundlage welchen Protokolls bis zu welchem Rechner im Netz weitergeleitet werden?
- Welche Informationen sollen nicht nach außen gelangen?
- Die interne Netzstruktur sollte nach außen hin unsichtbar bleiben. Wie kann man das bewerkstelligen?
- Authentifizierung von Benutzern ist ein wichtiges Mittel zum Schutz vor unberechtigten Zugriff. Welche Authentifizierungsverfahren sollen benutzt werden?
- Wie genau sieht der erforderliche Internetzugang aus?
- Für welche Datenmengen muss der Zugang ausgelegt sein?
- Welches sind die besonders schutzbedürftigen Rechner im Netz? Welche Daten sind dort in Gefahr?
- Welche Arten von Nutzern gibt es, und welche Dienste werden sie verwenden müssen?
- Welche Zugriffe auf Netzdienste sollten protokolliert werden? Wie wird dadurch der Schutz der Privatsphäre der Mitarbeiter tangiert?
- Welche Dienste sollen auf keinen Fall genutzt werden?
- Wie lautet die allgemeine Richtlinie für die Nutzung von Diensten? „Alles, was nicht ausdrücklich erlaubt ist, ist verboten" oder „Alles, was nicht ausdrücklich verboten ist, ist erlaubt" (weniger restriktiv).

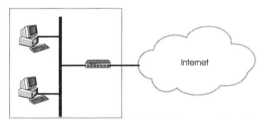

(a) Volle Anbindung des lokalen Netzes ans Internett

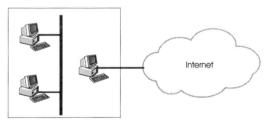

(b) Isolierter Rechner ohne Anbindung ans lokale Netz

Abbildung 12.1: Alternativen der Internet-Anbindung

❏ Welcher Schaden kann durch den Zugang Unberechtigter im Netz entstehen?

❏ Welche Restrisiken verbleiben, wenn die vorgesehenen Schutzmaßnahmen realisiert wurden? Bei einem unvertretbaren Restrisiko sollte auf einen Anschluß des jeweiligen Netzes an das Internet verzichtet werden. Der Zugriff auf Internet-Dienste kann in diesem Fall nur über vom zu schützenden Netz isolierte Rechner erfolgen.

❏ Wie ist das zu erwartende Verhalten der Benutzer bei einer Einschränkung der Möglichkeiten einzuschätzen?

Viele der Risiken, die sich durch die Verwendung des Internets ergeben, sind eine direkte Folge der Entstehungsgeschichte des Netzes. Damals dachte niemand an Sicherheitsprobleme, da auch niemand an den Einsatz z. B. in kommerziellen oder öffentlichen Verwaltungsumgebungen dachte. Dementsprechend sind die Protokolle nicht unter Berücksichtigung von Sicherheitsaspekten entwickelt worden; schlimmer noch, in den Implementierungen wurden oft aus Vereinfachungs- und Leistungsoptimierungsgründen mögliche optionale Eigenschaften nicht berücksichtigt.

Die nachfolgend dargestellten Sicherheitsrisiken stellen einen Ausschnitt der möglichen Gefahren für Rechnersysteme mit Internet-Anschluß dar. Selbst wenn Gegenmaßnahmen gegen die bekannten Gefährdungen getroffen werden, läßt sich ein hundertprozentiger Schutz ohne Verzicht auf die Internet-Anbindung nicht realisieren. Sobald ein Computer Zugang zu einem Datennetz hat, ist er von anderen angeschlossenen Rechnern aus erreichbar und somit der Gefahr eines unberechtigten Gebrauches ausgesetzt. Es gibt jedoch eine Reihe von Schutzvorkehrungen, um das Sicherheitsrisiko zu minimieren.

Im folgenden werden nur die Sicherheitslücken sowie erste Gegenmaßnahmen beschrieben. Einige mögliche Angriffe werden noch einmal detailliert in Kapitel 13 und einige Schutzmaßnahmen in den Kapiteln 12.4, 15 und 14 beschrieben.

12.3.3 Risiken durch Benutzer

Eines der größten Risiken für die Sicherheit eines Rechners bzw. eines lokalen Netzes sind dessen eigene Benutzer. Sieht man einmal von den böswilligen Benutzern ab, gegen die es praktisch keinen Schutz gibt, dann bleiben immer noch die unbedarften Mitarbeiter, die sich des Sicherheitsproblems nicht bewußt sind.

Das allergrößte Problem sind hierbei immer noch Passwörter. Menschen tendieren dazu, wichtige Informationen zu vergessen, wenn sie sie sich nicht mittels irgendwelcher Eselsbrücken merken können. Dies gilt natürlich auch für Passwörter. Viele Benutzer verwenden Passwörter, die in ihrem täglichen Leben eine wichtige Rolle spielen, z. B. Vorname des Ehemanns oder Geburtsdatum der Freundin.

Es gibt inzwischen mächtige Programme, die in kurzer Zeit Millionen von Passwörtern probieren können. Wenn sie das richtige erraten, haben sie Zutritt zu dem gesamten Datenbestand des regulären Benutzers mit all den damit verbundenen Rechten. Solche Rateprogramme basieren auf Wörterbüchern, deren Inhalt zunächst in reiner Form und dann in verschiedenen Kombinationen durchprobiert wird, z. B. mit nachgestellten Ziffern.

Außerdem bieten solche Formen von Passwörtern auch böswilligen Benutzern, z. B. neidischen Kollegen, einen idealen Angriffspunkt. Weiß man ein bißchen Bescheid über das Privatleben des Kollegen, dann kann man mit etwas Glück dessen Passwort raten. Racheaktionen stehen dann Tür und Tor offen.

Es ist also wichtig, die Benutzer eines lokalen Netzes zur Wahl vernünftiger Passwörter zu bringen. Oftmals ist es notwendig, die Passwörter vom Administrator vergeben zu lassen. Besonders das `root`-Passwort bedarf eines besonderen Schutzes. Und was auf jeden Fall vermieden werden sollte, ist das Aufschreiben des Passworts auf Haftnotizen, die dann auf den Bildschirm geklebt werden ...

12.3.4 Risiken durch Würmer, Viren und Trojanische Pferde

Böswillige Software bildet eine besondere Kategorie von Angriffen, da hier ohne Einflussnahme des Angreifers Schwachstellen angegriffen und ausgenutzt werden. Bevor wir uns später mit einigen konkreten Vertretern böswilliger Programme beschäftigen sollen die Kategorien *Virus*, *Wurm* und *Trojanische Pferde* kurz gegeneinander abgegrenzt werden.

Grundsätzlich läßt sich böswillige Software in die Kategorien *selbständige Programme* und solche, die einen *Wirt benötigen* aufteilen. Letztere infizieren immer ein Wirtsprogramm, da sie eigenständig nicht lebensfähig sind. Klassisches Beispiel hierfür sind Viren, die sich in bestimmte Dateien „einpflanzen" und zur Ausführung gelangen, wenn die eigentliche Datei ausgeführt wird. Ein weiteres Unterscheidungsmerkmal ist die *Fortpflanzungsfähigkeit* der böswilligen Software. Viren und Würmer verbreiten sich bei ihrer Ausführung weiter, während Trojanische Pferde dies im Allgemeinen nicht tun.

Tabelle 12.1 stellt die Unterscheidungsmerkmale nochmal übersichtlich dar.

Tabelle 12.1: Unterscheidungsmerkmale böswilliger Software

	benötigt Wirt	selbständig	fortpflanzend
Virus	✓		✓
Wurm		✓	✓
Trojanisches Pferd	✓		

12 Gefahren, Risikoabschätzung und Sicherheitskonzepte

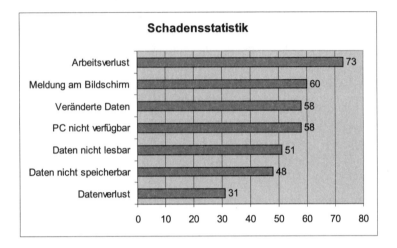

Abbildung 12.2: Mögliche Folgen eines Virenbefalls (Quelle: International Computer Security Association)

Viele Viren werden per E-Mail verteilt und erreichen damit eine unglaubliche Ausbreitungsgeschwindigkeit. Der Morris-Wurm, der in Kapitel 13 noch detailliert besprochen wird, hatte sich in kürzester Zeit um den ganzen Erdball verteilt.

Mögliche Folgen eines Virenbefalls sind in Abbildung 12.2 dargestellt. Die Balken geben dabei an, wieviel Prozent der Befragten das jeweilige Problem für das größte halten. Das größte Problem stellt offensichtlich der Arbeitsaufwand dar, der nötig ist, ein System wieder von den Viren zu befreien. Die meisten existierenden Viren sind also gar nicht so böswillig, dass sie Daten zerstören. Allerdings kann sich dies natürlich auch ändern, insbesondere, wenn der Konkurrenzkampf zwischen Unternehmen immer größer wird und jedes Mittel recht ist, dem Konkurrenten zu schaden.

Die beste Lösung gegen Virenbefall ist die Installation eines oder mehrerer Virenerkennungspakete (Virenscanner). Diese müssen jedoch möglichst immer auf dem neuesten Stand gehalten werden, um der ständigen Neuentwicklung von Viren gewachsen zu sein.

12.3.5 Sicherheitsrisiken der verwendeten Protokolle und Dienste

Viele der bekannten Standardprotokolle im Internet bzw. deren manchmal etwas laxe Implementierungen stellen Sicherheitsrisiken dar. Es gibt eine Reihe von allgemein zutreffenden Anmerkungen, aber auch für spezielle Protokolle können Warnhinweise gegeben werden.

Allgemeines

- Klartextübertragung von Protokollinformationen
  Bei vielen Diensten werden die Inhaltsdaten im Klartext über das Netz übertragen. Mit Programmen, die unter der Bezeichnung LAN-Analyzer bekannt sind (wie z. B. Packet Sniffer), kann der Datenverkehr im Netz bzw. auf den Netzknoten belauscht und nach interessanten Informationen durchsucht werden. Eine Verschlüsselung der Daten kann hier Abhilfe schaffen.

- mögliche Manipulation von Datenpaketen
  Datenpakete können nicht nur abgehört, sondern auch manipuliert werden. Möglichkeiten für einen Angreifer sind z. B.:

  ➤ Fälschen von Sender- und Empfänger-IP-Adressen,

  ➤ Vorhersage der TCP Sequence Number von Paketen,

  ➤ Modifikation des Übertragungsweges bei dynamischem Routing,

  ➤ Abfangen von Paketen, so dass sie nicht an ihrem Ziel ankommen,

  ➤ Ersetzen von abgefangenen durch fremde Pakete,

  ➤ Mitschneiden der Kommunikation autorisierter Benutzer und späteres Wiedereinspielen (Replay Angriff).

  Mögliche Gegenmaßnahmen umfassen den Einsatz von Verschlüsselung, digitalen Signaturen, Einmalpasswörtern und Verwendung von statischem Routing.

- Authentifizierung auf der Basis allein von IP-Adreßinformationen
  Dieses Vorgehen kann sich ein Angreifer zunutze machen, indem er IP-Pakete mit gefälschten Absenderadressen (IP Spoofing, s. Kapitel 13) an das fremde Rechnersystem schickt. Sofern das System die IP-Adresse für vertrauenswürdig hält, wird dem Angreifer der Zugang gestattet. Die beste Schutzmaßnahme gegen diese Risiken besteht im Einsatz von Firewalls, die ungültige IP-Adressen filtern können (s. Kapitel 15).
  Auch basierend auf der IP-basierten Authentifizierung kann ein Angreifer bei einem Mißbrauch des Address Resolution Protocols die IP-Adresse eines anderen Benutzers in einem lokalen Netz übernehmen und damit selbst Verbindungen herstellen oder die Erreichbarkeit des anderen Rechners vollständig verhindern.
  ICMP-Angriffe mit Hilfe gefälschter Statusmeldungen versuchen, die gesamte Kommunikation eines Rechners nach außen zu verhindern (Denial of Service Angriff). Der „TCP SYN Flooding"-Angriff (s. ebenfalls Kapitel 13) ist ein prominenter Angriff, der ebenfalls Rechner blockiert und die fehlende Authentifizierung ausnutzt.
  Viele dieser Probleme lassen sich auch durch die Installation von Patches beheben. Bei SuSE Linux sollten alle diese Patches vorhanden sein, so dass viele der Sicherheitslücken bereits gestopft sind. Darüberhinaus sollte man

ab und zu ein Online Update (in YaST unter Software) durchführen, um auf dem neusten Stand zu bleiben.

Dienstespezifische Sicherheitsrisiken

❑ *E-Mail* und *News*
Im Klartext versandte E-Mails können gelesen und sogar modifiziert werden, ohne dass es dem rechtmäßigen Empfänger auffällt. Außerdem sind E-Mails das beliebteste Transportmedium für Viren. Verschlüsselung, digitale Signaturen und Virensuchprogramme sind der beste Schutz gegen diese Probleme. Ein anderes mit E-Mail in Zusammenhang stehendes Problem kann sich durch den Einsatz einer alten Version von `sendmail` ergeben. Diese wies eine Reihe von Sicherheitslücken auf, die es einem Eindringling erlaubte, Administratorrechte auf einem Rechner zu bekommen.

❑ *Telnet*
Mittels `Telnet` kann man sämtliche Ports eines Rechners ansprechen und Verbindungen dahin aufbauen. Dadurch kann unter Umständen die Zugangskontrolle gefährdet werden. Abhilfe wird durch einen Firewall geschaffen, der den Zugriff auf eine bestimmte Menge von Rechnern und auf die notwendigsten Dienste beschränkt.
Ein Problem ergibt sich auch durch das Offenlassen von `Telnet`-Verbindungen, die eigentlich nicht mehr gebraucht werden. Mittels Programmen wie „Juggernaut" können solche Verbindungen von Angreifern „gekidnappt" werden, d. h. Angreifer können den regulären Benutzer durch ihren eigenen Rechner als Kommunikationspartner ersetzen und anschließend die Verbindung nutzen.
Eine sinnvolle Lösung für sämtliche Probleme mit Diensten wie `Telnet`, `rlogin`, `rsh` und so weiter besteht in der Verwendung einer sicheren Variante, z. B. Secure Shell (`ssh`).

❑ *FTP*
Es gibt noch einige alte FTP-Server, die ein ähnliches Problem wie `sendmail` aufweisen und Angreifern bei geschicktem Vorgehen Administratorzugang zum Rechner gewähren. Die Lösung besteht hier natürlich in der Verwendung neuerer Werkzeuge wie etwa dem `vsftp`.

❑ *World-Wide Web*
Für das Web gelten im Prinzip ähnliche Überlegungen wie für E-Mail. Web-Seiten und Kommandos werden im Klartext verschickt, so dass ein Abfangen jederzeit möglich ist. Besonders kritisch ist das sicher beim Übertragen vertraulicher Informationen wie Kreditkartennummern. Hier sollte auf jeden Fall auf eine sichere Übertragung zurückgegriffen werden, etwa mittels Secure Socket Layer (SSL), das im sicheren HTTP-Protokoll (`https`) verwendet wird.

12.3 Detaillierte Kommunikations- und Risikoanalyse

Nicht zu unterschätzen ist auch das Problem der CGI-Skripte, die auf dem Server laufen, evtl. mit weiteren Anwendungen kommunizieren und schließlich zumeist online generierte Web-Seiten als Ergebnis an den Benutzer zurückschicken. Viele dieser Skripte laufen mit `root`-Berechtigung und sind in Perl geschrieben. Bei unsauberer Programmierung können Angreifer diese lesbaren Perl-Skripte für ihre Zwecke modifizieren.

- *DNS*
  Das Domain Name System verdankt seine effiziente Funktionsweise der Eigenschaft seiner Verteiltheit und dem Cachen von einmal erhaltenen Informationen. Hierin liegt jedoch auch eine Schwäche, die ausführlich in Kapitel 13 diskutiert wird.

- *FINGER*
  Der Finger-Dienst liefert Informationen über die Benutzer eines Systems, die dann gezielt für einen Angriff genutzt werden können.
  Eine schlecht programmierte Variante des Finger-Daemons wurde bekannt, da sie für den Morris-Wurm eine wichtige Rolle spielte. Die an den Daemon übergebenen Parameter wurden in einen Puffer fester Länge geschrieben. Waren die Parameter zu lang, wurde der überzählige Rest als Programm interpretiert und ausgeführt. Bei geschickter Wahl konnte jeder beliebige Code auf dem Rechner ausgeführt werden.

- *SNMP*
  Das Simple Network Management Protocol dient der Verwaltung von Netzkomponenten von einem Management-Arbeitsplatzrechner aus. Eine wichtige Funktion besteht darin, dem Administrator Informationen über Maschinen im Netz zu geben, also etwa, welche Architektur diese haben oder welches Betriebssystem eingesetzt wird. Diese Informationen können für einen Eindringling sehr hilfreich sein, um z. B. zu erfahren, welche Sicherheitslöcher auf einem Rechner potentiell vorhanden sind.
  Hier handelt es sich also nicht um das Ausnutzen einer Sicherheitslücke, sondern der regulären Funktionsweise eines Protokolls. Abhilfe kann hier nur geschaffen werden, indem SNMP selbst möglichst wenig Informationen über andere Rechner hat.

Sicherheitsrisiken durch aktive Inhalte und aktive Elemente

- *Active X*
  Active X ist eine Entwicklung der Firma Microsoft. Ihr Einsatzgebiet liegt in der Anbindung von Microsoft-Produkten wie Microsoft Word oder Microsoft Excel an das WWW. ActiveX-Controls sind Programme, die auf einer Web-Seite dargestellt oder als eigene Programme aufgerufen werden können. Sie sorgen z. B. für die Einbindung multimedialer Elemente, Animationen etc. auf einer Seite.

12 Gefahren, Risikoabschätzung und Sicherheitskonzepte

Die Ausführung eines ActiveX-Controls auf einer Seite bedeutet gleichzeitig die Ausführung eines Programms auf diesem Rechner. Wie kann man nun verhindern, dass ein solches Programm irgendeinen Schaden auf dem Rechner anrichtet? Theoretisch könnte es z. B. die Festplatte löschen, Programme mit Viren infizieren etc.

Microsoft setzt auf die Nachvollziehbarkeit der Herkunft der heruntergeladenen Codes durch Codesignierung. Für die Codesignierung wird eine selbstentwickelte Technologie eingesetzt, die auf einer digitalen Signatur beruht. Sie erlaubt neben der sicheren Identifikation des Absenders den Nachweis der Echtheit der übertragenen Codes. Dieses Verfahren macht aber keine Aussage über die Funktionsweise der Software selbst und ob sie gewollt oder ungewollt (Programmierfehler) schädliche Wirkung entfalten kann.

ActiveX-Komponenten stellen ein nicht zu unterschätzendes Sicherheitsrisiko dar. Folgende Sicherheitsrisiken sind bisher bekannt und aufgetreten:

- Ausforschung von Nutzern und Computersystemen,
- Installieren und Ausführen von Viren und Trojanischen Pferden,
- Beschädigung von Systemressourcen und Überlasten des Systems.

Aus Sicherheitsgründen empfiehlt es sich daher, die ActiveX-Unterstützung im Browser gänzlich abzuschalten.

❏ *Java*

Java ist eine objektorientierte, von der Firma Sun Microsystems entwickelte Programmiersprache, die unabhängig von der jeweiligen Systemplattform nutzbar ist. Sicherheitsrelevante Überlegungen sind insbesondere in Bezug auf die Verwendung von Java für die Erstellung von Web-Anwendungen, den sogenannten Applets, anzustellen. Applets werden, wie ActiveX-Controls, auf einer Web-Seite ausgeführt. Dazu werden sie in HTML-Seiten integriert, über das Internet angefordert und auf beliebigen Rechnern ausgeführt, ohne dass der Entwickler die lokale Umgebung des Anwenders kennen muss. Es muss lediglich sichergestellt sein, dass auf dem Rechner eine sogenannte *Java Virtual Machine (JVM)*, also eine Ablaufumgebung für Java-Programme zur Verfügung steht.

Normalerweise sind die Rechte eines Applets auf einem fremden Rechner sehr eingeschränkt. Applets haben keinen Zugriff auf Systemressourcen wie etwa die Festplatte. Da dieses Konzept zwar bei ordentlicher Programmierung der JVM gut funktioniert, aber auch sehr restriktiv ist, hat sich Sun entschlossen, ebenfalls ein Zertifizierungsschema einzusetzen. Damit entstehen dann dieselben Probleme wie mit ActiveX-Controls. Als Alternative bleibt auch hier bei hohem Sicherheitsbedürfnis das Abschalten der Java-Funktionalität in den Browsern.

❏ *JavaScript*

Die Skriptsprache JavaScript wurde von der Firma Netscape Communication entwickelt und ist ebenfalls plattformunabhängig. JavaScript-Programme

12.3 Detaillierte Kommunikations- und Risikoanalyse

sind Bestandteil einer HTML-Seite und werden zur Ausführung interpretiert. Die Sprache wurde entwickelt, um die notwendigen Interaktionen mit Web-Servern auf ein Mindestmaß zu reduzieren und stattdessen einige Aufgaben auf die Client-Seite zu verlegen.
Ein Zugriff auf Dateisysteme auf anderen Rechnern ist wie bei Java nicht möglich. Netscape bietet als Alternative wieder die Möglichkeit, mit zertifizierten JavaScript-Codes zu arbeiten. Es wurden jedoch auch hier Sicherheitsprobleme in den beiden Bereichen Ausforschung von Nutzern und Computersystemen und Überlastung von Rechnern bekannt. Auch hier bestehen die Gegenmaßnahmen dann im Abschalten der JavaScript- Funktionalität in den Browsern.

❑ *Plug-Ins*
Bei Plug-Ins handelt es sich um Erweiterungsprogramme für Web-Browser. Sie erweitern die Funktionalität des Browsers um die Darstellung von Datentypen, für die der Browser ursprünglich nicht ausgelegt ist. Typische Beispiele sind Audio- und Videodaten. Plug Ins sind plattformabhängig, belegen lokalen Plattenspeicher und müssen vom Benutzer beschafft und installiert werden. Damit unterliegen sie nicht der Kontrolle durch den Administrator. Mehr oder weniger können Benutzer so jede mögliche Software auf ihren Platten installieren, von der niemand weiß, welche Sicherheitsrisiken sie möglicherweise verbirgt.

❑ *Cookies*
Von einigen Web-Server-Betreibern werden zusammen mit den eigentlichen Web-Daten auch sogenannte Cookies an den Client-Rechner übermittelt und dort gespeichert. Cookies sind kleine Datenpakete, die Informationen über den Benutzer und insbesondere über seine bisherigen Aktivitäten auf dem Web-Server des Betreibers enthalten. Die Idee ist, dass sich der Web-Server auf die speziellen Bedürfnisse des Benutzers einstellen kann, wenn dieser das nächste Mal auf den Server kommt, indem er die mitgeschickten Cookie-Daten analysiert. Ein bekanntes Beispiel sind die Seiten von *amazon.com*, die einen wiederkehrenden Benutzer freundlich mit dessen Namen begrüßen und ihm außerdem mitteilen, was für neue Bücher es seit seinem letzten Besuch in seinem Interessensgebiet gibt.
Eine Manipulation des Computers über die Speicherung und Abfrage der Cookie-Daten hinaus ist mit dem Cookie-Mechanismus nicht möglich. Da die Cookie-Informationen, die auch benutzerbezogene Passwörter für Web-Seiten umfassen können, jedoch in einer Datei im Dateisystem auf dem Client-Rechner gespeichert werden, kann ein Unberechtigter beispielsweise mit Hilfe von ActiveX-Controls darauf zugreifen.
Viele Internet-Nutzer sehen Cookies allerdings wegen ihrer geringen Transparenz als gefährlich für den Schutz der persönlichen Daten an. Man weiß nie genau, was genau an Daten zum Server übertragen wird.

12.4 Sicherheitskonzepte

Wie begegnet man nun den Risiken, die eine Anbindung an das Netz mit sich bringt? Es wurden schon eine Reihe von technischen Möglichkeiten besprochen, die zumindest helfen, die Risiken zu reduzieren. Allerdings sind diese Einzelmaßnahmen oft nutzlos ohne ein funktionsfähiges Gesamtkonzept.

In diesem Kapitel wird daher der Aufbau eines sogenannten *Sicherheitskonzepts* diskutiert. Ein solches Konzept legt fest, wie die Sicherheit für die IT-Landschaft eines Unternehmens aussehen soll.

12.4.1 IT-Grundschutz nach BSI

Es ist keine leichte Aufgabe, ein Sicherheitskonzept zu entwerfen und dann auch so umzusetzen, dass die Organisation einen optimalen Nutzen davon hat. Es werden durchgängige Sicherheitsprozesse benötigt, die in allen Details definiert werden müssen. Glücklicherweise muss sich der IT-Sicherheitschef das nicht alles selbst ausdenken, sondern er bekommt vom BSI kompetente Hilfe. Dort hat man in den letzten Jahren das *IT-Grundschutzhandbuch* entwickelt. Das Handbuch unterstützt eine Organisation durch die Vorgabe klarer Entwicklungsschritte hin zu einem funktionierenden Schutzsystem das vor den meisten der oben angesprochenen Risiken schützt. Die Schritte lassen sich grob wie folgt zusammenfassen:

- *IT-Sicherheitsprozess und IT-Sicherheitsmanagement*
  Der erste Schritt besteht in der Entwicklung einer Sicherheitspolitik, also Richtlinien dafür, wie die Sicherheit in einer Organisation konkret umgesetzt werden soll. Dazu passend muss dann eine passende Organisationsstruktur für die Sicherheitsabteilung eingerichtet werden sowie für die entsprechende Qualifikation der Mitarbeiter gesorgt werden. Es sollte also zunächst ein kompetentes Kernteam aufgebaut werden, um die Politik auch umsetzen zu können.

- *IT-Strukturanalyse*
  Um überhaupt sinnvolle Aussagen über Schutz und Sicherheit machen zu können, muss zunächst erst einmal festgestellt werden, welche IT-Ressourcen eine Organisation überhaupt besitzt, wo diese räumlich untergebracht und wie sie miteinander vernetzt sind. Ein probates Mittel dazu sind etwa Netzpläne und Tabellen, in denen jede Ressource dokumentiert wird.

- *Schutzbedarfsfeststellung*
  Hat man diese Bestandserhebung durchgeführt, muss für jede Ressource festgestellt werden, wie hoch deren Schutzbedarf ist. Es wird also analysiert, wie hoch der Wert einer solchen Ressource für das Unternehmen ist und welche Konsequenzen ein Ausfall haben könnte, d.h., welcher Schaden

entstehen könnte. Auch hierzu werden wiederum entsprechende Tabellen angelegt, für die sich im Grundschutzhandbuch Vorgaben finden lassen.

- *Sicherheitskonzeption*
  Für den nächsten Schritt schlägt das BSI vor, die vorhandenen IT-Ressourcen anhand einer vorgegebenen Menge von Bausteinen zu modellieren. Dazu wird eine große Bausteinsammlung angeboten, die alle typischerweise vorhandenen Komponenten und Verbundsysteme abdeckt. Dies ist eine für den nächsten Schritt sehr wichtige Vorbereitung.

- *Basis-Sicherheitscheck*
  Denn für jeden dieser Bausteine gibt es nun eine detaillierte Liste aller möglichen Gefährdungen sowie der zu treffenden Maßnahmen, um diesen Baustein zu schützen. Mit diesem Bausteinprofil sollte man nun jede einzelne Komponente anschauen und eine Sicherheitsanalyse durchführen. Der Status Quo jedes einzelnen Bausteins sollte festgehalten werden.

- *IT-Sicherheitsrevision*
  Diese Bausteine lassen sich auch sehr gut als Checklisten für die Durchführung einer Revision verwenden.

- *Ergänzende Sicherheitsanalyse*
  Das Grundschutzhandbuch empfiehlt, wie schon erwähnt, wesentliche Basismaßnahmen zum Schutz der IT-Ressourcen. Man sollte jedoch auch jetzt schon an weitere Sicherheitsmaßnahmen denken, die sich z.B. in einem Penetrationstest umsetzen lassen.

- *Umsetzung von IT-Sicherheitskonzepten*
  Natürlich muss nun auch die Sicherheitskonzeption umgesetzt werden, d.h., die bei der Analyse entdeckten Schwachstellen sollten ausgemerzt werden. Dabei ist wiederum der Wert der Ressourcen in Betracht zu ziehen. Man fängt sinnvoller Weise bei den für eine Organisation wertvollsten Ressourcen an und arbeitet sich dann nach unten durch. Bei manchen Ressourcen wird sich unter Umständen der Aufwand tatsächlich gar nicht lohnen.

- *Qualifizierung nach IT-Grundschutz*
  Das BSI sieht eine Qualifizierungsstruktur mit dem Erwerb eines Gütesiegels vor. Die Teilnahme an diesem Prozess kann für Unternehmen durchaus sinnvoll sein, da der BSI-Grundschutz bereits eine Art Sicherheitsstandard darstellt. Es ist durchaus vorstellbar, dass in einigen Jahren Unternehmen nur noch Regierungsaufträge bekommen, wenn sie nachweisen können, dass sie den IT-Grundschutz umgesetzt haben.

Wir wollen im Folgenden nur einen kleineren Ausschnitt der notwendigen Maßnahmen und Schritte etwas ausführlicher betrachten, aber wir empfehlen unseren Lesern dringend einen Blick auf die BSI-Seiten für den IT-Grundschutz unter http://www.bsi.de/gshb/.

12.4.2 Allgemeine Sicherheitskonzepte

Zunächst einmal muss sich eine Organisation entscheiden, welchen grundsätzlichen Sicherheits-Level sie für ihr eigenes Netz umsetzen will. Dazu gibt es prinzipiell vier Möglichkeiten:

- keine Sicherheit
- Sicherheit durch Verschleiern
- Sicherheit auf Rechnerebene
- Sicherheit auf Netzebene

Diese vier Möglichkeiten werden im folgenden etwas detaillierter diskutiert.

12.4.2.1 Keine Sicherheit

Es mag für die eine oder andere Konfiguration eines Netzes bzw. den Anschluß eines einzelnen Rechners unnötig erscheinen, sich über Sicherheitsmaßnahmen Gedanken zu machen. Wer sich nur gelegentlich über eine Wählleitung ins Internet einloggt, könnte der Ansicht sein, dass ein Schutz des Rechners unnötig ist.

Nach allem bisher Gesagten ist es jedoch relativ offensichtlich, dass dieser Ansatz sicher nicht die richtige Lösung ist. Selbst im oben skizzierten Fall kann es einem Hacker gelingen, sich auf den Rechner einzuschleichen und einigen Schaden anzurichten.

12.4.2.2 Sicherheit durch Verschleiern

Dieses Vorgehen wird relativ häufig angewandt. Die Betreiber von Netzen, die diese Art von „Schutz" verwenden, gehen davon aus, dass niemand das Netz finden wird und dementsprechend auch keinen Angriff starten wird.

Diese Ansicht ist blauäugig und gefährlich. Jeder, der sich in das Internet begibt, hinterläßt irgendwo irgendwelche Spuren, sei es allein durch die notwendigen Verwaltungsinformationen in Routern oder durch den Zugriff auf Dienste im Internet, die über das Senden von Paketen angesprochen werden. Sobald ein solches Paket abgefangen wird, ist es vorbei mit der Anonymität.

Allerdings kann es durchaus sinnvoll sein, bestimmte Aspekte des eigenen Netzes zu verschleiern, also etwa die Struktur des Netzes, die IP-Adressen oder die Benutzer. Network Adress Translation (siehe Kapitel 6.3 hat uns gezeigt, wie ein solches Verschleiern funktioniert.

12.4.2.3 Sicherheit auf Rechnerebene

Diese Form der Sicherheitspolitik setzt darauf, jeden einzelnen Rechner des lokalen Netzes komplett abzusichern. Die Idee an sich ist sicher gut, und es ist wichtig, seine Hosts so sicher wie möglich zu machen. Die Methode hat aber einen entscheidenden Nachteil: sie skaliert nicht. Es ist praktisch unmöglich, als Systemadministrator die Kontrolle über möglicherweise Hunderte oder Tausende von Rechnern zu behalten, an denen jeweils mindestens genauso viele Benutzer arbeiten, die ständig neue Software installieren, Daten aus dem Internet holen, mehr oder wenige vertrauenswürdige Dienste verwenden etc.

Host-basierte Sicherheit ist also nicht praktikabel.

12.4.2.4 Sicherheit auf Netzebene

Die beste Methode ist es daher sicherlich, Sicherheit für ein ganzes Netz herzustellen, d. h., insbesondere den Ein- und Ausgang des Netzes zum Internet extrem zu kontrollieren. Wenn es gelingt, jedem Unbefugten den Zugang zum lokalen Netz zu verweigern, dann hat man schon viel gewonnen. Möglicherweise kann man dann auch innerhalb des Netzes etwas weniger restriktiv vorgehen und dort einige Dienste freischalten, die das interne Arbeiten erheblich erleichtern. Das zentrale Mittel zur Herstellung der Netzwerksicherheit sind *Firewalls* auf die wir detaillierter in Kapitel 15 eingehen werden.

12.4.3 Sicherheitspolitik

12.4.3.1 Vorgehen zur Umsetzung eines Sicherheitskonzepts

Die konkrete Sicherheitspolitik sollte zumindest die beiden Strategien der Host- und Netzsicherung umfassen. Auch Verschleierung ist oftmals als ein gutes Mittel anzusehen.

Betrachtet man die Frage der Sicherheit einmal von einer höheren Warte, dann ist Sicherheit der Versuch, eine Reihe nicht-technischer Probleme mit Hilfe von technischen Maßnahmen zu lösen. Daher ist es meist unmöglich, das Sicherheitsproblem vollständig zu lösen, da es immer nicht-technische Möglichkeiten gibt, eine technische Lösung zu umgehen.

Die Aufgabe des Sicherheitsbeauftragten einer Organisation ist es, die Sicherheit soweit wie möglich zu garantieren. Zur Umsetzung dieses Ziels sollte man sich, insbesondere bei größeren Organisationen, an folgendes Schema halten:

1. Planung der Sicherheitsanforderungen
   Dieser Punkt wurde bereits weiter oben besprochen. Es muss geklärt werden, was schützenswert ist, was die wichtigen Ressourcen einer Organisation sind.

2. Analyse der Risiken
   Eine Grundlage dafür haben wir bereits am Anfang dieses Kapitels in den Beschreibungen der Sicherheitslücken geschaffen.

3. Kosten-Nutzen-Analyse

   Anschließend muss geklärt werden, wie hoch die Kosten des Ausschlusses eines gewissen Risikos sind, um feststellen zu können, ob sich die Investition lohnt. Man betrachte folgendes einfache Beispiel: der Verlust eines Passworts an einen Wettbewerber kann zu Kosten von mehreren Millionen Euro führen. Angenommen, viele Leute benutzen dasselbe Passwort und senden es häufig über das Internet. Als Lösungsvorschlag wird diskutiert, alle diese Mitarbeiter mit einem Kartenleser für Einmal-Passworte und der entsprechenden Software auszustatten. Offensichtlich ist hier der Nutzen wesentlich höher als die Kosten einzuschätzen.

4. Aufstellen einer Sicherheitspolitik, in die die vorherigen Analysen eingehen.

5. Umsetzung der Politik.

6. Überwachung der Umsetzung.

Schauen wir uns die letzten drei Punkte etwas genauer an.

12.4.3.2 Aufstellen der Sicherheitspolitik

Aus den Anforderungen der im Vorfeld gemachten Sicherheitsbetrachtungen der Kommunikations- und der Risikoanalyse sollte eine Sammlung von Regeln zusammengestellt werden. In dieser *Sicherheitspolitik (Security Policy)* sind die Rahmenbedingungen zur Einrichtung, zum Betrieb und zur Verwaltung der Systeme für die interne Kommunikation und die Verbindungen zum Internet festzulegen.

Die Zuständigkeiten für Betrieb, Verwaltung und Administration der für den Verbund eingesetzten Kommunikationssysteme müssen klar geregelt werden. Bereiche mit sensiblen Datenbeständen müssen besonders berücksichtigt werden. Auf diesen Punkt geht auch noch einmal Kapitel 15 ein.

Die Sicherheitspolitik des Netzwerk-Betreibers (z. B. eine Firma) bestimmt die zu verwendenden Sicherheitsmechanismen. Dabei ist es zunächst einmal von ganz entscheidender Bedeutung, das Management der Firma für die Sicherheitsproblematik zu sensibilisieren, denn ohne dessen Unterstützung wird sich die Politik nicht in die Tat umsetzen lassen. Insbesondere ist das der Fall, wenn die Umsetzung Geld kostet, und das wird meistens der Fall sein.

Die Politik wird durch eine Reihe von Dokumenten beschrieben, die für alle für die Sicherheit Verantwortlichen verbindlich sind, nämlich:

- Benutzer
- Systemadministratoren
- Kontrolleure

Es gibt verschiedene Möglichkeiten, eine Sicherheitspolitik zu beschreiben:

1. Die Politik kann auf ein paar wenigen Seiten formuliert sein und allgemeine Grundsätze enthalten.
2. Die Politik kann für jeden einzelnen kritischen Bereich ein eigenes Dokument bereithalten, z. B. mit Regeln für E-Mail, für persönliche Daten, für Finanzdaten usw.
3. Sie kann aus einer sehr kleinen grundsätzlichen Direktive bestehen, die durch Standards und Richtlinien ergänzt werden. Hier einige Anhaltspunkte, wie dieses Verfahren typischerweise umgesetzt werden kann:
   - Die Politik formuliert nur sehr allgemein, was das Ziel der Sicherheitsmaßnahmen ist, etwa in der Form: „Unsere IT-Ressourcen sind strategisch äußerst wichtig für uns. Jeder Mitarbeiter ist verantwortlich für deren Sicherheit."
   - Standards legen fest, *was* gemacht werden muss, um die Sicherheit zu gewährleisten. So sollte z. B. folgende Fragen geklärt werden
     - Wer darf im Netz einen Account besitzen? Gibt es Gast-Accounts?
     - Können Accounts von mehreren Leuten genutzt werden?
     - Wann verlieren Personen das Recht auf einen Account?
     - Wie werden Finanzdaten geschützt?
     - Wie werden persönliche Daten geschützt?
     - Was dürfen Insider (d. h. rechtmäßige Benutzer des lokalen Netzes) im globalen Internet tun?
   - Richtlinien legen fest, wie bestimmte Sicherheitsmaßnahmen umgesetzt werden sollten, bspw. mit der Hilfe von Firewalls, oder wie genau Passwörter gebildet werden dürfen, etc.

Basierend auf der Sicherheitspolitik ist nun zu überlegen, wie die Vorgaben in konkrete Maßnahmen (Konfigurationen, Filterregeln etc.) umgesetzt werden sollten.

12.4.3.3 Umsetzung

Wie kann man dafür sorgen, dass eine Sicherheitspolitik auch umgesetzt wird? Dazu kann man einer Reihe einfacher Regeln folgen, die im wesentlichen das Ziel haben, Benutzer bewußter gegenüber Sicherheitsproblemen zu machen und ihnen Verantwortung für die Erhaltung der Sicherheit zu geben.
- Jede Ressource sollte einen Betreuer haben.
- Dieser Betreuer ist für die Sicherheit der Ressource verantwortlich. Damit er diese gewährleisten kann, bekommt er natürlich auch gewisse Rechte. So kann er etwa festlegen, wer die Ressource benutzen darf.

12 Gefahren, Risikoabschätzung und Sicherheitskonzepte

- Die Formulierung der Politik sollte in positiven Begriffen vorgenommen werden. Mitarbeiter sind meist wesentlich aufgeschlossener, wenn Ihnen gesagt wird, was sie machen dürfen oder sollen, als wenn ihnen lange Listen von Dingen präsentiert werden, die sie auf keinen Fall tun dürfen.
- Die Formulierung sollte auf die Leute eingehen, die die Politik umsetzen sollen. Insbesondere sollte man klarmachen, dass auch Fehler passieren dürfen, aber diese dann auch möglichst schnell bekannt gemacht werden sollten.
- Sie sollte Erklärungen enthalten, warum bestimmte Entscheidungen getroffen wurden. Das hilft den Umsetzenden, sich mit bestimmten Entscheidungen zu identifizieren.
- Sie sollte in verständlicher Sprache und nicht in Juristen- oder Computersprache geschrieben sein. Die meisten Benutzer eines Netzes sind keine Computer-Experten.
- Ein zentrales Mittel ist die Weiterbildung der Benutzer.
  Normale Benutzer sollten zumindest eine grundlegende Vorstellung von Sicherheitsproblemen haben, um die ganzen Anstrengungen des Sicherheitsteams verstehen und würdigen zu können. Mitglieder des Teams sollten relativ häufig auf Schulungen gehen, um ständig auf dem neuesten Stand der Angriffs- und Sicherheitstechnologien zu sein. Es kann dann auch Aufgabe des Sicherheitsteams sein, die Benutzer mit den grundlegenden Problemen und Verhaltensweisen in Bezug auf die IT-Sicherheit vertraut zu machen.
- Zu einer Verantwortung gehört immer auch die Autorität, entsprechende notwendige Maßnahmen durchsetzen zu können.
- Es sollte eine der beiden prinzipiellen Regeln „Alles, was nicht verboten ist, ist erlaubt" oder „Alles, was nicht erlaubt ist, ist verboten" konsequent umgesetzt werden. So bekommt man Struktur in die Sicherheitspolitik und macht sie nachvollziehbar.
- Man sollte sich nicht auf eine Sicherheitsmaßnahme verlassen. Es genügt nicht, für Netzwerksicherheit zu sorgen, aber dafür die einzelnen Rechner ungeschützt zu lassen!
- Die Politik muss dynamisch an sich ändernde Umweltbedingungen angepaßt werden.

Konkrete Regeln bezeichnet man als Sicherheitsrichtlinien. Um einer Organisation bei der Formulierung von Sicherheitsrichtlinien zu helfen, hat das BSI gemeinsam mit einer Unternehmensberatung zielgruppenorientierte Musterdokumente für Sicherheitsrichtlinien entwickelt (s. http://www.bsi.de/gshb/deutsch/musterrichtlinien/). Dort finden sich etwa Beispiele für IT-Sicherheitsleitlinie, Richtlinien zur IT-Nutzung, Richtlinien zur Internet- und E-Mail-Nutzung, Richtlinien zum Outsourcing oder Sicherheitshinweise für IT-Benutzer.

12.4.3.4 Kontrolle

Es ist von entscheidender Bedeutung, eine Politik nicht nur umzusetzen, sondern ihre Umsetzung auch zu kontrollieren. Eine Sicherheitspolitik ist nicht das Papier wert, auf dem sie steht, wenn sich niemand daran hält.

Es ist also sinnvoll, von Zeit zu Zeit sämtliche Elemente der Politik zu überprüfen. Der nächste Abschnitt stellt die wichtigsten Tools vor, mit denen in Linux Netzwerkprobleme diagnostiziert werden können. In weiteren Abschnitten stellen wir mit *Nessus* ein Programm vor, die die Überprüfung bestimmter technischer sicherheitskritischer Vorgehensweisen erheblich erleichtern.

12.5 Zusammenfassung

In diesem Kapitel haben wir hoffentlich das Bewusstsein für die Sicherheitsproblematik schärfen können. Wir haben zunächst grundlegend auf die Sicherheitsproblematik beim Anschluß von Rechnern an ein öffentliches Netz und insbesondere an das Internet hingewiesen. Es wurde diskutiert, welches die schützenswerten Ressourcen eines Rechners bzw. Netzes sind und welche Gefahren ihnen drohen. Dabei wurde besonders auf die Gefahren eingegangen, die sich aus der Netzanbindung ergeben. Es wurden die wichtigsten Risiken bei der Verwendung aktueller Internet-Protokolle und Dienste herausgestellt. Weiterhin wurden die wichtigsten Elemente eines Sicherheitskonzeptes diskutiert. Besonders wurde auf die eigentliche Sicherheitspolitik eingegangen, die die Überlegungen zu den schützenswerten Elementen sowie den Risiken widerspiegelt, indem sie festhält, wie die Sicherheitsanforderungen realisiert werden.

Ganz generell kann man sagen, dass sich die Sicherheitsmaßnahmen im Wesentlichen am Wert der zu schützenden Ressourcen orientieren sollten. Es ist nicht sinnvoll, viele Tausende oder Millionen von Euro zu investieren, um eine Ressource zu schützen, die für das Unternehmen nur einen geringen Wert hat. Umgekehrt muss man alles tun, um die für ein Unternehmen überlebenswichtigen Ressourcen zu schützen.

Kapitel 13

Angriffe

Die Familie der TCP/IP-Protokolle wurde vor fast 30 Jahren in einer Zeit spezifiziert, in der sich kaum jemand Gedanken um Vertraulichkeit oder Authentifizierung machte, da die vorhandenen Netze klein waren und die Nutzer sich in den meisten Fällen vertrauten. Aus diesem Grund wurden die Protokolle lediglich im Hinblick auf den Transport von Daten entwickelt, welches aus heutiger Sicht in diversen Sicherheitslücken in ihrem Design resultierte. Es soll allerdings auch festgehalten werden, dass sich viele der Probleme in diesen Bereichen gar nicht durch die Protokollspezifikation, sondern vielmehr durch eine unsorgfältige Implementierung ergaben. Insbesondere der Bereich der Sicherheit hat einige interessante Beispiele zu bieten.

Dieses Kapitel beschreibt, wie Sicherheitslücken in den TCP/IP-Protokollen zu bestimmten Angriffen genutzt werden können. Welche Typen von Angriffen man unterscheiden kann, wurde bereits in Kapitel 12 beschrieben. In diesem Kapitel werden nun detailliert einige bekannte Angriffsvarianten beschrieben. Hierbei werden die beschriebenen Angriffe nach ihren Zielen in Gruppen zusammgefasst beschrieben. Anzumerken ist jedoch, dass die meisten der heutigen Angriffe Angriffsmöglichkeiten und Schwachstellen auf verschiedenen Ebenen im TCP/IP-Protokollstack kombinieren um daraus den resultierenden Angriff zu bauen.

Bevor wir jedoch auf konkrete Angriffe eingehen, schauen wir zuerst auf einen grundlegenden Baustein, der sozusagen die Grundlage vieler Angriffe liefert: die Möglichkeit gefälschte (engl. spoofed) Pakete zu verschicken.

13.1 Angreifer — Herr der Pakete

Angriffe auf bestimmte Protokolle oder Dienste im Internet erfordern in den meisten Fällen, dass der Angreifer die zu sendenden Datenpakete komplett selbst zusammenstellen kann, um beispielsweise die IP-Adresse des Absenders zu fälschen.

13 Angriffe

Normalerweise wird, wie in Kapitel 9 beschrieben ein TCP oder UDP Socket geöffnet um darüber Daten zu verschicken. Der Kernel sorgt in diesem Fall dafür, dass das IP-Paket erstellt wird und das TCP bzw. UDP Paket darin eingebettet verschickt wird. Somit können im Protokoll Stack oberhalb von IP maßgeschneiderte Pakete vom Benutzer gebaut und verschickt werden; Angreifern reicht dieses jedoch selten aus.

Es gibt allerdings noch eine weitaus mächtigere Socket-Variante, *Raw Sockets*, die nur mit `root`-Rechten benutzt werden können. Diese erlauben es dem Benutzer das komplette IP-Paket im Speicher zusammenzubauen und dann sozusagen am Kernel vorbei in die Welt zu verschicken. So lassen sich natürlich auf einfachste Weise die IP-Adresse des Absenders, wie auch alle weiteren Header-Felder an die eigenen Wünsche anpassen.

Ein Raw Socket wird, wie auch TCP bzw. UDP Sockets, mit der Funktion `socket()` erstellt:

```
int socket(int family, int type, int protocol);
```

Für die Protokollfamilie (*family*) geben wir im diesem Fall die Internet-Protokollfamilie `PF_INET` an, der Typ (*type*) des Sockets ist `SOCK_RAW` und das Protokoll (*protocol*) `IPPROTO_RAW`.

Darüberhinaus muss dem Kernel noch mitgeteilt werden, dass der IP-Header in den zu versendenden Daten schon vorhanden ist. Dies erledigt die Funktion `setsockopt`, mit der verschiedene Optionen für einen Socket gesetzt werden können:

```
int setsockopt(int sock, int level, int optname, void *optval,
               socklen_t *optlen);
```

❏ `sock`
   Der erste Parameter bestimmt den Socket für den die Optionen gesetzt werden sollen.

❏ `level`
   Die Optionen für den Socket können verschiedene Ebenen im Protokollstapel beeinflussen. Der Parameter *level* bestimmt hierbei für welche Ebene die Option gilt. Bei unseren Raw Sockets wollen wir das IP Paket selber zusammenbauen und beeinflussen somit die IP-Ebene. Folglich geben wir an dieser Stelle `IPPROTO_IP` an. Optionen für die TCP-Ebene würde beispielsweise mit `IPPROTO_TCP` bestimmt.

❏ `optname`
   Der Parameter *optname* gibt an, welche Option gesetzt werden soll. Um dem Kernel mitzuteilen, dass wir uns selbst um die Erstellung des IP-Headers kümmern, übergeben wir die Option `IP_HDRINCL`. Weitere mögliche Optionen auf IP-Ebene sind beispielsweise `IP_OPTIONS` mit der IP-Optionen

gesetzt werden können und `IP_TTL` mit dem sich der *Time to Life*-Wert setzen läßt.

❏ `optval`
Die Speicheradresse an der die Optionswerte gespeichert sind wird mit *optval* übergeben.

❏ `optlen`
Die Größe des zu schreibenden Optionsblock wird mit *optlen* bestimmt.

In unserem Fall sieht der Aufruf also wie folgt aus:

```
int setsockopt(setsockopt (sock, IPPROTO_IP, IP_HDRINCL, *optval, optlen);
```

Nun muss der Angreifer sein maßgeschneidertes Paket nur noch im Speicher zusammenbauen und kann es über den Socket versenden und den Angriff starten. Verschickt er hierbei IP-Pakete die nicht seine richtige IP-Adresse tragen, so nennt man dies auch *IP-Spoofing*.

Die Möglichkeit Pakete maßgeschneidert zu verschicken, ermöglicht es Angreifern Rechner und Netze auf diverse Art und Weise anzugreifen. Im Folgenden werden wir einige Angriffe etwas näher beleuchten.

13.2 Umlenken von Datenströmen

Das größte Gefahrenpotential im Internet stellen Protokolle dar, die Befehle und Daten im Klartext übertragen. Gelingt es einem Angreifer, dass die Datenpakete an seinem Rechner vorbeikommen, kann er auf einfachste Weise die Daten mitlesen. Das Umlenken von Datenpaketen ist dabei auf mehreren Ebenen im Protokollstack möglich. Zwei Beispiele sollen hier näher erläutert werden: das Umlenken auf der Sicherungs-/Netzwerkschicht mittels *ARP Spoofing* und auf Anwendungsebene mithilfe des *DNS Cache Poisoning*.

13.2.1 ARP Spoofing

ARP Spoofing ermöglicht das Umlenken von Datenverkehr lediglich innerhalb eines Netzsegmentes, da es in die Abbildungsvorgang von IP-Adressen zu MAC-Adressen eingreift. Zum besseren Verständnis des Angriffs schauen wir noch einmal auf die wichtigsten Aspekte der Abbildung von MAC-Adressen zu IP-Adressen.

Kurzer Rückblick: ARP

Die Abbildung erfolgt mittels des *Address Resolution Protocols* (ARP). Befinden sich zwei kommunizierende Rechner im gleichen Netzsegment erfragt der sendene Rechner zu Beginn der Kommunikation mittels ARP nach der MAC-Adresse des Empfängers, damit die Vermittlungsschicht das Paket richtig zustellen kann.

Weiterhin werden die Abbildungen für einige Zeit im *ARP Cache* zwischengespeichert, damit ein Rechner nicht für jedes neue zu versendende Paket erneut eine Anfrage starten muss.

Ziel des ARP Spoofing

Mittels ARP Spoofing versucht ein Angreifer bei anderen Rechnern im lokalen Netzsegment eine Abbildung der IP-Adresse seines Opfers zu seiner MAC-Adresse zu erstellen.

Ist dies erfolgreich, wird daraufhin der gesamte an das Opfer gerichtete Datenverkehr an den Angreifer geschickt. In den Augen der anderen Rechner hat der Angreifer somit die Indentität des Opfers angenommen.

Besonders in Netzwerken, in denen ein Switch den Datenfluß steuert, sind ARP Spoofing Angriffe beliebt, da dem Angreifer hierdurch die Möglichkeit gegeben wird, den Datenverkehr im Netzsegment zu sniffen.

Idee des Angriffs

Aus Effizienzgründen speichern nahezu alle heutigen Betriebssysteme die IP-MAC-Abbildungen in empfangenen ARP-Replies in ihrem ARP Cache, auch wenn sie vorher keine Anfrage gesendet haben.

Dies ermöglichst es Angreifern das Versenden von gefälschten ARP Replies, in denen er willkürliche Abbildungen in die ARP Caches anderer Rechner „einpflanzen" kann.

Zum Verdeutlichen der Vorgehensweise beim ARP Spoofing betrachten wir das Netzwerkszenario in Abbildung 13.1.

Will ein Angreifer (192.168.0.2) den gesamten Datenverkehr des Opfers (192.168.0.5) zu sich umleiten muss er lediglich ein gefälschtes ARP-Response Pakete mit der Abbildung 192.168.0.5 ≡ 00:0A:04:44:78:9B an jeden anderen Rechner im Netzsegment verschicken. Diese fügen diese Abbildung in ihren ARP Cache ein und schicken somit alle weiteren, für das Opfer bestimmten Datenpakete an den Angreifer. Das Opfer ist also vollständig isoliert.

Erweitert werden kann dieser Angriff, indem man zusätzlich auch den ARP Cache des Opfers „vergiftet" (auch ARP Cache Poisoning genannt). Schickt der Angreifer für jeden Rechner im Netzsegment ein gefälschten ARP Response, in dem er die jeweilige IP-Adresse auf seine eigene MAC Adresse abbildet, an das Opfer, so schickt auch das Opfer jeglichen Datenverkehr an den Angreifer. Leitet dieser nun die Datenpakete an die eigentlichen Ziele weiter, so kann er den gesamten Datenfluß verfolgen und kontrollieren.

13.2 Umlenken von Datenströmen

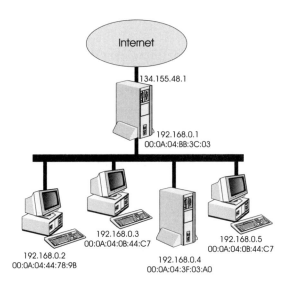

Abbildung 13.1: ARP Spoofing Beispiel

Effekt des Angriffs

Führt ein Angreifer das ARP Spoofing erfolgreich durch wird der gesamte für das Opfer vorgesehene Datenverkehr an ihn geschickt. Nutzt das Opfer Protokolle, die Daten im Klartext übertragen, so sind die Daten dem Angreifer automatisch zugänglich.

Darüberhinaus ist das Opfer isoliert, da es mit keinem anderen Rechner mehr kommunizieren kann. Es können zwar vom Opfer Pakete an andere Rechner geschickt werden, die Antworten werden jedoch immer an den Angreifer gesendet.

Erweitert der Angreifer den Arp Spoofing Angriff, indem er auch den ARP Cache des Opfers vergiftet und die Pakete an die jeweiligen Addressaten weiterleitet, so erhält er die totale Kontrolle über den Datenfluß. er kann nicht nur den Inhalt der Daten sehen, sondern diese auch verändern, löschen oder komplett neue Nachrichten einspielen. Diese Art Angriff wird auch als *Man-in-the-Middle Angriff* (*MiM*) bezeichnet, da sich der Angreifer logisch zwischen dem Opfer und dem restlichen Netz postiert hat.

13.2.2 DNS Cache Poisoning

DNS Cache Poisoning, was frei übersetzt „Vergiften des DNS Cache" bedeutet, nutzt einige Schwachstellen des Domain Name Service aus um den Datenverkehr des Opfers auf Anwendungsebene umzuleiten. Zum besseren Verständnis des Angriffs seien deswegen hier zunächst noch einmal die wichtigsten Eigenschaften von DNS genannt.

Kurzer Rückblick: DNS

DNS (Domain Name Service) ist dafür zuständig, die symbolischen Namen der Rechner auf deren IP-Adressen abzubilden. DNS ist ein hierarchisches System. Für jede Domain gibt es einen (oder mehrere) Nameserver, die

- jedem Rechner in der entsprechenden Domäne bekannt sind,
- wiederum die Nameserver der ihnen übergeordneten Domäne kennen.

Kann ein DNS-Server einen Namen nicht auflösen, dann fragt er nacheinander die nächsthöheren DNS-Server nach der Adresse des für die Zieldomain verantwortlichen DNS-Servers. Hat er diesen gefunden, fragt er ihn nach der gesuchten Namesauflösung. Hierbei handelte es sich um eine neue Anfrage, die folglich auch eine neue *Query-ID* trägt.

Um bei erneuten Nachfragen nach dieser Adresse nicht den Prozeß erneut starten zu müssen, werden Ergebnisse von den Name-Servern für eine bestimmte Zeit in einem Cache festgehalten.

In dieser verteilten Architektur und dem Caching liegt auch die Sicherheitslücke dieses Services, die durch DNS Spoofing ausgenutzt werden kann.

Ziel des DNS Cache Poisoning

Mit Hilfe des DNS Cache Poisoning versucht ein Angreifer, ein Opfer davon zu überzeugen, dass er eigentlich ein ganz anderer Rechner ist.

Beispiel: Der Angreifer versucht vorzutäuschen, dass er ein bestimmter Web-Server ist. Das Opfer soll nun nicht mehr auf den regulären Web-Server zugreifen, sondern auf die Fälschung.

Idee des Angriffs

Mittels DNS Cache Poisoning wird eine falsche IP-Adressenauflösung für einen symbolischen Namen in das DNS-System „eingepflanzt". Jede Anfrage an DNS liefert dann, zumindest für eine bestimmte Zeit, die falsche IP-Adresse für diesen Namen.

Dies ist möglich, da

- Adreßinformationen nicht zentral, sondern über viele DNS-Server verteilt gehalten werden. Die Adreßinformationen müssen daher über das Netzwerk ausgetauscht werden.
- *DNS-Responses* lediglich anhand der Absender IP-Adresse authentifiziert werden können, da sie keine Signatur oder Ähnliches enthalten.
- einmal aufgelöste Adressen für eine Weile im Cache des lokalen DNS-Servers gehalten werden. Eine erneute Anfrage nach einer Adresse löst daher keinen

erneuten Suchvorgang in der Server-Hierarchie aus, sondern es wird einfach der Eintrag aus dem Cache verwendet, in diesem Fall eben der falsche Eintrag, der absichtlich vom Angreifer dort platziert wurde.

Effekt des Angriffs

Der Angriff ist besonders dann interessant, wenn der Client auf normalerweise geschützte Informationen zugreifen will. Zu diesem Zweck benötigt er typischerweise eine Benutzernummer und ein Passwort.

Greift er nun auf den falschen Server zu, und dieser stellt sich für den Client genauso dar wie der richtige, dann wird er möglicherweise arglos seine Benutzerdaten eingeben, sobald dies gefordert wird. Er denkt ja, sich auf dem richtigen Server zu befinden.

Das ist aber genau das, worauf der Angreifer gewartet hat. Er speichert diese Daten ab und kann sie nun für seinen eigenen Zugriff auf den echten Server verwenden. Er kann also bei erfolgreichem Angriff auf die eigentlich geschützten Daten des Clients zugreifen.

Eine weitaus gefährlichere Alternative ist jedoch, wenn der Angreifer, wie beim ARP Spoofing, im Hintergrund eine Verbindung zum richtigen Server aufbaut und jeglichen Verkehr vom Client zum Server und umgedreht an die jeweils andere Seite weiterleitet (Man-in-the-Middle Angriff). Somit hat der Angreifer die komplette Kontrolle über den Datenfluß und erfährt nicht nur die an sich geschützten Daten des Client, sondern kann Daten auch ändern ohne, dass dies dem Client auffällt.

Vorgehen beim DNS Cache Poisoning am Beispiel

Zum besseren Verständnis soll DNS Cache Poisoning nochmal an einem Beispiel veranschaulicht werden. Das Szenario besteht aus einem Angreifer (*x.angreifer.de*), einem DNS Server (*ns.angreifer.de*), dessen Verkehr der Angreifer abhören kann, einem DNS-Server (*ns.bank.de*) für die Domäne *bank.de*, einem DNS-Server (*ns.opfer.de*) für die Domäne *opfer.de* sowie einem weiteren Rechner *x.opfer.de*, dem späteren Opfer. Abbildung 13.2 zeigt das Szenario und veranschaulicht den Angriff, der dann wie folgt abläuft:

1. Der Angreifer sendet eine reguläre DNS-Anfrage nach einem Rechner aus seiner Domain, beispielsweise `www.angreifer.de`, an den für die Domäne *opfer.de* zuständigen DNS-Server *ns.opfer.de*.

2. Dieser kennt die IP-Adresse von `www.angreifer.de` nicht, da sich dieser Rechner nicht in seiner Domäne befindet. Also fragt *ns.opfer.de* mit einer neuen Anfrage bei *ns.angreifer.de* nach, um die Anfrage beantworten zu können.

3. Der Angreifer fängt die *Query-ID* dieser Anfrage ab, um später die *Query-ID* der gefälschten Nachricht bestimmen zu können.

4. Der DNS-Server *ns.angreifer.de* antwortet nun mit der IP-Adresse von *www.angreifer.de*, z. B. 42.13.56.12.

5. Der DNS-Server *ns.opfer.de* kennt nun die Namensauflösung und beantwortet die Anfrage des Angreifers. Dies ist alles regulär, und der Angreifer ist durchaus berechtigt, solche Anfragen zu senden.

6. Nun stellt der Angreifer eine weitere Anfrage an *ns.opfer.de* mit dem Inhalt „Wer ist www.bank.de?".

7. Da dies wiederum keine lokale Anfrage ist, wird wird erneut eine neue Anfrage an einen anderen DNS-Server, nämlich den der Domäne *opfer.de* gestellt.

8. Nun antwortet der Angreifer anstelle von *ns.bank.de* mit einer Flut von DNS-Resposes. Diese fälscht er, damit sie die Absende-IP-Adresse von *ns.bank.de*

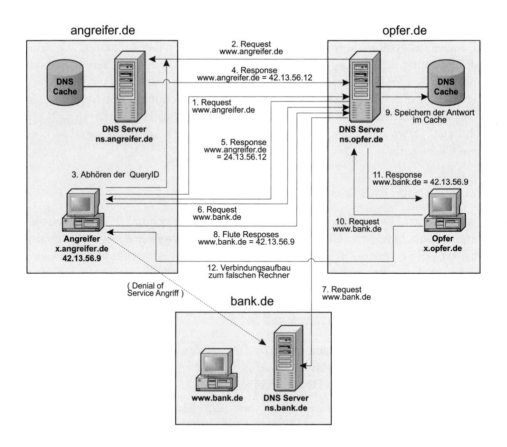

Abbildung 13.2: Ablauf des Angriffs bei DNS Spoofing

tragen. Der Angreifer muss an dieser Stelle mehrere Responses verschicken, da er durch die in Schritt 3 abgefangene Query-ID nur einen Hinweis auf die aktuelle Query-ID erhalten hat und somit mehrere ausprobieren muss. Zusätzlich kann er noch den DNS-Server *ns.bank.de* durch einen Denial of Service Angriff (vgl. 13.3) am Antworten hindern.

9. Hat der Angreifer eine *DNS-Response* mit der passenden *Query-ID* geschickt, so speichert der DNS-Server *ns.opfer.de* diese falsche Namensauflösung in seinem Cache.

10.–12. Fragt nun das Opfer *x.opfer.de* bei seinem DNS-Server nach der Adresse von `www.bank.de`, dann wird er aufgrund des Cachings nicht die korrekte Antwort bekommen (z.B. `08.15.2.3`), sondern die falsche `42.13.56.9`. Jede Verbindung zu `www.bank.de` wird dann fälschlicherweise zu `x.angreifer.de` aufgebaut. So kann der Angreifer beispielsweise an Passwörter kommen, die das Opfer zu einem geschützten Zugriff auf `www.bank.de` überträgt.

13.3 Denial of Service-Angriffe

Denial of Service (DoS) Angriffe zielen darauf ab, dass legitime Nutzer die angegriffene Ressource nicht mehr nutzen können. Dies wird generell durch überlasten der jeweiligen Resource erreicht. DoS Angriffe lassen sich in „einfache" und verteilte DoS unterschieden. Im Folgenden werden ein paar typische Vertreter beider Gattungen vorgestellt. Wenden wir uns zunächst einfachen DoS Angriffen zu.

13.3.1 Smurf und Fraggle Angriffe

Der *Smurf Angriff* beruht im Prinzip auf der vervielfachten Erzeugung von *ICMP-Echo Replies*, die normalerweise zur Realisierung des `ping`-Kommandos benutzt werden. Jedes IP-Subnetz hat ja eine reservierte Broadcast-Adresse für alle Rechner auf diesem Subnetz (in einem Subnetz `192.168.1.0/24` ist diese etwa `192.168.1.255`), und eine Netzwerk-Adresse (`192.168.1.0`). Das heißt, wenn zu einem Subnetz z. B. 40 Rechner gehören, antworten nach dem Senden einer ICMP-Echo Request auf die Netzwerk- oder Broadcast-Adresse alle 40 Rechner dieses Subnetzes mit einer ICMP-Echo Reply; auf ein Anfragepaket werden also eine vervielfachte Anzahl von Antwortpaketen geschickt. Die Smurf-Attacke macht sich diese Tatsache in Kombination mit IP Spoofing wie folgt zu Nutze:

❏ Mittels IP Spoofing wird ein ICMP-Echo Request an die Netzwerk- oder Broadcast-Adresse eines Subnetzes geschickt, wobei als Quelladresse die IP-Adresse des anzugreifenden Rechners angegeben wird. Das mißbrauchte Subnetz fungiert also als Vervielfacher für ICMP-Pakete.

- Weil er an die Broadcast-Adresse gesendet wurde, geht der ICMP-Echo Request an alle Rechner im Subnetz, welche darauf alle mit einem ICMP-Echo Reply antworten – diese Antwort geht jedoch nicht an den tatsächlichen Sender (den Angreifer), sondern an den anzugreifenden Rechner, dessen IP-Adresse als Quelladresse des Echo Requests angegeben wurde.
- Das Opfer empfängt nun also für jedes vom Angreifer gesendete Paket die 40-fache Menge an Paketen und wird dadurch bei der weiteren Teilnahme am Netzverkehr behindert oder sogar ganz ausgeschlossen.

Ein Angreifer mit einem 28,8 kbit-Modem kann so in unserem angenommenen Beispiel mit 40 Rechnern in einem IP-Netz circa $40 \times 28,8 = 1.152 kbit/s$ Netzverkehr auf dem angegriffenen System erzeugen; das entspricht schon 2/3 der Bandbreite eines T1-Anschlusses. Leider kann der angegriffene Rechner sich gegen solche Angriffe so gut wie gar nicht wehren, denn die Filterung im Rechner selbst nützt nichts, da sie ja zu diesem Zeitpunkt schon empfangen wurden und damit die Bandbreite verbraucht wurde. Es müssen also die Router des Service Providers bzw. Subnetzbetreibers umgestellt werden, so dass sie diese Pakete filtern. Die generelle Lösung jedoch ist es, in allen IP-Netzwerken ICMP-Echo Requests auf die Broadcast- oder Netzwerkadresse von den Routern filtern zu lassen, um Angriffe dieser Art unmöglich zu machen.

Der *Fraggle Angriff* führt einen ähnlichen Angriff wie Smurf durch, jedoch wird hierbei nicht der ICMP-Echo Request benutzt, sondern der UDP-Echo-Port (Portnummer 7) in der oben beschriebenen Weise mißbraucht.

13.3.2 TCP SYN Flooding

Idee von SYN Flooding

SYN Flooding ist ebenfalls ein einfacher DoS Angriff, jedoch im Protokollstack auf Transportebene angesiedelt. Ziel dieser Form des Angriffs ist es, einen bestimmten Serverprozess „lahmzulegen", ihn also davon abzuhalten, irgendwelche Antworten auf Anfragen zu schicken. TCP SYN Flooding nutzt dazu eine Schwachstelle im Design von TCP aus, nämlich eine Verbindung mittels des 3-Way-Handshakes aufzubauen (s. Kapitel 6.6.5:

1. Der Initiator eines Verbindungsaufbauwunsches schickt eine SYN-Nachricht an den gewünschten Partner, in dem er diesem seine gewünschte Anfangssequenznummer mitteilt.
2. Der Partner antwortet, indem er die Sequenznummer des Initiators bestätigt und eine weitere Sequenznummer sendet, die für die eigene Kommunikation benötigt wird, also für die andere Senderichtung.
3. Schließlich antwortet der Initiator mit einer Bestätigung der zweiten Anfangssequenznummer, und die Verbindung ist aufgebaut.

Funktionsweise des SYN Flooding

Möchte nun ein Angreifer einen Server ausschalten, so geht er wie folgt vor:

- ❑ Er sendet dem Server eine große Zahl von SYN-Nachrichten, die einen Verbindungsaufbauwunsch implizieren.
- ❑ Der Serverprozess beantwortet alle diese Anfragen korrekt, indem er die Sequenznummern bestätigt und eigene Anfangssequenznummern zur Bestätigung schickt.
- ❑ Der Trick ist nun, dass der Angreifer den letzten Teil des Verbindungsaufbaus *nicht* mehr durchführt, sprich die Sequenznummer des Servers nicht bestätigt.

Die Folge ist, dass der Server eine Reihe von sogenannten *halb-offenen* Verbindungen verwalten muss, bei denen er jeweils auf die endgültige Bestätigung wartet. Jede dieser halb-offenen Verbindungen belegt Pufferplatz im Server.

Nun steht TCP nur eine begrenzte Anzahl solcher Puffer zur Verfügung. Wenn es dem Angreifer gelungen ist, alle Puffer zu belegen, dann kann für eine gewisse Zeit (durch ein Timeout für halb-offene Verbindungen bestimmt) kein weiterer Verbindungsaufbauwunsch mehr bedient werden. Das bedeutet, aus Sicht eines normalen Benutzers kann der Server den gewünschten Dienst nicht erbringen, denn ohne Puffer können keine weiteren Verbindungen etabliert werden.

13.3.3 Verteilte Denial of Service Angriffe

Verteilte DoS (engl. Distributed Denial-of-Service [DDoS]) Angriffe gehen nicht wie die einfachen Angriffe von einem einzelnen Rechner aus. Vielmehr werden auf einer ganzen Reihe verschiedener Rechner Daemonen installiert, die dann koordinierte Angriffe auf bestimmte Zielrechner ausführen können. Die Installation auf die verschiedenen Rechner geschieht hierbei unter Zuhilfenahme von schon bekannten Sicherheitslücken und Angriffsmethoden; zwei verteilte Angriffswerkzeuge mit den Namen *trin00* und TFN (*Tribe Flood Network*) sind seit Juli 1999 bekannt. Da diese Werkzeuge auf den einschlägigen Internetseiten im Quelltext geladen werden können, werden sie einerseits ständig verbessert und sind somit immer schwerer zu entdecken, andererseits wird es dadurch auch weniger versierten Benutzern möglich, diese Werkzeuge einzusetzen.

Idee der verteilten Denial-of-Service-Angriffe

Der oder die angegriffenen Rechner sollen durch Überfluten mit Paketen handlungsunfähig gemacht werden. Dabei geht die Attacke nicht von einem einzelnen Rechner aus, sondern eine Vielzahl von Rechnern (in die vorher schon eingebrochen und das Werkzeug installiert wurde) sendet Pakete auf den anzugreifenden

13 Angriffe

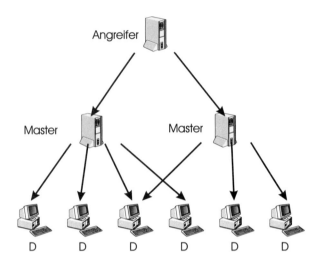

Abbildung 13.3: Architektur verteilter Denial of Service Angriffe

Rechner. Die Rechner, die letztendlich den Angriff ausführen, stellen die Daemonen dar. Weiterhin gibt es einen oder mehrere Master, die die Daemonen steuern, ihnen also mitteilen, welcher Rechner zu welchem Zeitpunkt angegriffen werden soll. Abbildung 13.3 zeigt die Architektur solcher verteilter Denial-of-Service-Angriffe. Der Angreifer selbst wiederum steuert die Master von extern und ist dadurch ziemlich schwer zu identifizieren. Durch die verteilte Architektur des Angriffswerkzeuges ist es relativ schwer, einen Angriff als solchen zu identifizieren, denn der angegriffene Rechner empfängt Pakete von einer Vielzahl verschiedener Rechner und kann somit nur schwer entscheiden, welche Rechner ihm tatsächlich Böses wollen und welche legitim auf ihn zugreifen.

Der Vorfall

In der Woche vom 6. bis 13. Februar 2000 wurden die Rechner mehrerer bekannter Internetfirmen, darunter das Internet-Portal Yahoo, das Auktionsportal eBay, der Internetbuchhandel Amazon und der Nachrichtendienst CNN, mit einem verteilten DoS Angriff mehrere Stunden lang lahmgelegt. Während des Angriffs wurden Datenraten mit bis zu einem Gigabit pro Sekunde beobachtet. Einer Schätzung des Marktforschungsunternehmens Yankee Group zufolge wurden die Umsatzeinbußen mit 1,2 Milliarden US-Dollar beziffert, wodurch Gewinneinbußen in Höhe von 100 Millionen US-Dollar durch entgangene Werbeeinnahmen und Verkäufe resultieren. Die Kosten zur Erhöhung der Sicherheit dieser Firmen wurden auf 200 Millionen US-Dollar geschätzt.

Im Zusammenhang mit den Angriffen auf CNN, Yahoo und eBay wurde einige Zeit später ein 15-jähriger Teenager aus Kanada, der unter dem Pseudonym

Mafiaboy im Internet auftrat, verhaftet; er bekannte sich später vor Gericht schuldig die Angriffe ausgeführt zu haben. Man kam ihm auf die Spur, da er in Internet-Foren die Taten angekündigt und mit ihnen geprahlt hatte. Im Allgemeinen ist es allerdings extrem schwierig den wirklichen Angreifer ausfindig zu machen, da er, zumindest nach dem Aufbau des Angriffsnetzwerks, nur im Vorfeld des Angriffs bei der Kommunikation mit den Mastern in Erscheinung tritt.

Das Vorgehen eines Angreifers

Um einen verteilten DoS Angriff durchzuführen muss der Angreifer zuerst sein Angriffsnetzwerk aufbauen. Im Folgenden wird beispielhaft erläutert, wie ein Angreifer hierbei typischerweise vorgeht.

1. Zuerst wird auf einem bereits kompromitierten System (um die eigene Identität zu verschleiern) ein Archiv mit derzeit gängigen Scanning und Angriffstools, dem Daemonenprogramm und dem Masterprogramm angelegt.
2. Nun wird von hier aus nach Rechnern gesucht auf denen z. B. bestimmte Versionen von Programmen laufen, in die mit den zur Verfügung stehenden Angriffstools eingebrochen werden kann.
3. Diese Liste der verwundbaren Rechner wird dann scriptgesteuert angegriffen. Ist der Angriff erfolgreich, wird eine Kommandoshell mit `root`-Rechten auf dem Rechner zur Verfügung gestellt, die sich mit dem angreifenden System verbindet um den Erfolg des Angriffs zu melden.
4. Nun kann der Angreifer seine Angriffsrechner und Masterrechner auswählen und auf ihnen die Daemonen bzw. Masterprogramme installieren.

Ist ein Angriffsnetzwerk einmal aufgebaut muss der Angreifer nur noch den Mastern mitteilen welche IP Adresse zu welchem Zeitpunkt angegriffen werden soll und kann dann in aller Ruhe die Folgen des Angriffs abwarten.

Werfen wir nun einen Blick auf die beiden verteilten DoS Angriffstools *trin00* und *Tribe Flood Network 2000*. Anzumerken ist, dass durch die freie Verfügbarkeit der Programme die Quellen leicht abgeändert werden können und somit nicht mehr den folgenden Beschreibungen entsprechen.

13.3.4 trin00

Ein *trin00*-Netzwerk greift seine Opfer mit UDP Paketen auf unterschiedliche Ports an. Die Architektur entspricht der in Abbildung 13.3 dargestellten.

Die Daemonen dieses Angriffstools installieren sich auf den eingebrochenen Systemen unter möglichst unauffälligen Namen, wie etwa:

- `ns`
- `http`

13 Angriffe

- ❏ `rpc.trinoo`
- ❏ `rpc.listen`
- ❏ `trinix`
- ❏ `rpc.irix`
- ❏ `irix`

Jeder Deamon enthält die IP Adresse von einem oder mehreren Mastern fest einkompiliert und meldet sich nach dem Starten mit einem UDP Paket, das den String "*HELLO*" enthält, dort an. Jegliche Kommunikation vom Daemon zum Master erfolgt über UPD auf den Ziel-Port 31335.

Der Master speichert eine Liste aller verfügbaren Deamons in der verschlüsselten Datei "..." im selben Verzeichnis, in dem sich auch das ausführbare Master Programm befindet.

Soll nun ein Angriff erfolgen laufen im wesentlichen drei Schritte ab:

1. Der Angreifer baut eine TCP Verbindung zu seinen Mastern auf Port 27665 auf und teilt ihnen mit, welche IP-Adresse wie lange angegriffen werden soll. Hierbei wird zur Zugangskontrolle ein Passwort („betaalmostdone") benötigt, dass im Masterprogramm verschlüsselt einkompiliert ist.

2. Die Master kommunizieren die Angriffparameter zu den Deamonen. Dies geschieht über UDP Pakete auf den Ziel-Port 27444. Jede Befehlszeile an den Deamon muss hierbei den String "l44" enthalten, um vom Daemon akzeptiert zu werden. Darüber hinaus gibt es weitere Befehle, die durch ein zusätzliches Passwort geschützt sind.

3. Nun führen die Daemonen für die angegebene Dauer den Angriff auf die übermittelte IP-Adresse aus. Der Angriff selbst besteht in der Überflutung der Zielrechner mit UDP-Paketen auf zufällige, wechselnde Portnummern (*UDP Flooding*). Die Quell-IP-Adresse wird hierbei nicht gespooft.

Die Daemonen führen diesen Angriff völlig autark aus und warten danach auf neue Befehle vom Master. Wie schon erwähnt, wird es durch die Vielzahl von Rechnern, die den Angriff ausführen, schwierig, den Angriff überhaupt als solchen erkennen zu können.

13.3.5 Tribe Flood Network 2000

Tribe Flood Network 2000 (*TFN2k*) ist die zweite Version des verteilten Angriffstools Tribe Flood Network aus der Feder der Person, die unter dem Pseudonym *Mixter* im Internet auftritt. Obgleich von der Angreifer-Master-Daemon–Architektur *trin00* ähnlich, ist *TFN2k* doch weiter ausgereift in der Art der Kom-

13.3 Denial of Service-Angriffe

munikation und der Angriffsarten. Die wichtigsten Unterschiede werden im Folgenden aufgeführt:

- Die Opfer können mit *TCP SYN Flooding, Smurf Angriffen, UDP Flooding* oder einfachen *ICMP/PING* angegriffen werden. Zusätzlich können die Daemonen aufgefordert werden während eines Angriffs zufällig zwischen den Angriffsarten zu wechseln. Schließlich wird die Quell-IP-Adresse standardmäßig gespooft.

- Die Kommunikation zwischen Master und Daemon kann über TCP, UDP oder ICMP erfolgen und ist immer verschlüsselt. Zusätzlich ist die Quell-IP-Adresse standardmäßig gespooft.

- Der Daemon in *TFN2k* ist komplett stumm und kommunizieren zu keinem Zeitpunkt mit dem Master. Stattdessen verschickt dieser die Kommandos auf zufällige Art und Weise 20 Mal und verläßt sich auf die Wahrscheinlichkeit, dass mindestens ein Paket den Daemon erreicht.

- Der Daemon Prozess erschafft für jeden Angriff einen neuen Prozess mit wechselnden Namen, so dass die Prozesse in der Prozessliste möglichst nicht auffallen.

Darüberhinaus gibt es noch weitere kleinere Besonderheiten von *TFN2k*, auf die an dieser Stelle jedoch nicht weiter eingegangen werden soll. Interessanter ist es, einen Blick in die Zukunft von DDoS-Tools zu werfen. *Mixter*, der Autor von *TFN2k*, hat hierzu, auf theoretischer Ebene, wie er ausführt, einen Bericht über *TFN3k* veröffentlicht. Hierbei werden drei Richtungen der Weiterentwicklung deutlich:

- Neuen Angriffsarten werden implementiert, z. B. zur Desynchronisation von TCP Verbindungen oder Nutzung von Multicast zur Multiplizierung von Paketen.

- Die Ziele ändern sich mit dem weitläufigen Einsatz von Intrusion Detection Systemen (s. Kapitel 17). Diese Systeme, die darauf ausgerichtet sind Angriffe zu erkennen, können bewußt mit Signaturen von vermeintlichen Angriffen zu einer Flut von Fehlalarmen verleitet werden, so dass der wirkliche Angriff in dieser Flut untergeht.

- Die Kommunikationsarten ändern sich um die Kommunikation zwischen Master und Daemon noch unauffälliger zu machen.

Insgesamt muss man die Entwicklung in diesem Bereich als sehr gefährlich und sehr schwer zu entdecken einstufen. Während nicht-verteilte Attacken leicht ausgemacht werden können, da sie von einer einzigen IP-Adresse ausgehen, ist dies bei diesen Angriffsprogrammen nicht möglich. Dadurch wird die Abwehr sehr schwierig, und die wirtschaftliche Gefahr für die im Internet operierenden Organisationen sehr hoch.

13.4 Ausnutzen von Vertrauensbeziehungen

Durch Vertrauensbeziehungen zwischen Rechnern in einem Netzwerk können Rechner unter Umständen von einem Angreifer „blind" ferngesteuert werden. Im Folgenden Angriff nutzt der Angreifer zwei Schwachstellen im Design von IP und in bestimmten TCP Implementierungen aus, um sich unter Ausnutzung eines bestehenden Vertrauensverhältnisses zwischen zwei Rechnern selbst Zugang zu einem der Rechner zu verschaffen.

Idee des Angriffs

Rechner im Internet überprüfen generell nicht die Authentizität der IP-Source-Adresse eines empfangenen Pakets, d.h., sie lesen nicht die Quelladresse aus dem IP-Paket aus und stellen fest, ob der angegebene Host das Paket auch tatsächlich geschickt hat. Diese Schwachstelle erlaubt es einem Host, Pakete mit einer IP-Adresse eines anderen Hosts zu senden. Wie diese *IP-Spoofing* genannte Technik funktioniert haben wir bereits am Anfang des Kapitels in 13.1 gesehen.

Die Anfangssequenznummern, die zum Aufbau einer TCP Verbindung in den SYN-Paketen mitgeschickt werden, werden im allgemeinen nicht zufällig generiert, wie eigentlich im Standard vorgeschrieben. In BSD-Unix wird beispielsweise der Zähler für die initialen Sequenznummern jede Sekunde um eine Konstante erhöht.

Eine solche Implementierung erlaubt es einem Host, eine Sequenznummer, die für den Aufbau einer TCP-Verbindung benötigt wird, mit hoher Zuverlässigkeit zu erraten.

Eine wichtige Rolle spielt außerdem die Verwendung eines Dienstes, der die Umgehung bestimmter Sicherheitsabfragen erlaubt. Dies ist z.B. bei `rlogin` und den anderen r*-Diensten (`rlogin`, `rsh`, etc.) der Fall. Sie beruhen auf Adressenbasierter Authentifizierung, schauen also nur nach, ob der Host, der das Paket angeblich geschickt hat (Quelladresse des Pakets) tatsächlich die Berechtigung hat, auf dem angesprochenen Host die Dienste zu benutzen. Dienste wie `Telnet` sind hier widerstandsfähiger, da sie außerdem eine Passwortabfrage integrieren.

Ablauf des Angriffs

In diesem Angriffsszenario gibt es drei Hauptdarsteller: den *Angreifer A*, das *Opfer O* und den *Vertrauten V*. Der Angriff ist grafisch in Abbildung 13.4 dargestellt und läuft wie folgt ab:

1. Host *A* (der Angreifer) baut eine reguläre TCP-Verbindung zu Host *O* (dem Opfer) z.B. zum E-Mail-Dienst mittels `telnet x.x.x.x 25` auf. Dieser ist

13.4 Ausnutzen von Vertrauensbeziehungen

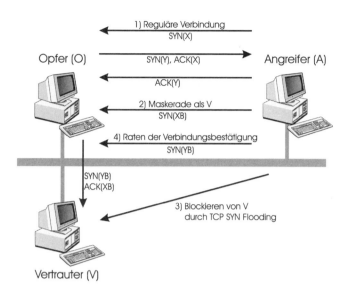

Abbildung 13.4: Angriff unter Ausnutzung von Vertrauensbeziehungen

bei Servern eine gute Wahl, da ein solcher Aufbauwunsch praktisch immer erfolgreich ist, denn E-Mail ist fast überall erlaubt. Als Quelladresse der Pakete gibt er seine eigene IP-Adresse an. Er erhält daraufhin als Antwort die Bestätigung von O einschließlich einer Sequenznummer.
Dieser Vorgang wird mehrmals wiederholt, um eine Idee zu bekommen, wie sich die Sequenznummern ändern.

2. A sendet nun einen weiteren Aufbauwunsch an O, diesmal jedoch mit der Adresse von V (dem Vertrauten von O) als IP-Source-Adresse. O wird nun eine Antwort schicken, aber nicht an A, sondern natürlich an V, denn O glaubt ja, das Paket von V empfangen zu haben. A kann diese Antwort also normalerweise nicht erhalten.

3. Gleichzeitig mit dem falschen Paket an O sendet A fortlaufend Verbindungsaufbauwünsche an V, startet also einen *TCP SYN Flooding* Angriff. Dieser Denial of Service Angriff führt dazu, dass alle Verbindungspuffer von V nach kurzer Zeit voll sind, und V auf die Antwort von O, die er unerwarteterweise erhält, nicht mit einem RESET antworten kann. Dies wäre nämlich die übliche Reaktion von V, die dann auch den Puffer von O wieder freigeben würde.

4. Anstelle von V antwortet jedoch nun A mit einer endgültigen Aufbaubestätigung, in der er auch die von O gewählte Sequenznummer bestätigen muss. Dies kann er jedoch einigermaßen verläßlich tun (Sequence Number Guessing), da er ja eine Sequenznummer kennt sowie die Zeit, die seit der ersten Versuche vergangen ist. Eine genaue Angabe ist auch gar nicht notwendig,

da sich TCP mit einem Wert aus einem bestimmten Bereich um den korrekten Wert herum zufrieden gibt.

5. Damit ist eine Verbindung zwischen A und O aufgebaut. Wegen der Verwendung von `rlogin` und der IP-Adresse eines *Trusted Hosts*, hier des Vertrauten V, ist die Eingabe eines Passwortes nicht mehr nötig, so dass A jetzt beliebige Kommandos auf O absetzen kann.
Eine wirkliche Dialogverbindung kann allerdings nicht aufgebaut werden, denn O hat ja die IP-Adresse von V als Antwortadresse gespeichert, so dass nie eine Antwort bei A ankäme. Ein erstes Kommando könnte aber sein, eine `.rhosts`-Datei zu senden (in diese Richtung funktioniert die Kommunikation ja) und damit den Zugang etwas zu vereinfachen, indem nämlich der eigene Host in die Liste der Trusted-Hosts aufgenommen wird. Damit wäre etwa ein echtes `rlogin` möglich.

13.5 Würmer und Trojanische Pferde

Abschließend schauen wir noch auf zwei sehr erfolgreiche Würmer, der *Internet Wurm* und den *Loveletter Wurm*, sowie kurz auf Trojanische Pferde.

13.5.1 Der Internet Worm

Der Vorfall

Der Internet Worm, der am 2. November 1988 gestartet wurde, war der erste Wurm Angriff, der große Teile des Internets in seiner damaligen Form lahm legte und somit für großes öffentliches Interesse sorgte. Der Urheber war der damals 23-jährige Robert Tappan Morris Jr., Sohn des bedeutenden Wissenschaftlers des National Computer Security Centers (NCSC) Robert T. Morris.

R. T. Morris Jr. war Student der Cornell University und hatte Aufgaben im Rahmen der Rechnerbetreuung übernommen. Seine detaillierten Kenntnisse über das UNIX-System waren bekannt; er verfügte weiterhin über `root`-Rechte.

Sein Programm – der Internet Worm oder auch „Morris Worm" – infizierte insgesamt etwa 2.600 Systeme des Internet (nach Clifford Stoll). Es gibt auch über die Höhe des entstandenen Schadens nur Schätzungen. Die höchste Schätzung beläuft sich auf 97 Millionen US-Dollar (J. McAfee).

Verletzlich waren alle Rechner der Herstellerfirmen DEC und Sun (Sun-3-Systeme) des Netzwerks, die mit BSD UNIX betrieben wurden. Unter UNIX System V betriebene Rechner konnten nur infiziert werden, wenn mit den Programmen `sendmail`, `fingerd` oder `rexec` eine Kompatibilität zu BSD UNIX geschaffen worden war.

Funktionsweise des Wurms

Für seine Verbreitung nutzte der Wurm verschiedene Eigenschaften und Sicherheitslücken auf TCP/IP Applikationsebene aus. Insgesamt wurden vier unterschiedliche Verfahren für die Ausbreitung eingesetzt:

1. *Sicherheitslücken in* `fingerd`
   Eine bestimmte Funktion der Standard-C-Bibliothek, die die Länge der Parameter nicht überprüft, wurde im Finger-Daemon verwendet. Beim Aufruf des Daemon auf einem entfernten Rechner durch einen aktiven Wurm-Prozeß wurde eine Zeichenkette als Parameter übergeben, deren Länge den zur Verfügung stehenden Pufferbereich überstieg. Dadurch wurden Teile des Daemon-Prozesses im Hauptspeicher überschrieben, darunter auch die Rücksprungadresse der gerade ausgeführten Funktion (ein so genannter *Buffer Overflow Angriff*). Die neue Rücksprungadresse zeigte auf einen Teil des überschriebenen Speichers, in dem jetzt eine Shell mit den Rechten des Daemon aufgerufen wurde. Mit dieser Shell wurde dann eine Kopie der für den Start des Wurms auf diesem Rechner benötigten Dateien übertragen und ausgeführt. Die Existenz dieser Sicherheitslücke war seit langer Zeit bekannt, trotzdem wurden die allgemein verfügbaren Fixes nicht überall eingespielt.

2. *Sicherheitslücken in* `sendmail`
   Auch dieser Fehler war bereits seit langer Zeit bekannt, und nur ein Teil der Systeme wies ihn noch auf. Die betroffenen Versionen dieses Mail-Daemon waren mit der DEBUG-Option kompiliert worden. Dabei wurde eine durch den Entwickler eingebaute „Falltür" aktiviert, die auf dem Remote-System die Interpretation einer über E-Mail empfangenen Nachricht als Befehl erlaubte. So konnte ein Wurm-Prozeß auf einem entfernten Rechner eine Shell starten.

3. *Das Vertrauenskonzep von* `rsh`
   Eine wichtige Eigenschaft vieler UNIX-Systeme ist das Konzept des „distributed trust" (verteiltes Vertrauen), das mit den oben schon genannten r*-Protokollen der BSD-Implementation eingeführt wurde. Inzwischen werden diese Protokolle auch in anderen UNIX-Derivaten eingesetzt. Mit ihrer Hilfe wird es möglich, auf anderen Rechnern bestimmte Befehle oder eine Remote-Shell aufzurufen, wenn der lokale Rechner dort als vertrauenswürdig eingestuft ist. Diese Einstufung erfolgt durch den Eintrag der Rechnernamen in eine spezielle Datei. Da in der Regel eine solche Einstufung auf Gegenseitigkeit beruht, versuchte der Wurm-Prozeß, auf den in der lokalen Datei `/etc/rhosts` (bzw. in der `.rhosts`-Datei von Benutzern, deren Passwörter er gefunden hatte) angegebenen Rechnern eine solche Remote-Shell zu starten.

4. *Schwache Passwörter*
   Durch die Möglichkeit, auf die gespeicherten Benutzeridentifikationen und

die zugehörigen verschlüsselten Passwörter zuzugreifen, konnte der Wurm-Prozeß einen Angriff auf einen Account durchführen, indem der Reihe nach zahllose Passwörter durchprobiert wurden. Gelang die Bestimmung des verwendeten Passworts, wurde mit der Benutzer-Identifikation versucht, auf einem anderen Rechner des Netzwerks eine Sitzung zu starten. Dieses Vorgehen war erfolgreich, wenn der jeweilige Benutzer auf diesem Rechner das gleiche Passwort verwendete.

Ziel des Angriffs

1. Der Zweck des Angriffs war es, zunächst ein minimales Programm im Quellcode (und damit unabhängig von dem jeweiligen Prozessor und dessen Maschinensprache) zu übertragen, zu kompilieren und auszuführen.

2. Die Aufgabe dieses Programms war es, sich beim Wurm-Prozeß, der die Ausbreitung initiiert hatte, anzumelden und dann zwei Dateien zu empfangen. Die übertragenen Objektcode-Dateien waren jeweils für DEC-Systeme bzw. für Sun-3-Systeme implementiert. Es wurde nicht versucht, die jeweils vorhandene Kombination zu bestimmen, statt dessen wurden die Dateien einfach nacheinander gebunden und das so entstandene Programm jeweils gestartet. Konnte dieses ausgeführt werden, war damit der Wurm-Prozeß auf dem Rechner aktiviert, wenn nicht, handelte es sich offensichtlich um die falsche Kombination und die andere Variante wurde erzeugt.

3. Ein Teil des Wurm-Prozesses wendete Verschleierungstechniken an, um eine Entdeckung möglichst zu vermeiden. Der Name des aktiven Prozesses wurde in `sh` umbenannt, die Dateien gelöscht und bei Erreichung einer bestimmten Prozessorzeit die Kontrolle an einen Tochterprozeß weitergegeben. Damit sollten auffällige Kennzeichen für die Aktivitäten eines Wurmprogramms vermieden werden. Die im Code enthaltenen Zeichenketten und das Verzeichnis der Passwörter waren primitiv verschlüsselt.

4. Die Existenz aktiver Wurm-Prozesse auf einem entfernten Rechner sollte vor einer weiteren Ausbreitung bestimmt werden, und nur in einem von 15 Fällen sollte eine Reinfektion stattfinden. Dadurch sollten Abwehrmaßnahmen, die nur die Existenz eines Wurm-Prozesses vortäuschten, unterlaufen werden. Aufgrund eines Programmierfehlers geschah die Reinfektion jedoch in 14 von 15 Fällen. Dadurch wurden viel mehr Rechner mehrmals infiziert und durch die vielen laufenden Wurmprozesse völlig überlastet. So wurde der Wurm wahrscheinlich schneller entdeckt, als dies anderenfalls möglich gewesen wäre.

Robert T. Morris Jr. wurde letzlich angeklagt und schuldig gesprochen, den Internet Wurm in Umlauf gebracht zu haben. Er wurde zu drei Jahren auf Bewährung, 400 Stunden gemeinnütziger Arbeit und 10.050$ Geldbuße verurteilt.

Als unmittelbare Folge des Morris-Wurms wurde im Dezember 1988 ein sogenanntes Computer Emergency Response Team (CERT) ins Leben gerufen. Heute kontrolliert das CERT Coordination Center die Tätigkeit verschiedener CERTs weltweit. Es gibt eine Telefon-Hotline und verschiedene Publikationsorgane, die auf Sicherheitslücken hinweisen und den Anwendern Hilfestellung geben. Nach dem Vorbild der CERTs wurden seitdem weltweit ähnliche Gruppen aufgebaut. Verschiedene Organisationen, so Computer Professionals for Social Responsibility (CPSR), Internet Activity Board (IAB), National Science Foundation (NSF) und verschiedene Universitäten (darunter das MIT und die Cornell University) haben ethische Grundsätze und Regeln im Zusammenhang mit Computern und Netzwerken formuliert und veröffentlicht.

So haben erfolgreiche Angriffe auch immer gute Seiten: sie schärfen auf jeden Fall das Bewußtsein der Systembetreiber für Sicherheitsfragen, und außerdem helfen sie, aus Fehlern zu lernen und die Programme und Methoden, die bis dahin eingestzt wurden, immer weiter zu verbessern.

13.5.2 Der Loveletter Wurm

Die Windows-Welt wurde am 4. Mai 2000 durch einen Wurm erschüttert, der seine rasche Verbreitung der Microsoft-Monokultur verdankt und nicht einer ungewollten Schwachstelle im System. Es handelt sich bei *Loveletter* um ein Visual-Basic-Skript (daher auch die Dateiendung .vbs des Anhangs), das zur eigenen Verbreitung das Adreßbuch aus dem E-Mail-Programm Outlook öffnet und an alle darin vorhandenen Adreßeinträge eine neue E-Mail mit dem Betreff ILOVE-YOU versendet, die als Datei-Anhang wiederum sich selbst unter dem Namen LOVELETTER.TXT.vbs enthält. Wird der Anhang vom Empfänger (der ebenfalls Outlook benutzen muss) geöffnet, beginnt das gleiche Spiel wieder von vorne. Da als Absender jeweils die Person erscheint, die den Empfänger im Adreßbuch verzeichnet hatte, wurde beim Empfänger Vertrauen geweckt und der Anhang wurde in vielen Fällen arglos geöffnet. Durch diesen einfachen Mechanismus konnte sich der Wurm rasend schnell über Firmennetze auf der ganzen Welt verbreiten und richtete Schäden von mehreren hundert Millionen Mark an. Alleine in Europa waren einen halben Tag nach der Entdeckung mehr als 100.000 Mailserver überlastet.

Zusätzlich zur aggresiven Verbreitung des Wurms kommt seine Zerstörungswut hinzu, die alle Skriptdateien (Dateien mit den Endungen .css, .vbs, .js) sowie JPEG-Dateien mit dem Virus-Skript überschreibt und somit zerstört und alle MP3-Dateien mit dem Setzen des Hidden-Attributes versteckt. Das ist tückisch, denn wird beim Entfernen des Virus nur ein einziges überschriebenes Skript vergessen, kann durch erneutes Starten dieses (vermeintlich harmlosen) Skripts Loveletter erneut aktiviert werden. Loveletter durchsucht alle erreichbaren Laufwerke nach Dateien, also auch als Netzlaufwerk eingebundene Serververzeichnisse. Gerade das Löschen der JPEG-Dateien machte bei mindestens einer Zeitung die Veröffentlichung einer Notausgabe notwendig, da fast alle Bilddateien zerstört waren.

Linux-Benutzer haben durch Würmer und Viren dieser Art keinerlei Schaden zu befürchten, da VisualBasic-Skripten unter Linux nicht als ausführbare Dateien bekannt sind und daher nur als normaler Text angezeigt werden. Es gibt keine Datei-Anhänge von E-Mails, die unter Linux oder einem anderen *NIX ausgeführt werden müssten. Lediglich unter Outlook werden diese nach Bestätigen einer Warnmeldung ausgeführt und beginnen sofort (und stillschweigend) ihr (in diesem Fall übles) Treiben. Microsoft hat bereits kurze Zeit später mit einem Upgrade von Outlook reagiert, nach dessen Aufspielen Outlook die Skripten nur noch speichern, aber nicht mehr ausführen kann. Zur Ausführung muss die Datei nun außerhalb des Mail-Programmes explizit gestartet werden.

Ein weiterer schädlicher Effekt des Wurms ergibt sich aus der Tatsache, dass er sich in das (Microsoft-)Betriebssystem einbindet. Dies geschieht, indem zwei Kopien des Wurm-Skripts in das Systemverzeichnis geschrieben sowie zwei Autostart-Einträge in den Systembereich der Registrierung eingefügt werden – beides Aktivitäten, die unter Linux so nicht möglich sind, da hier keine Applikation eines Benutzers (außer `root`) das Recht hat, direkten Einfluß auf das Betriebssystem selbst zu nehmen.

Da das Wurm-Skript im Quelltext vorliegt (es muss ja nicht übersetzt werden), wurden innerhalb weniger Stunden schon acht Loveletter-Klone entdeckt, die prinzipiell die gleiche Arbeitsweise besitzen, jedoch andere Betreffzeilen und Mail-Texte verwenden.

Eine noch aggressivere Version, die unter dem Namen *NewLove* bekannt wurde, generiert die Mail-Texte anhand der zuletzt benutzten Dateien des Benutzers (deren Namen im Dokumente-Ordner gesammelt werden) und verlängert die E-Mail bei jedem Versenden. Im Gegensatz zum Loveletter löscht diese Variante alle gefundenen Dateien und wählt keine bestimmten aus, dadurch ist das System nach der Infektion oftmals unbrauchbar, und die Daten sind in vielen Fällen unwiederbringlich verloren. Die Sensibilisierung der Outlook-Benutzer auf Dateien mit der Endung `.vbs` konnte jedoch eine Verbreitung wie bei der Infektion durch Loveletter vermeiden; das Problem selbst ist jedoch noch immer vorhanden. Wann kommt der nächste Virus, der JavaScript (`.js`) verwendet und somit wiederum von Benutzern als harmlos erachtet und geöffnet wird?

13.5.3 Trojanische Pferde und andere Hintertüren

Es gibt auch eine Vielzahl von Programmen, die eine bestimmte Funktionalität vorgeben (und diese oftmals auch erfüllen), die jedoch zusätzlich Programmteile besitzen, die von außen von Hackern steuerbar sind. Da das Programm mit den normalen Benutzerrechten ausgeführt wird, kann der Angreifer somit vertrauliche Daten des infizierten Rechners auslesen und unter Umständen für weitere Angriffe nutzen. Nach historischem Vorbild werden solche Programme als *trojanische Pferde* bezeichnet, manchmal auch als *Hintertüren* (*Back Doors*). Trojanische Pferde haben illustre Namen wie `GirlFriend`, `SubSeven` und `DeepThroat`, und in den meisten Fällen wurde sie über eine E-Mail an den Benutzer geschickt oder von ihm aus dem Internet heruntergeladen, welcher sie dann selbst installiert in der Ansicht, es handele sich um ein sinnvolles Programm. Einer der bekanntesten Vertreter ist das im August 1998 entdeckte `BackOrifice`, welches von einer Hackergruppe namens „The Cult of the Dead Cow" entwickelt und als „Remote Administration Tool" bezeichnet wurde. Diese Bezeichnung ist zwar nicht falsch, jedoch ist die Administration ohne Wissen des Rechnerbesitzers sicher nicht das, was üblicherweise darunter verstanden wird.

13.6 Gegenmaßnahmen

Alle vorgestellten Angriffe, egal ob sie Schwachstellen im Design der Protokolle oder ihrer Implementierungen ausnutzen, erfordern detaillierte Kenntnisse über eben diese Protolkolle bzw. Implementierungen. Gleiches gilt natürlich auch, wenn man sich gegen die Angriffe verteidigen oder sie verhindern will.

Gegen alle hier beschriebenen Angriffe gibt es jeweils entsprechende Gegenmaßnahmen. Sofern die Angriffe Schwächen in der Implementierung der Protokolle ausnutzen, lassen sie sich prinzipiell relativ leicht durch entsprechende Programm-Patches abwehren. Allerdings muss an dieser Stelle angemerkt werden, dass viele Anwender in dieser Richtung erst aktiv werden, wenn ein Angriff erfolgreich gegen sie ausgeführt und auch von ihnen bemerkt wurde.

Angriffe, die Fehler im Design der Protokolle ausnutzen lassen sich jedoch schwieriger abwehren. In machen Fällen läßt sich durch eine schlaue Implementierung oder durch eine Erweiterung der Protokollspezifikation die Schwachstelle schließen. Auch lassen sich durch den Einsatz von zusätzlichen Maßnahmen, wie beispielsweise Firewalls (vgl. Kapitel 15), Sicherheitsscanner und Alarmanlagen (vgl. Kapitel 17) bzw. dem Einsatz sicherer Protokolle (vgl. Kapitel 14) viele Angriffe verhindern.

Mit vielen unter Sicherheitsgesichtspunkten Unzulänglichkeiten werden wir allerdings noch eine ganze Zeit leben müssen.

Mögliche Gegenmaßnahmen zu den vorgestellten Angriffen werden nun kurz vorgestellt:

- ❏ Umlenken von Datenströmen
    - ➢ ARP Spoofing
      Obwohl ARP Spoofing an sich nicht verhindert werden kann können kleinen Programmen, wie beispielsweise `arpwatch` benutzt werden,

um bei der Veränderung von bestehenden MAC-IP-Abblidungen automatisch Warnmeldungen zu generieren.
- DNS Cache Poisoning
  Die eleganteste Art DNS Cache Poisoning zu verhindern ist die zufällige nicht voraussagbare Vergabe von Request-IDs für jede neue Anfrage. Ist diese bei der aktuell Verwendetn Version des DNS Servers nicht vorgesehen, hilft oftmals ein Update auf die neuste Version.
  Darüberhinaus kann man den Zugriff auf den eigenen DNS Server einschränken oder auch einfach für wichtige Dienste auf die numerische IP-Adresse zur Adressierung des Servers zurückgreifen.

❏ Denial of Service Angriffe
- Smurf und Fraggle Angriffe
  Filtern der ICMP- bzw. UDP-Echopakete bei den Betreibern von Netzwerken. Hierzu gibt es auch eine Empfehlung zur Umkonfigurierung von Routern in RFC 2644.
- TCP SYN Flooding
  Obwohl TCP SYN Flooding Angriffe per se nicht verhindert werden können, da halboffenen Verbindungen temporär bei jedem TCP Verbindungsaufbau entstehen, können doch die Effekte des Angriffs abgeschwächt werden.
  Eine erste Gegenmaßnahme ist das Limitieren von Verbindungswünschen auf eine maximale Anzahl pro Zeiteinheit. Dies kann an einem Router oder auch an vielen Firewalls geschehen.
  Darüberhinaus kann man mehrere Server bereithalten, die den Dienst bereitstellen und dynamisch die Anfragen zwischen diesen aufteilen.
- Verteilte Denial of Service Angriffe
  Die ans Internet angeschlossenen Router sollten Ingress-Filterung von IP-Paketen durchführen, wie es in RFC 2267 definiert ist. Hierbei werden IP-Pakete mit falschen (gespooften) Quelladressen von Routern nicht weitergeleitet, wodurch verteilte Angriffe wesentlich erschwert werden. Weiterhin sollte auf Verkehr auf den von diesen Angriffswerkzeugen benutzten Ports geachtet werden. Jeweils aktuelle Maßnahmen gegen diese Attacken sollten auf http://www.cert.org eingesehen werden, da die Angriffswerkzeuge ständig verändert werden und dadurch die Abwehr angepaßt werden muss.

❏ Ausnutzen von Vertrauensbeziehungen
Konfiguration eines Paketfilters, so dass alle Pakete mit ungültigen IP-Adressen und mit offensichtlich gefälschten IP-Adressen (z.B. IP-Pakete von außen mit Adressen aus dem internen Netz) verworfen werden und nicht ins System gelangen können. Hierbei sollte man ebenfalls verhindern, dass IP-Pakete mit ungültigen Adressen das eigene System verlassen können.

Weiterhin sollten Dienste nur nach Authentifizierung von Kommunikationspartnern zugänglich sein und Betriebssystem Versionen genutzt werden, die gute nicht voraussagbare initiale Sequenznummern generieren.

- Viren, Würmer und Co
  - Internet Worm (Morris Worm)
    Einspielen der entsprechenden Bug-Fixes.
  - Trojanische Pferde, Hintertüren
    Verweigern jeglicher Installation von über E-Mail oder sonstigen fremden Quellen empfangener Software. Weiterhin sollten Softwarepaketen nur von offizieller Stelle heruntergeladen werden, um nachträglich infizierte Software auszuschließen.

13.7 Zusammenfassung und Ausblick

Dieses Kapitel erklärte im Detail einige die wichtigsten Angriffsarten im Internet, ihre Funktionsweise und die Sicherheitslücken, die sie ausnutzen. Zu jedem der Angriffe wurden Gegenmaßnahmen vorgestellt, die einen solchen Angriff verhindern oder zumindest abschwächen können.

Kapitel 14

Sichere Kommunikationsprotokolle

Wie das letzte Kapitel angedeutet hat gibt es vielfältige Möglichkeiten die in TCP/IP-Netzen verwendeten Protokolle anzugreifen. Aus diesem Grund wurden sichere Kommunikationsprotokolle entwickelt, die vor vielen dieser Angriffe schützen sollen und dieses Ziel auch erreichen.

Sichere Protokolle können hierbei auf fast jeder Ebene des TCP/IP-Protokollstacks zum Einsatz kommen. In diesem Kapitel werden prominente Vertreter auf Netzwerkebene (*IPSec*), auf Transportebene (*SSL*) und auf Applikationsebene (*SSH*) besprochen. Zu jedem Protokoll wird zusätzlich die Konfiguration und der Einsatz unter Linux besprochen.

Generell verwenden sichere Protokolle kryptographische Maßnahmen und Verfahren um die Kommunikation abzusichern. Ziel dieses Buches ist es jedoch nicht diese kryptographischen Verfahren und ihre mathematischen Grundlagen zu beschreiben (sehr gute Bücher in diesem Bereich finden sich in der Literaturliste), sondern vielmehr die Auswirkungen ihres Einsatz zu betrachten.

14.1 IPSec

IP bietet von sich aus keine Sicherheitsdienste. Das bedeutet beispielsweise, dass die IP-Adresse des Absenders gefälscht werden kann (vgl. Abschnitt 13.1) oder die Daten im Datagramm beim Transfer eventuell verändert werden können. Weiterhin kann jede Station, die das Datagramm durchlaufen hat in dessen Inhalt schauen, sprich die Daten auslesen.

IPSec schafft hier Abhilfe, indem es verschiedene Sicherheitsdienste auf Netzwerkebene bietet. Im Betrieb können verschiedene Sicherheitsprotokolle mit unterschiedlichen Sicherheitseigenschaften gewählt werden, sowie kryptographische Verfahren ausgesucht und Schlüssel ausgetauscht werden. IPSec kann sowohl in IPv4 und IPv6-Netzen genutzt werden. Spezifiziert ist IPSec in mehreren RFCs, wobei die wichtigsten RFC2401, RFC2402, RFC2406 und RFC2408 sind.

14.1.1 Sicherheitsdienste

Die Sicherheitsdienste die IPSec für die einzelnen IP-Datagramme anbietet sind:

❑ *Datenintegrität*
Datenintegrität schützt das Datagramm vor nicht legitimierter Veränderung. Dies wird durch den Einsatz eines so genannten *HMAC* (Hash-based Message Authentication Code) erreicht, der vereinfacht gesagt einem durch einen geheimen Schlüssel gesicherten Fingerabdruck der Daten entspricht.

❑ *Datenauthentifizierung*
Die Datenauthentifizierung stellt sicher, dass das empfangene Datagramm auch wirklich vom angegebenen Absender geschickt wurde. Dies wird ebenfalls durch den eingesetzten HMAC gewährleistet, da der geheime Schlüssel, der in dessen Berechnung mit eingeht nur dem Sender und Empfänger des Datagramms bekannt ist.

❑ *Vertraulichkeit*
IPSec bietet zwei Arten von vertraulicher Kommunikation, die Geheimhaltung der Daten im Datagramm und die Geheimhaltung des kompletten Datagramms, je nachdem in welchem Modus IPSec genutzt wird. Die Vertraulichkeit wird durch den Einsatz eines symmetrischen Verschlüsselungsverfahrens gewährleistet.

❑ *Verkehrsflussvertraulichkeit*
Wird IPSec im Tunnel-Modus betrieben wird das gesamte Datagramm in ein anderes Datagramm eingepackt und verschlüsselt. In diesem Fall kann ein Angreifer keine Informationen über die stattfindende Kommunikation erlangen, da das gesamte Datagramm inklusive Empfänger und Absender Adresse für ihn nicht zugänglich ist.

❑ *Schutz vor Replay-Angriffen*
Fängt ein Angreifer ein legitimes Datagramm (also ein authentifiziertes Datagramm mit intakter Integrität) einer Verbindung ab und spielt dieses zu einem späteren Zeitpunkt wieder in die Verbindung ein, so bezeichnet man dieses als *Replay Angriff*. Hierbei wird versucht, durch bestimmt wiedereingespielte Datagramme bestimmte Handlungen auszulösen oder die Verbindung zu destabilisieren. Um dies zu verhindern überprüft IPSec bei jedem empfangenen Paket anhand einer Sequenznummer ob es schon einmal empfangen wurde.

Kryptographische Verfahren

Zum Erbringen seiner Sicherheitsdienste nutzt IPSec verschiedene kryptographische Verfahren. Die Auswahl der Verfahren kann sich pro sicherer Verbindung unterscheiden. Einige Verfahren, wie beispielsweise das Verschlüsselungsverfahren *DES* im *Cipher Block Chaining Mode* (DES/CBC) und die Verfahren zur Integritätssicherung *HMAC-MD5-96* und *HMAC-SHA-1-96* () sind hierbei als zwingend vorgeschrieben, während diese Verfahren mit andere Schlüssellängen beziehungsweise andere Verschlüsselungsverfahren wie *Triple DES*, *RC5* oder *IDEA* optional ebenfalls genutzt werden können.

Schlüsselmanagement

Da in die Verschlüsselung und die Integritätssicherung geheime Schlüssel eingehen, die nur dem Sender und dem Empfänger bekannt sein dürfen, benötigt IPSec zwingend ein Schlüsselmanagement, das diese zur Verfügung stellt. Zwei verschiedene Arten von Schlüsselmanagement werden von IPSec unterstützt:

- Manuelle Verteilung und Konfiguration der Schlüssel beim Sender und Empfänger; die so genannten *preshared keys*.
- Automatische Generierung und Bereitstellung der Schlüssel pro Verbindung durch ein Schlüsselverteilsystem. Standardmäßig benutzt IPSec hier *ISAKMP*/Oakley. Alternative Schlüsselverteilsystem sind aber ebenfalls denkbar.

Das *Oakley Key Determination Protocol* basiert auf dem *Diffie-Hellman Algorithmus*, jedoch mit erweiterten Sicherheitseigenschaften. Das *Internet Security Association and Key Management Protocol* (ISAKMP) bietet ein Rahmenwerk für den Schlüsselaustausch im Internet. Innerhalb dieses Rahmenwerks können verschiedene Schlüsselaustauschmechanismen benutzt werden, da es keinen speziellen Algorithmus vorschreibt. Gemeinhin wird hier das *Internet Key Exchange* Protokoll (*IKE* – RFC2409) genutzt, das ISAKMP und neben anderen Protokollen auch Oakley implementiert.

14.1.2 Protokolle

Ein Schlüsselkonzept von IPSec sind die so genannten *Security Associations* (SA). Eine SA steht für eine sichere Verbindung in einer Richtung zwischen einem Sender und einem Empfänger und beschreibt die Sicherheitsdienste, die für diese Verbindung gewünscht sind. SAs werden eindeutig durch drei Parameter bestimmt:

- *Security Parameters Index (SPI)*
  Der SPI ist ein String, der der SA zugeordnet ist. Es erlaubt dem empfangenden System eine Zuordnung des IP-Datagramms zu einer SA, für den Fall, dass mehrere SAs zu diesem System existieren.
- *IP-Adresse* des Empfängers

14 Sichere Kommunikationsprotokolle

- *Sicherheitsprotokoll-Bezeichner*
  Der Sicherheitsprotokoll-Bezeichner gibt an, welches Protokoll (Authentication Header (AH) oder Encapsulating Security Payload (ESP)) in der SA zum Einsatz kommt.

Zu den SAs kommen noch die *Security Policies* (Sicherheits-Richtlinien) hinzu. Diese Richtlinien geben an, in welcher Situation welche SA zu nutzen ist. Beispielsweise können verschiedene nahezu identische SAs bestehen wobei die passende vom Kernel anhand der Richtlinien ausgewählt wird. Kurz gesagt: Security Policies beschreiben abhängig von der Situation *was* benutzt werden soll und die SAs beschreiben *wie* dies geschieht.

Transport- und Tunnel-Modus

Pro SA kommt bei IPSec eines der beiden Protokolle AH oder ESP im Tunnel- oder Transport-Modus zum Einsatz. Durch diese Kombinationsmöglichkeiten lässt sich die Sicherheit der Verbindung den eigenen Ansprüchen optimal anzupassen.

- *Transport-Modus*
  Im Transport-Modus schützen die Sicherheitsdienste hauptsächlich den Payload, also die Datenpakete höherer Schichten. Typischerweise wird der Transport-Modus zum Erreichen von Ende-zu-Ende Sicherheit zwischen zwei Endsystemen (Bsp. Client und Server) genutzt.
- *Tunnel-Modus*
  Im Tunnel-Modus wird das gesamte IP-Datagramm als Payload in ein neues IP-Datagramm gekapselt und durch die Sicherheitsdienste geschützt. Das innere IP-Datagramm enthält die Originaladressen der Kommunikation, während das äußere IP-Datagramm davon abweichende Adressen enthalten kann; beispielsweise die von IPSec-Gateways. Typischerweise wird der Tunnel-Modus zwischen diesen genutzt, um dahinterliegenden Systemen sichere Kommunikation zu ermöglichen ohne dass IPSec bei den Endsystemen implementiert werden muss.

Authentication Header

Das *Authentication Header* (AH) Protokoll bietet Integritätssicherung und Authentifizierung von IP Datagrammen, d. h., das Datagramm kann nicht unbemerkt verändert werden und der Absender ist der, dessen IP-Adresse als Absender angegeben ist. Weiterhin werden Replay Angriffe verhindert.

Im Transport-Modus wird der AH direkt nach dem IP-Header (inkl. Optionen) vor die zu schützenden Daten höherer Protokollschichten in das Datagramm eingefügt. Im Tunnel-Modus wird der AH direkt zwischen dem neuen äußeren IP-Header und den Originalheader des IP-Datagramms eingefügt.

Der Aufbau des Authentication Header ist in Abbildung 14.1 dargestellt. Im Einzelnen stehen die Felder für:

- Next Header
  Dieses Feld gibt an, welcher Header-Typ auf den AH folgt. Dies ist beispielsweise der Wert für ein übergeordnetes Protokoll (TCP/UDP) im Transport-Modus oder der Wert für IPv4 oder IPv6 im Tunnel-Modus.

- Payload Length
  Die Länge des AH in 32-bit Worten minus 2 wird im Feld Payload Length angegeben.

- Reserved
  Das reservierte Feld wird nicht genutzt und hat den Wert 0.

- Security Parameters Index (SPI)
  Dieses Feld enthält den SPI-Wert der zusammen mit der IP-Adresse und dem Sicherheitsprotokoll-Bezeichner eine Security Association eindeutig beschreibt.

- Sequence Number
  Die Sequenznummer ist ein monoton ansteigender Zähler, der zum Erkennen von Replay Angriffen genutzt wird.

- Authentication Data
  Dieses Feld variabler Länge enthält die Authentifizierungsdaten. Wie oben schon angemerkt ist hier kein Algorithmus vorgeschrieben; jedoch müssen bei allen IPSec Implementierungen mindestens HMAC-MD5-96 und HMAC-SHA-1-96 implementiert sein.

In die Berechnung der Authentifizierungsdaten geht das gesamte IP-Datagramm ein, inklusive IP Header, AH und Nutzdaten. Bei der Berechnung werden alle

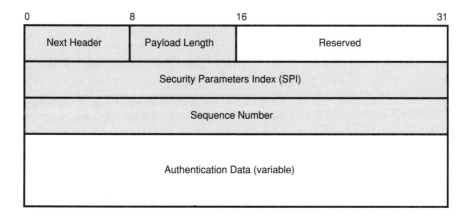

Abbildung 14.1: IPSec Authentication Header

14 Sichere Kommunikationsprotokolle

Felder die sich verändern im äußeren IP Header auf Null gesetzt und beeinflussen das Ergebnis der Berechnung somit nicht.

Encapsulating Security Payload

Das *Encapsulating Security Payload* (ESP) Protokoll bietet Vertraulichkeit der Daten und eingeschränkte Verkehrsflussvertraulichkeit. Optional kann es zusätzlich die gleichen Authentifizierungs- und Integritätsdienste bieten, die auch AH bietet.

Der ESP Header folgt direkt dem IP Header, egal ob ESP im Transport- oder Tunnel-Modus genutzt wird.

Der Aufbau des ESP Header ist in Abbildung 14.2 dargestellt. Die einzelnen Felder beinhalten:

❑ Security Parameters Index (SPI)
Dieses Feld enthält den SPI-Wert der zusammen mit der IP-Adresse und dem Sicherheitsprotokoll-Bezeichner eine Security Association eindeutig beschreibt.

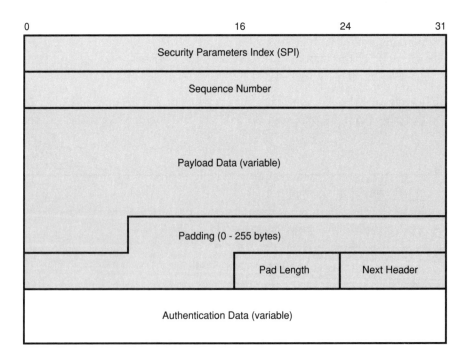

Abbildung 14.2: IPSec Encapsulating Security Payload Header

❏ Sequence Number
Die Sequenznummer ist ein streng monoton ansteigender Zähler, der zum Erkennen von Replay Angriffen genutzt wird.

❏ Payload Data
Die durch ESP geschützten Nutzdaten befinden sich im Feld Payload Data; bei ESP im Transport-Modus also ein TCP Segment oder ein UDP Datagramm und bei ESP im Tunnel-Modus ein IPv4 oder IPv6 Datagramm.

❏ Padding
Fülldaten (Padding) werden genutzt um die Nutzdaten auf einen bestimmten Umfang zu bringen. Dies kann aus drei Gründen notwendig sein: bestimmte Verschlüsselungsalgorithmen verlangen eine bestimmte Blockgröße, die Felder Pad Length und Next Header müssen an die richtige Stelle im Header gebracht werden und/oder die tatsächliche Länge der Nutzdaten soll zum Zwecke der Verkehrsflussvertraulichkeit verändert werden.

❏ Pad Length
Pad Length liefert die Länge der Fülldaten, die den Nutzdaten angefügt wurden.

❏ Next Header
Dieses Feld gibt an, welcher Header-Typ auf den ESP Header folgt. Dies ist beispielsweise der Wert für ein übergeordnetes Protokoll (TCP/UDP) im Transport-Modus oder der Wert für IPv4 oder IPv6 im Tunnel-Modus.

❏ Authentication Data
Dies optionale Feld variabler Länge enthält die Authentifizierungsdaten. In die Berechnung des Authentifizierungs-Algorithmus gehen alle Felder des ESP mit Ausnahme des Authentication Data Feldes.

Während die optionale Authentifizierung den gesamten ESP Block ohne das Feld Authentication Data umfasst, fließen in die Verschlüsselung lediglich die Felder Payload Data bis inklusive Next Header ein. IPSec gibt für die ESP Sicherheitsdienste eine feste Reihenfolge vor: es werden immer zuerst die Daten verschlüsselt und dann der verschlüsselte Text authentifiziert. Beim Empfang eines ESP Blocks dreht sich diese Reihenfolge natürlich um.

Zusammenfassung

Um die verschiedenen Möglichkeiten der Sicherheitskonfigurationen bei IPSec nochmal zu verdeutlichen, gibt Tabelle 14.1 einen Überblick über die verschiedenen Sicherheitsdienste, die für jedes Protokoll zur Verfügung stehen. Tabelle 14.2 beschreibt weiterhin auf welche Teile des IP-Datagramms die Sicherheitsdienste angewandt werden; je nachdem ob das Protokoll im Transport- oder Tunnel-Modus eingesetzt wird.

14 Sichere Kommunikationsprotokolle

	AH	ESP[1]	ESP[2]
Datenintegrität	✓	-	✓
Datenauthentifizierung	✓	-	✓
Vertraulichkeit	-	✓	✓
Verkehrsflussvertraulichkeit	-	✓	✓
Schutz vor Replay-Angriffen	✓	✓	✓

[1] nur Verschlüsselung; [2] Verschlüsselung und Authentifizierung

Tabelle 14.1: Übersicht der Sicherheitsdienste der IPSec Protokolle

	Transport-Modus SA	Tunnel-Modus SA
AH	Authentifiziert IP Payload, Teile des äußeren IP-Headers, sowie IPv6 Erweiterungs-Header	Authentifiziert gesamtes internes IP Datagramm, Teile des äußeren IP Headers, sowie IPv6 Erweiterungs-Header
ESP[1]	Verschlüsselt IP Payload und alle IPv6 Erweiterungs-Header, die nach dem ESP Header kommen	Verschlüsselt gesamtes internes IP Datagramm
ESP[2]	Verschlüsselt IP Payload und alle IPv6 Erweiterungs-Header, die nach dem ESP Header kommen; Authentifiziert IP Payload, aber nicht IP Header	Verschlüsselt und Authentifiziert gesamtes internes IP Datagramm

[1] nur Verschlüsselung; [2] Verschlüsselung und Authentifizierung

Tabelle 14.2: Übersicht der Sicherheitsdienste der IPSec Übertragungsmodi

14.1.3 IPSec in Linux

Durch die native IPSec Implementierung in den Kernels der 2.6er Reihe ist SuSE Linux 9.2 automatisch in der Lage IPSec einzusetzen. Die Implementierung basiert jedoch nicht auf *FreeS/WAN*, das noch in den Kernelreihen 2.2 und 2.4 eingesetzt wurde, sondern wurde basierend auf dem USAGI Projekt erstellt. Im Folgenden beschränkt sich die Darstellung auf die native IPSec Implementation, die sich in Kernels der 2.6er Reihe findet.

Kernel Parameter

Für den Einsatz von IPSec müssen einige Optionen im Kernel aktiviert (fest eingebunden oder als Modul kompiliert) sein. Wer einen SuSE Kernel verwendet muss sich zumindest bei den aktuellen Kernels um diese Einstellungen keine Gedanken machen, da alle notwendigen Optionen bereits standardmäßig aktiviert sind. Will man sich seinen eigenen Kernel kompilieren, müssen mindestens die folgenden Optionen (Auszug aus den Original SuSE 9.2 Kernel Quellen) aktiviert sein:

```
# Networking support
Networking Support: NET=y

# Networking options
PF_KEY sockets: NET_KEY=m
IP: AH Transformation: INET_AH=m
IP: ESP Transformation: INET_ESP=m
IPSec User Configuration Interface: XFRM_USER=m

# Cryptographic options
Cryptographic API: CRYPTO=y
HMAC Support: CRYPTO_HMAC=y
Null Algorithms: CRYPTO_NULL=m
MD5 Digest Algorithm: CRYPTO_MD5=y
SHA1 Digest Algorithm: CRYPTO_SHA1=m
DES und Triple DES EDE Cipher Algorithms: CRYPTO_DES=y
Deflate Compression Algorithm: CRYPTO_DEFLATE=m
```

Userspace Tools

Zur Konfiguration und Verwaltung von IPSec muss bei SuSE Linux 9.2 das Paket `ipsec-tools` (aus der Paketgruppe `Produktivität/Netzwerk/Sicherheit`) installiert werden. Alternativ können natürlich auch die Quellen von `http://ipsec-tools.sourceforge.net/` heruntergeladen, kompiliert und schließlich installiert werden. Hierdurch werden neben der *libipsec* die beiden Programme *setkey* zur direkten Manipulation von Policies und SAs und *racoon* ein IKEv1 Keying Daemon installiert.

Alternativ hierzu kann auch das aus OpenBSD portierte *isakmpd* zur Konfiguration verwendet werden, welches allerdings SuSE Linux 9.2 nicht beiliegt. Im Folgenden werden wir uns somit auf die Konfiguration mittels setkey und racoon beschränken. Um den Rahmen dieses Buches nicht zu sprengen werden wir allerdings von einer vollständigen Erläuterung aller setkey- und racoon-Parameter absehen (die liefern auch bereits deren man-pages) und vielmehr anhand zweier Beispiele zur manuellen und zur automatischen Konfiguration von IPSec Verbindungen die wichtigsten Schritte und Parameter erläutern.

14.1.4 Manuelle Konfiguration in Linux

Mithilfe von setkey lassen sich mit `root`-Rechten manuell IPSec Verbindungen aufbauen. Hierbei werden zwei Datenbanken bearbeitet: die *Security Association*

Database (SAD), die die SAs enthält und die *Security Policy Database* (SPD), die die Security Policies verwaltet.

Die einfachste Methode der Erstellung einer IPSec Verbindung mittels setkey besteht darin, die Konfiguration in eine Datei zu schreiben und diese dann per

```
linux: # setkey -f <Datei>
```

einzulesen.

Wir werden hierfür die Datei /etc/setkey.conf benutzen, die in den meisten Fällen neu erstellt werden muss. Um zwischen den beiden Rechnern *A* (192.168.0.1) und *B* (192.168.0.5) eine verschlüsselte und authentifizierte IPSec Verbindung im Transport-Modus aufzubauen, wird auf Rechner *A* folgende Konfiguration benötigt

```
#!/sbin/setkey -f

#Loesche Eintraege in SAD und SPD
flush;
spdflush;

#Definition der ESP SAs
#add <src> <dst> <proto> <spi> -m <mode> -E <algo> <key> -A <algo> <key>;
add 192.168.0.1 192.168.0.5 esp 100 -m transport
        -E 3des-cbc 0x2475d535f5075a49b20eea122ec9b5c60424a5922c9ba161
        -A hmac-md5 0xa147f4026ef534ed0ef359a0de4b109f;
add 192.168.0.5 192.168.0.1 esp 200 -m transport
        -E 3des-cbc 0x2475d535f5075a49b20eea122ec9b5c60424a5922c9ba161
        -A hmac-md5 0xa147f4026ef534ed0ef359a0de4b109f;
# HINWEIS: "add" bis ";" stellt jeweils nur eine Zeile dar
#Definition der Policies zur Verwendung der SAs
#spdadd <src-range> <dst-range> <upper-proto> -P <policy>;
spdadd 192.168.0.1 192.168.0.5 any -P out ipsec esp/transport//require;
spdadd 192.168.0.5 192.168.0.1 any -P in ipsec esp/transport//require;
```

Jede Befehlszeile wird hier mit einem Semikolon abgeschlossen. Im Einzelnen bedeuten die Befehle:

- ❏ `flush;` und `spdflush;`
  Mithilfe von `flush` werden alle aktuellen SAs in der Security Association Database gelöscht. `spdflush` erledigt dies für die aktuellen Richtlinien in der Security Policy Database. Beide sollten immer am Anfang einer Konfigurationsdatei stehen da ansonsten neu erstellte Konfigurationen eventuell mit bereits vorhandenen alten Einträgen in Konflikt stehen. Beides ließe sich auch mit den Befehlen `setkey -F` und `setkey -FP` bewerkstelligen.

❑ add 192.168.0.1 192.168.0.5 esp [..] ;
  Neue SAs werden mit add erstellt. Der Befehl folgt hierbei folgendem Muster:
  add *<src> <dst> <proto> <spi>* -m *<mode>* -E *<algo> <key>*
     -A *<algo> <key>*;

  ➢ src und dst
    Geben die IP Adresse des Anfangs- und des Endpunktes der IPSec Verbindung an.
  ➢ proto
    Gibt an, welches Protokoll genutzt wird, AH oder ESP.
  ➢ spi
    Gibt die eindeutige SPI der IPSec Verbindung an.
  ➢ -m <mode>
    Diese Option gibt den Modus der Verbindung an, also Transport oder Tunnel.
  ➢ -E <algo> <key>
    Mit der Option -E wird spezifiziert, dass der Payload mit dem Algorithmus algo und dem Schlüssel key verschlüsselt werden soll. Ein möglicher Algorithmus ist beispielsweise Triple DES im Cipher Block Chaining Mode (3des-cbc). Der Schlüssel ist hierbei 192 Bit lang und kann entweder hexadezimal mit dem Präfix 0x oder als String in Anführungszeichen angegeben werden.
  ➢ -A <algo> <key>
    Die Option -A spezifiziert, dass Authentifizierung benutzt wird und zwar mittels des Algorithmus algo mit dem Schlüssel key. Mindestens die beiden Algorithmen HMAC-MD5-96 und HMAC-SHA-1-96 müssen von jeder IPSec Implementierung unterstützt werden. Der Schlüssel ist hier 128 Bit (MD5) bzw. 160 Bit (SHA-1) lang.

❑ spdadd 192.168.0.1 192.168.0.5 any -P out ipsec [..] ;
  Neue Security Policies werden mit dem Befehl spdadd erstellt. Er ist wie folgt aufgebaut:
  spdadd *<src-range> <dst-range> <upper-proto>* -P *<policy>*;

  ➢ src-range und dst-range
    Geben die Rechner (und Richtung) an die durch die sichere Verbindung geschützt werden. Die Angaben können in vier Formen gemacht werden: nur IP Adresse, IP Adresse/Netzwerkmaske in CIDR Notation (Bsp.: 192.168.0.1/24), IP Adresse[Port] ([any] funktioniert als Wildcard) oder IP Adresse/Netzmaske[Port].
  ➢ upper-proto
    Hier kann angegeben werden, dass nur bestimmte Pakete einzelner höherwertigen Protokolle geschützt werden sollen. Hierbei muss entwe-

14 Sichere Kommunikationsprotokolle

der die Nummer des Protokolls oder der Name aus `/etc/protocols` eingetragen werden. In unserem Fall schützen wir mit `any` alle Pakete.

➤ `-P <policy>`
Die eigentliche Policy wird mit `-P` eingeleitet. Hierbei wird zuerst die Richtung (`in`, `out` oder `fwd`) angegeben und dann die Policy (`discard`, `none` oder `ipsec`). Nur bei der Angabe von `ipsec` werden die Pakete mit IPSec „behandelt". In diesem Fall müssen noch die Parameter `protocol/mode/src-dst/level` angegeben werden. Mögliche Varianten sind:
`[ah|eps]/[transport|tunnel]/<src-dst>/`
`[default|use|require|unique]`.
Anzumerken ist, dass im Transport-Mode die Endpunkte `src-dst` weggelassen werden können. Sie sind bei Verbindungen im Tunnel-Modus interessant. Beispiel: zwei Subnetze werden über einen Tunnel mit IPSec Gateways miteinander zu einem VPN verbunden. Die Angaben für `src-dst` beschreiben dann die beiden Tunnelenden:

```
spdadd 10.0.11.41/32 10.0.11.33/32 any -P out
       ipsec esp/tunnel/192.168.0.1-192.168.1.2/require;
spdadd 10.0.11.33/32 10.0.11.41/32 any -P in
       ipsec  esp/tunnel/192.168.1.2-192.168.0.1/require;
```

Nun kann die erstellte Konfiguration mit dem Befehl

```
linux: # setkey -f /etc/setkey.conf
```

eingelesen werden.

Um die Konfiguration zu prüfen können wir uns die Einträge in der SAD und SPD mit den Befehlen `setkey -D` und `setkey -DP` anzeigen lassen. Dies erzeugt für die obige Konfiguration folgende Ausgabe:

```
linux: # setkey -D
192.168.0.5 192.168.0.1
   esp mode=transport spi=200(0x000000c8) reqid=0(0x00000000)
   E: 3des-cbc  2475d535 f5075a49 b20eea12 2ec9b5c6 0424a592 2c9ba161
   A: hmac-md5  a147f402 6ef534ed 0ef359a0 de4b109f
   seq=0x00000000 replay=0 flags=0x00000000 state=mature
   created: Jul  9 10:58:22 2004   current: Jul  9 10:58:26 2004
   diff: 4(s)         hard: 0(s)         soft: 0(s)
   last:              hard: 0(s)         soft: 0(s)
   current: 0(bytes)      hard: 0(bytes)   soft: 0(bytes)
   allocated: 0     hard: 0 soft: 0
   sadb_seq=1 pid=14734 refcnt=0
192.168.0.1 192.168.0.5
   esp mode=transport spi=100(0x00000064) reqid=0(0x00000000)
```

```
E: 3des-cbc   2475d535  f5075a49  b20eea12  2ec9b5c6  0424a592  2c9ba161
A: hmac-md5   a147f402  6ef534ed  0ef359a0  de4b109f
seq=0x00000000 replay=0 flags=0x00000000 state=mature
created: Jul  9 10:58:22 2004   current: Jul  9 10:58:26 2004
diff: 4(s)       hard: 0(s)        soft: 0(s)
last:                  hard: 0(s)        soft: 0(s)
current: 0(bytes)      hard: 0(bytes)    soft: 0(bytes)
allocated: 0     hard: 0 soft: 0
sadb_seq=0 pid=14734 refcnt=0

linux: # setkey -DP
192.168.0.5[any] 192.168.0.1[any] any
    in ipsec
    esp/transport//require
    created: Jul  9 10:58:22 2004   lastused:
    lifetime: 0(s) validtime: 0(s)
    spid=8 seq=1 pid=14954
    refcnt=1
192.168.0.1[any] 192.168.0.5[any] any
    out ipsec
    esp/transport//require
    created: Jul  9 10:58:22 2004   lastused:
    lifetime: 0(s) validtime: 0(s)
    spid=1 seq=0 pid=14954
    refcnt=1
```

Nachdem Rechner *A* konfiguriert wurde, kann man sich an die Konfiguration von Rechner *B* machen. Da SAs symmetrisch sind muss bei beiden Rechnern der gleiche Schlüssel angegeben werden. Gleichzeitig ist aber zu beachten, dass eine SA immer nur in eine Richtung gültig ist, weshalb für die Rückrichtung eine eigene SA gebraucht wird. Aufgrund dieser Eigenschaften kann die Konfiguration von Rechner *A* mit einer Ausnahme auch für Rechner *B* genutzt werden. Lediglich bei den Definitionen der Policies müssen die Richtungen getauscht werden; also

```
spdadd 192.168.0.1 192.168.0.5 any -P in ipsec esp/transport//require;
spdadd 192.168.0.5 192.168.0.1 any -P out ipsec esp/transport//require;
```

anstatt

```
spdadd 192.168.0.1 192.168.0.5 any -P out ipsec esp/transport//require;
spdadd 192.168.0.5 192.168.0.1 any -P in ipsec esp/transport//require;
```

Sind die Rechner vollständig konfiguriert kann man zum Überprüfen der sicheren Verbindung die gesendeten Datenpakete des Programmaufrufs `ping 192.168.0.5` von Rechner *A* mit dem Programm `tcpdump` mitlesen:

```
linux: # tcpdump
11:19:32.890602 IP 192.168.0.1 > 192.168.0.5: ESP(spi=0x00000064,seq=0x99)
11:19:32.890763 IP 192.168.0.5 > 192.168.0.1: ESP(spi=0x000000c8,seq=0x95)
```

Die Daten im Datagramm, also das `ping` können nicht mehr gelesen werden. Stattdessen zeigt `tcpdump` (ein Programm zum Mitlesen der der Pakete im Netz) an, dass es sich um ein IPSec/ESP Datagramm handelt.

14.1.5 Automatische Konfiguration in Linux

Obwohl die manuelle Konfiguration von IPSec Verbindungen sehr einfach ist, lohnt es sich in vielen Fällen die Verbindung automatisch erstellen zu lassen. Dies hat unter anderem folgende Vorteile:

- Das Problem des sicheren Austausch der ESP/AH-Schlüssel zwischen den Endpunkten entfällt.
- Schlüsselmaterial kann nach einer bestimmten Zeitdauer erneuert werden, damit ein Angreifer schlechtere Chancen hat den aktuellen Schlüssel zu brechen.
- Der Koordinationsaufwand zum Abstimmen der Verschlüsselungs- und Authentifizierungsprotokolle und der Schlüssel bei vielen gleichzeitigen IPSec Verbindungen reduziert sich erheblich.

Zur automatischen Konfiguration einer IPSec Verbindung wird das Programm racoon verwendet. Es benutzt das *IKE* Schlüsselmanagement Protokoll um eine SA auszuhandeln und anschließend aufzubauen. Hierbei baut `racoon` diese allerdings nicht sofort auf, sondern wird vielmehr durch den Kernel über den `PF_KEY` Socket angestoßen, benötigte SAs aufzubauen falls eine zutreffende Policy auf aktuellen Datenverkehr zutrifft und keine entsprechende SA existiert. Die Policies werden wie bei der manuellen Verbindung mit setkey erstellt.

Um automatisch IPSec-Verbindungen aufzubauen, müssen Methoden existieren um die Endpunkte der IPSec-Verbindung zu authentifizieren. racoon unterstützt hier zwei Arten: die Authentifizierung über im Vorfeld ausgetauschte geheime Schlüssel, die so genannten *preshared keys* und die Authentifizierung mittels *X.509 Zertifikaten*.

Automatische Konfiguration mit Preshared Keys

Wenden wir uns zuerst der Konfiguration mithilfe von preshared keys zu. In unserem Beispiel soll wieder eine sichere Verbindung zwischen Rechner *A* (`192.168.0.1`) und Rechner *B* (`192.168.0.5`) aufgebaut werden.

SuSE Linux 9.2 enthält Beispielkonfigurationsdateien für die automatische Konfiguration im Verzeichnis `/etc/racoon/`. Die Datei `psk.txt` enthält die preshared keys, `racoon.conf` ist die Konfigurationsdatei für `racoon` und die Definitionen der Policies sind in `setkey.conf` enthalten.

Preshared keys können für verschiedene Identitäten angegeben werden, wie beispielsweise IP-Adressen, Domainnamen, etc. . Geheime Schlüssel können entweder als hexadezimale Zahl mit dem Präfix `0x` oder als String (auch mit Leerzeichen) angegeben werden. Generell wird alles ab dem zweiten Wort in jeder Zeile als Passwort angesehen. In unserem Beispiel hat `psk.txt` für A folgenden Eintrag[1]:

```
192.168.0.5    0x07f05db051caa154e1491071c2a75c4f
```

Auf Rechner *B* ist entsprechend

```
192.168.0.1    0x07f05db051caa154e1491071c2a75c4f
```

in der Datei `psk.txt` einzutragen.

Es ist darauf zu achten, dass `psk.txt` dem User `root` gehört und die Rechte auf 600 (also nur `root` Lese- und Schreibrechte hat) gesetzt sind, da andernfalls `racoon` den Angaben nicht vertraut.

Die einzelnen Elemente der Konfiguration in `racoon.conf` können sehr umfangreich sein und setzen ein grundlegendes Verständnis des Internet Key Exchange Protokolls voraus – in Phase 1 wird ein authentifizierter und sicherer Kommunikationskanal zwischen den beiden Teilnehmern etabliert, der dann in Phase 2 genutzt wird um die Parameter der SAs festzulegen. Für unser einfaches Beispiel sieht die Konfiguration für Rechner *A* wie folgt aus:

```
path pre_shared_key "/etc/racoon/psk.txt";

remote 192.168.0.5 {
        exchange_mode main;
        proposal {
                encryption_algorithm 3des;
                hash_algorithm md5;
                authentication_method pre_shared_key;
                dh_group modp1024;
        }
}

sainfo address 192.168.0.1 any address 192.168.0.5 any {
        pfs_group modp768;
        encryption_algorithm 3des;
        authentication_algorithm hmac_md5;
        compression_algorithm deflate;
}
```

---

[1] Damit nicht alle Leser diese Buch die gleichen Schlüssel verwenden sollten Sie sich an dieser Stelle eigene Schlüssel ausdenken! Weiterhin ist darauf zu achten, dass die Schlüssellänge zum verwendeten kryptographischen Verfahren passen muss.

Im Einzelnen bedeuten die Angaben:

- `path pre_shared_key "/etc/racoon/psk.txt";`
  Gibt den Pfad zu der Datei `psk.txt` an, in der sich die preshared keys befinden.

- `remote 192.168.0.5 {[..]}`
  Hier werden die Parameter für IKE Phase 1 spezifiziert, in der die Teilnehmer zwischen sich einen authentifizierten und verschlüsselten Kommunikationskanal etablieren. Dies geschieht für jede Gegenstelle. Hier werden der `exchange_mode` definiert und Vorschläge für Algorithmen gemacht, in diesem Fall der Verschlüsselungsalgorithmus *Triple DES* und der Hash-Algorithmus *MD5*. Weiterhin wird die Authentifizierungsmethode angegeben, sowie die *Diffie-Hellman-Gruppe*, die zum Schlüsselaustausch verwendet wird.

- `sainfo address 192.168.0.1 any [..]`
  An dieser Stelle werden die Parameter der Phase 2 definiert. Die Angaben können für eine spezifische Verbindung, wie im obigen Beispiel als `source-id` und `dest-id` oder auch für `anonymous`, also alle Verbindungen gemacht werden. Weiterhin können `[port]` und `ul_proto` angegeben werden und auch hier werden wieder, wie schon in für die erste Phase die *Diffie-Hellman-Gruppe* und Algorithmen für Verschlüsselung, Authentifizierung und Kompression spezifiziert.

Auf Rechner *B* kann diese Konfiguration spiegelverkehrt, also mit den jeweils anderen Adressen genutzt werden.

Da racoon vom Kernel erst bei Bedarf aufgefordert wird SAs zu erstellen, brauchen wir nun noch die Definition der Security Policies, anhand welcher der Kernel entscheidet, wann eine SA gebraucht wird. Die Security Policies werden, wie schon bei der manuellen Konfiguration von IPSec mithilfe von setkey (vgl. Abschnitt 14.1.4) definiert.

Für unsere Verbindung benötigen wir auf Rechner *A* folgende Security Policies, die in `/etc/racoon/setkey.conf` gespeichert werden:

```
#!/sbin/setkey -f
flush;
spdflush;

spdadd 192.168.0.1 192.168.0.5 any -P out ipsec esp/transport//require;
spdadd 192.168.0.5 192.168.0.1 any -P in ipsec esp/transport//require;
```

Auch diese Konfigurationen sind für Rechner *B* spiegelverkehrt (mit vertauschtem `in` und `out`) zu übernehmen.

Um nun die automatische Konfiguration zu testen empfiehlt es sich nach dem Einlesen der Security Policies mit

```
linux: # setkey -f /etc/racoon/setkey.conf
```

racoon im Vordergrund-Modus auszuführen um den Verbindungsaufbau zu kontrollieren. Hierzu wird racoon mit der Option -F gestartet. Das Ergebnis sieht wie folgt aus:

```
linux: # racoon -F -f /etc/racoon/racoon.conf
Foreground mode.
2004-07-19 11:18:06: INFO: @(#)ipsec-tools 0.3rc4
                           (http://ipsec-tools.sourceforge.net)
2004-07-19 11:18:06: INFO: @(#)This product linked OpenSSL 0.9.7d 17 Mar 2004
                           (http://www.openssl.org/)
2004-07-19 11:18:06: INFO: 192.168.0.11[500] used as isakmp port (fd=6)
2004-07-19 11:18:06: INFO: 127.0.0.1[500] used as isakmp port (fd=7)
```

Startet man nun ein `ping 192.168.0.5`[2] so schließen sich folgende Zeilen an:

```
2004-07-19 11:18:09: INFO: IPsec-SA request for 192.168.0.5
                           queued due to no phase1 found.
2004-07-19 11:18:09: INFO: initiate new phase 1 negotiation:
                           192.168.0.1[500]<=>192.168.0.5[500]
2004-07-19 11:18:09: INFO: begin Identity Protection mode.
2004-07-19 11:18:09: INFO: received Vendor ID: KAME/racoon
2004-07-19 11:18:09: INFO: received Vendor ID: KAME/racoon
2004-07-19 11:18:09: INFO: ISAKMP-SA established 192.168.0.1[500]-192.168.0.5[500]
                           spi:1915aebf590a6181:55a922be7cf4aa5e
2004-07-19 11:18:10: INFO: initiate new phase 2 negotiation:
                           192.168.0.1[0]<=>192.168.0.5[0]
2004-07-19 11:18:11: INFO: IPsec-SA established: ESP/Transport
                           192.168.0.5->192.168.0.1 spi=232254925(0xdd7edcd)
2004-07-19 11:18:11: INFO: IPsec-SA established: ESP/Transport
                           192.168.0.1->192.168.0.5 spi=91260756(0x5708754)
```

Wenn alles wie gewünscht funktioniert, kann man racoon als Systemdienst im Hintergrund starten. SuSE stellt hierfür das Systemscript /etc/init.d/racoon zur Verfügung, dass auch über rcracoon gesteuert werden kann. Auf diesem Wege werden auch die Security Policies gleich mit gesetzt. Verwendet werden hierfür die die Konfigurationen aus /etc/racoon/setkey.conf und /etc/racoon/racoon.conf. Logmeldungen werden standardmäßig über *syslog* ausgegeben.

Automatische Konfiguration mit X.509 Zertifikaten

Obwohl wir nun IPSec Verbindungen automatisch erstellen lassen können, müssen wir immer noch geheime Schlüssel zur Authentifikation der Rechner vertei-

---

[2] Bei diesem ersten Aufruf bekommt man eine Fehlermeldung, da die Verbindung von racoon erst aufgebaut werden muss. Erst der zweite Aufruf liefert dann die gewohnten ping-Ergebnisse.

len, was bei vielen IPSec Verbindungen sehr schnell zu einem hohen administrativen Aufwand führt. Weiterhin müssen diese Schlüssel geheim gehalten werden, da sich ansonsten auch fremde Rechner mit diesem Schlüsseln authentifizieren könnten.

Um diese Probleme zu Umgehen unterstützt racoon auch die Authentifizierung über *X.509 Zertifikate*. Hierbei werden zur Authentifizierung nur noch die Zertifikate der Kommunikationspartner ausgetauscht und deren Validität geprüft; es müssen keine Authentifizierungsschlüssel für jeden Kommunikationspartner hinterlegt werden.

In X.509 Zertifikaten wird durch eine vertrauenswürdige Instanz (*Certificate Authority, CA*) der öffentliche Schlüssel (z. B. eines RSA Schlüsselpaar) des Eigentümers beglaubigt. Um nun eine gesicherte Kommunikationsverbindung mit dieser Person oder diesem Gerät aufzunehmen muss nur noch die Validität des Zertifikat geprüft werden, welches anhand des *root Zertifikat* (Zertifikat für den Schlüssel mit dem die CA das eigene Zertifikat signiert hat) durchgeführt wird.

Für unser Beispiel bedeutet dies, dass auf Rechner *A* und *B* nur noch das Zertifikat und der dazugehörige private Schlüssel des jeweiligen Rechnerns sowie das root Zertifikat der CA abgelegt werden müssen. Hinzu kommt noch eine *Certificate Revocation List*, in der widerrufene Beglaubigungen der CA beschrieben werden.

Für die Zertifizierung kann man sich an eine Reihe anerkannter CAs wenden, die allerdings auch entsprechende Preise verlangen oder der Administrator wird selbst zur CA und stellt beispielsweise für sein Unternehmen die benötigten Zertifikate aus. SuSE Linux bietet hierfür zwei einfache Möglichkeiten: das kommandozeilenbasierte Script *CA.sh* in `/usr/share/ssl/misc/` oder das GUI-basierte Programm *TinyCA*. Beide nutzen im Hintergrund das Paket *OpenSSL* (vgl. 14.2.4). Anzumerken ist, dass mit beiden jedoch nur passwortgeschützte Schlüssel erstellen werden können, die in einem zweiten Schritt aber ohne Passwort gespeichert werden können. Dies kann entweder bei TinyCA über export bzw. mit dem Befehl `openssl rsa -in key.pem -out newkey.pem` erreicht werden.

Nachdem die Zertifikate erzeugt wurden, werden nun auf Rechner *A* in dem Verzeichnis `/etc/racoon/certs` folgende Dateien gespeichert:

- `192.168.0.1-cert.pem` und `192.168.0.1-key.pem`
  Das Zertifikat von Rechner *A* und der dazugehörige private Schlüssel. Hierbei darf der private Schlüssel nicht mit einem Passwort geschützt sein, da ansonsten racoon darauf nicht zugreifen kann.

- `cacert.pem` und `crl.pem`
  Das Zertifikat der CA und die Certificate Revocation List. Auf beide wird jedoch von racoon nur auf den gehashten Namen zugegriffen. Verweise auf

14.1 IPSec

die Originaldateien mit dem Hash als Namen kann man einfach mit folgenden zwei Befehlen erzeugen:

```
linux:/etc/racoon/certs # ln -s cacert.pem 'openssl x509 \
> -noout -hash -in cacert.pem'.0
linux:/etc/racoon/certs # ln -s crl.pem 'openssl crl \
> -noout -hash -in crl.pem'.r0
```

Die Konfiguration in `racoon.conf` unterscheidet sich in einigen Punkten zur Lösung mit Preshared Keys (Unterschiede sind fett dargestellt):

```
path certificate "/etc/racoon/certs";

remote 192.168.0.5 {
        exchange_mode main;
        certificate_type x509 "192.168.0.1-cert.pem" "192.168.0.1-key.pem";
        my_identifier asn1dn;
        proposal {
                encryption_algorithm 3des;
                hash_algorithm md5;
                authentication_method rsasig;
                dh_group modp1024;
        }
}

sainfo address 192.168.0.1 any address 192.168.0.5 any {
        lifetime time 2 min;
        pfs_group modp768;
        encryption_algorithm 3des;
        authentication_algorithm hmac_md5;
        compression_algorithm deflate;
}
```

❏ `path certificate "/etc/racoon/certs";`
   Gibt den Pfad zu den Zertifikaten und dem privaten Schlüssel an.

❏ `certificate_type x509 "192.168.0.1-cert.pem"`
                    `"192.168.0.1-key.pem";`
   Gibt das eigene Zertifikat und den dazugehörigen privaten Schlüssel (hier von Rechner *A*) an.

❏ `my_identifier asn1dn;`
   Rechner *A* identifiziert sich beim Verbindungsaufbau mit Rechner *B* mit dem *ASN 1 Distinguished Name*, den racoon aus dem Zertifikat liest.

❏ `authentication_method rsasig;`
   Authentifizierungsmethode, die in der IKE Phase 1 genutzt wird.

14.1.6 Probleme beim Einsatz von IPSec

Zwei Problembereiche beim Einsatz von IPSec sollen nicht unbeachtet bleiben: Firewalls und Network Address Translation.

Firewalls (vgl. Kapitel 15) sind häufig so konfiguriert, dass IPSec Datagramme geblockt werden. Für den Einsatz von IPSec müssen folgende drei Konfigurationen vorgenommen werden:

- UDP auf Port 500 freischalten
  IKE handelt die Verbindungsparameter, wie Schlüssellängen, kryptographische Algorithmen etc. mittels UDP auf Port 500 aus. Weiterhin findet hier gelegentlich notwendige Kommunikation, beispielsweise bei Schlüsselwechseln statt.
- das Protokoll ESP freischalten
  ESP hat die Protokollnummer 50.
- das Protokoll AH freischalten
  AH hat die Protokollnummer 51.

Ein weiteres Problem entsteht beim Einsatz von Network Address Translation (vgl. Abschnitt 6.3). Da beispielsweise beim Einsatz von AH auch Teile des IP-Headers mit authentifiziert werden, muss sichergestellt werden, dass sich dieser nicht ändert, was beim Einsatz von NAT allerdings das Fall ist. Hierfür muss die *IPSec NAT-Traversal* (NAT-T) Extension genutzt werden, die die AH und ESP Pakete nochmal gesondert in UDP Datagramme einpackt. Allerdings soll auf NAT-T an dieser Stelle nicht weiter eingegangen werden.

14.2 Secure Socket Layer (SSL)

Während IPSec den kompletten Datenverkehr auf Netzwerkebene, also unterhalb von TCP und UDP absichert, ist *SSL (Secure Socket Layer)* ein Protokoll für die sichere Datenübertragung auf Transportebene (nur TCP), also zwischen einem Client und einem Server. Der Fokus liegt hier darauf einzelne Kommunikationsverbindungen von Anwendungen abzusichern. SSL bietet der Anwendung hierbei eine ähnliche Socketschnittstelle wie diese es von TCP Sockets her gewohnt ist (s. Kapitel 9). Entwickelt wurde SSL von der Firma Netscape und ist frei verfügbar.

14.2.1 Sicherheitsdienste

SSL bietet drei Sicherheitsdienste zur Absicherung einer Verbindung:

- *Datenintegrität*
  Datenintegrität schützt das Paket vor nicht erlaubter Änderung während des Transfers. SSL benutzt hierfür einen Message Authentication Code (MAC).

❏ *Datenauthentizität*
Datenauthentizität stellt sicher, dass das empfangene Paket auch wirklich von dem Absender geschickt wurde, der als Absender angegeben ist. Im Fall von SSL wird vor Beginn des Datentransfer eine authentifizierte Verbindung etabliert.

❏ *Vertraulichkeit*
Vertraulichkeit erlaubt die Geheimhaltung der Daten, die kommuniziert werden. Diese wird durch symmetrische Kryptographieverfahren in Verbindung mit einem vorher ausgehandelten geheimen Schlüssel erbracht.

Kryptographische Verfahren

SSL kann diese Sicherheitsdienste durch den Einsatz kryptographischer Verfahren, nämlich symmetrischer und asymmetrischer Verschlüsselungsverfahren, sowie sicherer Hashfunktionen erbringen. Hierbei legt sich SSL nicht auf bestimmte konkrete Verfahren fest, vielmehr werden während des Verbindungsaufbaus die zu verwendenden Verfahren ausgehandelt.

Schlüsselmanagement

Zur Authentifizierung setzt SSL auf das Konzept der *Zertifizierung* mittels X.509 Zertifikaten, die die Authentizität von Client und Server garantieren. Hierbei ist jedoch anzumerken, dass die Authentifizierung der Clients optional ist und z. B. bei SSL-Verbindungen im Internet selten genutzt wird.

14.2.2 Protokolle

SSL besteht aus zwei Schichten:

❏ Das *Steuerprotokoll* ist für die Aushandlung der Verbindungsparameter verantwortlich. Diese werden in einem Status gespeichert. Als Steuerprotokoll dient normalerweise das Handshake Protokoll.

❏ Der sogenannte *Record Layer* ist für das sichere Versenden und Empfangen der Daten sowie deren Überprüfung zuständig.

Die Daten werden zuerst fragmentiert und komprimiert. Danach werden die Blöcke durchnumeriert und mittels eines Hashverfahrens eine Prüfsumme gebildet. Anschließend wird alles mit einem symmetrischen Verfahren verschlüsselt und gesendet.

Anhand der Nummer jedes Blocks kann die Reihenfolge überprüft oder ein Duplikat erkannt werden, um dadurch Angriffe zu verhindern.

Welche Verfahren für Komprimierung, Hashing und Verschlüsselung benutzt werden, wird im Handshake ausgehandelt.

Handshake-Protocol

Das Handshake-Protocol ist eine mögliche Realisierung des SSL-Steuerprotokolls. Dieses Protokoll wird angewandt, bevor die eigentlichen Anwendungsdaten übertragen werden.

Es hat folgende Aufgaben:

- *Aushandeln der Verbindungsmodalitäten*
  Da SSL verschiedene Kompressions- und Verschlüsselungsverfahren unterstützt, müssen diese vor der eigentlichen Datenübertragung zwischen Client und Server vereinbart werden.

- *Austausch von Zertifikaten*
  Der Client hat die Möglichkeit, das Zertifikat des Servers anzufordern. Der Server kann aber umgekehrt auch die Zertifizierung des Clients verlangen.

- *Schlüsselaustausch*
  Um später aus Effizienzgründen ein symmetrisches Verschlüsselungsverfahren verwenden zu können, muß vorher der Schlüssel ausgetauscht werden. Dies geschieht (asymmetrisch) verschlüsselt, sonst könnte ein Lauscher den Schlüssel und damit die gesamte Datenübertragung mithören.

- *Überprüfung der Verbindung*
  Nach dem Aushandeln der Parameter wird die korrekte Kommunikation zwischen Client und Server überprüft. Erst danach werden die eigentlichen Daten der Anwendung vom Record Layer übertragen.

Der Ablauf des Handshake-Protocol ist in in Abbildung 14.3 visualisiert. Nachrichten die unter bestimmten Bedingungen optional sind, sind hierbei grau dargestellt. Insgesamt werden 4 Phasen durchlaufen:

- *Phase 1 : Etablierung der Sicherheitsparameter*
  In dieser Phase werden die Sicherheitsparameter der SSL Verbindung etabliert. Dazu gehören unter anderem die SSL Protokollversion, die Client und Server sprechen, sowie eine Liste der unterstützten kryptographischen Verfahren und Komprimierungsalgorithmen. Nachdem diese Informationen vom Client (`client_hello`) und vom Server (`server_hello`) gesendet wurden endet die erste Phase.

- *Phase 2 : Server Authentifizierung und Schlüsselaustausch*
  Die 2. Phase beginnt damit, dass der Server, für den Fall, dass er seine Authentizität nachweisen will, sein X.509 Zertifikat in der `certificate` Nachricht übermittelt. Als nächstes wird eine `server_key_exchange`-Nachricht geschickt, wenn benötigt, um Schlüsselmaterial auszutauschen. Hat er vorher ein Zertifikat geschickt, wird diese Nachricht überflüssig. Weiterhin kann mit der `certificate_request`-Nachricht ein authentifizierter Ser-

14.2 Secure Socket Layer (SSL)

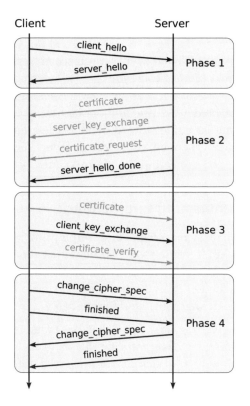

Abbildung 14.3: SSL Handshake Protocol

ver vom Client ein Zertifikat anfordern. Die `server_hello_done`-Nachricht ist die letzte Nachricht, die immer gesendet wird. Sie schließt die zweite Phase ab.

❏ *Phase 3 : Client Authentifizierung und Schlüsselaustausch*
Zu Beginn der dritten Phase überprüft der Client ob die vom Server bevorzugten kryptographischen Verfahren kompatibel mit den eigenen sind und validiert das Zertifikat. Ist alles ok, so kann er, falls der Server dies fordert, das eigene Zertifikat mit der `certificate` Nachricht an den Server übermitteln. Als nächstes folgt die `client_key_exchange` Nachricht, die auf jeden Fall gesendet wird. In ihr werden je nach benutztem Schlüsselaustauschverfahren unterschiedliche Parameter gesendet. Schließlich kann noch die `certificate_verify` Nachricht vom Client gesendet werden, in der nochmal explizit das Client Zertifikat durch eine elektronische Signatur verifiziert wird. Dies kann zum Schutz vor Angreifern, die eine frühere Nachricht mit dem Zertifikat des Client abgefangen haben, gemacht werden. Diese sind ohne den dazugehörigen privaten Schlüssel nämlich nicht in der Lage diese Signatur zu erstellen.

❑ *Phase 4 : Abschluss*

Mit der `change_cipher_spec` Nachricht zeigt der Client an, dass er jetzt auf die zuvor ausgehandelten kryptographischen Verfahren und Schlüssel wechselt. Die direkt hierauf folgende `finished` Nachricht ist bereits mit diesen geschützt. Als Antwort auf diese zwei Nachrichten vollzieht der Server ebenfalls diese beiden Schritte und der Handshake ist komplett, d.h. die sichere Verbindung ist aufgebaut. Anhand der letzten beiden Nachrichten können beide Seiten erkennen, ob sie die gleichen Verfahren und Schlüssel verwenden, sprich ob die Verbindung korrekt aufgebaut wurde.

14.2.3 Zusammenfassung und Ausblick

Der Einsatz von SSL bietet sich an, wenn eine Verbindung zwischen einem Client und einem Server geschützt werden soll. Die Sicherheit von SSL basiert direkt auf der Sicherheit der eingesetzten kryptographischen Verfahren, wobei durch seinen flexiblen Aufbau verschiedene Verfahren eingesetzt werden und somit unsichere Verfahren, die erfolgreich angreifbar sind vermieden werden.

Die *IETF* (*Internet Engineering Task Force*) hat basierend auf SSL Version 3 in RFC2246 und RFC3546 *TLSv1* (*Transport Layer Security*) als Internet Standard vorgeschlagen. Beide Protokolle sind sich sehr ähnlich und unterscheiden sich lediglich in wenigen Punkten, auf die an dieser Stelle jedoch nicht weiter eingegangen werden soll.

14.2.4 SSL in Linux

Mit *OpenSSL* (`http://www.openssl.org/`) steht eine freie Open Source Implementierung der Protokolle SSL v2/v3 und TLS v1 bereit, die die Grundlage für die SSL Unterstützung vieler Programme bildet. Beispiele hierfür sind *mod_ssl*, das dem Webserver *Apache* beibringt Webseiten auch sicher über HTTPS auszuliefern oder das Programm *stunnel*, welches einen universellen SSL Tunnel bereitstellt. Durch diesen können beliebige TCP Verbindungen getunnelt werden, ohne dass die eigentlich kommunizierenden Programme SSL verstehen müssen.

Weiterhin bringt OpenSSL unter anderem das Script *CA.sh* (in `/usr/share/ssl/misc/`) mit, welches den Benutzer den einfachen Aufbau und Betrieb einer Zertifizierungsstelle erlaubt. Er kann somit eigene X.509 Zertifikate erstellen und verwalten. Dies ist auch mit dem GUI-basierten Programm *TinyCA* möglich, dass intern aber ebenfalls auf die durch OpenSSL bereitgestellte Funktionalität zurückgreift.

Des Weiteren bringen verschiedene Programme auch eigene SSL/TLS Implementierungen mit um ihre Kommunikationsverbindungen zu sichern. Mozilla beispielsweise nutzt seine SSL Implementierung um Webseiten per HTTPS abzurufen und optional die E-Mail Protokolle POP3 und IMAP abzusichern.

14.3 Secure Shell (SSH)

Secure Shell (SSH) verwendet eine Client/Server Architektur, um sich sicher auf anderen Rechnern im Netzwerk einzuloggen, dort Programme auszuführen oder Dateien zwischen Rechnern zu übertragen. Es ist also ein sicherer Ersatz für Programme wie Telnet, FTP oder die r*-Dienste (rlogin, rsh, etc.), die standardmäßig keine sicheren Verbindungen aufbauen und somit die gesamten Daten, inklusive Passwörter im Klartext übertragen. Weiterhin können auch beliebige Kommunikationsverbindungen über SSH getunnelt werden.

SSH wurde 1995 von Tatu Ylonen erdacht und wandelte sich im Laufe der Zeit von einem freien hin zu einem kommerziellen Produkt, das heute von der Firma *SSH Communications* vertrieben wird. Glücklicherweise steht mit *OpenSSH* ebenfalls eine freie OpenSource Implementierung zur Verfügung.

Das ursprünglich entwickelte SSH Version, auch SSH Version 1 (SSH-1) genannt, wird nicht mehr weiterentwickelt und ist durch mehrere Angriffsmöglichkeiten verwundbar. Zwar wird sie weiterhin unterstützt, von der Verwendung sollte jedoch abgesehen werden.

Die grundlgened überarbeitete Version, SSH Version 2 (SSH-2), wird seit längerer Zeit von der IETF in der Secure Shell Working Group standardisiert und befindet sich zur Drucklegung dieses Buches im Draft Status. Die aktuellen Dokumente können unter
`http://www.ietf.org/html.charters/secsh-charter.html`
eingesehen werden. SSH-2 ist zu SSH-1 nicht kompatibel.

Im Folgenden gehen wir lediglich auf SSH-2 ein.

14.3.1 Sicherheitsdienste

SSH bietet folgende Sicherheitsdienste:

- *Datenauthentifizierung*
  Eine SSH Verbindung beinhaltet die Authentifizierung von Server und Client. Somit wird sichergestellt, dass es sich bei Client und Server wirklich um diejenigen handelt, die sie vorgeben zu sein. Dies schützt beispielsweise vor Man-in-the-Middle Angriffen (vgl. Abschnitt 13.2.1).
- *Vertraulichkeit*
  Die Verbindung ist verschlüsselt und garantiert somit eine vertrauliche Kommunikation zwischen Client und Server.
- *Datenintegrität*
  SSH garantiert die Integrität der erhaltenen Daten. Dies bedeutet, dass diese nicht auf dem Übertragungsweg unbemerkt verändert werden können.

Kryptographische Verfahren

Zum Erbringen seiner Sicherheitsdienste nutzt auch SSH verschiedene kryptographische Verfahren. Allerdings werden diese zur Verbindungszeit zwischen Client und Server ausgehandelt, wodurch größtmögliche Flexibilität beim Einsatz gewährleistet ist. Anzumerken ist, dass die kommerzielle Version von SSH mehr kryptographische Verfahren unterstützt als OpenSSH, da hier patentrechtlich geschützte Verfahren nicht implementiert wurden.

Schlüsselmanagement

Jeder Server besitzt einen eindeutigen *Host Key* mit dem er sich beim Client authentifiziert. Für die Authentifizierung des Client werden mehrere Verfahren unterstützt, wie wie beispielsweise Passwort Authentifizierung oder die Authentifizierung durch einen öffentlichen Schlüssel.

14.3.2 Protokolle

SSH besteht im Wesentlichen aus drei Komponenten:

- *Transport Layer Protocol*
  Die Transport Ebene ermöglicht die Aushandlung der zu verwendenen kryptographischen Algorithmen und den Schlüsselaustausch, der auch die Authentifizierung des Servers beinhaltet. Der Server authentifiziert sich hierbei durch seinen eindeutigen Host Key, den der Benutzer bei der ersten Verbindung mit dem Server verifizieren muss (das Kommando `ssh` wird in Abschnitt 14.3.3 beschrieben):

  ```
  linux: # ssh -2 -l achim mars
  The authenticity of host 'mars (192.168.1.5)' can't be established.
  RSA key fingerprint is af:21:80:bf:3e:07:d2:2e:35:0c:7b:16:4a:73:37:69.
  Are you sure you want to continue connecting (yes/no)?
  ```

  Bei allen zukünftigen Verbindungen zu diesem Server wird der erhaltene Host Key mit dem gespeicherten der ersten Verbindung (gespeichert in `~/.ssh/known_hosts`) verglichen und nur bei unterschiedlichen Schlüsseln wird der Nutzer benachrichtigt. Das Protokoll stellt schliesslich einen verschlüsselten und integritätsgesicherten Kommunikationskanal zu einem authentifizierten Server zur Verfügung.

- *Authentication Protocol*
  Das Authentifizierungsprotokoll nutzt diese sichere Verbindung um den Client zu authentifizieren. Es werden drei Authentifizierungsverfahren unterstützt: *public key*, *hostbased* und *password*.

❑ *Connection Protocol*
Das Verbindungsprotokoll bietet höherwertige Dienste für Verbindungen die durch den gesicherten Kanal geleitet werden, wie beispielsweise Kanal Multiplexing, Flusskontrolle, entfernte Programmaufrufe und Verbindungsweiterleitung. Anzumerken ist, dass durch eine SSH Verbindung gleichzeitig mehrere andere Verbindungen getunnelt werden können.

14.3.3 SSH Programme und Einsatzmöglichkeiten

Neben dem Einloggen und der Programmausführung mittels dem Programm `ssh` auf entfernten Rechnern, können die Programme `scp` und `sftp` genutzt werden um sicher Daten zwischen Rechnern zu kopieren. SFTP bietet hierbei den gleichen Komfort, den die meisten Benutzer bereits von FTP kennen.

Darüberhinaus können SSH Verbindungen aber auch als Tunnel genutzt werden, durch die sich beliebige andere Verbindugen tunneln lassen. So kann beispielsweise ein Backup auf einen entfernten Rechner durch solch einen Tunnel geschützt werden. Ebenfalls läßt sich auch die *X11* Ausgabe von Programmen durch solch einen Tunnel weiterleiten, wodurch die Nutzung von GUI-basierten Programmen auf entfernten Rechnern genauso einfach und sicher möglich ist, wie auf dem lokalen Rechner.

14.3.4 Konfiguration und Einsatz von SSH in Linux

Per Default wird bei SuSE Linux das Paket OpenSSH installiert, welches alle benötigten Programme für den Einsatz von SSH beinhaltet. Alle wichtigen Konfigurationsdateien befinden sich in dem Verzeichnis `/etc/ssh/`. Alternativ kann man sich auch die aktuelle OpenSSH Version von `http://www.openssh.org` herunterladen und installieren.

Der Server sshd

Die globale Konfigurationsdatei für den Server, den *sshd* (*SSH Daemon*) ist `/etc/ssh/sshd_config`. Die Entwickler folgen hier der Philosophie, dass die Default-Einstellungen der verschiedenen Optionen in auskommentierter Form, also mit vorangestelltem # in der Konfigurationsdatei zu finden sind. Nicht auskommentierte Optionen ändern die Default-Einstellungen. Eine ausführliche Beschreibung aller Optionen erhält man mit dem Befehl `man sshd_config`.

Per Default lauscht sshd auf allen lokalen IP Adressen auf Port 22 und erlaubt die Kommunikation über die Protokolle SSH Version 1 und 2. Des Weiteren ist die Weiterleitung anderer Verbindungen durch den SSH Tunnel standardmäßig aktiviert:

```
#Port 22
#Protocol 2,1
#ListenAddress 0.0.0.0
#ListenAddress ::

#AllowTcpForwarding yes
```

Die Konfigurationsdatei, die mit dem SuSE Paket kommt, ist darüberhinaus aber in einigen Punkten zur Standardkonfiguration verändert:

```
PasswordAuthentication no
UsePAM yes
X11Forwarding yes
```

Hierdurch wird die Authentifizierung des Clients über Klartextpasswörter ausgeschaltet und stattdessen der *PAM* (*Pluggable Authentication Modules*) Mechanismus genutzt, der es erlaubt verschiedene Authentifizierungsverfahren einzusetzen und auch auszutauschen, ohne die Applikation neu zu compilieren. Die zugehörige Konfiguration befindet sich in /etc/pam.d/sshd.

Weiterhin ist in der SuSE-Konfiguration automatisch die X11 Weiterleitung aktiviert, so dass die GUI-Ausgaben der auf dem Server gestarteten Programm an den Client weitergeleitet werden.

Hat man die Konfigurationsdatei des Server seinen Wünschen angepasst, so kann dieser gestartet werden. Beim ersten Start über rcsshd werden dabei drei kryptographische Schlüsselpaare generiert[3], die in /etc/ssh/ gespeichert werden:

- ssh_host_dsa_key und ssh_host_dsa_key.pub
  Das in SSH Version 2 benötigte DSA Schlüsselpaar aus privatem und öffentlichem Schlüssel.

- ssh_host_rsa_key und ssh_host_rsa_key.pub
  Das in SSH Version 2 benötigte RSA Schlüsselpaar aus privatem und öffentlichem Schlüssel.

- ssh_host_key und ssh_host_key.pub
  Das in SSH Version 1 benötigte Schlüsselpaar aus privatem und öffentlichem Schlüssel. Dieses Schlüsselpaar wird aus Gründen der Abwärtskompatibilität generiert, auch wenn standardmäßig SSH Version 2 genutzt wird.

Verbindet sich nun ein Client mit dem Server, so wird standardmäßig (Option #UsePrivilegeSeparation yes in sshd_config) ein Kind Prozess des Servers gestartet, der mit den Rechten des Users läuft, der sich einloggt. Durch diesen Mechanismus können erstens mehrere SSH Verbindungen gleichzeitig laufen und die einzelnen Prozesse laufen sicherheitshalber nur mit den Rechten der jeweiligen Benutzer.

---

[3] Die Schlüsselpaare werden nur erzeugt wenn dies nicht bereits bei der Installation erfolgt ist.

SSH Client

Die Optionen für den Client können auf drei Wegen angegeben werden, wobei die Optionen in der folgenden Reihenfolge benutzt werden:

1. Optionen auf der Kommandozeile
2. Optionen in der Konfigurationsdatei des Benutzers ($HOME/.ssh/config)
3. Optionen in der globalen Konfigurationsdatei (/etc/ssh/ssh_config)

Anstatt nun ausführlich auf alle Optionen einzugehen, welche auch in den man pages zu finden sind, werden wir im Folgenden ein paar häufig anzutreffende Anwendungsbeispiele erläutern. Hierbei werden die Optionen jeweils in der Kommandozeile mit angegeben:

- *Einloggen auf einem entfernten Rechner*
  Mit dem Befehl
  ```
  linux: # ssh -2 -l achim mars
  ```
  oder
  ```
  linux: # ssh -2 achim@mars
  ```
  kann sich ein Nutzer als Benutzer *achim* per SSH-2 auf dem Rechner *mars* einloggen. Ist der Nutzer auch auf dem Ausgangsrechner unter der Nutzerkennung achim eingeloggt, so kann die Angabe von -l achim bzw. achim@ entfallen.

- *Entfernter Programmaufruf*
  Um per ssh wie von rsh bekannt, Befehle auf einem entfernten Rechner auszuführen muss der Aufruf wie folgt aussehen:
  ```
  linux: # ssh -2 -l achim mars "uptime; who;"
  ```
  Dieser Befehl führt als Nutzer *achim* auf dem Rechner *mars* die Befehle uptime (Laufzeit des Rechners nach dem letzten Booten) und who (Anzeige der eingeloggten Nutzer) aus. Die auszuführenden Befehle müssen in Anführungszeichen stehen, da ansonsten nur der erste Befehl ausgeführt werden würde.

- *Einloggen auf einem entfernten Rechner mit X11 Weiterleitung*
  Um automtisch die GUI Ausgaben der entfernt gestarteten Programme an den Client weiterzuleiten muss sich der Nutzer wie folgt auf dem entfernten Rechner einloggen:
  ```
  linux: # ssh -2 -X -l achim mars
  ```
  Hierdurch wird auf dem entfernten Rechner automatisch die DISPLAY Variable gesetzt und die Ausgaben grafischen Programme an den Client gesendet.

- *Tunneln von Verbindungen*
  Um andere Verbindungen durch eine SSH Verbindung zu tunneln, müssen

auf dem lokalen Rechner die Ports angegeben werden, die weitergeleitet werden sollen. Bsp.:

```
linux: # ssh -2 -L 110:localhost:110 mars
```

leitet alle Verbindungen die auf Port 110 (POP3) auf dem localen Rechner (jupiter) zugreifen durch den SSH Tunnel auf Port 110 auf dem Rechner *Mars* weiter. Da hier ein privilegierter Port umgeleitet wird, muss dieser Befehl mit `root`-Rechten ausgeführt werden. Wird nun im lokalem E-Mail Programm die Adresse `localhost:110` für dem POP3 E-Mailempfang angegeben, so werden die E-Mails automatisch gesichert vom Mailserver auf *Mars* abgeholt.

❏ *Kopieren von Daten* Zum Kopieren von Dateien über eine sichere SSH Verbindung kann `scp` oder `sftp` genutzt werden. Das Programm `scp` ähnelt hierbei der Syntax des Unix-Programm `cp`:

```
linux: # scp lokale-datei achim@mars:/home/achim/
```

Dieser Aufruf kopiert die Datei `lokale-datei` in das Verzeichnis `/home/achim/` auf *Mars*. Das Programm `sftp` lehnt sich in der Bedienung an das normale `ftp` an und soll hier nicht weiter betrachtet werden.

Automatische Authentifizierung mit dem öffentlichen Schlüssel

Die oben vorgestellten Programmaufrufe haben den Nachteil, dass sich der Nutzer bei jeder neuen Verbindung mit seinem Passwort beim Server authentifizieren muss. Mithilfe eines vom Nutzer erzeugten Schlüsselpaares kann dieser Vorgang jedoch auch automatisiert werden. Das Programm `ssh-keygen` kann für diesen Zweck genutzt werden um ein RSA oder ein DSA Schlüsselpaar zu erzeugen:

```
linux: # ssh-keygen -t rsa
Generating public/private rsa key pair.
Enter file in which to save the key (/home/achim/.ssh/id_rsa):
```

Zuerst wird hierbei gefragt, wo das Schlüsselpaar gespeichert werden soll. Danach kann das Schlüsselpaar noch mit einem Passwort geschützt werden. Dies sollte auch gemacht werden, da sich ansonsten jeder, der an den privaten Schlüssel des Nutzers gelangt, ebenfalls automatisch ohne Passwort auf *Mars* einloggen kann.

```
Enter passphrase (empty for no passphrase):
Enter same passphrase again:
Your identification has been saved in /home/achim/.ssh/id_rsa.
Your public key has been saved in /home/achim/.ssh/id_rsa.pub.
The key fingerprint is:
78:8d:ef:7a:cd:e7:25:f8:43:ae:33:b6:47:42:61:87 achim@jupiter
```

Nun muss der öffentliche Schlüssel (`id_rsa.pub`) noch auf dem Rechner *Mars* in der Datei `/home/achim/.ssh/authorized_keys` abgelegt werden. Eventuell muss diese Datei auch erst erzeugt werden. Einträge für weitere Schlüssel können einfach in einer neuen Zeile angehängt werden.

Wurde kein Passwort für das Schlüsselpaar vergeben, so kann sich Nutzer *achim* nun automatisch auf *Mars* einloggen. Andernfalls wird er wieder bei jedem Einloggen nach dem Passwort – diesmal dem des Schlüssels – gefragt.

Um diese Abfrage ebenfalls zu umgehen, kann man in der Datei ~/.xsession den Eintrag usessh="yes" ergänzen. Hierdurch wird das Programm ssh-agent gestartet, das sich für die Dauer der X-Session Schlüssel merken kann. Bei SuSE Linux 9.2 wird ssh-agent automatisch gestartet.

Nun muss nur noch der Schlüssel, den man nutzen will mit ssh-add dem ssh-agent mitgeteilt werden und man kann diesen Schlüssel während der gesamten X-Session ohne weitere Passwortabfrage nutzen. Hat man den Schlüssel unter einem anderen Namen als id_rsa abgelegt, so muss ssh-add mit dem jeweiligen Namen aufgerufen werden, beispielsweise

```
linux: # ssh-add .ssh/mars-rsa
```

Mit ssh-add -l können die Schlüssel ausgegeben werden, die der ssh-agent momentan speichert. Hierbei kann ssh-add entweder von Hand in einer Shell aufgerufen werden oder bereits beim Einloggen. Hierfür muss in ~/.xinitrc der auskommentierte Befehl #ssh-add aktiviert werden (das #-Zeichen entfernen).

14.4 Zusammenfassung und Bewertung

In diesem Kapitel wurden drei Protokolle vorgestellt, die die Sicherheit in Netzen wesentlich verbessern können. Alle drei Maßnahmen haben das Ziel Kommuniationsverbindungen zu schützen, unterschieden sich jedoch durch ihre Lage im Schichtenmodell in Art und Umfang der geschützten Kommunikationsverbindung. Während beispielsweise IPSec auf Netzwerkebene zum Einsatz kommt und somit die Kommunikationsverbindungen aller Applikationen zwischen zwei Hosts schützt, beschränkt sich beispielsweise SSL/TLS auf den Schutz einer Verbindung.

Alle Maßnahmen haben ihre Berechtigung und es ist im Einzelfall in Abhängigkeit vom Einsatzszenario zu prüfen, welches Verfahren verwendet werden sollte.

Weiterhin ist die Sicherheit aller Maßnahmen direkt abhängig von den eingesetzten kryptographischen Verfahren. Durch den modularen Aufbau und die Aushandlungsphase am Anfang der Verbindung bei allen drei Protokollen kann jedoch leicht auf andere kryptographische Verfahren gewechselt werden, sollten Sicherheitslücken bzw. Angriffe für die gemeinhin eingesetzten Verfahren bekannt werden.

Kapitel 15

Firewalls

Angriffe resultieren wie in Kapitel 13 gezeigt, meist aus Schwachstellen im Design oder der Implementierung einzelner Protokolle und Dienste. Viele Sicherheitslücken können hierbei durch den Einsatz sicherer Protokolle umgangen werden. Trotzdem bleiben in einem lokalen Netzwerk potentiell hunderte Rechner, die untersucht und abgesichert werden müssen. Des Weiteren will oder muss man eventuell unsichere Dienste oder Protokolle für den eigenen Arbeitsablauf nutzen um seine Ziele zu erreichen. Aus diesem Grund wurde das Konzept der *Trennung von Netzen in sichere und unsichere Netzwerke* ersonnen. Ein *Torwächter* regelt hierbei der zonenübergreifenden Datenverkehr.

Die Umsetzung dieses Konzeptes wird von sogenannten *Firewalls* übernommen. Dieses Kapitel gibt eine Einführung in die Technologie der Firewalls. Nach einer Darstellung der grundlegenden Arbeitsweise werden die einzelnen Komponenten einer Firewall besprochen, nämlich

- *Paketfilter*,
- *Bastion Hosts* und
- *Application Gateways*.

Diese Komponenten können in verschiedenen *Konfigurationen* zusammengebaut werden, so dass sich unterschiedliche Firewall-Varianten ergeben. Die wichtigsten dieser Varianten werden anschließend dargestellt. Es folgt der praktische Teil, in dem gezeigt wird, wie in Linux Paketfilter und Application Gateways installiert und konfiguriert werden.

15.1 Eigenschaften von Firewalls

Zunächst einmal soll betrachtet werden, was eigentlich genau eine Firewall ist, worin ihre Aufgaben bestehen, was sie leisten und was man nicht erwarten kann.

15 Firewalls

15.1.1 Was ist eine Firewall?

Eine Firewall wird oft mit dem Haupttor bzw. dem Burggraben einer mittelalterlichen Burg verglichen:

- ❏ Sie erlaubt den Eintritt nur an einer ganz bestimmten Stelle.
- ❏ Sie verhindert, dass ein Angreifer näher an weitere Verteidigungsanlagen herankommt.
- ❏ Sie sorgt dafür, dass das System nur an einem ganz bestimmten sorgfältig bewachten Punkt verlassen werden kann.

Da ein Angreifer in der heutigen Welt meist aus dem globalen Internet kommt, wird die Firewall in den meisten Fällen an der Grenze zwischen Internet und Intranet installiert, also zwischen unsicherem und vertrauenswürdigem Netz.

Das bedeutet, dass der gesamte Datenverkehr zwischen Internet und Intranet durch die Firewall läuft, die dann die Aufgabe hat, nur den *akzeptablen Verkehr* durchzulassen. Verkehr ist akzeptabel, wenn er der *Sicherheitspolitik* des Intranet-Betreibers genügt.

Logisch gesehen ist eine Firewall also eine Einheit, die Datenverkehr analysiert und beschränkt. Physikalisch besteht eine Firewall meist aus einer ganzen Sammlung von Geräten und Software (Details dazu später).

15.1.2 Funktionsumfang von Firewalls

Eine Firewall hat eine Reihe von Eigenschaften, die sie zu einem nützlichen Werkzeug beim Aufbau eines geschützten Netzes machen:

- ❏ Eine Firewall erlaubt es, die Sicherheitsmaßnahmen auf einen Punkt zu konzentrieren. Dies ist natürlich meistens die Nahtstelle zwischen Internet und Intranet.
- ❏ Eine Firewall setzt in Teilen die Sicherheitspolitik des Netzbetreibers durch, nämlich bzgl. des akzeptablen Datenverkehrs.
- ❏ Eine Firewall kann Internet-Aktivitäten effizient protokollieren und bietet so eine Basis zur Analyse eventueller irregulärer Vorgänge.
- ❏ Firewalls können interne Netze oder Netzsegmente voreinander schützen.

Eine Firewall ist allerdings auch kein Allheilmittel und kann nicht die einzige Komponente einer Sicherungsstrategie sein. Die folgende Liste zählt die wichtigsten Einschränkungen auf:

- ❏ Eine Firewall schützt nicht gegen bösartige Insider, da sie nicht den Verkehr innerhalb des Intranets kontrolliert.

- Eine Firewall kann nicht gegen Verkehr schützen, der nicht durch sie hindurch läuft (z. B. separater Modemzugang). Mit weiteren Netzzugängen ist deshalb sehr vorsichtig umzugehen.
- Sie kann nicht gegen unbekannte Bedrohungen schützen.
- Sie kann nicht gegen Viren schützen.

15.1.3 Typen von Firewall-Komponenten

Wie oben schon erwähnt gibt es nicht „die" einzig brauchbare Firewall. Firewalls setzen sich typischerweise aus den folgenden Komponenten zusammen:

- *Paketfilter*
- *Bastion Hosts*
- *Application Gateways* bzw. *Proxy Servers*

Diese Komponenten werden im Folgenden besprochen.

15.2 Paketfilter

Wie der Name schon sagt, filtert ein Paketfilter bestimmte Pakete aus dem eintreffenden und ausgehenden Datenstrom aus, die er dann nicht weitergibt.

Ein Paketfilter ist mit einem Router vergleichbar, hat jedoch zusätzliche Fähigkeiten. Während ein Router nur fragt: *„ Wie sorge ich dafür, dass ein bestimmtes Paket sein Ziel erreicht?"*, fragt der Paketfilter zusätzlich: *„Darf das Paket eigentlich sein Ziel erreichen?"*.

Paketfilter verwenden unter anderem die folgenden Informationen, die in einem IP-Paket verfügbar sind, für ihre Entscheidungen:

- die Quelladresse,
- die Zieladresse,
- die Anwendungsprotokolle, zu denen die Daten transportiert werden.

Eine wichtige Eigenschaft eines Paketfilters ist, dass er nicht die eigentlichen Daten analysieren kann, also die Inhalte eines Pakets. Er kann zwar feststellen, welche Art von Protokolldaten das Paket transportiert, also z.B. FTP- oder E-Mail-Daten, so dass anhand dieser Information eine Filterung vorgenommen werden kann. Aber es ist nicht feststellbar, welche Datei mittels FTP gerade übertragen wird oder ob eine E-Mail ein Attachment besitzt oder nicht. Zu diesem Zweck dienen andere Firewall-Komponenten, insbesondere die Proxy Server.

15.2.1 Architektur

Abbildung 15.1 zeigt die grundsätzliche Funktionsweise eines Paketfilters für eingehenden Datenverkehr. Am Eingang des Filters treffen ständig Datenpakete ein. Jedes dieser Pakete wird analysiert und entsprechend der Sicherheitspolitik, die sich in der Konfiguration des Filters widerspiegeln muss, entweder durchgelassen oder verworfen. Typische Regeln eines Filters könnten z.B. besagen, nur E-Mail-Pakete durchzulassen, aber sonst keine anderen Dienste zu bedienen, oder Pakete bestimmter Quelladressen nicht abzulehnen.

15.2.2 Fuktionsumfang von Paketfilter

Aufgrund dieser Architektur und Funktionsweise können Paketfilter im Rahmen der Sicherheitskonzeption bestimmte Dienste erbringen. Hier seien einige typische Beispiele genannt; die Liste ließe sich beliebig ergänzen:

- ❏ Sie können verhindern, dass ein Außenstehende ein Anwendungsprotokoll wie `Telnet` verwendet, um sich auf einem Rechner des Intranet einzuloggen.
- ❏ Sie können erlauben, dass jeder Outsider E-Mail nach innen senden kann.
- ❏ Sie können einer bestimmten Maschine erlauben, NNTP-Nachrichten an den News-Server des Intranet zu senden, es gleichzeitig aber allen anderen verbieten.

Offensichtlich sind Paketfilter sehr flexibel, was ihre Konfiguration angeht. Es lassen sich sehr allgemeine, aber auch ganz spezielle Regeln definieren. Allerdings

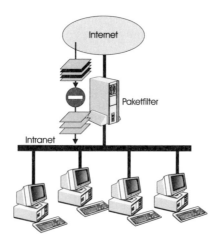

Abbildung 15.1: Paketfilter Architektur

muss hier angemerkt werden, dass Paketfilter insbesondere bei komplexer werdenden Filtern schwer beherrschbar werden können.

Es gibt allerdings auch aus Sicherheitssicht wichtige Aufgaben, die nicht erfüllt werden können, was vor allem mit der Tatsache zusammenhängt, dass die Paketfilter nicht auf die Daten eines Pakets zugreifen können.

So können Paketfilter beispielsweise nicht bestimmten Benutzern das Einloggen erlauben oder verbieten oder nur die Übertragung bestimmter Dateien erlauben bzw. verbieten, da die Konzepte „Benutzer" und „Datei" auf Paketebene nicht bekannt sind.

15.2.3 Vor- und Nachteile von Paketfiltern

Aus den oben genannten Eigenschaften lassen sich nun leicht einige Vor- und Nachteile der Verwendung eines Paketfilters ableiten:

- ❏ Ein einziger Paketfilter kann bei entsprechender Konfiguration ein ganzes Intranet grundlegend vor dem Internet schützen, indem unerwünschte Kommunikationsdienste (egal in welche Richtung) verhindert werden.

- ❏ Um den Zugriff auf Netzdienste zu erlauben, ist kein spezielles Wissen oder eine Zusammenarbeit der Benutzer notwendig. Mit anderen Worten, der Zugriff von innen auf Dienste, die außerhalb des Intranets angeboten werden (und umgekehrt), verläuft für den Benutzer völlig transparent. Der Dienst kann entweder benutzt werden oder nicht.

- ❏ In den meisten kommerziellen Routern läßt sich Paketfilterung konfigurieren, so dass der Kauf eines teuren Spezialgeräts normalerweise entfällt.

Natürlich haben Paketfilter auch Nachteile, die vor allem ihre Konfiguration betreffen. Gerade wenn Konfigurationen komplexer werden ist es schwierig den Überblick zu behalten um nicht ungewollt neue Sicherheitslücken zu öffnen. Gute bis sehr gute Kenntnisse über die Funktionsweise der Kommunikation in Netzwerken sind Voraussetzung für die Konfiguration und den Betrieb eines Paketfilters.

Weiterhin kann die Filterung der Pakete nur auf Protokollebene geschehen, da inhaltliche (semantische und syntaktische) Kenntnisse nicht überprüft werden können. Somit kann man zwar bestimmte Dienste erlauben oder blocken, was allerdings innerhalb dieser Verbindungen geschieht kann nicht kontrolliert werden.

15.2.4 Zentrale Komponente eines Paketfilters: Filterregeln

Um Pakete ausfiltern zu können, muss es Regeln, sogenannte *Filterregeln*, geben, die festlegen, was mit welchen Paketen zu geschehen hat.

15 Firewalls

Jeder Paketfilter besitzt eine Reihe von Regeln, die für jedes Paket überprüft werden müssen. Sobald eine Regel auf ein Paket anwendbar ist, wird sie ausgeführt. Als Ergebnis wird das Paket entweder verworfen oder weitergeroutet.

Es hängt von der Sicherheitspolitik der Organisation ab, was geschehen soll, wenn keine Regel zutrifft. Prinzipiell gibt es immer zwei Möglichkeiten:

- Alles, was nicht explizit verboten ist, ist erlaubt.
- Alles, was nicht explizit erlaubt ist, ist verboten.

Es wird empfohlen, aus Sicherheitsgründen immer die zweite Regel anzuwenden. Das heißt, wenn keine Regel zutrifft, wird das Paket verworfen. Die erste Regel ist zwar meist für die Benutzer sehr komfortabel, ist aber zu unsicher, insbesondere am Anfang, wenn der Administrator einer Firewall noch nicht sehr vertraut mit dem Aufbau von Regeln ist.

Regelformate

Im allgemeinen können Filterregeln die folgenden Informationen enthalten:

- *Regelnummer* (zur Festlegung der Überprüfungsreihenfolge).
- *Richtung*: Ist die Regel auf den eingehenden Datenverkehr, also vom vom Internet ins Intranet oder umgekehrt auf den ausgehenden Datenverkehr anzuwenden?
- *Quelladresse*: von welchem Rechner wird das Paket geschickt?
- *Zieladresse*: an wen ist das Paket adressiert?
- *Protokoll*: welche Art von Dienst wird verwendet?
- *Zielport*: welcher Port wird angesprochen?
- *Quellport*: von welchem Port wird der Dienst aufgerufen?
- *gewünschte Aktion*: verwerfen oder durchlassen?

Natursprachlich könnten Regeln beispielsweise so aussehen:

```
Alles zwischen Quelladresse 172.16.51.50 und Netzwerk 192.168.10 durchlassen;
Alles zwischen Quelladresse any und Zieladresse any verwerfen;
```

Diese beiden Regeln erlauben alle Pakete vom Rechner 172.16.51.50 an das interne Netz 192.168.10, während alle anderen Pakete verworfen werden. Das Schlüsselwort any steht hierbei stellvertretend für „alle anderen". Die zweite Regel ist praktisch eine explizite Implementierung der Politik „Alles was nicht erlaubt ist, ist verboten."

Angriffe

Paketfilter können anhand ihrer Regeln effizient ungewollten Datenverkehr ausfiltern. Allerdings ist die Sicherheit, die hierdurch erlangt wird, teilweise trügerisch, da einige typische Angriffe trotzdem erfolgreich sein können, wie folgende Beispiele zeigen:

- *Filter aufgrund von Quelladressen*
  Wird in den Filterregeln wie oben angegeben nur aufgrund der Quell- bzw. Zieladreßinformation gefiltert, besteht beispielsweise die Gefahr, dass Angreifer mittels IP Spoofing beliebige Datenpakete schicken kann, die ungehindert durch den Paketfilter laufen. Auch Man-in-the-Middle Angriffe, bei denen sich ein Angreifer zwischen zwei kommunizierende Rechner postiert, können durch Paketfilter nicht erkannt werden.

- *Filter aufgrund von Portnummern*
  Mit Hilfe der Portnummern läßt sich herausfinden, welcher Service durch das aktuelle Paket adressiert wird. So lassen sich leicht bestimmte Dienste ausschließen bzw. nur ganz bestimmte Dienste erlauben.
  Generell besteht hier jedoch ein ähnliches Problem wie mit Hostadressen: den Host-Ports kann man nicht unbedingt trauen. Ein Unix-`root`-Benutzer kann leicht an einem bestimmten Port ein „falsches"Server-Programm (z. B. `Telnetd` am E-Mail-Port) laufen lassen, so dass die Port-Information überhaupt keine Aussage zuläßt.
  Generell sollten Verbindungen nur zu Ports zugelassen werden, denen wirklich getraut werden kann.

Diese Beispiele zeigen, dass Paketfilter nie als einzige Maßnahmen zur Absicherung eines Netzwerkes eingesetzt werden sollten. Vielmehr bieten sie einen wichtigen Baustein in einem gesamten Sicherheitssetup.

15.3 Proxy Server (Application Gateways)

Proxy Server gestatten den Zugriff auf die Dienste des Intranet bzw. umgekehrt auf die Dienste des Internet, wobei der Benutzer den Eindruck eines direkten Zugriffs hat, während die Kommunikation tatsächlich nicht zwischen Client und Server abläuft, sondern der Proxy Server als Mittelsmann dazwischen geschaltet ist.

15.3.1 Architektur

Abbildung 15.2 zeigt die Architektur eines Kommunikationssystems, das einen Proxy Server verwendet.

Die tatsächliche Kommunikation läuft zwischen dem Client und dem Proxy Server sowie dem Server und dem Proxy Server ab. Für den Client stellt es sich jedoch so dar, als ob er mit seinem gewünschten Kommunikationspartner direkt, also ohne Umwege, kommuniziert, während der Server nichts vom eigentlichen

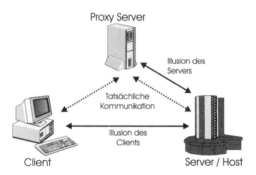

Abbildung 15.2: Proxy Server

Client weiß, sondern die Illusion hat, alle Anfragen kämen direkt vom Proxy Server (d. h., würden dort auch produziert).

15.3.2 Warum Proxy Server?

Es ist sinnlos, einen Internet-Zugang zu besitzen, wenn die Benutzer diesen nicht verwenden können. Auf der anderen Seite ist ein Zugang ins Internet von allen Hosts höchst sicherheitsbedenklich.

Eine einfache Lösung bestünde darin, nur einen einzigen Host zur Verfügung zu stellen, der den Internet-Zugang erlaubt. Alle Benutzer müssen diesen verwenden, wenn Sie irgendwelche Dienste des Internet nutzen möchten.

Dieser Ansatz hat jedoch die folgenden Nachteile:

- ❏ Benutzer müssen sich dort einloggen, sämtliche Aktivitäten von dort ausführen und schließlich ihre Ergebnisse auf den internen Rechner transferieren. Die Folge ist eine wenig benutzerfreundliche Umgebung; die Verwendung des Internetzugangs ist extrem umständlich.

- ❏ Bei Verwendung unterschiedlicher Betriebssysteme müssen Benutzer sich umgewöhnen, denn sie müssen ja auch mit dem Betriebssystem des Internet-Rechners zurecht kommen.

Die Idee ist also im Prinzip gut, allerdings muss die Umsetzung überdacht werden. Genau hier setzt die Idee der Proxy Server an. Die Aufgabe eines Proxys ist es, die Verwendung eines einzelnen solchen Hosts *für den Benutzer transparent* zu machen.

15.3.3 Funktionsweise eines Proxy Servers

Es wird nun gezeigt, wie ein solcher Proxy funktioniert. Als Beispiel diene ein `Telnet`-Proxy.

15.3 Proxy Server (Application Gateways)

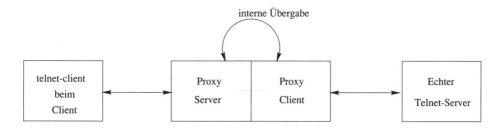

Abbildung 15.3: Beispiel eines Telnet-Proxy

Möchte ein Client von auswärts eine Verbindung zu einem Rechner hinter der Firewall aufbauen, dann kann er keinen direkten Zugang bekommen. Vielmehr wird sein Paket vom Proxy Server abgefangen und zunächst analysiert. Ist das Paket in Ordnung, d. h. entspricht es der Sicherheitspolitik des Netzbetreibers, dann wird es an die zweite Komponente des Proxys gegeben. Diese übernimmt nun die Kommunikation mit dem Adressaten, nämlich dem Server innerhalb des zu schützenden Netzes. Jegliche Antworten dieses Servers auf das Paket gehen wieder an den Application Gateway, der es auf dem umgekehrten Weg an den Initiator der Verbindung gibt.

Dieser Vorgang soll transparent ablaufen, d. h., die jeweiligen Kommunikationspartner wissen von diesem Gateway nichts. Der Vorgang ist für den Telnet-Proxy in Abbildung 15.3 dargestellt.

Es ist sehr sinnvoll, den Proxy Server auf einem Bastion Host zu installieren, der genau für solche Aufgaben gedacht ist. Auf Bastion Hosts werden wir im Folgenden Kapitel näher eingehen.

15.3.4 Vor- und Nachteile von Proxys

Die Verwendung eines Proxy Servers zur Absicherung eines Netzes bietet eine Reihe von Vorteilen, die sich aus der Funktionsweise und den Eigenschaften ergeben:

- ❏ Proxys erlauben den direkten Internet-Zugriff ohne sichtbaren Umweg.
- ❏ Das Erlauben und Verbieten bestimmter Aktionen kann auf Anwendungsprotokollebene stattfinden, also auf höherer Ebene als beim Filtern. Proxys können z. B. die Übertragung bestimmter Dateien wie einer passwd-Datei verhindern, indem sie – in diesem Beispiel – die Kommandos, die in FTP-Paketen übertragen werden, analysieren.
- ❏ Das Protokollieren von Aktivitäten wird einerseits wesentlich vereinfacht und kann andererseits viel detaillierter erfolgen.

Natürlich bieten Proxys auch Nachteile:

- ❏ Proxy-Software ist für viele Dienste noch nicht verfügbar bzw. ausreichend getestet.
- ❏ Für jeden Dienst werden eigene Proxys benötigt. Dies kann allerdings auch als Vorteil ausgelegt werden, denn Dienste, für die kein Proxy vorhanden ist, können nicht genutzt werden, so dass eine Gefahrenquelle ausgeschaltet ist.
- ❏ Zum Teil müssen die verwendeten Client- und Server-Programme modifiziert werden, um das „Umbiegen" der Kommunikation zu ermöglichen.
- ❏ Proxy Server können wie Filter nicht feststellen, ob die eigentlichen Daten „gut" oder „böse" sind. Ein Proxy kann zwar z. B. den Namen einer mit FTP übertragenen Datei feststellen, aber es gibt keine Möglichkeit für ihn, den Inhalt der Datei zu verstehen, also etwa festzustellen, ob die Datei einen Virus enthält.

15.4 Bastion Hosts

15.4.1 Grundlagen

Ein *Bastion Host* repräsentiert das Intranet nach außen. Um einen Vergleich mit dem wirklichen Leben zu geben: die Lobby eines großen Bürogebäudes ist mit dem Bastion Host zu vergleichen. Wer in das Gebäude hinein will, muss zunächst Verbindung zur Lobby aufnehmen und wird von dort aus weitergeleitet.

Der Bastion Host ist also derjenige Rechner, der den Angriffen aus dem Internet am stärksten ausgesetzt ist. Er sollte daher besonders sicher sein. Um dies zu gewährleisten, sollte seine Konfiguration den folgenden Prinzipien gehorchen:

- ❏ Die Konfiguration des Hosts sollte möglichst einfach und übersichtlich bleiben. Jeder zusätzlich angebotene Dienst kann eine Sicherheitslücke darstellen.
- ❏ Es sollte immer mit Angriffen gerechnet werden. Es kann immer passieren, dass der Host „geknackt" wird. Interne Hosts sollten dem Bastion Host deshalb nur soweit als nötig trauen.

15.4.2 Spezielle Bastion Hosts

Es gibt verschiedene Rollen bzw. Konfigurationen für einen Bastion Host:

- ❏ *Nonrouting Dual-Homed Host*
  Er liegt dann an der Schnittstelle zwischen dem Internet und dem privaten Netz bzw. dem Intranet. Im Rahmen der Besprechung der Firewall-Konfigurationen wird diese Variante noch ausführlich diskutiert.

❑ *Victim Machine*
  Eine solche Maschine kann verwendet werden, um unsichere Dienste anzubieten. Wichtig: Es sollte keine Möglichkeit geben, an das interne Netz heranzukommen, d. h., der Bastion Host muss noch einmal durch einen Paketfilter abgesichert sein. Ein häufiges Vorgehen besteht darin, das Arbeiten auf dem Host für Insider nur nach vorherigem expliziten Einloggen zu gestatten.

❑ *Interner Bastion Host*
  Dies können etwa Mail-Server oder News-Server *im Intranet* sein, die also innerhalb des durch einen Paketfilter geschützten Netzes liegen. Aufgabe des Filters ist es dann, nur Paket durchzulassen, die an den Bastion Host adressiert sind.

15.4.3 Eigenschaften des Bastion Host

Wie sollte nun ein Bastion Host ausgestattet werden, um ihn für seine Aufgaben entsprechend zu präparieren? Die folgende Liste gibt einige Hinweise zu Hard- und Softwarekomponenten:

❑ *Betriebssystem*:
  ➢ Wohldurchdachte und bekannte (d. h. getestete) Sicherheitsmechanismen müssen verfügbar sein.
  ➢ Wichtig ist eine gute Kenntnis des Systemadministrators, da Herumprobieren an dieser Stelle sicherlich von Nachteil ist.

❑ *Leistungsklasse*:
  Die Aufgabe des Bastion Hosts ist es normalerweise, Pakete weiterzuleiten. Diese Aufgabe ist nicht besonders CPU-intensiv. Die Leistung wird daher eher durch die Kapazität der Leitung bestimmt.

❑ *Hardware-Konfiguration*:
  Ein Bastion-Host benötigt je nach Zahl der parallelen Verbindungen viel Haupt- und Swap-Speicher.

15.4.4 Vorgehen beim Einrichten eines Bastion Hosts

Da der Bastion Host normalerweise eine zentrale Komponente innerhalb der Sicherheitsstrategie einer Organisation darstellt, sollte auf eine sorgfältige Konfiguration besonders viel Wert gelegt werden. Das im Folgenden vorgeschlagene Vorgehen garantiert bei korrekter Ausführung einen gut präparierten Bastion Host:

1. *Absichern der Maschine*
   ❑ Einrichtung eines Standard-Betriebssystems in *minimaler* Konfiguration. Spätere Erweiterungen sind leicht möglich. Nur so weiß man, was wirklich auf der Maschine vorhanden ist.

- Alle bekannten Sicherheitslöcher sollten gestopft werden. Es ist *nicht* selbstverständlich, dass Betriebssysteme ohne Bugs ausgeliefert werden! Eine gute Möglichkeit besteht in dieser Phase darin, die Maschine mittels spezieller Programme, wie z.B. Nessus (s. Kapitel 17), zu testen.
- Es muss sichergestellt werden, dass alle Aktivitäten auf dem Host protokolliert werden. So lassen sich unerwünschte Aktivitäten fest- und abstellen.

2. *Entfernen aller nicht benötigten Dienste*
   - Jeder angebotene Dienst stellt ein potentielles Sicherheitsrisiko dar.
   - Dienste, die unbedingt notwendig sind zum Funktionieren der Maschine sind die folgenden:
     ```
     init, swap, page, cron, syslogd, inetd
     ```
   - Alle Dienste die nicht gebraucht werden oder über dessen Sinn und Funktionsweise man sich als Systemadministrator nicht im Klaren ist, sollte abgeschaltet werden. Typische Vertreter dieser Klasse sind NFS-Dienste, die *Yellow Pages (YP)*, Boot-Dienste, Routing-Dienste, finger, etc.

3. *Installation oder Modifikation aller gewünschten Dienste.*
   Einige Dienste sind eventuell nicht im Standard-Betriebssystem konfiguriert. Diese müssen dann nachinstalliert werden.

4. *Rekonfiguration der Maschine vom Entwicklungs- in den Produktionsstatus*
   - Rekonfiguration und Neuübersetzung des Kernels, z. B. um bestimmte Fähigkeiten zu entfernen, die für die Installation nützlich waren, aber nun nicht mehr vorhanden sein sollten. Beispiele sind IP-Routing und NFS-Unterstützung.
   - Alle nur für die Installation notwendigen Programme wie C-Compiler, make etc. sollten entfernt werden.
   - Die Dateisysteme sollten soweit wie möglich als *read-only* eingebunden werden.
   - Durch diese Maßnahmen wird es schließlich sehr unkomfortabel werden, auf diesem Rechner zu arbeiten. Daher sollten alle Schritte gründlich geplant werden.

5. *Sicherheitsüberprüfung*
   - Nochmals sollten der Rechner auf die bekannten Sicherheitslöcher überprüft werden. Auch jetzt kann Nessus (von einem anderen Rechner aus) eingesetzt werden.
   - Es sollte eine Datenbank mit den Checksummen aller Dateien angelegt werden. Dies erlaubt das Feststellen von Veränderungen.

6. *Schließlich wird die Maschine ans Netz angebunden.*

15.5 Firewall-Konfigurationen

Üblicherweise wird nicht eine dieser drei Technologien allein verwendet; vielmehr gibt es eine Reihe sinnvoller (und weniger sinnvoller) *Konfigurationen*. Die wichtigsten Standardkonfigurationen sind:

- *Dual-Homed Host*
- *Screened Host*
- *Screened Subnet*

Neben diesen drei Hauptformen gibt es verschiedene Variationsmöglichkeiten, die aus Sicherheitssicht mehr oder weniger empfehlenswert sind.

15.5.1 Dual-Homed Host-Architektur

Unter einem *Dual-Homed Host* versteht man einen Rechner, der mindestens an zwei Netze angeschlossen ist. Für den Einsatz als Firewall sind das typischerweise das Internet und das lokale Netz.

Ein solcher Host ist prinzipiell in der Lage, Pakete von einem Netz in das andere zu routen. Allerdings ist die Routing-Funktion beim Firewall-Einsatz abgeschaltet.

Vielmehr können zwar alle Rechner innerhalb und außerhalb des Intranet mit dem Host kommunizieren, es ist jedoch keine direkte Verbindung zwischen Inter- und Intranet möglich.

Die Konfiguration der Komponenten zeigt Abbildung 15.4. Paketfilter und Bastion Host sind typischerweise in einem Rechner zusammengefaßt, d. h., der Paketfilter wird nicht als spezialisierter Router zur Verfügung gestellt. Ein Linux-Rechner eignet sich sehr gut als Implementierung der Dual-Homed Host-Architektur.

Die Konfiguration zeichnet sich durch folgende Eigenschaften aus:

- Der Administrator besitzt von der völligen Freischaltung bis zum Abschalten jeglicher Kommunikation zwischen Intra- und Internet sehr flexible Steuerungsmöglichkeiten.

- Die Kontrolle der Daten kann noch genauer erfolgen als nur auf der Paketfilterebene, denn nicht nur die IP-Adresse und der Dienst-Typ, sondern auch die Verbindungsdaten können überwacht werden.

- Ein Dual-Homed Host kann nur die folgenden Arten von Diensten zulassen:
    - Installation von Proxys.
    - Benutzerkonten auf dem Host, die Kommunikation in beide Richtungen zulassen. Dieses Vorgehen wird meist als sehr unflexibel und aus Sicherheitssicht kritisch betrachtet.

15 Firewalls

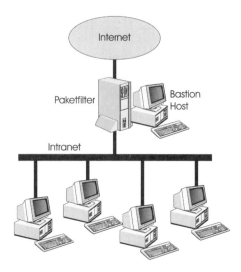

Abbildung 15.4: Dual-Homed Host

15.5.2 Screened-Host-Architektur

Im Gegensatz zum Dual-Homed-Host-Ansatz hat der Bastion Host in dieser Architektur nur einen Netzanschluß, nämlich an das Intranet.

Um die Firewall-Funktionalität herzustellen, wird ein *separater Router* benötigt, der als Paketfilter arbeitet.

Aufgabe des Filters ist es, nur Pakete durchzulassen, die den Bastion Host adressieren. Die Regeln können noch strenger sein, so dass beispielsweise nur bestimmte Dienste zugelassen werden.

Zusätzlich kann der Router dazu genutzt werden, interne Verbindungen nach draußen entweder ganz zu verbieten oder auf bestimmte Dienste zu beschränken. Bei einem völligen Verbot besteht der einzige Zugang dann über den Bastion Host, auf dem Proxys installiert sein müssen.

Diese Form der Zusammenschaltung von Firewall-Komponenten hat die folgenden Eigenschaften:

- ❏ Auf den ersten Blick erscheint dieser Ansatz unsicherer als der erste, da externe Pakete ins Intranet gelangen. In der Praxis ist der Dual-Homed-Host jedoch auch fehleranfällig, so dass beide Ansätze hier vergleichbar sind. Generell ist es einfacher, einen simplen Router angriffssicher zu machen als einen Host. Daher gilt die Screened-Host-Architektur als sicherer.
- ❏ Wenn es einem Angreifer gelingt den Paketfilter zu überwinden, dann liegt das gesamte Intranet schutzlos vor ihm.

15.5 Firewall-Konfigurationen

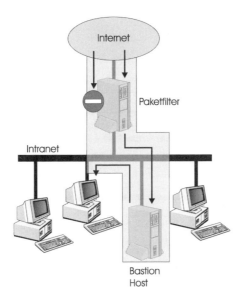

Abbildung 15.5: Screened Host

Abbildung 15.5 zeigt die Screened-Host-Konfiguration. Der Bastion Host liegt innerhalb des Intranet, das durch einen Paketfilter geschützt ist.

15.5.3 Screened Subnet-Architektur

Grund für die Entwicklung dieser Architektur waren die Schwachstellen, die bei den beiden bisher vorgestellten Verfahren genannt wurden.

Die generelle Idee ist es, eine weitere Schutzschicht um das Intranet zu legen. Dies geschieht durch das Hinzufügen eines sogenannten *Perimeter Networks*, das zwischen Internet und Intranet liegt (oft auch als *entmilitarisierte Zone* (engl. *demilitarized zone* (DMZ)) bezeichnet).

Da der Bastion Host der anfälligste Rechner im gesamten Netz ist und außerdem derjenige, der immer angegriffen wird, wird er als einziger Rechner in das Zwischennetz verlegt.

Zusätzlich werden nun zwei Router benötigt:

- ein interner (Interior Router) zwischen Intranet und Zwischennetz,
- ein externer (Exterior Router) zwischen Internet und Zwischennetz.

Es gibt hier also nicht einen einzelnen Punkt, an dem die Sicherheitssperren überwunden werden müssen, sondern mehrere.

15 Firewalls

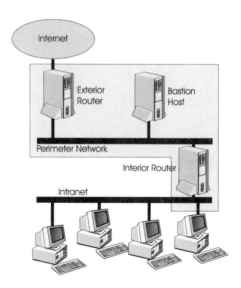

Abbildung 15.6: Screened Subnet

Die Screened-Subnet-Architektur ist in Abbildung 15.6 dargestellt. Der Bastion Host besitzt praktisch ein eigenes lokales Netz, das gegenüber Internet und Intranet jeweils durch einen Paketfilter gesichert ist.

15.5.4 Variationen

Neben diesen Basiskonfigurationen sind verschiedene Varianten vorstellbar, die sinnvoll sein können. Folgende Hinweise geben Anhaltspunkte, was sinnvoll ist und was vermieden werden sollte:

- Die Verwendung mehrerer Bastion Hosts ist denkbar. Man erzielt dadurch die folgenden Vorteile:
  - höhere Performance,
  - Redundanz und Fehlertoleranz,
  - Aufteilung von Daten.
- Der interne und der externe Router können verschmolzen werden. Wesentliche Voraussetzung ist, dass in beide Richtungen auf allen Schnittstellen Filterregeln angegeben werden können.
- Der Bastion Host kann mit dem externen Router verschmolzen werden, aber der Bastion Host sollte *nicht* mit dem internen Router verschmolzen werden! Der Grund ist, dass der Bastion Host durch die doppelte Router-Konfiguration von internem Datenverkehr ferngehalten werden soll. Dies ist nicht mehr der Fall bei Verschmelzung.

15.5 Firewall-Konfigurationen

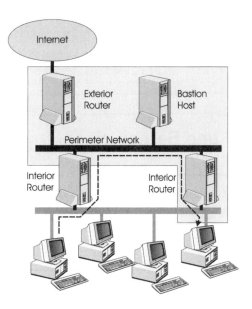

Abbildung 15.7: Gefahren beim Einsatz mehrerer interner Router

- Die Verwendung mehrerer interner Router ist gefährlich.
  Grund: Die Routing-Software könnte entscheiden, dass der kürzeste Weg von einem internen Rechner zu einem anderen über das Perimeter-Netz geht. Dieser Verkehr ist dann unter Umständen abhörbar. Die Situation ist in Abbildung 15.7 dargestellt.
- Mehrere externe Router dagegen sind bedenkenlos einsetzbar, z. B. für mehrere Internet Provider oder zu anderen Orten.
  Hier ergibt sich keine wesentlich höhere Gefahr als mit einem einzigen äußeren Router.

15.5.5 Interne Firewalls

Es gibt gute Gründe, auch innerhalb eines internen Netzes Firewalls zu installieren:

- Es gibt Test- oder Labornetze, in denen unvorhersehbare Dinge passieren können. Dagegen muss der Rest des Netzes geschützt werden.
- Es gibt weniger sichere Netzabschnitte, die z. B. für Demo- oder Lehrzwecke eingesetzt werden. Mit Hilfe einer Firewall kann verhindert werden, dass Nicht-Mitarbeiter auf das interne Netz zugreifen.
- Es gibt Netze, die eines besonderen Schutzes bedürfen, z. B. das Netz der Finanzabteilung, Netze der Forschungsabteilung, in denen hoch geheime Da-

ten versandt werden, etc. Hier werden im Normalfall nicht alle Mitarbeiter Zugriff haben.

Für einen internen Firewall kann prinzipiell die gleiche Technologie wie bei externen Firewalls eingesetzt werden.

15.6 Auswahl und Betrieb einer Firewall

Firewall-Systeme müssen transparent und einfach aufgebaut sein. Mit zunehmender Komplexität steigt auch die Wahrscheinlichkeit von Fehlern. Nicht für den Betrieb der Firewall benötigte Anwendungen und Systemprogramme sind daher zu löschen, wie es bereits bei der Diskussion über die Bastion Hosts anklang.

Auch die Bedienung und Konfiguration der Firewall müssen benutzungsfreundlich realisiert sein, da sonst unbeabsichtigte Fehleinstellungen Sicherheitseinbußen mit sich bringen.

Vertrauenswürdige Systeme müssen ihre Funktionsweise offenlegen, denn nur dann ist es Experten möglich, die tatsächlich von der Firewall gebrachte Sicherheit zu analysieren und richtig einzuschätzen.

Wenn in einem Netz bzw. in einer Organisation mehrere Firewalls zum Einsatz kommen, ist es sinnvoll, verschiedene Produkte zu verwenden, um sich nicht auf ein einziges System verlassen zu müssen. Tritt hier eine Sicherheitslücke auf, dann bricht schnell das gesamte System zusammen.

Es wurden schon mehrmals die beiden grundsätzlichen Regeln zum Betrieb von Sicherheitsmechanismen genannt. Bei der Konfiguration einer Firewall ist die Regel: „Alles, was nicht explizit erlaubt ist, ist verboten". Wenn man nämlich bei der Formulierung der Filterregeln etwas übersehen bzw. falsch formuliert hat, wird nur die Funktionalität, aber nicht die Sicherheit eingeschränkt.

Eine Weiterbildung des Personals, das die Firewall betreut, ist ebenfalls von zentraler Bedeutung. Von der „bösen Welt des Internet" werden ständig neue Angriffsformen entwickelt, und genauso schnell erfolgt meist die Reaktion der Firewall-Anbieter. Damit die neuen Programme oder Patches entsprechend eingespielt und vor allem verwendet werden können, müssen die Mitarbeiter immer auf dem neuesten Stand der Technik sein.

Treten neue Bedrohungen auf, so ist die Kommunikations- und Risikoanalyse außerdem entsprechend zu aktualisieren. Auch wenn sich der Kommunikationsbedarf ändert und neue Dienste in Anspruch genommen werden sollen, muss eine Aktualisierung stattfinden.

15.7 Paketfilter unter Linux: `iptables`

Die Paketfilterung erfolgt unter Linux im Kernel. Mit Kernel Version 2.4 wurden die Module des Linux Paketfilters komplett neu entwickelt und resultierten in den *Netfilter* (`netfilter.samba.org`) genannten Erweiterungen, deren Funktionalität über die `iptables` genannte Benutzerschnittstelle bereitgestellt wird. Diese lösten die bis dahin genutzten `iphains` als Konfigurationsinterface ab, da ihr Funktionsumfang deutlich größer ist. Da heutzutage im Allgemeinen `iptables` genutzt wird, werden wir uns im Folgenden auf dessen Beschreibung beschränken.

Netfilter bietet allerdings nicht nur die Möglichkeit unter Linux einen Paketfilter aufzubauen, sondern kümmert sich auch um Masquerading beziehungsweise Network Address Translation (NAT), welches einen Linux-Rechner ebenfalls zum Router und Internet-Gateway macht.

15.7.1 Architektur

Die Konfiguration von Netfilter basiert natürlich auf einzelnen Regeln, die in Ketten, den so genannten *Chains*, zusammengefasst sind. Innerhalb der Chains werden die Regeln nacheinander abgearbeitet, wobei die erste Regel, die auf ein Paket zutrifft zur Ausführung kommt. Mit Ausnahme von Regeln, die lediglich zum Protokollieren der Pakete dienen, wird mit der ersten zutreffenden Regel die Chain auch verlassen, weshalb man äußerst penibel auf die Reihenfolge der Regeln innerhalb der Chain achten sollte. Trifft beispielsweise eine recht allgemeine Regel auf ein Paket zu, wird eine weiter unten stehende spezielle Regel, die genau für das Paket bestimmt war, nicht mehr abgearbeitet.

Die Konfiguration der iptables-Regeln kann gerade bei komplexeren Regelsätzen sehr kompliziert werden. Da man leicht den Überblick bei den Regeln verliert kann man sich deshalb mit grafischen Tools, wie beispielsweise den Programmen *Shorewall*, *Firewall-Builder* oder *Guarddog*, behelfen, die alle auf Netfilter bzw. `iptables` basieren. Aber auch mit grafischen Tools ist einiges an KnowHow notwendig und man sollte zumindest die Grundkonzepte von Paketfiltern verstanden haben! Eine weitere Alternative zur Eingabe der Regel mit `iptables` ist SuSEFirewall2, das wir in Abschnitt 15.8 näher betrachten. Schauen wir uns aber zunächst `iptables` genauer an.

Filterregeln sind in `iptabels` in unterschiedlichen Chains (Ketten) gruppiert, die bestimmen, wann sie angewendet werden. Es existieren die folgenden fünf Chains, in denen jeweils Regeln angegeben werden können:

- *PREROUTING*
  Diese Chain wird für eingehende Datenpakete vor der Routing-Entscheidung durchlaufen.

- *INPUT*
  Datenpakete, die an den lokalen Rechner adressiert sind, also den Rechner auf dem `iptables` läuft, durchlaufen diese Chain.
- *OUTPUT*
  Hier müssen alle Datenpakete, die von lokalen Prozessen geschickt werden, durch.
- *FORWARD*
  Diese Chain fasst alle Regeln für weiterzuleitende Pakete zusammen.
- *POSTROUTING*
  Alle Pakete, die geroutet werden laufen nach dem Routing durch diesen Regelsatz.

Zusätzlich zu diesen vorkonfigurierten Chains können auch noch benutzerdefinierte Chains erstellt werden.

Verschiedene Aktionen bei der Behandlung von Paketen fasst Netfilter in Tabellen, den so genannten *Tables* zusammen. Es sind drei Standardtabellen vorhanden:

- *filter*
  Dies ist die Standardtabelle für `iptables`, die aus den drei Chains INPUT, FORWARD und OUTPUT besteht. Wie der Name schon andeutet, finden sich hier die Regeln zum Filtern der Datenpakete wieder.
- *nat*
  Diese Tabelle ist für alle Arten von Adress-Umsetzungen oder Port-Forwarding verantwortlich. Er enthält die Chains PREROUTING, OUTPUT, sowie POSTROUTING.
- *mangle*
  Die Tabelle mangle wird für spezielle Paketmanipulationen wie beispielsweise Änderung des *Type of Service* (*TOS*) oder der *Time to Live* (*TTL*) benutzt. Sie beinhaltet die Chains PREROUTING und OUTPUT.

Die vollständige Architektur mit allen Tabellen und Chains der Netfilter ist in Abbildung 15.8 zu sehen.

15.7.2 Aufrufkonventionen

Alle Aktionen, wie beispielsweise das Erstellen von Filterregeln, werden mit dem Programm `iptables` durchgeführt, das der folgenden Syntax folgt:

```
iptables command <chain> <match> -j <target>
```

15.7 Paketfilter unter Linux: iptables

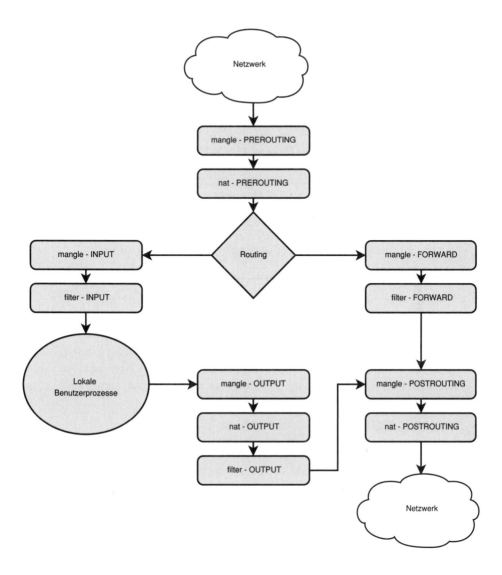

Abbildung 15.8: Architektur der Netfilter im Linux Kernel

Bevor wir uns im Folgenden die verschiedenen Parameter des iptables-Aufruf etwas genauer anschauen wollen, ist es wichtig zu wissen, welche Tabellen jeweils angesprochen werden. Die Spezifikation, welcher Table manipuliert werden soll, geschieht mittels der folgenden Option:

```
iptables -t table [weitere befehle und optionen]
```

Wird der Table nicht spezifiziert, ist *filter* der benutzte Standardtable.

Grundoperationen

Manipulation der Chains in den Tabellen (optional kann jeweils die Option `-t` vorangestellt werden):

- `iptables -L chain [optionen]`

  Auflistung aller Filterregeln in der angegebenen Chain. Wird keine Chain angegeben, werden die Filterregeln aller Chains angezeigt.

- `iptables -F chain [optionen]`

  Löscht alle Regeln aus der Chain.

- `iptables -Z chain [optionen]`

  Setzt die Paket- und Bytezähler der angegebenen Chain auf Null.

- `iptables -N chain [optionen]`

  Erzeugt eine neue Chain unter dem angegebenen Namen `Chain`.

- `iptables -X chain [optionen]`

  Löscht die angegebene Chain komplett. Falls andere Chains noch Filterregeln mit Referenzen auf diese Chain haben, kann die Chain nicht gelöscht werden. Ohne Angabe einer Chain werden alle benutzerdefinierten Chains gelöscht.

- `iptables -P chain ziel`

  Setzt die globale Policy einer der System-Chains INPUT, OUTPUT oder FORWARD auf den angegebenen Wert. Der Wert für das Paketziel ist hierbei der gleiche wie unten bei der Option `-j Ziel` angegeben.
  Die Policy bestimmt, was mit einem Paket passiert, wenn keine der Regeln in der Chain auf das Paket zutreffen. Legt man Wert auf möglichst große Sicherheit sollte die Policy auf DROP gesetzt werden – alles was nicht explizit erlaubt ist wird verworfen.

Die Manipulation von Filterregeln in den Chains kann mit den folgenden Kommandos durchgeführt werden:

- `iptables -A chain filterregel [optionen]`

  Fügt die angegebene Filterregel der Chain hinzu.

- `iptables -D chain filterregel [optionen]`

  Löscht die angegebene Filterregel aus der Chain.

- `iptables -D chain regelnummer [optionen]`

  Löscht die Regel mit der angegebenen Nummer aus der Chain.

15.7 Paketfilter unter Linux: iptables

- `iptables -R chain regelnummer filterregel [optionen]`
  Ersetzt in der angegebenen Chain die Regel mit an Position `regelnummer` mit der neuen Regel.

- `iptables -I chain regelnummer filterregel [optionen]`
  Fügt an der angebenen Position eine neue Regel in die Chain ein.

Angabe von Filterregeln

Filterregeln bestehen aus den zwei Teilen *match* und *target*:

`iptables command <chain> `**`<match> -j <target>`**

- Matches sind die Kriterien des IP Paketes, die übereinstimmen müssen, damit eine Regel zur Ausführung kommt.
  - `-p [!] protokoll`
    Angabe des Protokolls. Angaben können sein: `TCP`, `UDP`, `ICMP` oder eine numerische Angabe. Ebenfalls möglich sind symbolische Angaben, die in der Datei `/etc/services` definiert sind. Ein optional vorangehendes `!` negiert die Aussage.
  - `-s [!] adresse[/maskenbits]`
    Angabe der IP-Quelladresse. Die optionalen Maskenbits geben an, wieviele Bits der angegebenen Adresse relevant sind, Angabe von 0 bedeutet alle IP-Adressen. Standardmäßig sind alle Bits relevant (`maskenbits=32`). Ein optional vorangehendes `!` negiert die Aussage.
  - `-d [!] adresse[/maskenbits]`
    Angabe der IP-Zieladresse. Die optionalen Maskenbits geben an, wieviele Bits der angegebenen Adresse relevant sind, Angabe von 0 bedeutet alle IP-Adressen. Standardmäßig sind alle Bits relevant (`maskenbits=32`). Ein optional vorangehendes `!` negiert die Aussage.
  - `--sport port[:bis_port]` bzw. `-dport port[:bis_port]`
    Bereichsangaben für Quell- und Ziel-Ports. Hier können Bereiche definiert werden, deren Port-Angaben das IP-Paket entsprechen muss. Die Angaben entsprechen den Beschreibungen der Angaben von IP-Quell- bzw. Zieladressen.
  - `-i [!] interface`
    Angabe des eingehenden Netzwerkinterface. Das Netzwerkinterface, über die das IP-Paket empfangen wurde. Bei diesem Wert handelt es sich um eine Zeichenkette, bei der jedoch nur der Präfix des Interfacenamens übereinstimmen muss. Angabe von `eth` etwa steht für alle Ethernet-Interfaces `eth0` bis `eth9`. Ein optional vorangehendes `!` negiert die Aussage.

- ➤ -o [!] *interface*
  Angabe des ausgehenden Netzwerkinterface. Das Netzwerkinterface, über das das IP-Paket gesendet werden soll. Bei diesem Wert handelt es sich um eine Zeichenkette, bei der jedoch nur der Präfix des Interfacenamens übereinstimmen muss. Angabe von eth etwa steht für alle Ethernet-Schnittstellen eth0 bis eth9. Ein optional vorangehendes ! negiert die Aussage.

❏ Das Ziel (target), das bei Zutreffen der Regel ausgeführt wird, wird mit -j target angegeben. Es wird also die Aktion bestimmt, die ausgeführt wird, wenn eine Regel auf ein Paket zutrifft – es kann beispielsweise verworfen oder akzeptiert werden. Die Angabe des Ziels kann entweder der Name einer anderen, benutzerdefinierten Chain sein, oder eines der folgenden Schlüsselworte:

- ➤ ACCEPT
  lässt das Paket passieren.

- ➤ DROP
  verwirft das Paket.

- ➤ REJECT
  verwirft das Paket ebenfalls, sendet jedoch eine ICMP-Fehlermeldung an den Sender. Kann in den INPUT, FORWARD und OUTPUT Chains verwendet werden, oder in benutzerdefinierten Chains, die von diesen aufgerufen wurden.

  `--reject-with` *fehlertyp*

  Der Fehlertyp kann icmp-net-unreachable, icmp-host-unreachable, icmp-port-unreachable, icmp-proto-unreachable, icmp-net-prohibited oder icmp-host-prohibited sein, was dann das entsprechende ICMP Fehlerpaket sendet. Der Standardfehlertyp ist icmp-port-unreachable. Ebenfalls möglich ist der Typ echo-reply, welcher jedoch nur in Regeln, die ein ICMP Ping Paket spezifizieren, benutzt werden kann. Letztendlich kann in Regeln, die das TCP Protokoll spezifizieren, auch tcp-reset spezifiziert werden, was dann ein TCP RST Paket zum Verbindungsabbau sendet.

- ➤ LOG
  Hiermit wird die Protokollierung ins System Log aktiviert. Wenn dieses Ziel für eine Filterregel gesetzt wird, werden Informationen über alle der Regel entsprechenden Pakete mitgeloggt.

  `--log-level` *logginglevel*

  Angabe des Logging Levels.

`--log-prefix` *prefix*

Voranzustellender Text, bis zu 29 Zeichen. Hiermit können verschiedene Typen von Vorfällen unterschieden werden, wie etwa „Firewall Angriff:" und „Firewall Ungültiger Port:" etc.

`--log-tcp-sequence`

Protokollieren von TCP Sequenznummern. Stellt ein Sicherheitsrisiko dar, wenn normale Benutzer diese Nummern einsehen können (evtl. mögliche Übernahme von TCP-Verbindungen).

`--log-tcp-options`

Protokollieren von Optionen im TCP Header.

`--log-ip-options`

Protokollieren von Optionen im IP Header.

➤ MARK

Mittels dieser Zielangabe wird das Paket mit einer internen Markierung versehen.

`--set-mark` *markierungswert*

Angabe des Markierungswertes.

➤ QUEUE

Mittels dieser Zielangabe wird das Paket an einen Benutzerprozeß weitergeleitet (falls diese Option im Kernel aktiviert wurde).

➤ REDIRECT

Diese Zielangabe ist nur in der Tabelle *nat* in den Chains PREROUTING und OUTPUT oder in einer der benutzerdefinierten Chains zulässig. Die Zieladresse des Paketes wird verändert, sodass es auf die lokale Maschine zeigt, wobei lokal erzeugte Pakete auf 127.0.0.1 abgebildet werden.

Optional kann folgender Parameter angegeben werden:

`--to-ports` *vonport[-bisport]*

Hiermit wird ein zu benutzender Port oder ein Portbereich angegeben, was natürlich nur Sinn in Verbindung mit Protokoll TCP oder UDP (`-p tcp` oder `-p udp`) macht.

➤ SNAT

Diese Zielangabe darf nur in der POSTROUTING Chain im Table *nat* benutzt werden. Hiermit wird die Quelladresse des Pakets (und alle zukünftigen, zu dieser Verbindung gehörigen Pakete) mit IP Masquerading weitergesendet.

Folgender Parameter wird benötigt:

`--to-source` *vonadresse[-bisadresse][:vonport-bisport]*

Hiermit wird der für Masquerading zu benutzende Adress- und Portbereich, was natürlich nur Sinn in Verbindung mit Protokoll TCP oder UDP (`-p tcp` oder `-p udp`) macht. Wird keine Portangabe gemacht, wird der Port nicht geändert.

- DNAT
  Diese Zielangabe darf nur in den PREROUTING und OUTPUT Chains im Table *nat* verwendet werden. Hiermit wird die Zieladresse des Pakets (und alle zukünftigen, zu dieser Verbindung gehörigen Pakete) mit IP Masquerading weitergesendet, und keine Regeln werden mehr auf das Paket angewendet.
  Folgender Parameter wird benötigt:

  `--to-destination vonadresse[-bisadresse][:vonport-bisport]`

  Hiermit wird der für Masquerading zu benutzende Adress- und Portbereich, was natürlich nur Sinn in Verbindung mit Protokoll TCP oder UDP (`-p tcp` oder `-p udp`) macht. Wird keine Portangabe gemacht, wird der Port nicht geändert.

- MASQUERADE
  Diese Zielangabe darf nur in der POSTROUTING Chain im Table *nat* benutzt werden. Hiermit wird das Paket mit IP Masquerading weitergesendet, d. h., die Quelladresse ist der lokale Host, und die Port-Adresse wird temporär zufällig gewählt. Außerdem werden Antwortpakete an diese temporär gewählte Adresse als solche erkannt und demaskiert.
  Dieses Ziel sollte nur für Hosts mit dynamisch zugewiesener Adresse (Einwahlverbindungen) benutzt werden, für Hosts mit statischer Adresse sollte SNAT als Ziel benutzt werden.
  Optional kann folgender Parameter angegeben werden:

  `--to-ports vonport[-bisport]`

  Hiermit wird ein zu benutzender Port oder ein Portbereich angegeben, wobei die SNAT-Einstellungen aufgehoben werden, was natürlich nur Sinn in Verbindung mit Protokoll TCP oder UDP (`-p tcp` oder `-p udp`) macht.

- TOS
  Hiermit kann das 8-Bit Feld *Type of Service* im IP Header gesetzt werden. Nur gültig in der Tabelle *mangle*.

  `--set-tos tos`

  Angabe des zu setzenden TOS Wertes. Folgende Werte können gesetzt werden:
  * Minimize-Delay 16 (0x10)
  * Maximize-Throughput 8 (0x08)
  * Maximize-Reliability 4 (0x04)

* Minimize-Cost 2 (0x02)
* Normal-Service 0 (0x00)

➢ RETURN
Diese Zielangabe besagt, dass mit der nächsten Regel der aufrufenden Chain weitergemacht wird (die gleiche Bedingung tritt auf, wenn keine abzuarbeitenden Regeln mehr in einer Chain vorhanden sind). Tritt diese Kondition in einer der Standard-Chains auf, so wird nach der Chain-Policy entschieden, wie mit dem Paket verfahren wird.

Module

Es besteht bei IPTables die Möglichkeit, zusätzliche Optionen über ladbare Module zu integrieren. Dies geschieht über die Option

```
iptables -m modulname [weitere befehle und optionen]
```

Die folgenden Module kommen schon von Haus aus mit IPTables mit und werden in den meisten Fällen automatisch bei Bedarf geladen:

❏ tcp
Wird automatisch geladen wenn TCP spezifiziert wird (-p TCP). Zusätzliche Filterkriterien umfassen beispielsweise die Filterung nach Quell- und Zielport, Überprüfung gesetzter Flags im TCP Header oder bestimmter TCP Optionen.

❏ udp
Wird automatisch geladen wenn UDP spezifiziert wird (-p UDP). Zusätzliche Filterkriterien sind Quell- und Zielport.

❏ icmp
Wird automatisch geladen wenn ICMP spezifiziert wird (-p ICMP). Zusätzliches Filterkriterium ist der ICMP-Typ.

❏ mac
Erlaubt die Angabe der MAC-Adresse, von der das Paket empfangen wurde. Da die MAC-Adresse ebenso leicht fälschbar ist wie die-IP Adresse selbst, ist der Test der MAC-Adresse keinesfalls sicherer als der Test der IP-Adresse. Die Option leistet aber trotzdem gute Dienste, etwa bei transparentem Load-Balancing (mehrere Server haben die gleiche IP, jedoch natürlicherweise unterschiedliche MAC-Adressen).

```
--mac-source macadresse
```

❏ limit
Erlaubt die Angabe einer Rate, das heißt einer maximalen Anzahl von eintretenden Bedingungen in einer bestimmten Zeit. Damit können beispielsweise DoS Attacken begrenzt werden.

```
--limit anzahl/zeiteinheit
```

Anzahl ist hierbei eine ganze Zahl, und Zeiteinheit ist s, m, h oder d (Sekunde, Minute, Stunde oder Tag). Um etwa nur noch ein Ping-Paket pro Sekunde zuzulassen, könnte man folgendes schreiben:

```
iptables -A INPUT -p icmp --icmp-type echo-request -m limit --limit 1/s -j ACCEPT
```

- multiport
  Erlaubt die Angabe von einer Menge von bis zu 15 einzelnen, durch Komma getrennten Ports statt der Bereichsangabe.
- mark
  Hiermit können Pakete, die zum Ziel mittels -j MARK gesandt wurden, weiter verarbeitet werden.
- owner
  Erlaubt die Untersuchung der Herkunft eines Paketes nach Benutzer-ID (userid), Gruppen-ID (groupid), Prozeß (processid) oder Session (sessionid). Somit kann man etwa bestimmten Benutzern den Zugriff auf das Internet gestatten, bei anderen jedoch die Pakete verwerfen.
- state
  Erlaubt die Benutzung der *Stateful Sessions* der Firewall. Dies ist eine der Stärken von iptables, da Datenpakete dynamisch anhand des Verbindungszustand gefiltert werden können, welches weit über die statische Filterung hinausgeht. Folgende Zustände werden unterschieden:
  - NEW
    Das Paket ist das erste einer Verbindung, z. B. ein TCP Paket mit gesetztem SYN-Flag
  - ESTABLISHED
    Das Paket gehört zu einer bestehenden Verbindung. Dieses nützliche Konstrukt erlaubt es Netfilter bei einer TCP Verbindung automatisch den nicht vorhersagbaren Port der ausgehenden Verbindung zu erfahren und Pakete dahingehend zu filtern.
  - RELATED
    Als Related bezeichnet man Pakete, die in Beziehung zu einer offenen Verbindung stehen, aber nicht direkt zu der Verbindung gehören. Dies können z.B. Fehlermeldungen sein, die über ICMP transportiert werden.
  - INVALID
    Alle Pakete, die nicht in einen der obigen Zustände eingeordnet werden können.
- unclean
  Fängt alle Pakete ab, die seltsam oder fehlerhaft sind (experimentelle Option). Man könnte beispielsweise alle fehlerhaften Pakete schon beim Empfang verwerfen:

```
iptables -t mangle -A PREROUTING -m unclean -j DROP
```

- tos

  Erlaubt Filterung anhand des Type of Service.

Zusätzliche Optionen

- `-n`

  Verwendet numerische Ausgabe von IP-Adressen anstelle eines DNS-Lookups für symbolische Ausgaben.

- `--line-numbers`

  Gibt bei der Anzeige der Regeln einer Chain auch deren Positionsnummer aus, wie sie von einigen Optionen als Eingabeparameter benötigt wird.

Tools

Abschließend sollen noch zwei Tools erwähnt werden, die dem Administrator beim Speichern und Wiedereinspielen komplexer Regelsätze helfen:

- `iptables-save [-t Table] [-c]`

  Beim Aufruf von `iptables-save` werden alle aktiven Regeln oder die des Table, der mit `-t` bestimmt wird, nach STDOUT ausgegeben. Dies kann man wie folgt dazu nutzen, um das erstellte Regelwerk in einer Datei zu speichern:

  ```
  linux: # iptables-save > meine-iptables-regeln
  ```

  Wird zusätzlich noch der Parameter `-c` beim Aufruf angegeben, werden ebenfalls die Paket- und Byte-Zähler mit ausgegeben.

- `iptables-restore [-c] [-n]`

  Dieses Kommando ist das Gegenstück zur obigen Ausgabe der Regeln. Der Aufruf von `iptables-restore` überträgt alle Regeln von STDIN in die laufende IPTables Konfiguration. Hierbei werden per default alle vorhandenen Regeln gelöscht, welches mit der Option `-n` verhindern werden kann. Die Option `-c` überträgt zusätzlich die Paket- und Byte-Zähler. Um hiermit das Regelwerk aus einer Datei zu übertragen nutzt man folgenden Aufruf:

  ```
  linux: # iptables-restore < meine-iptables-regeln
  ```

15.8 SuSEFirewall2

Da die direkte Konfiguration von IPTables mitunter sehr umfangreich und unübersichtlich werden kann und im Allgemeinen etwas Erfahrung bedarf, hat SuSE das Programm *SuSEFirewall2* entwickelt, dass die Konfiguration von IPTables für den Einsteiger erheblich vereinfacht.

SuSEFirewall2 bildet hierbei ein Frontend für IPTables und es können somit alle Einstellungen getroffen werden, die auch mit iptables möglich sind. An dieser Stelle muss angemerkt werden, dass SuSEFirewall2 wie es mit SuSE Linux 9.2 ausgeliefert wird, einige Bugs hat und nicht immer korrekte iptables-Regeln erstellt. Es sollte also nach dem Konfigurieren mit SuSEFirewall2 auf jeden Fall überprüft werden, ob das iptables-Regelwerk in Ordnung ist. Zusätzlich können auch mit sogenannten Netzwerkscanner (vgl. Kapitel 17) Firewalls getestet werden.

Da an dieser Stelle nur eine kurze Einführung in die Konfiguration von SuSEFirewall2 gegeben werden kann, ist es äußerst ratsam die mitgelieferte Dokumentation unter /usr/share/doc/packages/SuSEfirewall2 zu lesen. Weiterhin sind alle Einstellungsmöglichkeiten in den Konfigurationsdateien mit ausführlichen Kommentaren versehen, allerdings in englischer Sprache.

Teile und Herrsche

SuSEFirewall2 teilt jedes Netzwerkinterface in eine von drei Netzwerkzonen ein, der internen, externen oder der entmilitarisierten Zone (DMZ). Zwischen diesen „Welten" lassen sich dann Routing, Masquerading und Filterregeln für den Zugriff auf Dienste definieren.

Installation und Konfiguration

SuSEFirewall2 wird bei SuSE Linux per default installiert und kann per Hand oder mit YaST konfiguriert werden. Die benötigten Konfigurationsdateien sind /etc/sysconfig/SuSEfirewall2 und im Unterverzeichnis /etc/sysconfig/scripts/SuSEfirewall2-custom. Gesteuert wird das Programm mit

```
linux: # SuSEfirewall2 [start|stop|status]
```

Wenden wir uns zuerst der manuellen Konfiguration zu.

15.8.1 Manuelle Konfiguration

Alle Optionen in /etc/sysconfig/SuSEfirewall2 sind nach Themen sortiert in durchnummerierte Abschnitte unterteilt, auf die wir uns im Folgenden beziehen werden.

Für eine einfache Firewallkonfiguration, in der keine DMZ benötigt wird, kann SuSEFirewall2 im so genannten *quick mode* konfiguriert werden. Hierbei werden alle bis auf explizit freigeschaltete Dienste von außen geblockt. Weiterhin kann Masquerading für den ausgehenden Datenverkehr aktiviert werden. Von allen anderen Netzwerkinterfaces bleibt hierbei jedoch jeglicher Datenverkehr erlaubt.

Die Konfiguration für den quick mode ohne Masquerading und lediglich freigeschaltetem SSH Dienst, sieht wie folgt aus (alle anderen Optionen können unangetastet bleiben):

```
# 1.)
# Should the Firewall run in quickmode?
FW_QUICKMODE="yes"

# 2.)
# Which is the interface that points to the internet/untrusted
# networks?
FW_DEV_EXT="eth-id-00:50:04:d2:71:9e"

# 9a.)
# External services in QUICKMODE.
FW_SERVICES_QUICK_TCP="ssh"
```

Will man alle Features von SuSEFirewall2 nutzen, muss die Option `FW_QUICKMODE` auf „no" gesetzt werden. Nun kann die Firewall nach Belieben konfiguriert werden. In den Beispielszenarien am Ende dieses Buches (vgl. Kapitel 18, 19 und 20) finden sich hierzu Einsatzbeispiele. Im Folgenden werden wir noch kurz auf einige wichtige Optionen eingehen.

❏ *Einordnen von Netzwerkinterfaces*
   In den Abschnitten 2, 3 und 4 sind die vorhandenen Netzwerkinterfaces den Zonen internes vertrauenswürdiges Netzwerk (`FW_DEV_INT`), externes Netzwerk, wie z.B. Internet (`FW_DEV_EXT`), und DMZ (`FW_DEV_DMZ`) zuzuordnen.

❏ *Masquerading*
   Wenn Sie Masquerading nutzen möchten, müssen Sie die Optionen in Abschnitt 6 konfigurieren.
   ➢ `FW_MASQUERADE="yes"`
     Diese Option aktiviert Masquerading.
   ➢ `FW_MASQ_DEV="$FW_DEV_EXT"`
     Das Netzwerkinterface, auf dem Masquerading durchgeführt werden soll, wird hier definiert. Die obige Angabe nutzt hierfür automatisch das Netzwerkinterface, dass unter 2 dem externen Netz zugeordnet wurde.
   ➢ `FW_MASQ_NETS="0/0"`
     Schließlich muss noch angegeben werden, welche internen Rechner/Netze Zugriff nach aussen haben sollen. Die Angabe `"0/0"` erlaubt uneingeschränkten Zugriff für alle internen Rechner.
   Weiterhin muss in Abschnitt 5 die Option `FW_ROUTE="yes"` gesetzt werden, um den Routingmechanismus zu aktivieren.

15 Firewalls

❑ *Dienste schützen und freischalten*
In den Abschnitten 7 und 8 können Dienste, die auf dem Firewallrechner laufen, vor dem internen (FW_PROTECT_FROM_INTERNAL), sowie global von allen angeschlossenen Netzen (FW_AUTOPROTECT_SERVICES) geschützt werden. Es kann dann nur noch auf die Dienste zugegriffen werden, die explizit freigeschlatet werden. Dies erfolgt in Abschnitt 9. mit den Optionen FW_SERVICES_[EXT|DMZ|INT]_[TCP|UDP|IP|RPC].

Um beispielsweise den Zugriff per ssh von aussen auf den Firewallrechner zu erlauben, muss der Eintrag FW_SERVICES_EXT_TCP="ssh" vorhanden sein.

❑ *Externe Dienstanfragen durch die Firewall routen*
Dienste, die hinter der Firewall, beispielsweise in der DMZ laufen, auf die jedoch auch vom externen Netz aus zugegriffen werden soll, müssen in den Abschnitten 13 und 14 freigeschaltet werden.

➢ Dienste auf Rechnern mit globalen IP Adressen hinter der Firewall können mit der Option FW_FORWARD in Abschnitt 13 freigeschaltet werden. Weiterhin muss in Abschnitt 5 die Option FW_ROUTE="yes" gesetzt werden, um den Routingmechanismus zu aktivieren.

➢ Mit der Option FW_FORWARD_MASQ kann man in Abschnitt 14 Dienste auf Rechnern hinter der Firewall, die keine globale IP Adresse besitzen freischalten. Weiterhin muss in Abschnitt 5 die Option FW_ROUTE="yes" gesetzt werden, um den Routingmechanismus zu aktivieren.

In Abschnitt 15 lassen sich schließlich mit der Option FW_REDIRECT noch Dienstanfragen auf einen bestimmten Port auf dem Firewallrechner umleiten. Dies kann zum Beispiel sinnvoll sein, um alle Webzugriffe über einen transparenten Proxy (vgl. Abschnitt 15.9.4), der auf dem Firewallrechner läuft, zu leiten.

❑ *Logging*
In Abschnitt 16 kann bestimmt werden, welche Arten von Datenverkehr von der Firewall protokolliert werden sollen.

Weiterhin gibt es noch einige Konfigurationsoptionen in /etc/sysconfig/SuSEfirewall2, auf die wir hier nicht eingegangen sind. Da aber alle Konfigurationsmöglichkeiten weitreichend in der Datei dokumentiert sind, sollte leicht ersichtlich sein, was wo konfiguriert wird.

Wem die Standardkonfigurationsmöglichkeiten nicht ausreichen, der kann in den EXPERT OPTIONS ab Abschnitt 20 weitere Einstellungen vornehmen. Weiterhin kann man in der Datei /etc/sysconfig/scripts/SuSEfirewall2-custom weitere benutzerdefinierte Regeln anlegen. Auf beide Konfigurationsmöglichkeiten wollen wir allerdings an dieser Stelle nicht weiter eingehen.

15.8.2 Konfiguration mit YaST

SuSEFirewall2 kann in seinen Grundzügen auch grafisch mittels YaST konfiguriert werden. Hierzu wählt man aus der Kategorie „Sicherheit und Benutzer" den Unterpunkt „Firewall".

Von hier aus wird man in 4 Schritten durch die Konfiguration geführt. Die einzelnen Schritte sind:

1. *Grundeinstellungen*
   Hier wird festgelegt, welche Interfaces an das interne bzw. externe Netz angeschlossen sind. Ist kein internes Netz angeschlossen bzw. soll der Paketfilter nur den Host schützen, auf dem er läuft, wird nur das externe Interface angegeben.

2. *Dienste*
   Hier werden die Dienste freigeschaltet, die angeboten werden sollen. Standardmäßig genutzte Dienste sind bereits aufgelistet, unter „Experten" können aber noch weitere Dienste freigeschaltet werden. Hierzu muss man die benutzten Ports eintragen, die man häufig aus /etc/services ablesen kann.

3. *Features*
   In diesem Schritt lassen sich einzelne Features der Firewall auswählen:
   - Daten weiterleiten und Masquerading durchführen
     Diese Option schirmt das interne Netz nach außen ab. Vom externen Netz aus ist nur der Firewallrechner sichtbar. Freigegebene Dienste scheinen auf ihm zu laufen.
   - Vor internem Netz schützen
     Nur ausdrücklich freigeschaletet Dienste auf der Firewall sind vom internen Netz aus zugängig. Welche Dienste dies sind, lässt sich leider mit YaST nicht konfigurieren. Wenn der Firewallrechner aus dem internen Netz erreichbar sein soll, deaktiviert man diese Option am besten.
   - Alle laufenden Dienste schützen
     Diese Option verhindert den Zugriff auf sämtliche nicht ausdrücklich freigeschalteten Dienste per TCP/UDP.
   - Traceroute erlauben
     Traceroute hilft das Routing hin zur Firewall zu kontrollieren.
   - IPSec Pakettransfer als intern behandeln
     Erfolgreich an der Firewall entschlüsselte IPSec Pakete werden genauso behandelt wie Pakete aus dem internen Netz.

4. *Protokollierungsoptionen*
   Im letzten Schritt wird festgelegt, welche Pakete protokolliert werden sollen. Die Ausgabe erfolgt in /var/log/messages. Achten Sie darauf, dass die Optionen zur Fehlerbehebung erhebliche Ausgaben produzieren.

Nach der Konfiguration werden die neuen Angaben gespeichert und die Firewall mit der neuen Konfiguration gestartet.

15.9 Application Proxy Server unter Linux: Squid

Soll nun zur bereits im Linux-Kernel vorhandenen Funktionalität des Paketfilters eine Application Proxy-Funktionalität hinzugefügt werden, muss ein zusätzliches Programm installiert werden, welches diese Funktionalität erbringt. Das bekannteste und unter Linux wohl am häufigsten benutzte Paket ist hier der Webproxy *Squid*.

SuSE Linux liefert Squid standardmäßig auf der Installations-DVD mit. Man kann es somit bequem per YaST installieren. Alternativ kann es natürlich auch von http://www.squid-cache.org/ heruntergeladen, kompiliert und installiert werden.

15.9.1 Funktionalität

Squid bietet seine Proxy-Funktionalität für die Protokolle HTTP, HTTPS und Gopher an. Ebenfalls ist FTP möglich, falls es innerhalb eines Browsers genutzt wird. Squid wurde für Vielbenutzer-Zugriffe ausgelegt und legt die am häufigsten benötigten Datenstrukturen im Speicher ab. Daher ist Squid eine recht speicherhungrige Applikation. Außerdem werden DNS-Zugriffe zwischengespeichert, um so die Zugriffszeit noch weiter zu optimieren. Squid unterstützt SSL, die Definition von Zugriffslisten und vollbringt seine Arbeit durch Benutzung des Internet Cache Protocol (ICP).

ICP unterstützt seinerseits die Konfiguration mehrerer Proxy Server als Baumstruktur, wodurch recht leistungsfähige, verteilte Caching-Strukturen aufgebaut werden können (siehe Abbildung 15.9). Wird dann etwa eine Internetseite über das HTTP-Protokoll angefordert, die vom lokalen (ersten) Proxy Server nicht zwischengespeichert wurde, so wird nun nicht sofort die Seite vom Original-Server verlangt, sondern es wird zunächst bei den Nachbarn in der Proxy-Baumstruktur angefragt. Dies verkürzt die Zugriffszeiten auf Internetseiten und reduziert die benötigte Bandbreite, da die Daten auf kürzeren Wegen (über weniger Zwischensysteme) transportiert werden müssen.

15.9.2 Konfiguration

Alle Konfigurationsparameter von Squid sind in der Datei /etc/squid/squid.conf gesammelt. Hier zunächst die wichtigsten Parameter zur Konfiguration von Squid:

15.9 Application Proxy Server unter Linux: Squid

- `http_port` *port*
  Die Portnummer, auf der Squid auf die Anfragen der HTTP-Clients wartet. Der Standardwert ist `3128`.

- `icp_port` *port*
  Die Portnummer, auf der Squid die Anfragen an in der Hierarchie benachbarte Squid-Server ausführt. Standardwert ist `3130`, mit 0 kann die Funktionalität deaktiviert werden.

- `htcp_port` *port*
  Die Portnummer, auf der Squid die Anfragen an in der Hierarchie benachbarte Squid-Server ausführt. Standardwert ist `4287`, mit 0 kann die Funktionalität deaktiviert werden.

- `cache_mem` *speicher*
  Legt die Größe des Caches im Hauptspeicher fest. Der Standardwert ist `8M` (8 MB). Hiermit wird jedoch nur der Speicher begrenzt der für Objekte genutzt wird. Da Squid noch andere Dinge speichert kann der Gesamtprozeß wesentlich mehr Speicher verbrauchen.

- `cache_swap_low` *prozent* und `cache_swap_high` *prozent*
  Hier kann (mit Prozentzahlen) angegeben werden, ab welcher Füllung des Festplatten-Cachespeichers Objekte gelöscht werden sollen (die High-Marke), und wieviele Objekte gelöscht werden sollen (bis die Low-Marke erreicht ist). Standardwerte sind `90` und `95`, bei sehr großen Festplatten-Cachespeichern kann es sich hierbei jedoch um mehrere hundert MB handeln,

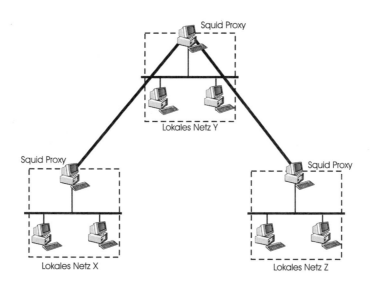

Abbildung 15.9: Baumhierarchie mit Squid-Proxys

so dass eventuell kleinere Abstände gewählt werden sollten (wie etwa 93 und 95).

- `maximum_object_size groesse`
  Hier wird die maximale Objektgröße angegeben, die noch im Cachespeicher abgelegt wird. Größere Objekte werden nicht in den Cachespeicher aufgenommen. Standardwert ist 4M (4 MB).

- `cache_dir verzeichnis groesse level1 level2`
  Dies ist die wichtigste Option von Squid. Hier wird das Verzeichnis (Standard in /var/squid/cache) des Festplatten-Cachespeichers angegeben, die maximale Größe (in MB, Standard 100), sowie in wie viele Unterverzeichnisse (level1, Standard 16) die Daten gespeichert werden, und wie viele Unter-Unterverzeichnisse jeweils in diesen Unterverzeichnissen erzeugt werden (level2, Standard 256). Es können mehrere dieser Optionen angegeben werden, so dass auch mehrere Festplatten zum Festplatten-Cachespeicher hinzugefügt werden können.

- `dns_children anzahl`
  Diese Option gibt die Anzahl der Prozesse an, die für die Bearbeitung von DNS-Lookups erzeugt werden. Genau so viele DNS-Lookups können dann später gleichzeitig bedient werden, weitere Nachfragen blockieren. Der Standardwert beträgt 5, für sehr viele Benutzer sollte dieser Wert erhöht werden, der Maximalwert beträgt 32.

- `request_size max_groesse`
  Hier wird die Maximalgröße für (ausgehende) Requests definiert. Falls die Benutzer HTTP-Post für den Upload von Dateien verwenden, wird hiermit gleichzeitig die maximale Größe von Upload-Dateien vorgegeben. Der Standardwert beträgt 100 KB.

15.9.3 Zugriffskontrolle

Die Definition des Zugriffes auf den Squid-Proxy basiert auf der Definition von Zugriffskontroll-Listen (*Access Control Lists, ACL*). Die Definition einer ACL geschieht immer nach folgendem Muster:

```
acl bezeichner typ parameter
```

Der Bezeichner kann frei gewählt werden (muss mit Buchstaben anfangen, danach können beliebige alphanumerische Zeichen oder der Unterstrich benutzt werden). Dieser Bezeichner repräsentiert dann später bei der Angabe von komplexeren Zugriffsrechten die ACL. Verschiedene Einträge zu einem ACL-Namen werden hierbei immer mit einem logischen ODER verknüpft:

```
acl safe_ports 80 21
```

15.9 Application Proxy Server unter Linux: Squid

d. h. eine Verbindung läuft über einen sicheren Port, wenn sie entweder Port 80 oder Port 21 nutzt, da beide Ports als sicher angegeben sind. Gleichbedeutend hierzu ist die Schreibweise:

```
acl safe_ports 80
acl safe_ports 21
```

Folgende Typen von ACLs können definiert werden:

- ❑ src *ipadresse/netzmaske*
  Hiermit wird die Quell-IP-Adresse bzw. ein Adreßbereich definiert, aus dem die Quelladresse stammen muss. Quelladresse meint hierbei die Adresse des Squid-Benutzers.

- ❑ dst *ipadresse/netzmaske*
  Hier wird die Zieladresse des Zugriffs (sprich: die vom Client angeforderte WWW-Adresse) definiert.

- ❑ srcdomain *domäne*
  Die Quelladresse muss in der symbolisch angegebenen Domäne liegen; dies wird über eine DNS-Anfrage geprüft.

- ❑ dstdomain *domäne*
  Die URL der Anfrage ist in der angegebenen Domäne.

- ❑ srcdom_regex *regulärer_ausdruck*
  Der angegebene reguläre Ausdruck muss in der Quell-Domäne vorkommen.

- ❑ dstdom_regex *regulärer_ausdruck*
  Der angegebene reguläre Ausdruck muss in der Ziel-Domäne vorkommen.

- ❑ url_regex [*-i*] *regulärer_ausdruck*
  Der angegebene reguläre Ausdruck muss in der URL vorkommen. Hierbei wird die komplette URl, also Rechnername und Pfad betrachtet, also beispielsweise http://www.server.de/training/irgendwas. Die optionale Angabe von -i vernachlässigt die Unterscheidung von Groß- und Kleinbuchstaben.

- ❑ urlpath_regex [*-i*] *regulärer_ausdruck*
  Der angegebene reguläre Ausdruck muss im Pfadanteil der URL vorkommen. In anlehnung an das obige Beispiel also in /training/irgendwas. Der Rechnername wird nicht betrachtet. Die optionale Angabe von -i vernachlässigt die Unterscheidung von Groß- und Kleinbuchstaben.

- ❑ port port[*-port2*] ...
  Definiert eine Menge von Ports bzw. Port-Bereichen. Beispiel:
  ```
  acl meineports port 20 40 1023-2000
  ```

- ❑ proto *protokoll*
  Gibt das benutzte Protokoll (FTP, HTTP, HTTPS) an.

- method *httpmethode*
  Benutzte Methode des HTTP-Protokolls (GET, POST, etc.).
- ident *benutzer*
  Die Anfrage stammt vom angegebenen Benutzer.
- time *tage [h1:m1-h2:m2]*
  Zeiten in denen die Benutzung erlaubt ist können mit time angegeben werden. Die Tage werden hierbei in Form eines Buchstabens angegeben (Montag: M, Dienstag: T, Mittwoch: W, Donnerstag: H, Freitag: F, Samstag: A und Sonntag: S). Weiterhin können Zeiträume spezifiziert werden, wobei h1:m1 natürlich vor h2:m2 liegen muss.

Hat man nun mehrere ACLs seinen Bedürfnissen entsprechend definiert, so kann man mittels der http_access allow|deny-Direktive komplexere Angaben über Zugriffsrechte machen. Verschiedene ACL Anweisungen in einer Direktive werden hierbei immer mit einem logischen UND verknüpft.

```
acl lokales_netz src 192.168.0/24
acl ziel_netz dst 212.126.208/24
http_access allow lokales_netz ziel_netz
http_access deny all
```

Hier würden also von Squid nur Anfragen durchgelassen werden, die von Benutzern im Netzwerk 192.168.0.x kommen UND an URLs im Netzwerkbereich 212.126.208.y gestellt werden. Alle anderen Anfragen werden verboten.

Sollen nun aber entweder Anfragen aus dem Bereich 192.168.0.x an beliebige Adressen oder aber, falls der Benutzer nicht aus dem Netz kommt, die Zieladressen 212.126.208.y zugelassen werden, so wird dies durch folgende Angaben erlaubt:

```
acl lokales_netz src 192.168.0/24
acl ziel_netz dst 212.126.208/24
http_access allow lokales_netz
http_access allow ziel_netz
http_access deny all
```

Beispiele von ACLs

Um den Clients vom lokalen Netzwerk überhaupt Zugriff auf Squid zu geben, muss eine Zugriffsliste definiert werden, welche die IP-Adressen der lokalen Benutzer definiert. Sei das lokale Netzwerk 192.168.0.x, dann kann eine ACL mit diesen IP-Adressen etwa durch Einfügen folgender Zeile definiert werden:

```
acl lokale_benutzer src 192.168.0.0/24
```

15.9 Application Proxy Server unter Linux: Squid

Um nun diesen Benutzern den Zugriff auf Squid zu gewährleisten, muss noch folgende Zeile eingefügt werden:

```
http_access allow lokale_benutzer
```

Verbieten von Zugriffen auf bestimmte Internetadressen

Es kann nützlich sein, für bestimmte Benutzer Seiten bestimmten Inhalts unzugänglich zu machen, beispielsweise zum Jugendschutz. Hierfür kann man zunächst einmal Schlüsselworte in der URL verbieten. Als Beispiel seien nun keine Zugriffe auf URLs erlaubt, die die Worte *Waffe* oder *Krieg* beinhalten. Dies kann durch hinzufügen folgender ACL-Definitionen geschehen:

```
acl url_waffe url_regex Waffe
acl url_krieg url_regex Krieg
http_access deny url_waffe
http_access deny url_krieg
http_access allow all
```

Es ist zu beachten, dass bei den Wortangaben Klein- und Großbuchstaben unterschieden werden, daher würden mit obigem Filter z. B. URLs, in denen das Wort *WAFFE* vorkommt, trotzdem ungefiltert durchgelassen werden. Durch zusätzliche Angabe der Option -i kann man dies jedoch unterbinden.

Des Weiteren ist es möglich, Zugriff auf bestimmte Server zu blockieren. Ist es etwa bekannt, dass die Server `boeser-server1.de` und `boeser-server2.de` unerwünschte Seiten zugänglich machen, so kann man mit folgenden ACL-Definitionen Zugriffe auf diese Server verbieten:

```
acl boese dstdomain boeser-server1.de boeser-server2.de
http_access deny boese
http_access allow all
```

Eine weitere interessante Möglichkeit ist das Aktivieren des Proxy-Zugriffes nur für bestimmte Benutzer. Hierzu müssen die Benutzer einen `ident`-Dienst auf ihrer lokalen Maschine gestartet haben (bei Linux ist dies der Daemon `identd`), wodurch der Proxy-Server die Möglichkeit zur Abfrage der User-ID bekommt. Sind diese Voraussetzungen gegeben, kann man mit folgenden Zeilen den Zugriff für die Benutzer `walther` und `fischer` aktivieren, jedoch für alle anderen Benutzer sperren:

```
acl erlaubte_benutzer ident walther fischer
http_access allow erlaubte_benutzer
http_access deny all
```

15.9.4 Squid als transparenter Proxy

Man kann Squid als transparenten Proxy betreiben, indem man den im vorherigen Abschnitt vorgestellten iptables-Paketfilter des Linux-Kernels als Redirector für Pakete auf WWW-Adressen nutzt. Hierzu müssen Filterregeln so definiert werden, dass Pakete mit Ziel eines WWW-Servers (also auf Port 80) auf den Squid-Port geleitet werden.

Dies muss natürlich in der Input Chain geschehen, hierbei ist aber zu beachten, dass das Loopback-Device sowie das Ethernet-Device nicht redirected werden dürfen, da man ansonsten eine Endlosschleife erzeugt.

Hier zunächst die Filterregeln für das unveränderte Weiterleiten von IP-Paketen der Loopback- und Ethernet-Devices:

```
linux: # iptables -A input -p TCP -d 127.0.0.1/32 www -j ACCEPT
linux: # iptables -A input -p TCP -d 192.168.0.1/32 www -j ACCEPT
```

Die (lokale) Adresse der Firewall sei hierbei als `192.168.0.1` angenommen.

Nun folgt die Filterregel, die die Transparenz erzeugt, d.h.: die eine Umleitung aller eingehenden WWW-Pakete auf den Squid-Socket durchführt:

```
linux: # iptables -A input -p TCP -d 0/0 www -j REDIRECT 3128
```

Der beim `REDIRECT` angegebene Squid-Port muss natürlich mit dem in der Datei `/etc/squid/squid.conf` definierten Port übereinstimmen, hier im Beispiel wurde mit `3128` der Standardwert angenommen.

Anzumerken ist noch, dass eine transparente HTTPS-Verbindung aufgrund der Zertifikateigenschaften nicht möglich ist und dass natürlich wenn ein transparenter Proxy genutzt wird jeder andere Weg in das Internet versperrt wird, sprich dass auch wirklich alle Pakete über den Proxy laufen.

15.10 Zusammenfassung

Dieses Kapitel beschäftigte sich mit einer der zentralen Komponenten bei der Absicherung eines Netzwerks, der Firewall. Im Einzelnen wurden die Funktionsweise von Firewalls, ihre Stärken und Schwächen und die wichtigsten Komponenten wie Paketfilter und Application Level Gateways diskutiert. Die grundsätzlichen Konfigurationsmöglichkeiten von Paketfiltern mittels Regeln wurden gezeigt; außerdem wurde gezeigt, wie sich Firewall-Komponenten zu größeren Konfiguration zusammenstellen lassen. Schließlich wurde beispielhaft der Paketfilter im Linux-Kernel installiert und konfiguriert, ein Proxy wurde aufgesetzt und mit Hilfe der Linux-Paketfilter zu einem transparenten Proxy umfunktioniert.

Kapitel 16

Virtual Private Networks (VPN)

16.1 Einführung

Ein *Virtual Private Network* (*VPN, virtuelles privates Netz*) ist im Wesentlichen ein logisches, meist gesichertes und nur für eine beschränkte Teilnehmerzahl zur Verfügung stehendes Kommunikationsnetz auf einem öffentlichen Medium. Das öffentliche Medium kann z.B. das Internet sein.

Einige typische Szenarien, bei denen der Einsatz eines VPNs sinnvoll ist, sind:

- Zusammenschluss von entfernten Firmen-Intranets, beispielsweise von verschiedenen Filialen, zu einem großen virtuellen Intranet.
- Anbindung eines mobilen Mitarbeiters an das Firmennetz.
- Anbindung von Zulieferers, Partnern etc. an ein firmenspezifisches Netzwerk, in dem Geschäftsprozesse abgewickelt werden. Diese Art von Netzwerk wird auch als Extranet bezeichnet.

Virtuelle private Netze sind hierbei durch zwei wesentliche Eigenschaften gekennzeichnet:

- Sie sind virtuell, d.h. die Zugehörigkeit eines Endsystems zum Netz ist nicht durch seine geografische Lokation innerhalb eines Netzes gegeben.
- Sie sind privat, d.h. nur ausgewählte Endsysteme gehören zu einem solchen Netz. Alle anderen Rechner können nicht auf die über ein VPN fließenden Daten zugreifen.

Abbildung 16.1 zeigt ein Beispiel für ein VPN. Physikalisch sind hier drei lokale Netze und ein Weitverkehrsnetz vorhanden. Aus jedem der lokalen Netze werden einige Rechner ausgewählt und zu einem VPN zusammengeschlossen.

16 Virtual Private Networks (VPN)

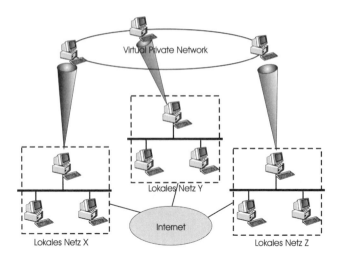

Abbildung 16.1: Beispiel für ein VPN

16.2 Motivation für den Einsatz von VPNs

Welche Vorteile bringt der Einsatz eines VPNs?

❑ *Kosten*
 Der Aufbau und Betrieb eines physikalischen Netzes führt zu einem großen Fixkostenanteil. Hier können sich VPNs einerseits für den Provider und andererseits auch für den Nutzer auszahlen:
  ➢ Der Provider kann auf seinem physikalischen Netz durch VPN-Technologie mehreren Kunden virtuelle eigene Netze zur Verfügung stellen, die gegenüber den Netzen anderer Kunden abgeschottet sind.
  ➢ Große Firmen müssen keine eigenen physikalischen Netze betreiben, um ihre Standorte sicher zu vernetzen, sondern können auf VPN-Provider oder komplett öffentliche Netze zurückgreifen, wie z.B. das Internet.

❑ *Mobilität der Mitarbeiter*
 Telearbeit wird eine immer wichtigere Arbeitsform. Es stellt sich die Frage, wie mobile Mitarbeiter so an das Firmennetz angebunden werden können, dass die Übertragung sicher ist. VPNs tun hier gute Dienste.

❑ *Verbindung zu Kunden, Partnern etc.*
 Auch mit den Kunden oder Partnern soll eine sichere und vertrauliche Kommunikation möglich sein, die jedoch oftmals über das Internet stattfindet. Eine gute Lösung sind hier VPNs, die auf den jeweiligen Bedarf hin konfiguriert werden.

VPNs sind zwar logische Netze, können aber trotzdem auf jeden Einsatzzweck hin genau so konfiguriert werden, wie das auch mit physikalischen Netzen möglich ist. So können beispielsweise verschiedene Sicherheitsdienste (z.B. Verschlüsselung) genutzt werden, um das VPN nach außen abzuschotten oder auch um den Datenverkehr innerhalb des VPNs durch den Einsatz von Dienstgütemechanismen zu beeinflussen.

16.3 VPN-Architektur

Eine der Basistechnologien für VPNs ist das so genannte *Tunneling*, das den Aufbau eines virtuellen Tunnels erst ermöglicht. In Kapitel 6.5.4 haben wir dieses Konzept bereits verwendet, um IPv6-Pakete über IPv4-Netze zu transportieren. Deshalb wollen wir hier nur noch einmal kurz die wichtigsten Punkte wiederholen.

Prinzipiell bauen zwei Rechner, die Tunnelrechner oder Gateways, eine virtuelle Punkt-zu-Punkt Verbindung zwischen sich auf und bilden somit die Endpunkte des Tunnels. Alle Pakete, die nun durch den Tunnel geschickt werden sollen, werden am Eingangsgateway als Nutzdaten in ein neues Paket eingepackt und dann durch den Tunnel zum anderen Gateway geschickt. Dieser packt das Originalpaket wieder aus und leitet es an sein eigentliches Ziel weiter. Grafisch ist dieses Konzept in Abbildung 6.8 auf Seite 100 visualisiert.

Technisch gibt es für Tunneling verschiedene Umsetzungen. Beispiele sind IP-in-IP Tunneling, wobei ein IP-Paket einfach in ein anderes IP-Paket eingepackt wird, das General Routing Encapsulation Protokoll, wie es bei PPTP verwendet wird (vgl. Abschnitt 16.5) oder die IPSec-Verfahren AH und ESP. Bedenken sollte man bei der Wahl der Tunneling-Methode die jeweiligen Eigenschaften des resultierende Tunnels. Ein wichtiger Punkt hierbei ist beispielsweise Sicherheit. Ein Tunnelpaket, dessen Nutzdaten beispielsweise nicht verschlüsselt ist, erlaubt jeder Zwischenstation den Zugriff auf diese und somit auf das Originalpaket. Unser Virtual Private Network wird sozusagen nur noch zum Virtual Network, da die Vertraulichkeit der Daten nicht mehr gewährleistet ist.

Welche Sicherheitsdienste letztendlich wirklich genutzt werden und welche kryptographischen Verfahren zum Erreichen dieser Dienste eingesetzt werden, ist vom Betreiber des VPNs frei wählbar. Die einzige Bedingung ist, dass die beiden Tunnelendpunkte die eingesetzten Verfahren unterstützen.

16.3.1 Typen von VPNs

Prinzipiell können VPNs auf unterschiedlichen Ebenen im Schichtenmodell erstellt werden. Folglich unterscheidet man im Wesentlichen folgende Typen von

VPNs, basierend auf dem jeweilig verwendeten physikalischen Adressierungsschema:

❏ *Application-Layer VPNs*
Dies ist eine wenig genutzte Variante, da sie mit einem hohen Aufwand einher geht; das VPN muss in allen Anwendungen die genutzt werden sollen bekannt sein.

❏ *Transport-Layer VPNs*
Häufig als das „VPN des kleinen Mannes" wird die Möglichkeit bezeichnet auf der Transportebene ein VPN beispielsweise mittels SSL/TLS (vgl. Kapitel 14.2) einzusetzen. Es wird gemeinhin zur Absicherung von Datenverbindungen zwischen Server und Client genutzt.

❏ *Network-Layer VPNs*
VPNs auf Netzwerkschicht bieten den Vorteil, dass alle darüberliegenden Protokolle und Anwendungen transparent durch das VPN geschützt werden und somit keine Kenntnis über das VPN haben müssen. Auf dieser Ebene kommt fast ausschließlich IPSec (vgl. Kapitel 14.1) zum Aufbau von VPNs zum Einsatz.

❏ *Link-Layer VPNs*
VPNs auf der Sicherungsschicht haben den grundsätzlichen Vorteil, dass sie multiprotokollfähig sind, d.h. man ist nicht auf IP als Netzwerkprotokoll festgelegt. Weiterhin ist man hier unabhängig von höherliegenden Problemen, wie sie zum Beispiel NAT bei IPSec auf Netzwerkebene bietet. Zwei Techniken dominieren VPNs auf der Sicherungsschicht: PPTP und L2TP.

16.3.2 Konfigurationen

Es gibt verschiedene Arten, ein VPN zu konfigurieren:

❏ *End-to-End*
Hier wird die Verbindung direkt zwischen den Endsystemen, also den Rechnern hergestellt. Diese sind sich der Tatsache bewusst, dass ein VPN im Einsatz ist, und müssen folglich alle notwendigen Protokolle implementiert haben und diese verwenden.

❏ *Site-to-Site*
Dies ist die klassische Variante. Nur die Router bzw. VPN-Gateways kennen die VPN-Protokolle; für alle Rechner innerhalb eines LANs findet die Kommunikation mit anderen Netzen, die durch das VPN angeschlossen sind, völlig transparent statt. Somit müssen auch nur auf den Gateways für das VPN benötigte Protokolle und Mechanismen implementiert sein.

❑ *End-to-Site* Typische Variante für den Einsatz von Außendienstmitarbeitern oder Telearbeitern. Diese Verbindungen, bei denen die eine Seite eine statische, die andere dagegen eine dynamische IP-Adresse hat, werden auch „Road Warrior"-Konfigurationen genannt. Die Seite mit der dynamischen IP-Adresse ist hierbei der Road Warrior, also der Außendienst- bzw. Telearbeiter.

16.4 VPNs unter Linux mit IPSec

IPSec stellt auf Netzwerkebene den Sicherheitsstandard dar. Die Theorie hinter IPSec sowie die Konfiguration haben wir bereits ausführlich in Kapitel 14.1 behandelt. An dieser Stelle wollen wir aus diesem Grund nur noch einmal kurz auf die wesentlichen Punkte eingehen.

IPSec im Tunnel-Modus bietet sich insbesondere an, um Site-to-Site-VPNs aufzubauen. Folgende Dinge sind hierfür auf den VPN-Gateways zu konfigurieren:

❑ *Security Associations*
Security Associations beschreiben, *wie* die gesicherte Verbindung zwischen den VPN-Gateways erreicht wird. Es bietet sich an die Security Associations mittels `racoon` automatisch erstellen zu lassen, wann immer Daten durch das VPN geschickt werden sollen (vgl. Kapitel 14.1.5). Die Verfahren zur Sicherung des VPN werden dann beim Aufbau zwischen den VPN-Gateways ausgehandelt.

❑ *Security Policies*
Diese Richtlinien geben an, in welcher Situation welche Security Association zu nutzen ist.

❑ *Auswahl der Authentifizierungsmethode*
Um Man-in-the-Middle-Angriffe zu verhindern müssen sich die VPN-Gateways beim automatischen Aufbau des VPNs gegenseitig eindeutig authentifizieren können. Dies kann entweder über Preshared Keys oder X.509-Zertifikate geschehen. Gerade bei größeren VPNs bieten sich hier X.509-Zertifikate an, da hier der Administrationsaufwand gegenüber Preshared Keys geringer ist.

Weiterhin müssen für den erfolgreichen Einsatz die Firewalleinstellungen, wie in Kapitel 14.1.6 beschrieben, vorgenommen werden, damit die Firewall die IPSec-Pakete nicht filtert.

Eine ausführliche Beispielkonfiguration für ein IPSec VPN finden Sie in dem Beispielszenario „Großes Corporate Network" in Kapitel 20. Wenden wir uns nun noch etwas ausführlicher einer anderen VPN Technologie auf der Sicherungsschicht zu, dem so genannten PPTP.

16.5 VPNs unter Linux mit PPTP

Das *Point-to-Point Tunneling Protocol* (*PPTP*, RFC 2637) wurde von Microsoft zur Realisierung von VPNs vorgeschlagen. Unterstützung für PPTP ist in Windows NT, 2000 und XP bereits vorhanden, so, dass Windowsrechner relativ einfach VPN-fähig gemacht werden können – jedoch wurde die erste in Windows NT eingesetzte Microsoft-spezifische Implementierung von Bruce Schneier als unsicher befunden, und es wurde empfohlen, auf PPTP zu verzichten, falls Anwendungen hohe Sicherheit verlangen (siehe die Analyse auf Counterpane, Inc. unter http://www.counterpane.com/pptp.html).

Daraufhin verbesserte Microsoft die Protokolle, welche in MSCHAPv2 (Challenge Authentication Protocol Version 2) und MPPE (Microsoft Point to Point Encryption) resultierten, die nun die größten gefundenen Schwächen der ersten Version ausbessern. Der einzige kryptografische Nachteil besteht nach wie vor in der Tatsache, dass die während des Betriebes verwendeten Schlüssel aus dem Passwort des Benutzers errechnet werden und dadurch natürlich nur so sicher wie das Passwort selbst sind; das heißt vor allem, dass die Benutzer möglichst sichere Passworte wählen sollten, um die VPN-Verbindung selbst sicher zu machen. Daher sollte in der Praxis beim Setzen der Passworte ein Paßwort-Cracker eingesetzt werden, der die Stärke prüft und somit schwache, leicht zu findende Passworte vermeidet.

Durch seine Struktur eignet sich PPTP vor allem für einzelne Clients („Road Warriors"), die von außen Zugriff auf das Firmennetzwerk bekommen sollen.

Das PPTP-VPN-Protokoll besteht wie IPSec ebenfalls aus einem Kanal für die Signalisierung sowie aus einem Kanal, über den die Daten gesendet werden. Der Signalisierungskanal läuft über eine TCP-Verbindung auf Port 1723 auf dem Server, der Datenverkehr wird mittels des Generic Routing Encapsulation Protocol (GRE, RFC 1701) über Port 47 geschickt. Die einzelnen Datenströme werden hierbei als PPP verschickt, was eine recht einfache Realisierung ermöglicht, da beinahe jedes Betriebssystem bereits Unterstützung für PPP besitzt. Ob ein Datenstrom verschlüsselt oder komprimiert versendet werden soll, wird jeweils beim Aufbau der PPP-Verbindungen festgelegt.

16.5.1 Installation und Konfiguration des Servers

In diesem Abschnitt wird die Installation des PPTP-Servers beschrieben, wie er für die Einwahl von einzelnen Clients notwendig ist. Es wäre auch möglich, zwei getrennte Firmennetze mittels PPTP zu koppeln, indem ein Gateway als Client sich in das andere, als PPTP-Server konfigurierte Gateway einwählt und somit eine Verbindung zwischen den Netzen herstellt. Jedoch sollte für die Kopplung mehrerer Netze eher IPSec benutzt werden.

16.5 VPNs unter Linux mit PPTP

Der Name der PPTP-Serverlösung unter Linux lautet *PoPToP*. Der PPTP-Server benutzt den vorhandenen PPP-Daemon (der natürlich ebenfalls installiert sein muss) und kann nur Protokolle und Erweiterungen von PPP nutzen, die dieser auch anbietet. Unter SuSE Linux ist das unproblematisch, da PPP bereits alle benötigten Protokolle unterstützt, aber für alte Kernel oder andere Distributionen kann ein Update für die Unterstützung von MPPE oder MSCHAPv2 notwendig sein. Der PPTP-Server initialisiert eine virtuelle PPP-Verbindung pro verbundenem PPTP-Client. Daher kann man mit `ifconfig` eine erste schnelle Diagnose auf Verbundenheit durchführen.

SuSE Linux enthält PoPToP im Paket `pptpd` in der Gruppe `Productivity/Networking/PPP` und kann von dort installiert werden; der benötigte PPP-Dämon wird, falls noch nicht vorher geschehen, zusätzlich installiert. Aktualisierte Versionen von PoPToP können von der Projektseite www.poptop.org geladen werden.

Die Datei /etc/pptpd.conf

PoPToP wird mittels der Datei `/etc/pptpd.conf` konfiguriert, welche die grundlegenden Optionen wie etwa die IP-Adressvergabe für das VPN festlegt und auf eine andere Datei (im Standardfall nach der Installation `/etc/ppp/options.ppp0`) zur Definition der zusätzlichen Konfigurationsoptionen des PPP-Dämons verweist. Der PPP-Dämon liest zuerst die globalen Optionen in `/etc/ppp/options` und danach die zusätzlichen Optionen für diese Verbindung. Einige verbindungsspezifische Optionen sind:

- `speed` *PPP-Geschwindigkeit*
  Diese Option definiert die Geschwindigkeit in Bits pro Sekunde, die an den PPP-Dämon weitergegeben wird. Standardmäßig wird hier 115200 angegeben, was vom PPP-Dämon als unbeschränkte Geschwindigkeit gewertet wird.

- `option` *PPP-Optionsdatei*
  Angabe der Optionsdatei für den PPP-Dämon. Hiermit werden spezielle Optionen wie etwa die Benutzung von Verschlüsselung definiert, z.B. `/etc/ppp/options.pp0` (siehe unten).

- `debug`
  Hiermit wird Debugging ins System Log aktiviert, was die Fehlersuche erheblich erleichtern kann.

- `localip` *LokaleIPAdresse(n)*
  Hier wird definiert, welche IP-Adresse oder Adressen der VPN-Server im VPN benutzt. Wird nur eine IP-Adresse angegeben (Standardfall), so sehen alle VPN-Clients den gleichen VPN-Server. Anderenfalls bekommt jeder VPN-Client einen eigenen Server zugeordnet, sodass mindestens so vie-

le Adressen angegeben werden müssen wie gleichzeitig Clients verbunden sein dürfen. Sind keine Adressen mehr verfügbar, verweigert PoPToP die Verbindung. Mehrere Adressen können entweder durch Komma getrennt, mit einem Minuszeichen als Bereichsangabe (wie etwa 192.168.0.1-100), oder als Kombination der beiden Möglichkeiten (192.168.0.1-15,192.168.0.20-25) angegeben werden. Wichtig ist, dass keinerlei Leer- oder Tabulatorzeichen in der Adressangabe benutzt wird.

- ❑ remoteip *ClientIPAdressen*
Angabe des Adressbereiches, der für die VPN-Clients zu verwenden ist. Pro Client ist hier ebenfalls eine Adresse notwendig, und die Adressen von VPN Server und Clients müssen sich im gleichen Subnetz befinden. Üblicherweise benutzt man Adressen aus den privaten IP-Bereichen und hat somit keine größeren Adressbereichsprobleme. Adressangaben erfolgen wie in der vorherigen Option beschrieben.

- ❑ listen *NetzwerkIP*
Spezifikation der IP-Adresse der Netzwerkschnittstelle, von der VPN-Verbindungen möglich sein sollen. Wird diese Option nicht angegeben, sind Verbindungen von allen Netzschnittstellen möglich. Wenn möglich sollte diese Option angegeben werden, um ungebetene VPN-Verbindungen und Scans zu unterbinden.

- ❑ pidfile *PIDDatei*
Datei, in der PoPToP seine Prozess-ID speichert. Standard ist `/var/run/pptpd.pid`.

Die benötigten PPP-Optionen in `/etc/ppp/options.ppp0`, um eine verschlüsselte, mit MSCHAPv2 authentisierte PPTP-Verbindung aufzubauen, sind die folgenden[1]:

```
lock
debug              # Schreibt Debug Daten ins Syslog
name PPTPD         # Name des PPTP Servers
proxyarp           # Schreibt die Server-IP mit der CLient MAC Adresse in den ARP Cache
require-mschap     # MSCHAP wird zur Authentifizierung benutzt
require-mppe       # MPPE wird zur Verschlüsselung eingesetzt.
```

Mit diesen Angaben sind die serverseitigen Konfigurationsdaten definiert. Was nun noch fehlt, sind die VPN-Benutzer und deren Passworte sowie die Zuordnung der VPN-Adressen zu den jeweiligen Benutzern.

Da die Benutzerauthentisierung vom PPP-Dämon durchgeführt wird, müssen die Benutzerdaten ebenfalls in der PPP-Konfiguration angegeben werden. Dies

---

[1] Ab PPPD Version 2.4.2 haben sich die Optionen für den MPPE und CHAP Einsatz geändert. Das Beispiel verwendet die Optionen für PPPD Version 2.4.2 – die Optionen von älteren Version werden nicht mehr akzeptiert.

geschieht in der Datei /etc/ppp/chap-secrets. Für jeden Benutzer muss hier eine Zeile mit dem folgenden Format hinzugefügt werden:

```
#benutzername   benutzerrechner   passwort       vpnadresse
heinz           *                 meinSuseVpn    *
```

Benutzername und Passwort dürften klar sein und das Passwort muss tatsächlich im Klartext angegeben werden; daher sollte unbedingt darauf geachtet werden, dass nur root Leserechte auf diese Datei erhält. Bei benutzerrechner gibt man Hostname bzw. IP-Adresse des Clientrechners an, von dem aus die VPN-Verbindung aufgemacht wird. Will man alle Adressen zulassen (wie z.B. bei einer Modem oder anderen Einwahlverbindung notwendig), so kann hier ein Stern (*) eingetragen werden. Die VPN-Adresse des Benutzers muss eine der Adressen sein, die im Optionspunkt remoteip in der Datei /etc/pptpd.conf angegeben wurden. Soll hier dynamisch eine freie Adresse vergeben werden, ist ebenfalls einen Stern anzugeben.

Im obigen Beispiel sind die Daten für den Beispielnutzer heinz mit Passwort meinSuseVpn von beliebigem Rechner aus verbindend und eine freie Adresse aus dem VPN zuordnend eingetragen.

16.5.2 Installation und Konfiguration des Clients

Der Client pptp befindet sich auf den Installationsmedien und kann somit bequem mittels YaST installiert werden. Alternativ besteht natürlich auch die Möglichkeit, sich die Quellen von http://pptpclient.sourceforge.net herunterzuladen, um den Client per Hand zu installieren.

Die Konfiguration, und ebenfalls der spätere Aufruf, erfolgt nun mittels des mitgelieferten Skripts /usr/sbin/pptp-command.

Nach Aufruf ohne Parameter bekommt man folgendes Menü zu sehen:

```
linux: # pptp-command
1.) start
2.) stop
3.) setup
4.) quit
What task would you like to do?:
```

Um einen neue Verbindung zu konfigurieren, wählen wir 3 und kommen in folgendes Menu:

```
1.) Manage CHAP secrets
2.) Manage PAP secrets
3.) List PPTP Tunnels
4.) Add a NEW PPTP Tunnel
```

```
5.) Delete a PPTP Tunnel
6.) Configure resolv.conf
7.) Select a default tunnel
8.) Quit
?:
```

Zum Aufbau einer sicheren Verbindung muss zunächst die Benutzer- und Passwortinformation für CHAP erstellt werden (diese landet, wie zuvor die Information für PoPToP, in /etc/ppp/chap-secrets), also Menüpunkt 1.

```
1.) List CHAP secrets
2.) Add a New CHAP secret
3.) Delete a CHAP secret
4.) Quit
?:
```

Nun müssen wir die Information für eine neue Verbindung (Menüpunkt 2) eingeben. Auf die Frage des lokalen Namens (Local Name) muß der Benutzername in der Form DOMAIN\\BENUTZERNAME eingegeben werden (also eigentlich der Remote-Name). Haben wir etwa die Domäne ws-gmbh mit Benutzernamen heinz, geben wir hier ws-gmbh\\heinz ein. Auf Anfrage geben wir das Passwort ein und prüfen die Eingabe durch auflisten der CHAP-Geheimnisse (Menüpunkt 1):

```
ws-gmbh\\heinz    PPTP          *****
PPTP    ws-gmbh\\heinz          *****
```

Ist alles zur Zufriedenheit, gehen wir mit 4 zurück.

Nun konfigurieren wir den PPTP-Tunnel selbst (Menüpunkt 4, Add a NEW PPTP Tunnel).

```
Add a NEW PPTP Tunnel.

1.) Other
Which configuration would you like to use? 1
Tunnel Name: vpnws-gmbh
Server IP: vpn.ws-gmbh.example
```

Auf die Frage, welche Konfiguration wir nutzen wollen, geben wir 1 (Other) ein. Danach geben wir einen beliebigen Namen (ohne Leerzeichen) für den Tunnel an, im Beispiel vpnws-gmbh. Die Angabe der Server-IP-Adresse des VPN-Servers kann, wie hier erfolgt, auch symbolisch erfolgen. Dies ist der im Internet erreichbare VPN-Server, auf dem etwa PoPToP mit den entsprechenden Benutzereinstellungen läuft.

Nun erfolgt die Angabe von optionalen Routen für das VPN-Netzwerk. Falls die Adressen des VPNs auf Serverseite bereits so gewählt wurden, dass sie im

16.5 VPNs unter Linux mit PPTP

gleichen Subnetz wie die zu erreichenden Rechner im VPN liegen, dann muss hier keine Route angegeben werden. Sonst empfiehlt sich die Konfiguration des VPN-Servers als Gateway in das VPN-Netzwerk, sodass man hier für jedes zu erreichende Subnetz die entsprechenden Parameter in route-Syntax angibt:

```
add -net <subnetz>/<maske> TUNNEL_DEV
```

Die Variable TUNNEL_DEV steht hierbei für das aktuelle Tunnel-Device und die Variable DEF_GW für die IP-Adresse des Default-Gateways. Für das Netz der Werner Schmidt GmbH etwa würde hier dann

```
add -net 192.168.0.0/24 TUNNEL_DEV
```

stehen.

Auf Nachfrage des lokalen Namens geben wir wiederum den DOMAIN\\BENUTZER an, den Remote-Name lassen wir auf Standard (PPTP). Nun setzen wir den Standardtunnel (Menüpunkt 7, Select a default tunnel) auf den neu erstellten Tunnel. Es besteht zusätzlich die Möglichkeit, einen oder mehrere Namen-Server (DNS) vom VPN zu nutzen während die Verbindung aktiv ist. Dies ist sinnvoll, um Rechner, die normalerweise nur intern vom DNS aufgelöst werden, nun dem Benutzer symbolisch bekannt zu machen. Solche zusätzlichen Server können mit Angabe ihrer Domäne (bei uns etwa ws-gmbh.example) unter Menüpunkt 6 (Configure resolv.conf) eingetragen werden:

```
Use a PPTP-specific resolv.conf during tunnel connections? [Y/n]: y
1.) Other
Which configuration do you want to use?: 1
What domain names do you want to search for partially
specified names?
Enter all of them on one line, seperated by spaces.
Domain Names: ws-gmbh.example
Enter the IP addresses of your nameservers
Enter a blank IP address to stop.
Nameserver IP Address: 192.168.0.2
Nameserver IP Address:
Copying /etc/resolv.conf to /etc/resolv.conf.real...
Creating link from /etc/resolv.conf.real to /etc/resolv.conf
```

Der Tunnel zum VPN-Server ist hiermit vollständig konfiguriert und kann gestartet werden mittels Eingabe von

```
linux: # pptp-command start vpnws-gmbh
Using interface ppp0
Connect: ppp0 <--> /dev/pts/6
CHAP authentication succeeded: Welcome to vpn.ws-gmbh.example.
local  IP address 172.20.0.7
```

```
remote IP address 172.20.0.3
All routes added.
Tunnel vpnws-gmbh is active on ppp0.  IP Address: 172.20.0.7
Script /etc/ppp/ip-up finished (pid 22293), status = 0x0
```

Die Verbindungsdaten zum eben konfigurierten Tunnel vpnws-gmbh befinden sich nun in /etc/ppp/peers/vpnws-gmbh. Zusätzlich zu dieser Datei finden sich noch in /etc/ppp/options.pptp diverse Parameter, die standardmäßig bei allen PPTP-Verbindungen zum Einsatz kommen.

Beendet wird die Verbindung schließlich durch folgenden Aufruf:

```
linux: # pptp-command stop
Sending HUP signal to PPTP processes...
Modem hangup
Connection terminated.
Connect time 2.5 minutes.
Sent 71 bytes, received 93 bytes.
Script /etc/ppp/ip-down finished (pid 22818), status = 0x0
Connect time 2.5 minutes.
Sent 71 bytes, received 93 bytes.
```

16.5.3 PPTP und Firewalls

Um ein PPTP-VPN durch eine Firewall laufen zu lassen, müssen dort folgende Einstellungen getroffen werden:

- *Freischalten des TCP-Ports 1723*
  Auf TCP-Port 1723 läuft der Kontrolldatenverkehr von PPTP. Da dieser natürlich essentiell ist, muss dieser Port freigeschaltet sein. Die zugehörige IPTables-Regel in der INPUT oder FORWARD Chain (je nachdem ob der PPTP-Server auf dem Firewall-Rechner läuft oder dahinter) lautet:
  ```
  iptables -A FORWARD -p tcp --dport 1723 -j ACCEPT
  ```

- *Freischalten des Protokoll GRE*
  Die Datenpakete werden in GRE-Paketen gekapselt, so, dass dieses Protokoll (GRE = 47) freigeschaltet werden muss. Analog zur obigen Regel lautet die zugehörige IPTables-Regel hierfür:
  ```
  iptables -A FORWARD -p gre -j ACCEPT
  ```

Kapitel 17

Sicherheitsüberprüfung und Alarmanlagen

17.1 Programme zur Prüfung der Netzsicherheit

Vor einigen Jahren stellte man sich die Frage, wie man die Sicherheit von einzelnen Systemen, wie auch ganzer Netzwerke denn überprüfen kann (das sogenannte *Penetration Testing*). Dies führte dazu, dass die bekannten Methoden zur Umgehung der Systemsicherheit in einem Programmpaket gesammelt wurden, welches dann auf den zu testenden Rechnern die Angriffe testet und gegebenenfalls den Administrator auf Sicherheitslücken bzw. Schwächen aufmerksam macht, die von Hackern ausgenutzt werden könnten. Diesem Programmpaket gab man den Namen SATAN (*Security Administrator's Tool for Analyzing Networks*). Es sorgte bereits vor seiner Veröffentlichung im Jahre 1995 für ganz erheblichen Wirbel, als durchsickerte, was das Programm alles können würde. Kurz gesagt ist SATAN ein Programm, das die Sicherheit eines Rechners bzw. eines ganzen Rechnernetzes überprüft; die (nicht unbegründete) Angst lag einfach darin, dass die Sicherheitslücken jedem zugänglich gemacht wurden (SATAN unterliegt der OpenSource-Lizenz) und nun auch Leuten ohne Programmierkenntnisse die Möglichkeit gegeben wurde, Attacken auf Rechnersysteme auszuführen.

Heutzutage wird weithin anerkannt, dass Programme SATAN und seine Nachfolger mit dafür verantwortlich waren und sind, das Bewußtsein für Sicherheitsprobleme zu schärfen und allgemein die Internet-Sicherheit zu verbessern. Aus diesem Grund werden wir neben einer eher theoretischen Einführung in die Thematik auch einen Blick auf einen der derzeit beliebtesten Netzwerkscanner (Nessus) werfen.

17.1.1 Funktionsweise von Netzwerkscannern

Netzwerkscanner sind in der Lage, drei Klassen von Sicherheitsproblemen aufzudecken:

- ❑ Design-Fehler in Protokollen bzw. Verwendung dieser schlecht designten Protokolle.
- ❑ Schlechte Implementierungen von Protokoll-Software.
- ❑ Schlechte oder falsche Konfiguration von Protokollen und Diensten.

Die Sicherheitsüberprüfung, nach deren Muster Sicherheitstestprogramme vorgehen, die solche Kontrollen durchführen, läuft wie folgt ab:

1. Zunächst wird festgestellt, welche Computer es in dem zu untersuchenden Netz gibt.
2. Im zweiten Schritt wird versucht, herauszufinden, welche Dienste es auf jedem der Rechner gibt.
3. Schließlich wird überprüft, ob einer oder mehrere dieser Dienste unsicher sind.

Wird auf einem Host ein Problem gefunden, wird beschrieben, worin das Problem besteht und warum das überhaupt ein Problem darstellt. Häufig werden auch gleich Maßnahmen zur Beseitigung des Problems vorgeschlagen.

17.1.2 Fähigkeiten von Netzwerkscannern

Moderne Netzwerkscanner können in der Regel eine Vielzahl von Sicherheitslücken erkennen. Einige davon werden im Folgenden kurz exemplarisch aufgelistet; außerdem wird für jede dieser Lücken eine mögliche Aktion zur Behebung des Problems angegeben.

- ❑ Ein schreibbares Home-Verzeichnis des Benutzers `ftp`
  Sollte dies gegeben sein, dann kann ein Angreifer z. B. eine Datei `.rhosts` in das Verzeichnis schreiben und sich damit zu einem Vertrauten machen. Die einfache Lösung besteht darin, alle Dateien und Verzeichnisse in `ftp` für anonyme Benutzer nicht-schreibbar zu machen und außerdem `root` als Eigentümer der Dateien anzugeben.

- ❑ Ältere Versionen des WU-FTPD, die Sicherheitslücken enthalten
  Hier sollte einfach die neueste Version des WU-FTPD installiert werden.

- ❑ NFS-Zugang nicht-privilegierter Programme
  NFS überprüft nicht die Authentizität von NFS-Anfragen, so dass im Prinzip jeder, der sich Pakete entsprechend zusammenbauen kann, auf die exportierten Verzeichnisse anderer Benutzer zugreifen kann. Es gibt für dieses

Problem keine besonders guten Lösungen, solange keine Authentisierungsmechanismen eingebaut werden.

- Export des Dateisystems mittels des Portmappers
  Die Aufgabe des Portmappers ist die Behandlung von RPC-Aufrufen (RPC = Remote Procedure Call). NFS ist in UNIX-Systemen mittels RPC implementiert. Aufgrund einer Vereinfachung kann ein Sicherheitsproblem entstehen, das sich lösen läßt, indem eine Portmapper-Version installiert wird, die diese Vereinfachung nicht enthält.

- Nicht-restriktiver NFS-Export
  Dieses Vorgehen erleichtert zwar Systemadministratoren die Arbeit, macht jedoch Dateisysteme für jedermann zugänglich. Zusammen mit der nicht-vorhandenen Authentisierung in NFS ergibt sich ein Problem, das sich durch weniger laxes Vorgehen beim Exportieren von Verzeichnissen lösen läßt.

- Zugang zum NIS
  NIS ist das *Network Information System* und mehr oder weniger eine netzweite Datenbank (Netz hier als lokales Netz oder Subnetz gesehen), die Informationen über Passwörter, Benutzergruppen und Hosts bereithält. Mit etwas Fantasie ist es leicht, NIS-Abfragen auch als nicht-authorisierter Benutzer abzusetzen. Die erhaltenen Informationen sind dann hilfreich beim Aufbau eines Angriffs, z. B. über das Entschlüsseln von Passwörtern. Zur Lösung kann ein besserer NIS-Server eingesetzt werden, der zumindest einige Plausibilitätsprüfungen durchführt.

- Keine Restriktionen beim Zugriff auf die Remote Shell (`rsh`)
  Die Datei `.rhosts` sollte nicht alle Rechner eines Netzes enthalten, sondern nur die notwendigen. Insbesondere Wildcards (*) sollten bei der Konfiguration der entsprechenden Dateien vermieden werden.

- TFTP-Zugang
  TFTP ist das *Trivial File Transfer Protocol*, das ein FTP ohne Zugangskontrolle implementiert und besonders gerne für Systemdateiübertragungen verwendet wird. Es ist daher wichtig, die Konfiguration dieses Dienstes besonders sorgfältig vorzunehmen.

- X Window-Server
  Auf jedem UNIX-Rechner, der eine grafische Benutzeroberflaeche bereitstellt, läuft ein X-Server. Dieser Server kann in einer Weise konfiguriert werden, dass er Clients von verschiedenen Rechnern Zugriffsrechte gibt, die dann Fenster auf der Oberfläche des entsprechenden Rechners öffnen bzw. so jede Art von Anwendung starten können. Außerdem können Tastatureingaben protokolliert und so Passwörter mitgeschrieben werden. Eine erste einfache Lösung besteht darin, mit dem Kommando „`xhost -`" keinem anderen Rechner den Zutritt zum System zu erlauben.

❏ Zugriff auf die Netzwerkscanner selbst
Es kann unter Umständen für fremde Clients möglich sein, den Server des Netzwerkscanners zu kontaktieren und Untersuchungsergebnisse abzufragen. Dies gibt einem möglichen Angreifer natürlich einen guten Überblick über die Schwachpunkte des möglichen Opfers. Daher nutzen die Scanner oftmals die Einrichtung von Benutzerkonten, welche über Passwörter oder Public-Key-Systeme gesichert sind.

Es gibt jedoch auch einige Schwachstellen bzw. Angriffe, die Netzwerkscanner im Allgemeinen nicht aufspüren können:

❏ Abhören einer Leitung (Sniffing)
❏ IP-Spoofing Angriffe
❏ ICMP Angriffe mittels falscher ICMP-Pakete
❏ DNS Cache Poisoning

17.2 Netzwerkscanner in Linux: Nessus

Das wohl inzwischen bekannteste und beliebteste Exemplar der Gattung Netzwerkscanner ist *Nessus*. Das Nessus-Projekt wurde Anfang 1998 begonnen, weil das kompletteste nichtkommerzielle und unter der OpenSource-Lizenz veröffentlichte SATAN lange Zeit nicht mehr gepflegt worden war und daher neuere Sicherheitslücken nicht mit SATAN entdeckt werden können. Die erste Version von Nessus wurde schon früh nach Beginn des Projektes im April 1998 veröffentlicht, die bei der Erstellung dieses Kapitels aktuelle Version ist Nessus 2.2.3[1].

Ein Problem bei Netzdiagnoseprogrammen liegt darin, dass täglich neue Sicherheitslücken bekannt werden können, die in die Liste der zu testenden Schwachpunkte aufgenommen werden sollten. Bei z. B. in der Sprache C geschriebenen Diagnosewerkzeugen wie SATAN heißt dies eben, dass die neue Attacke in C implementiert und in das Diagnosetool integriert werden muss, insbesondere muss das komplette Programm neu übersetzt werden, um eine lauffähige Version zu erhalten. Nessus ging hier einen besseren Weg, indem eine Skriptsprache speziell für Netzwerkattacken konzipiert wurde, nämlich die *Nessus Attack Skripting Language* (NASL). Diese Sprache ist eine von Nessus interpretierte Sprache, und Skripte müssen nicht übersetzt werden. Neue Angriffe können deshalb einfach in Nessus integriert werden, indem man das entsprechende NASL-Skript in das Skriptverzeichnis kopiert.

Ein weiterer Vorteil ist das Client-Server Konzept von Nessus. Hierdurch können Nessus-Server an strategischen Stellen im Netzwerk positioniert werden und anhand eines oder mehrerer Clients das ganze Netzwerk ausführlichen Tests unterzogen werden.

---
[1]SuSE 9.2 liefert auf den Installationsmedien Nessus in der Version 2.0.12 mit.

Weiterhin kann sich Nessus externer Programme bedienen, um die eigenen Scanfähigkeiten beträchtlich zu erweitern. Diese müssen vor der Installation von Nessus im $PATH (z.B. /usr/local/bin) installiert sein, damit Nessus sie bei der Installation automatisch einbindet. Angeraten sind hier die Programme, da sie zu den Besten ihrer Klasse zählen:

- *nmap* – das Standardprogramm unter den Port Scannern
  (http://www.insecure.org/nmap/)
- *Hydra* – ein Testprogramm für schwache Passwörter
  (http://www.thc.org/releases.php)
- *Nikto* – ein Testprogramm für cgi-Skripte
  (http://www.cirt.net/code/nikto.shtml)

Allerdings soll auf sie an dieser Stelle nicht weiter eingegangen werden, da Nessus auch ohne sie lauffähig ist.

17.2.1 Installation von Nessus

Nessus ist in SuSE Linux als Installationspaket enthalten, kann also mit YaST installiert werden. Möchte man eine neuere Version von Nessus installieren, so kann man dies mit Hilfe der folgenden Angaben erledigen. Die neueste Version von Nessus kann auf der Internetseite des Projekts (http://www.nessus.org) abgerufen werden. Der Nessus-Installer ermöglicht die unkomplizierteste Installation von Nessus. Hierzu wird das Script nessus-installer.sh von der Webseite benötigt. Der Befehl

```
linux: # sh nessus-installer.sh
```

startet die Installation. Das Installationsskript führt den Anwender Schritt für Schritt durch die Installation, fragt nach dem Zielverzeichnis, konfiguriert Nessus für das System und kompiliert das Programm. Wird die Installation nicht mit root-Rechten ausgeführt, startet das Script automatisch eine suid shell und fragt nach dem root-Passwort. Diese Methode beschreibt zwar den einfachsten Weg Nessus zu installieren, allerdings gibt man auf diesem Weg dem Server install.nessus.org temporär root-Rechte auf seinem Rechner. Wer dieses Sicherheitsrisiko nicht eingehen möchte, kann Nessus auch manuell installieren, indem man die Quellen herunterlädt und selbst kompiliert. Hierbei werden die folgenden vier Pakete benötigt (*x.x* deutet die Versionsnummer an):

- nessus-libraries-*x.x*.tar.gz
- libnasl-*x.x*.tar.gz
- nessus-core.*x.x*.tar.gz
- nessus-plugins.*x.x*.tar.gz

Nun geht man wie folgt vor:

- Zunächst müssen die Dateien des Archivs ausgepackt werden, und man wechselt in das neu angelegte Verzeichnis:
  ```
  linux:/tmp # tar xvzf nessus-libraries-x.x.tar.gz
  linux:/tmp # cd nessus-libraries
  ```
- Danach konfiguriert man im neu angelegten Verzeichnis den Quellcode:
  ```
  linux:/tmp/nessus-libraries # ./configure --prefix=/usr
  ```
  Die Option `--prefix` bewirkt hierbei, dass Nessus seine Dateien unter `/usr` und nicht `/usr/local` istalliert. Hierdurch müssen nicht zusätzliche Verzeichnisse in `$PATH` aufgenommen werden.
- Jetzt kann man das Projekt übersetzen und die ausführbaren Dateien installieren mit
  ```
  linux:/tmp/nessus-libraries # make
  linux:/tmp/nessus-libraries # make install
  ```

Zumindest für den letzten Befehl muss der Benutzer `root`-Rechte besitzen, da Dateien in Systemverzeichnisse kopiert werden. Die gesamte Prozedur muss für die restlichen drei Pakete (in der oben angegebenen Reihenfolge) wiederholt werden. Standardmäßig wird hierbei die GTK-Version des Nessus-Client erzeugt. Um eine Kommandozeilenversion des Client zu erhalten muss das Paket `nessus-core` mit der Option `--disable-gtk` konfiguriert werden:

```
linux:/tmp/nessus-core # ./configure --disable-gtk
```

Sind diese Prozeduren erfolgreich verlaufen, sind nun die Konfigurationsdateien im Verzeichnis[2]

```
/usr/etc/nessus
```

Der Nessus-Server befindet sich in

```
/usr/sbin/nessusd
```

und der dazugehörige Client für die Kommandozeile bzw. X Window in

```
/usr/bin/nessus
```

Sollte Nessus zu einem späteren Zeitpunkt wieder deinstalliert werden kann man einfach

```
/usr/sbin/uninstall-nessus
```

aufrufen.

---

[2]Wenn `./configure` mit der Option `--prefix=/usr` aufgerufen wurde. Ansonsten finden sich die Dateien standardmäßig in `/usr/local/etc/nessus`. Dies gilt für Nessus Server etc. entsprechend.

Um auf dem aktuellsten Stand zu bleiben, sollte Nessus in regelmäßigen Abständen aktualisiert werden. Neue Versionen werden fortlaufend auf der Webseite bereitgestellt.

17.2.2 Konfiguration

Nach der Installation sind noch einige grundlegende Dinge zu konfigurieren. Zuerst muss ein Benutzer angelegt werden, der sich später mit dem Nessus-Server verbinden darf.

Die auf den Installationsmedien mitgelieferte Version muss leider noch ein wenig angepasst werden, damit sie funktioniert. Hierzu muss man mit `root`-Rechten die Datei `/usr/sbin/nessus-adduser` in einen Editor laden und in den Zeilen 219, 251 und 312 den Befehl `trap 0` durch `trap - 0` ersetzen[3]. Beim manuellen Installieren der Version 2.2.3 sind diese Änderungen nicht notwendig.

Das Anlegen des Nutzers geschieht nun mit dem Kommando

```
linux: # nessus-adduser
```

Es muss mit `root`-Rechte ausgeführt werden und fragt neben dem Namen des Benutzers auch nach der bevorzugten Authentifizierungsmethode. Hier kann man ohne weiteres den Skriptvorschlag `pass` wählen, wodurch sich der Benutzer beim Einloggen auf dem Server per Passwort authentifizieren muss. Weiterhin können pro Benutzer vielfältige Einschränkungen definiert werden. So können z. B. die IP-Adressbereiche eingeschränkt werden, die der Benutzer scannen darf.

Weiterhin muss mit dem Kommando

```
linux: # nessus-mkcert
```

ein Zertifikat für den Nessus-Server erstellt werden, da die Kommunikation zwischen dem Client und dem Server verschlüsselt erfolgt. Beim Einloggen kann so der Client die Authentizität des Servers prüfen.

Auch hier muss das Skript angepasst werden, dass mit SuSE 9.2 mitgeliefert wird: in der Datei `usr/sbin/nessus-mkcert` muss analog zu eben in Zeile 396 der Befehl `trap 0` durch `trap - 0` ersetzt werden. Beim manuellen Installieren der Version 2.2.3 ist diese Änderung nicht notwendig.

Aufgrund der Tatsache, dass täglich neue Sicherheitslücken und Angriffe bekannt werden müssen nun noch die Plugins aktualisiert werden. Dies geschieht mit dem Befehl

```
linux: # nessus-update-plugins
```

Auch dieser Befehl benötigt `root`-Rechte. Hierdurch werden alle aktuellen Plugins (NASL-Skripte) in das dafür vorgesehene Verzeichnis kopiert und stehen so-

---
[3]Der alte Syntax wird in der `bash` ab Version 3.0 nicht mehr unterstützt.

mit beim nächsten Scan zur Verfügung. Für jede Schwachstelle gibt es hierbei ein spezielles Plugin, dass Rechner diesbezüglich testet. Zur Drucklegung gibt es ca. 1950 Plugins, wobei im Allgemeinen bereits kurze Zeit nach Bekanntwerden einer neuen Sicherheitslücke bzw. eines neuen Angriffs neue Plugins zur Verfügung stehen, die diese Schwachstelle abdecken. Aus diesem Grund sollte das Aktualisieren der Plugins auch in regelmäßigen Abständen erfolgen.

17.2.3 Testen von Rechnern

Nun kann der Nessus-Server als Daemon gestartet werden. Auch hierzu sind `root`-Rechte notwendig.

```
linux: # nessusd -D
```

Um eine Verbindung zum Nessus-Server aufzunehmen, muss noch der Nessus-Client gestartet werden. Dies ist jedem Benutzer des Systems gestattet.

```
user@linux: > nessus
```

Es erscheint ein Dialog wie in Abbildung 17.1 gezeigt. Hier muss nun bei „Login" der Name des zuvor angelegten Benutzers und natürlich unter „Passwort"

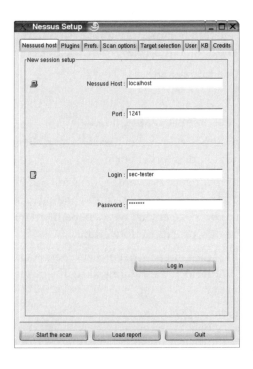

Abbildung 17.1: Nessus: Login

17.2 Netzwerkscanner in Linux: Nessus

das für ihn vergebene Passwort eingegeben werden. Als Host muss der Name oder die IP-Adresse des Rechners angegeben werden, auf dem `nessusd` läuft, also beim gleichen Rechner etwa `localhost`. Nun kann auf den „Log in"-Knopf gedrückt werden.

Die Verbindung zwischen Client und Server ist mit SSL gesichert. Bei der ersten Verbindung wird das Server-Zertifikat, das bei der Installation angelegt wurde, zur Verifikation angezeigt. Hierdurch wird sicher gestellt, dass sich der Client in Zukunft mit dem richtigen Nessus-Server verbindet. Weiterhin wird bei der Anmeldung die Liste der auf dem Server verfügbaren Plugins heruntergeladen.

Wenn die Anmeldung erfolgreich durchgeführt werden konnte, erscheint die Meldung „Connected" und man kann auf den Reiter „Target selection" wechseln. Es erscheint der Dialog in Abbildung 17.2. Hier erfolgt die Angabe der zu überprüfenden Rechner. Dies kann, wie in der Abbildung, ein ganzes Netzwerk sein – im Beispiel werden die ersten 28 Bit der IP-Adresse `192.168.1.1` als Netzwerkadresse betrachtet, und die entsprechenden Kombinationen (`192.168.1.1`, `192.168.1.2`,`192.168.1.3`...) werden getestet. Man kann auch nur eine einzelne Adresse, symbolisch (`rechner.netzwerk.de`) oder numerisch, angeben, eine Auswahl in der Form `192.168.1.1-192.168.1.32` treffen oder einfach mehrere durch Semikola getrennte Angaben machen.

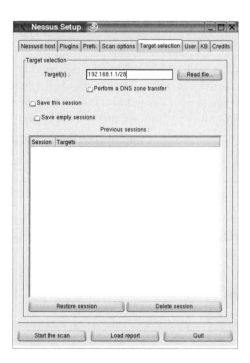

Abbildung 17.2: Nessus: Auswahl der Zielrechner

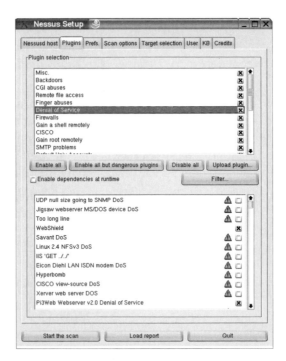

Abbildung 17.3: Nessus: Auswahl der Sicherheitstests

Nach der Zielauswahl sollte unter dem Reiter „Plugins" (siehe Abbildung 17.3) noch ausgewählt werden, welche Sicherheitslücken Nessus auf den Zielrechnern überprüfen soll. Standardmäßig sind alle Sicherheitprüfungen, die Services oder komplette Zielrechner abstürzen lassen können (unter anderem sind auch Denial of Service Angriffe enthalten) deaktiviert. Um eine vollständige Sicherheitsuntersuchung der Zielrechner zu machen, müssen diese extra angewählt werden.

Schließlich können unter den Reitern „Scan Options" und „Prefs." noch diverse Feineinstellungen zum Portscannen und einigen der ausgewählten Plugins getroffen werden.

Sind alle Einstellungen getroffen, wird das eigentliche Testen der Systeme mit „Start the Scan" gestartet. Es einscheint eine Statusanzeige ähnlich der in Abbildung 17.4.

Auswertung der Tests

Nach der Durchführung der Sicherheitstests folgt die Auswertung. Nessus stellt hierfür für jedes getestetes System übersichtlich die gefundenen Ergebnisse über vorhandene Sicherheitslücken dar (siehe Abbildung 17.5). Neben der reinen Darstellung der Sicherheitslücken und einer Bewertung des Risikofaktors gibt Nes-

17.2 Netzwerkscanner in Linux: Nessus

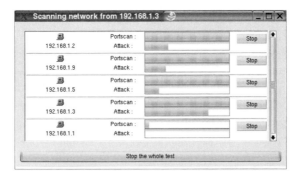

Abbildung 17.4: Nessus: Status der einzelenen Sicherheitstests

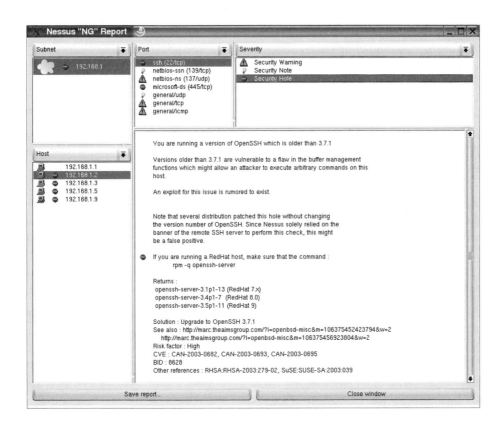

Abbildung 17.5: Nessus: Auswertung der Sicherheitstests

sus in den meisten Fällen auch gleich Hinweise, wie die Sicherheitslücke geschlossen werden kann. Weiterhin wird für jede Sicherheitslücke ein Link auf den jeweiligen Eintrag in der CVE Liste (*Common Vulnerabilities and Exposures*) gegeben, wo interessierte Anwender mehr über die spezielle Sicherheitslücke erfahren können. Neben dem CVE Eintrag werden auch Verweise zu CERT, Bugtraq und zu SuSE-Security Announcements, soweit diese existieren, angezeigt. Zur weiteren Verarbeitung kann die Auswertung weiterhin in zahlreiche Formate, unter anderem zum Beispiel HTML, XML und LaTeX exportiert werden. Die gefundenen Sicherheitslücken sollten sehr sorgfältig analysiert werden, da es durch die unzähligen Konfigurationsmöglichkeiten von Software in Verbindung mit unterschiedlichster Hardware vorkommen kann, dass Nessus Fehlalarme, sogenannte False Positives liefert. Obwohl dies selten passiert, sollten die Ergebnisse stets genau geprüft werden.

Die Sicherheit der vorhandenen Systeme sollte mithilfe von Nessus in regelmäßigen Abständen getestet werden, da täglich neue Sicherheitslücken bekannt werden und ein einzelner Test nie mehr als eine Momentaufnahme des Systems sein kann. Hierbei ist natürlich darauf zu achten, dass auch die Plugins, wie oben beschrieben, regelmäßig auf den neusten Stand gebracht werden.

17.3 Intrusion Detection Systeme

Bis hier wurden einige Techniken betrachtet um Computernetze sicherer machen. Sichere Protokolle verhindern die nicht-legitimierte Offenlegung und stellen Authentizität und Integrität der Kommunikation sicher. Firewalls blockieren ungewünschten Netzwerkverkehr und Netzwerkscanner überprüfen die Sicherheit der eingesetzten Protokolle und Services. Einen relativ jungen Zuwachs im Sicherheitsumfeld stellen *Intrusion Detection Systeme* (IDS) dar. Diese Systeme haben, wie der Name schon andeutet, das Ziel mögliche Einbrüche in das Netzwerk bzw. in einzelne Rechner festzustellen. Obwohl die ersten Ansätze zu IDS bereits 1980 formuliert wurden, kam der große Durchbruch erst 1997 mit der Vorstellung von RealSecure, einem Produkt der Sicherheitsfirma ISS.

Wie schon angedeutet, haben IDS das Ziel Einbruchsversuche aufzudecken. Etwas genauer betrachtet zielen sie auf das Erkennen und Behandeln von Angriffen bzw. dem Missbrauch von Computersystemen und Netzwerken ab. Hierbei sind sie prinzipiell mit einer Alarmanlage im Haus oder Auto vergleichbar. Während also die Firewall beispielsweise die Haustür darstellt, beschäftigen sich IDS mit der Situation, wenn diese Hürde bereits überwunden wurde und die Einbrecher im Hausflur stehen.

Zusätzlich können IDS sicherheitsbedenklichen Netzwerkverkehr und nicht autorisierte Benutzeraktionen innerhalb eines Netzwerkes entdecken und behandeln. Dies ist hilfreich, da viele Angriffe innerhalb des Netzes von Mitarbeitern ausgehen, die beispielsweise Industriespionage betreiben, einfach nur neugierig oder verärgert sind oder sich zusätzliche Resourcen und Services im Netzwerk freischalten wollen. Da diese Angriffe vollständig im Netzwerk bleiben, also der

Ausgangspunkt, wie auch das Ziel innerhalb des Netzes liegen, können Firewalls an dieser Stelle nichts ausrichten.

Es gibt drei essentielle Funktionen in IDS:

- ❏ Überwachung – die Aktivitäten im Netzwerk bzw. auf einem Host werden beobachtet,
- ❏ Erkennen – nicht authorisierte Handlungen von Angreifern im Netz, wie auch die, die von außen ins Netz kommen werden erkannt, und
- ❏ Reaktion – wurden nicht authorisierte Handlungen entdeckt, werden reaktive Maßnahmen getroffen. Diese können von der Benachrichtigung zuständige Personen bis hin zu automatischen scriptgesteuerten Reaktionen auf die Situation reichen.

17.3.1 Kategorien von Intrusion Detection Systemen

Grundsätzlich lassen sich IDS in zwei Kategorien mit unterschiedlichem Fokus einordnen: netzwerkbasierte IDS (NIDS) und hostbasierte IDS (HIDS). Beide lassen sich jedoch auch zu hybriden IDS kombinieren.

Hostbasierte IDS beschränken sich in der Beobachtung und Analyse auf das Benutzerverhalten, Systemverhalten sowie Angriffe auf den jeweiligen Host, auf dem sie installiert sind. Zu ihren Tätigkeiten gehören zum Beispiel das Auswerten von Log-Dateien der verschiedenen Dienste, die auf dem Host laufen und das Beobachten des Dateisystems auf beispielsweise nicht authorisierte Veränderung von Dateien.

Netzwerkbasierte IDS hingegen beobachten und analysieren den Netzwerkverkehr, sprich die Pakete, die im Netz unterwegs sind. Hierbei werden die einzelnen Pakete durch die Sniffer-Komponente mitgelesen und ihr Inhalt nach bestimmten Regeln analysiert und bewertet.

17.3.2 Techniken

Um ihre Aufgabe zu erfüllen, benutzen IDS unter anderem die folgenden zwei grundlegenden Techniken:

- ❏ Erkennen von Anomalien
  Anomalien beschreiben Netzwerkverkehr oder Aktionen, die ausserhalb des Üblichen liegen. Zwanzig falsche Einlogversuche für einen Benutzerzugang oder hoher Netzwerkverkehr zu Zeiten, in denen normalerweise nur geringe Netzlast vorliegen sollte, sind zwei einfache Beispiele hierfür. Die Schwierigkeit liegt hierbei darin, normales Verhalten bzw. normalen Netzwerkverkehr zu spezifizieren, um nicht mit Fehlalarmen überhäuft zu werden.

❏ Erkennen von Signaturen
IDS können Signaturen von bekannten Angriffen verwenden um diese zu erkennen. Dies können z.B. bestimmte Paketinhalte oder -strukturen sein. Der Nachteil von Signaturen ist, dass sie wie bei Virenscannern nur vorher definierte Angriffe aufspüren können und ständig aktualisiert werden müssen, da schon leicht geänderte Varianten eines Angriffs eventuell nicht mehr mit der urprünglichen Angriffssignatur übereinstimmen.

17.4 Intrusion Detection System in Linux: Snort

Snort ist eines der beliebtesten und leistungsfähigsten OpenSource NIDS. Während das erste Release von Snort 1998 noch einen einfacher Sniffer darstellte, hat sich das Paket inzwischen zu einem sehr leistungsfähigen NIDS entwickelt. Wie *tcpdump* basiert auch Snort auf der *libpcap*, die für Snort die Datenpakete vom Netz liest. Darauf aufbauend ist Snort intern in drei Teile geteilt, die auch die drei Phasen der Analyse bestimmen:

❏ *Paket-Dekodierer*
Der Paket Dekodierer, auch *preprocessing* genannt, bereitet die abgefangenen Pakete auf, um anhand der Regeln in der nächsten Phase analysiert zu werden.

❏ *Erkennungs-Einheit*
Hier findet die eigentliche Analyse der Datenpakete statt. Anhand der Snort zur Verfügung stehenden Regeln werden die Pakete auf gefährlichen Inhalt geprüft. Dem Aufbau von Regeln widmen wir uns später noch ausführlich.

❏ *Logging und Benachrichtigungs-Prozeß*
Findet Snort verdächtige oder auch gefährliche Pakete, so wird dies in diesem Schritt, der auch *postprocessing* genannt wird, protokolliert und evtuell noch Benachrichtigungsprozesse angestossen, wie zum Beispiel ein Eintrag ins *Syslog* oder auch in eine Datenbank.

17.4.1 Installation

Snort ist bei SuSE Linux als Installationspaket enthalten, kann also mit YaST installiert werden. Die neueste Version von Snort kann auch von der Internetseite des Projekts (http://www.snort.org) abgerufen werden. Zum selbst kompilieren wird das Paket snort-*x.x.x*.tar.gz (*x.x.x* deutet die Versionsnummer an) benötigt. Zusätzlich wird das Paket libpcap benötigt, welches bei Bedarf von der Webseite http://www.tcpdump.org/ bezogen oder über YaST installiert werden kann. Zum Zeitpunkt der Erstellung des Buches ist Snort Version 2.3.0 aktuell, anhand derer die Installations im Folgenden verdeutlicht wird:

- Zunächst müssen die Dateien des Archivs ausgepackt werden, und man wechselt in das neu angelegte Verzeichnis:
  ```
  linux:/tmp # tar xvzf snort-2.3.0.tar.gz
  linux:/tmp # cd snort-2.3.0
  ```
- Danach konfiguriert man im neu angelegten Verzeichnis den Quellcode:
  ```
  linux:/tmp/snort-2.3.0 # ./configure
  ```
- Jetzt kann man den Quellcode übersetzen und die ausführbaren Dateien installieren mit
  ```
  linux:/tmp/snort-2.3.0 # make
  linux:/tmp/snort-2.3.0 # make install
  ```

Zumindest für den letzten Befehl muss der Benutzer root-Rechte besitzen, da Dateien in Systemverzeichnisse kopiert werden.

Nach der erfolgreichen Installation befindet sich Snort standardmäßig im Verzeichnis:

```
/usr/local/bin/snort
```

17.4.2 Snort im Einsatz

Snort kann für den Einsatz in drei verschiedenen Betriebsmodi konfiguriert werden:

- *Sniffer-Modus*
  Datenpakete werden vom Netz gelesen und in einem kontinuierlichen Strom auf der Konsole ausgegeben.
- *Paket-Protokollierungs-Modus*
  Datenpakete werden vom Netz gelesen und protokolliert.
- *NIDS-Modus*
  Der NIDS Modus ist der komplexeste Modus mit den meisten Konfigurationsmöglichkeiten. Er erlaubt es Datenpakete zu analysieren und wenn erforderlich verschiedene Maßnahmen als Reaktion auf die Ergebnisse zu treffen.

Um beispielsweise mit Snort im Sniffer Modus alle Pakete, inklusive Header (IP und Data Link Layer) und den Inhalten der Pakete anzeigen zu lassen, muss Snort wie folgt aufgerufen werden:

```
linux:/ # snort -vde
```

Der Aufruf

```
linux:/ # snort -vde -l /var/log/snort
```

speichert im Protokollierungs-Modus zusätzlich zur Ausgabe am Bildschirm alle empfangenen Pakete dekodiert im Klartext im Verzeichnis /var/log/snort.

Im Folgenden soll genauer auf die IDS-Fähigkeiten von Snort eingegangen werden. Eine detaillierte Erklärung aller Parameter von Snort, sowie eine ausführliche Erklärung der beiden obigen Aufrufe findet sich in der Manpage.

17.4.3 Snort im NIDS Modus – Konfiguration

Um Snort im NIDS Modus zu betreiben muss eine Konfigurationsdatei erstellt werden, die unter anderem die Ausgabeformate und Regeln angibt, anhand derer Snort die Datenpakete verarbeitet. In diesem Modus protokolliert Snort zwar ebenfalls Pakete, im Gegensatz zum Protokollierungs-Modus werden jedoch nur die Pakete gespeichert, die den angegebenen Regeln entsprechen.

Wurde Snort mit YaST installiert, wird eine Standardkonfigurationsdatei in

```
/etc/snort/snort.conf
```

angelegt.

Mit dem Quelltext wird ebenfalls eine Standardkonfigurationsdatei geliefert. Sie befindet sich in

```
/tmp/snort-2.3.0/etc/snort.conf
```

Die Konfigurationsdatei ist in 4 Abschnitte unterteilt:

- ❏ *Netzwerk*
  An dieser Stelle werden einige Variablen definiert, wie beispielsweise `HOME_NET` und `EXTERNAL_NET`, die die Adressbereiche des lokalen und des externen Netzes definieren.

- ❏ *Preprocessors*
  Diese kleinen Programme bereiten, wie bereits eingangs erwähnt die abgefangenen Pakete auf, damit diese anhand der Regeln in der nächsten Phase analysiert werden können. Beispiele hierfür sind `frag2`, das fragmentierte Pakete wieder zusammensetzt und darüberhinaus Fragment Angriffe erkennt oder `stream4: detect_scans`, welches TCP Scans erkennt.

- ❏ *Postprocessors*
  Postprocessors sind eigentlich Ausgabe-Plugins, die bestimmen, welche Handlung erfolgt, für den Fall, dass Snort gefährliche Pakete erkannt hat. Standardmäßig sind keine postprocessors definiert, da sie bereits beim Kompilieren mit eingebundern werden müssen. Ein oft genutzter postprocessor ist die Anbindung an eine Datenbank, in die Snort dann automatisch seine Ergebnisse schreibt. Um zum Beispiel Snort mit einer MySQL Datenbank zu verbinden, muss bei der Konfiguration der Quellen die Option `--with-mysql` und der Pfad zu MySQL angegeben werden. Der Befehl sieht dann wie folgt aus:

  ```
  linux:/tmp/snort-2.3.0 # ./configure --with-mysql=DIR
  ```

❑ *Regeln*
Regeln bilden die Intelligenz von Snort ab. Eine Regel wird spezifisch für einen Sicherheitsvorfall erstellt und erlaubt daraufhin, dass Snort selbigen erkennt. Einzelnen Regeln können hierbei sehr umfangreich werden, da bereits ein Angriff, der im Allgemeinen durch einen bestimmten String charakterisiert wird, mit veränderter Zeichenkodierung (beispw. UTF-8 anstatt ISO 8859-1) durch eine ältere Regel nicht mehr erkannt wird.

Hat man die Konfigurationsdatei für die eigene Netzumgebung angepasst, kann es losgehen. Snort wird im NIDS-Modus mit dem folgendem Befehl gestartet:

```
linux:/ # snort -dev -c /etc/snort/snort.conf
```

Nun werden nicht mehr alle Pakete protokolliert, sondern nur noch die, auf die die angegebenen Regeln zutreffen. Standardmäßig werden die Protokolle unter

```
/var/log/snort
```

angelegt.

Es gibt mehrere Arten, wie Alarmmeldungen im NIDS-Modus protokolliert werden können. Standardmäßig werden die Pakete im ASCII Format und die Alarmmeldung im `full`-Modus protokolliert, der die Alarmmeldung und den gesamten Paketheader ausgibt. Selbstverständlich stehen auch weitere Alarmmodi über die Option `-A` *Modus* zur Verfügung. Beispielsweise werden durch die Option `-A unsock` die Alarmmeldungen an einen UNIX Socket gesendet, an dem sie ein anderes Programm empfangen kann.

17.4.4 Regeln

Schauen wir uns Regeln, anhand derer Snort im NIDS-Modus Pakete aussiebt noch etwas genauer an. Jede Regel besteht aus dem Regelkopf:

```
<Aktion><Protokoll><Quell-IP & Port> -> <Ziel-IP & Port>
```

und den Regel Optionen, eine durch runde Klammern umschlossene, durch Semikola getrennte Liste von Schlüsselwörtern und deren Argumenten:

```
(Schlüsselwort:Argument;Schlüsselwort:Argument;...)
```

Snort-Regeln müssen nicht in einer Zeile geschrieben werden solange am Ende jeder Zeile ein \ steht.

Eine Regel, die zum Standardregelsatz von Snort gehört, ist für die Erkennung des *W32/SQLSlammer.worm* zuständig. Der Regelkopf sieht wie folgt aus:

```
alert udp $EXTERNAL_NET any -> $HOME_NET 1434 \
```

17 Sicherheitsüberprüfung und Alarmanlagen

Hier ist in Kurzform die Bedeutung der einzelnen Felder:

- `alert` – eine Warnung wird ausgegeben bei Zutreffen der Regel. Andere Optionen wären hier z.B. `log` und `pass`.
- `udp` – bei dem Paket handelt es sich um ein UDP Datagramm.
- `$EXTERNAL_NET any` – das Paket kommt aus dem externen Netz (hier wird die Variable `$EXTERNAL_NET` aus `snort.conf` benutzt) von einem beliebigen Port.
- `-> $HOME_NET 1434` – das Paket ist an eine Adresse im internen Netz (hier wird die Variable `$INTERNAL_NET` aus `snort.conf` benutzt) an Port 1434 adressiert.

Die Regeloptionen der *W32/SQLSlammer.worm*[4]-Regel sehen beispielsweise wie folgt aus:

```
(msg:"MS-SQL Worm propagation attempt"; \
content:"|04|"; depth:1; \
content:"|81 F1 03 01 04 9B 81 F1 01|"; \
content:"sock"; content:"send"; \
reference:bugtraq,5310; classtype:misc-attack; \
reference:bugtraq,5311; \
reference:url,vil.nai.com/vil/content/v_99992.htm; \
sid:2003; rev:2;)
```

Hier ist in Kurzform die Bedeutung der Schlüsselwörter:

- `msg:MS-SQL Worm propagation attempt";` – gibt die Nachricht an, die im Protokoll ausgegeben wird.
- `content:"|04|"; depth:1;` – spezifiziert den Inhalt, nach dem im Payload des Paket gesucht wird. Hierbei können verschiedene Spezifizierungen wie beispielsweise `depth`, `nocase` oder `rawbytes` angegeben werden. `depth:1` bedeutet, dass nach dem gesuchten Inhalt nur im ersten Byte des Payload gesucht wird.
- `reference:bugtraq,5310` – mit `reference` können Referenzen zu externen Beschreibungen des Sicherheitsvorfalls beschrieben werden. In diesem speziellen Fall wird eine Referenz auf den Bugtraq-Eintrag mit der ID 5310 gesetzt, wo der Sicherheitsvorfall „Microsoft SQL Server 2000 Resolution Service Heap Overflow Vulnerability" weiter beschrieben wird.
- `classtype:misc-attack;` – mit diesem Schlüsselwort können verschiedene Angriffsklassen spezifiziert werden. Snort bietet hierfür diverse Standardeinstufungen.

---

[4]Der *W32/SQLSlammer.worm* ist ein Wurm, der Microsoft SQL Server 2000 Systeme, die kein Service Pack 3 installiert haben, mittels eines buffer overflow Angriff befällt. Hierzu verschickt sich der Wurm selber über UDP an den Port 1434. Auf befallenen Systeme verschickt sich der Wurm an zufällig generierte IP-Adressen weiter, wodurch er eine hohe Bandbreite verbraucht.

❏ `sid:2003; rev:2;` – Das Schlüsselwort `sid` beschreibt die Snort-Regel eindeutig, wobei mit `rev` zwischen verschiedenen Revisionen der Regel unterschieden werden kann.

Findet Snort ein Paket auf das die obige Regel zutrifft wird im `Alert`-Protokoll folgender Eintrag eingetragen:

```
[**] [1:2003:2] MS-SQL Worm propagation attempt [**]
[Classification: Misc Attack] [Priority: 2]
04/21-16:26:57.413227 82.81.204.35:3004 -> 192.168.1.3:1434
UDP TTL:113 TOS:0x0 ID:46538 IpLen:20 DgmLen:404
Len: 376
[Xref => http://vil.nai.com/vil/content/v_99992.htm]
[Xref => http://www.securityfocus.com/bid/5311]
[Xref => http://www.securityfocus.com/bid/5310]
```

17.4.5 Auswertung der Ergebnisse

Wer sich zur Auswertung der Protokolle, die Snort im NIDS-Modus generiert nicht per Hand durch die Logdateien arbeiten will, bedient sich am Besten externer Programme, die die Auswertung der Alarmmeldungen wesentlich vereinfachen können. Auf der Webseite (`http://www.snort.org`) sind im Downloadbereich unter `contrib/data_analysis/` diverse Analyseprogramme aufgeführt. Die Auswahl reicht hierbei vom leistungsfähigen Perl-Script wie *Snortalog*, das die Logdateien auswertet und es unter anderem erlaubt HTML und PDF Berichte zu generieren, bis hin zu ausgewachsenen Datenbanklösungen, wie z.B. *Analysis Console for Intrusion Databases* (ACID), das PHP-basiert die Analyse von Sicherheitsvorfällen, die auch neben Snort beispielsweise von Firewalls in eine Datenbank eingepflegt werden erlaubt. Der Konfigurationsumfang variiert hierbei je nach gewähltem Programm. Im Dokumentationsbereich der Snort Webseite finden sich hierzu diverse Tutorials, auf die an dieser Stelle verwiesen sein soll.

Teil IV

Beispiele

Kapitel 18

Einzelbenutzer über ISP ans Netz

Als erstes der drei Szenarien betrachten wir eine denkbar einfache Konstellation: den Anschluss eines einzelnen PCs an das Internet. Dies ist sozusagen die Einsteigervariante und wird vielfach im Heimbereich anzutreffen sein. Aber auch für SOHO-Lösungen (Small Office Home Office) bietet sich diese Art des Netzanschlusses oftmals an, zur Realisierung von Heimarbeitsplätzen oder auch zum Zugriff von Außendienstmitarbeitern auf das Firmennetzwerk. Gerade diese Anwendungen erfordern dann schon wieder etwas mehr Aufwand als der einfache Internet-Anschluss, denn hier wird das Internet zumeist nur als Transportmittel genutzt, um auf das Netz der Firma zugreifen zu können. Wir werden diese professionellere Variante erst in Kapitel 20 betrachten, in dem wir das Problem aus der Lage des Unternehmens betrachten. Bleiben wir in diesem Kapitel deshalb zunächst bei der einfachen Internet-Nutzung.

Entsprechend der relativ geringen Komplexität dieser Aufgabe bleibt die Zahl der zu lösenden Probleme auch einigermaßen überschaubar. Wir gehen davon aus, dass der PC über einen Internet Service Provider ans Netz angeschlossen werden soll. Als erstes muss der Rechner entsprechend hardwaremäßig den Vorgaben des gewählten ISPs ausgerüstet werden; dabei stellen praktische alle heute aktiven ISPs zahlreiche Zugriffsvarianten zur Verfügung, von denen die wichtigsten wohl Modem über analoges Telefon, ISDN und DSL sein werden. Weiterhin wird dann von den ISPs (z.B. T-Online) eine spezielle Zugangssoftware bereit gestellt, die für den Benutzer die Verwendung des Netzes komfortabler machen soll. Unter Linux gibt es solche Lösungen jedoch praktisch nicht, und abgesehen davon kann es ohnehin nicht schaden zu wissen, wie denn der Internetzugang eigentlich hergestellt wird. Deswegen werden wir in diesem Kapitel zeigen, wie die Bord-Mittel von Linux eingesetzt werden können, um den Internet-Zugang zu konfigurieren.

Damit der stolze Surfer nicht schon nach kurzer Zeit mit den unangenehmen Seiten der Internetnutzung in Kontakt kommt – im Netz lauern schließlich allen möglichen Arten von Viren, Würmern, Trojanern, etc.=- ist eine Basissicherung unerlässlich. Wir wollen daher eine Personal Firewall verwenden, die aus den in Teil III vorgestellten Techniken aufgebaut ist. Ist auch diese Hürde genommen und der E-Mail-Zugang aktiviert, steht dem weltweiten Datenverkehr nichts mehr im Wege.

Versuchskaninchen für unseren Aufbau ist Werner Schmidt, der gerade von seinen nichts Böses ahnenden Eltern einen PC zu Weihnachten geschenkt bekommen hat. Wir wollen Werner im Folgenden bei seinen Konfigurationsarbeiten über die Schulter schauen:

18.1 Grundkonfiguration und Einrichten der Hardware

Werner staunte nicht schlecht, als er den riesigen Geschenkkarton auswickelte: Ein brandneuer PC mit allem was dazu gehört – auch ein Ethernet-Adapter ist bereits eingebaut. Da Werners Eltern gehört haben, daß es sich am komfortabelsten mit DSL-Technologie surfen läßt, haben sie mit einem großen Internetprovider einen Vertrag über einen DSL-Internetzugang abgeschlossen. Als kostenlose Zugabe haben die Schmidts gleich ein PPPoE-fähiges DSL-Modem mitgeliefert bekommen. Auch das DSL-Modem findet Werner im Geschenkkarton, zusammen mit den Vertragsunterlagen, auf denen Benutzerkennung und Passwort für den Internetzugang vermerkt sind.

Zusammen mit dem Vertragsabschluß über den DSL-Internetzugang haben die Schmidts auch ihren Telekommunikationsanbieter beauftragt, zusätzlich zum bestehenden ISDN-Anschluß DSL zur Verfügung zu stellen. Der Telekommunikationsanbieter hat daraufhin den Schmidts einen DSL-Splitter geliefert, den Frau Schmidt ihrem Sohn mit in den Geschenkkarton gelegt hat. Als Umstellungstermin auf DSL-Technik hat der Telekommunikationsanbieter den 24.12. mitgeteilt.

Weiterhin findet Werner SuSE Linux 9.2 und das Buch „Linux-Netzwerke" auf seinem Gabentisch.

Kurz nach 18:00 Uhr möchte Herr Schmidt bei seiner Tante Gerdi anrufen, doch das Telefon ist tot. Werner hat aber schon im Buch „Linux-Netzwerke" geblättert und weiß die Lösung für dieses Problem. Offensichtlich hat der Telekommunikationsanbieter die DSL-Technik für ihren Anschluß gerade freigeschaltet. Da nun ISDN- und DSL-Signale parallel auf der Telefonleitung übertragen werden (über sog. Frquenzmultiplexing), muß der DSL-Splitter zwischen NTBA und Telefondose geschaltet werden. Dieser trennt ISDN- und DSL-Signalanteile und sorgt dafür, daß ISDN- und DSL-Technik reibungslos funktionieren.

Bei dieser Gelegenheit schließt Werner auch gleich das DSL-Modem an seinen neuen PC an. Die komplette Konfiguration ist in Abbildung 18.1 dargestellt.

18.2 Einrichten des DSL-Zugangs

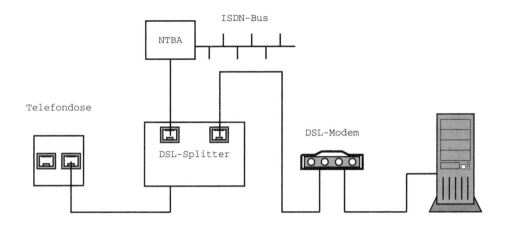

Abbildung 18.1: Anschluß der Netzwerk-Hardware

18.2 Einrichten des DSL-Zugangs

Als nächstes installiert Werner SuSE Linux auf seinem neuen PC. Die Installation läuft weitgehend automatisch ab, und Werner sitzt schließlich an einem PC mit frisch aufgesetztem SuSE Linux.

Natürlich möchte Werner so schnell wie möglich ins Internet, um seinen Freunden noch elektronische Weihnachtsgrüße zukommen zu lassen. Daher macht er sich gleich an die Arbeit und richtet den DSL-Zugang ein.

Zunächst überprüt er, ob der Ethernet-Adapter in seinem Rechner korrekt konfiguriert ist. Schließlich muß ja das DSL-Modem über die Ethernet-Schnittstelle mit dem Linux-PC kommunizieren. Werner meldet sich also als `root` an seinem PC an und gibt das Kommando `ifconfig -a` ein. In der Ausgabe dieses Kommandos findet er einen Eintrag für `eth0`:

```
eth0      Protokoll:Ethernet   Hardware Adresse 00:50:04:D2:71:9E
          UP BROADCAST MULTICAST  MTU:1500  Metric:1
          RX packets:0 errors:0 dropped:0 overruns:0 frame:0
          TX packets:1 errors:0 dropped:0 overruns:0 carrier:0
          Kollisionen:0 Sendewarteschlangenlänge:1000
          RX bytes:0 (0.0 b)  TX bytes:342 (342.0 b)
          Interrupt:9 Basisadresse:0xec00
```

Das sieht schon einmal gut aus. Fehlte dieser Eintrag, so deutete dies auf ein Problem mit dem Treiber für den Netzwerkadapter hin.

Als nächstes ruft Werner YaST auf, um die nötigen Parameter für eine PPPoE-Verbindung zu seinem Internetprovider zu konfigurieren. Zunächst wählt er

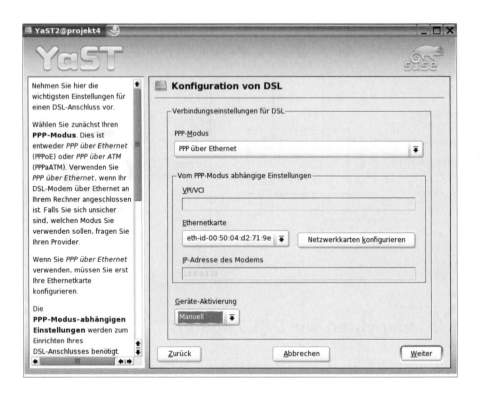

Abbildung 18.2: Einstellungen für den PPPoE-Zugang

„Netzwerkgeräte > DSL" und dort dann „Konfigurieren > DSL-Geräte hinzufügen". Hier nimmt er die in Abbildung 18.2 dargestellten Einstellungen vor.

Im nächsten Dialog gibt Werner die Zugangsdaten ein, die sein Internetprovider „Zwei und Drei" in den Vertragsunterlagen vermerkt hat (Abbildung 18.3).

Anschließend kann Werner noch verschiedene Parameter für den Verbindungsaufbau und -abbau angeben (Abbildung 18.4). Hier kann er zunächst festlegen, ob er „Dial-on-Demand" machen möchte – also automatisches Wählen, sobald Daten über das PPP-Interface übertragen werden sollen. Zwar ist Dial-on-Demand sehr komfortabel, weil man sich nicht mehr selbst ums Wählen kümmern muß, jedoch möchte Werner bei seinen ersten Verbindungsversuchen die volle Kontrolle über den Wählvorgang behalten und wählt daher diese Option erstmal nicht aus. Die beiden Felder „Während der Verbindung DNS ändern" und „DNS automatisch abrufen" kreuzt Werner dagegen an: So werden bei jedem Verbindungsaufbau über das IP Control Protocol (IPCP) aktuelle Informationen zu Adressen von DNS-Servern im Netzwerk des Providers übertragen und in unsere lokale Resolver-Konfiguration übernommen. Schließlich kann Werner noch ein Inaktivitätszeitspanne festsetzen. Werner trägt hier 600 ein, so dass die Ver-

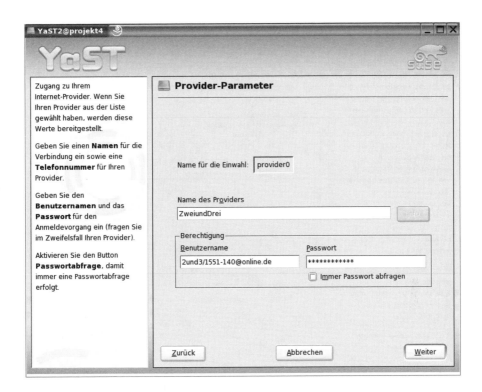

Abbildung 18.3: Konfiguration der Zugangskennung

bindung automatisch abgebaut wird, wenn zehn Minuten lang keine Daten fließen.

Damit ist die DSL-Grundkonfiguration bereits abgeschlossen.

18.3 Personal Firewall

Doch bevor Werner seine erste Internetverbindung aufbaut, kümmert er sich noch um die Sicherheit seines Systems. Wie in Abbildung 18.4 dargestellt, kreuzt er „Firewall aktivieren" an. Dies bewirkt, daß beim Verbindungsaufbau iptables-Regeln aktiv werden und alle eingehenden Verbindungswünsche vom Internet blocken.

18.4 Der erste Verbindungsaufbau

Ein Klick auf das KInternet-Incon neben der KDE-Uhr startet den ersten Verbindungsaufbau. Werner ist gespannt – und es klappt auf Anhieb! Werner klickt

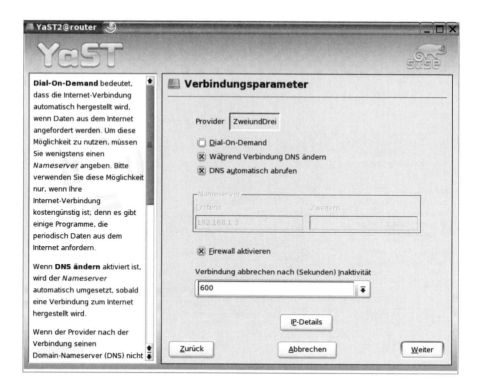

Abbildung 18.4: Parameter für den Verbindungsaufbau und -abbau

nochmal mit rechts auf das Kinternet-Icon und wählt „Protokoll anzeigen...". Alles ist bestens (Abbildung 18.5):

Dem Rechner wird über das IPCP eine IP-Adresse zugewiesen und auch die Adressen der beiden DNS-Server des Internetproviders werden übertragen. Werner kontrolliert nochmal über ifconfig ppp0, ob es tatsächlich das im Einwahlprotokolll angegebene Netzwerk-Interface ppp0 mit der IP-Adresse 80.134.243.176 gibt. Weiterhin überprüft er die Resolver-Konfigurationsdatei /etc/resolv.conf, ob auch die DNS-Server des Providers hier korrekt eingetragen wurden. Alles ist korrekt.

Als nächstes startet Werner seinen Web-Broser Konqueror und gibt die http://www.suse.de/ ein. Und tatsächlich – die Seite angezeigt! Werner ist begeistert.

Dann macht sich Werner an die Arbeit und konfiguriert seinen Mail-Client KMail. Er hat bereits einen E-Mail-Account bei einem großen Mail-Dienst-Anbieter. Auf dessen Web-Seiten besorgt sich Werner die FQDNs von SMTP- und IMAP-Server. Er wählt in KMail nun „Einstellungen > KMail einrichten... > Netzwerk". Dort trägt er die Angaben zum SMTP-Server unter „Versand" und die zum IMAP-Server unter „Empfang" ein.

18.4 Der erste Verbindungsaufbau

Abbildung 18.5: Einwahlprotokoll von KInternet

KMail fragt Werner nun nach seinem Mail-Passwort. Nach erfolgreicher Authentifizierung am IMAP-Server hat er Zugriff auf alle seine Mail-Ordner. Zahlreiche Weihnachtsgrüße sind bereits eingetroffen. Werner ist seelig und schreibt seiner Freundin Steffi noch eine ausführliche E-Mail, in der er seinen erfolgreichen Einstieg in die Linux-Netzwerkwelt schildert.

Inzwischen ist es schon 2 Uhr nachts geworden. Werner fährt seinen Rechner runter und fällt erschöpft aber zufrieden ins Bett.

Kapitel 19

Kleines Home-Network

Schon nach kurzer Zeit hatte Werner Schmidt die Vorzüge des Internets kennengelernt und war ein erfahrener Surfer geworden. Insbesondere die Auktionsplattform von eBay hatte es ihm sehr angetan. Sein größter Fang waren ein weiterer PC, den jetzt vorwiegend sein Vater benutzt, sowie ein Notebook, das er nun für seine tägliche Arbeit verwendet. Auch seine Mutter war inzwischen von der PC-Euphorie ergriffen worden und hat sich einen eigenen PC zugelegt.

Und wie das so ist: natürlich will Werner nun das gesamte Potenzial dieser neuen Plattform auch nutzen. Er hat vor, den Rechner, den er zu Weihnachten geschenkt bekommen hat, als kleinen Heimserver und DSL-Router umzufunktionieren, so dass alle anderen Rechner im Hause darauf zugreifen können. Außerdem wollen seine Eltern ihm beim Surfen nicht länger nur über die Schulter schauen, sondern selbst aktiv werden; folglich müssen auch diese beiden Rechner ans Internet angebunden werden. Schließlich wollen seine Eltern mit Tante Gerdi aus Amerika auch elektronisch in Kontakt treten können, um ihr nicht immer die neuesten Familienfotos mit der teuren und langsamen Briefpost schicken zu müssen.

Tja, sagte sich Werner, da muss ich wohl doch in den sauren Apfel beißen und mich mal informieren, wie das mit der Vernetzung genau funktioniert. Um was muss ich mich denn alles kümmern? Soll ich im ganzen Haus Netzwerkkabel verlegen oder ist vielleicht WLAN besser? Und dann brauchen alle diese Rechner natürlich Netzwerkadressen – soll ich die auf allen Rechnern per Hand eintragen? Schutz muss sicherlich auch wieder sein, es muss also eine Firewall her. Und dann wäre es natürlich auch klasse, wenn ich mich von unterwegs aus zu Hause einloggen könnte ...

Schauen wir im Folgenden Werner doch auch ein bisschen dabei über die Schulter, wie er sein Heimnetzwerk aufbaut.

19.1 Netzwerkplanung

Werner beginnt sein Vorhaben mit dem Aufstellen eines kleinen Netzwerkplans (Tabelle 19.1). Hier vermerkt er die wichtigsten Parameter der zu vernetzenden Rechner.

Werner möchte private IP-Adressen in seinem Netzwerk vergeben. Er nutzt dafür das private Subnetz 192.168.1.0/24. Eine Unterteilung in weitere Subnetze nimmt Werner nicht vor – bei einem Server-PC und drei gleichberechtigten Rechnern macht dies keinen Sinn. Als Domainname wählt Werner „schmidt.test".

Was die physikalischen Netzwerktechnologien angeht, möchte Werner zweigleisig fahren: Er möchte die beiden Rechner seiner Eltern und direkt über Ethernet-Kabel mit seinem Server- und Router-PC verbinden. Für sein Notebook sieht er hingegen WLAN vor, schließlich möchte er im Sommer damit auch mal auf der Terasse sitzen und surfen.

Werner besorgt sich also einen WLAN-Access-Point und einen Ethernet-Switch. Dann verkabelt er alles wie in Abbildung 19.1 dargestellt. Die Umsetzung zwi-

Tabelle 19.1: Werners Privat-Netzwerk

Hostname	IP-Adresse	Kommantar
router	192.168.1.1	Router, sämtliche Server-Dienste
mama	192.168.1.150	Mamas Windows-PC
papa	192.168.1.151	Papas Linux-PC
notebook	192.168.1.152	über WLAN angebunden

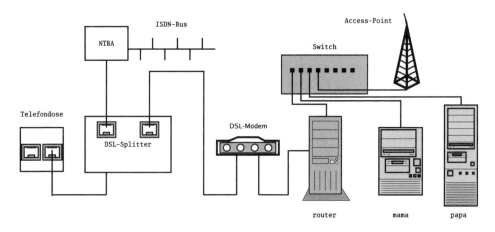

Abbildung 19.1: Anschluß der Netzwerk-Hardware.

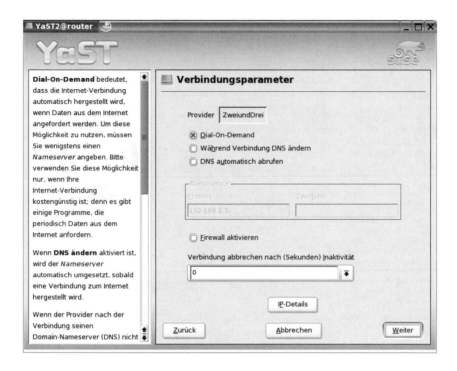

Abbildung 19.2: Einstellungen für automatisches Wählen

schen Ethernet und WLAN erfolgt über eine Bridge, die in gängigen Access Points bereits integriert ist.

19.2 Dial-on-Demand

Als nächstes stellt Werner die Funktion „Dial-on-Demand" an seinem Linux-Router ein. Schließlich soll dieser die Verbindung bei Bedarf aufbauen.

Hierzu wählt Werner an *router* unter YaST „Netzwerkgeräte > DSL" folgt den Dialogen und ändert die Einstellungen wie in Abbildung 19.2 dargestellt.

19.3 Statische Netzwerkkonfiguration auf dem Router-PC

Als nächstes richtet Werner den Rechner router ein: IP-Adresse, Host- und Domainnamen sowie der Resolver müssen konfiguriert werden. Dieser Rechner soll ja später sämtliche Serverdienste im Heimnetzwerk wahrnehmen, und Werner möchte ihn statisch konfigurieren.

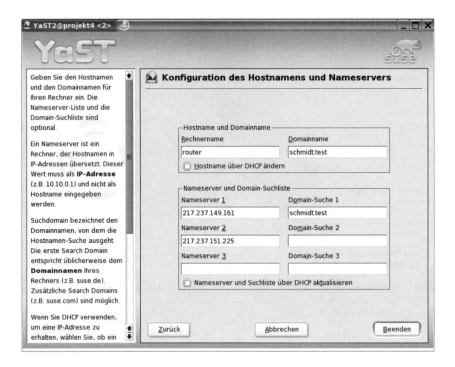

Abbildung 19.3: Statische Konfiguration von Hostname- und DNS-Servern

Er trägt unter „Netzwerkgeräte > Netzwerkkarte" seiner Ethernet-Karte die statische Adresse 192.168.1.1" und die Netzwerkmask „255.255.255.0". Weiterhin trägt er unter „Netzwerkdienste > DNS- und Hostname" den Hostnamen „router" und den Domainname „schmidt.test" ein. Außerdem stellt er die DNS-Server seines Internet-Providers ein (Abbildung 19.3).

19.4 DHCP

Damit Werner diese Einstellungen nicht an jedem einzelnen Rechner seines Netzwerks von and vornehmen muss, konfiguriert er auf `router` einen DHCP-Server. Da Werner plant, später einmal einen DNS-Server für sein Heimnetzwerk aufsetzen, entscheidet er sich, für eine feste Zuordnung zwischen Hosts und IP-Adressen. Hierzu ermittelt er die MAC-Adresse der Rechner in seinem Netzwerk (unter Windows mit `ipconfig` unter Linux mit `ifconfig`) und trägt diese fest in die DHCP-Server-Konfiguration ein. (Abbildungen 19.4 bis 19.7)

Die Rechner `mama`, `papa` und `notebook` konfiguriert Werner nun als DHCP-Clients, so dass sie sich die notwendigen Einstellungen automatisch vom DHCP-Server besorgen.

19.4 DHCP

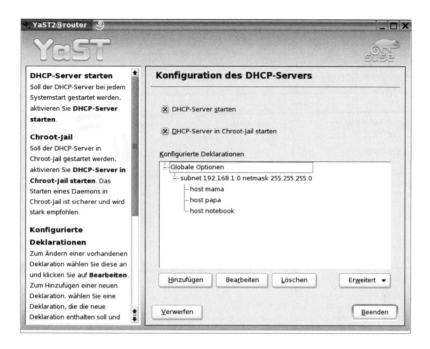

Abbildung 19.4: DHCP-Server-Konfiguration

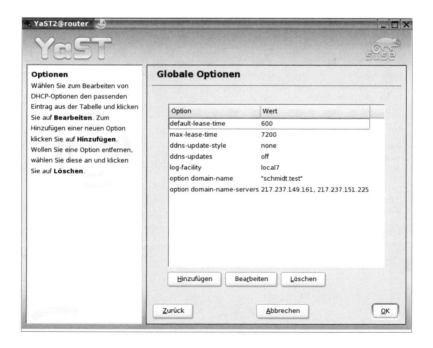

Abbildung 19.5: Einstellungen, die für alle DHCP-Clients gelten

19 Kleines Home-Network

Abbildung 19.6: Parameter für das Subnetz

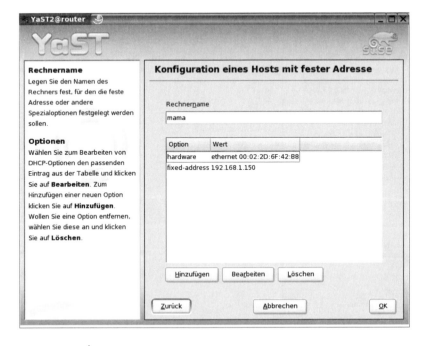

Abbildung 19.7: Feste Zuordnung zwischen MAC- und IP-Adresse

19.5 File-Server

Als nächstes kümmert sich Werner um das Aufsetzen eines File-Servers für sein Netzwerk. Er hat seinen Eltern vorgeschlagen, dass sie all ihre wichtigen Dateien auf `router` ablegen. Hier kann Werner für ein Backup sorgen, indem er die Daten regelmäßig auf CD-Rohline brennt.

Da seine Mutter noch unter Windows arbeitet, entscheidet sich Werner für den Samba-Server. Schließlich ist in Windows schon ein geeigneter SMB-Client enthalten.

Werner ruft zunächst unter YaST „Netzwerkdienste > Samba-Server" auf und wählt die Einstellungen wie in Abbildung 19.8 und Abbildung 19.9 dargestellt.

Damit seine Eltern sich auch am Samba-Server anmelden können, muss Werner noch Benutzerkonten für sie auf `router` einrichten. Er wählt in YaST „Sicherheit und Benutzer > Benutzer bearbeiten und anlegen". Zusätzlich zu den eigentlichen Linux-Accounts müssen noch gleichnamige Samba-Benutzer eingerichtet werden. Hierzu meldet sich Werner als `root` an und gibt `smbpasswd -a <benutzername>` auf der Kommandozeile ein.

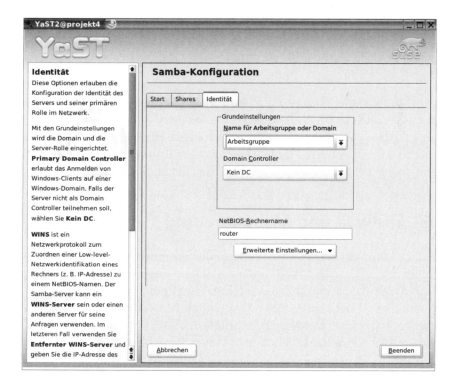

Abbildung 19.8: Samba-Grundkonfiguration

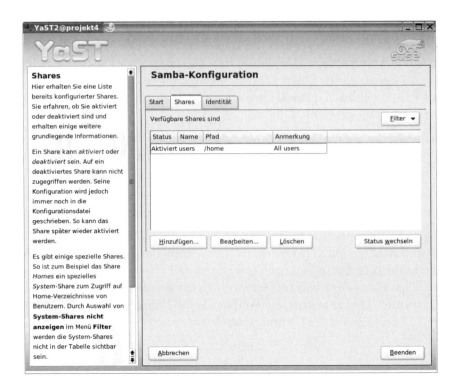

Abbildung 19.9: Freigabe der Home-Verzeichnisse

Werners Mutter kann nun über die „Netzwerkumgebung" ihres Windows-PCs auf ihr Home-Verzeichnis auf router zugreifen. Werners Vater mountet seines gleich automatisch beim Booten seines Rechners papa. Natürlich klappt der Zugriff auch umgekehrt – wenn also z.B. Werners Vater doch mal am Windows-PC eine Word-Date bearbeitet hat er auch dort Zugriff auf sein Home-Verzeichnis. Praktisch!

19.6 Firewall und Masquerading

Schließlich kümmert sich Werner noch um die Sicherheit seines Heimnetzes und konfiguriert die Masquerading-Funktionalität, so dass auch die Rechner mama, papa und notebook mit anderen Internet-Hosts kommunizieren können. Das Masquerading ist notwendig, weil die privaten IP-Adressen dieser Rechner im Internet nicht geroutet werden. Daher muss router eine entsprechende Adressumsetzung für ein- und ausgehende IP-Pakete vornehmen.

Beide Funktionalitäten – Firewall und Masquerading – werden über das Skript „SuSEfirewall2" gesteuert. Die Konfiguration nimmt Werner, wie in den Abbildungen 19.10 bis 19.12 dargestellt, wiederum über YaST vor.

19.6 Firewall und Masquerading

Abbildung 19.10: Einstellungen für interne und externe Schnittstelle

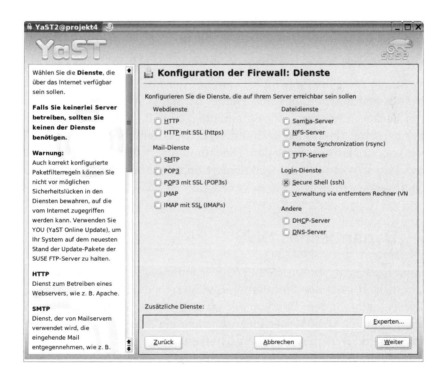

Abbildung 19.11: Nur der SSH-Diest soll nach außen verfügbar sein

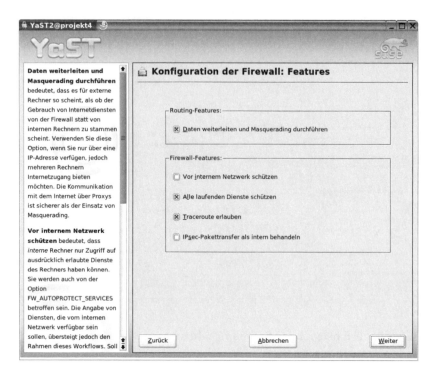

Abbildung 19.12: Aktivierung des Masqueradings

Werner konfiguriert die Firewall so, dass nur der Port für den SSH-Dienst vom Internet aus genutzt werden kann. Werner hat nämlich vor, sich ab und zu von anderen Rechnern aus auf router einzuloggen, z.B. von der Schule aus oder wenn er bei seinen Freunden im Internet surft. So kann er in dringenden Fällen Dateien von zu Hause runterladen. Dies funktioniert über den SCP-Dienst, der auf dem selben Port wie SSH funktioniert und daher ebenfalls an der Firewall durchgelassen wird.

19.7 Dynamisches DNS

Doch nun hat Werner ein Problem. Wenn er unterwegs ist, weiß er ja nicht, welche öffentliche IP-Adresse der Internetprovider seinem Heim-PC router gerade zugewiesen hat. Um dem Problem der ständig wechselnden IP-Adresse zu begegnen, entschließt sich Werner, einen Account bei http://www.dyndns.org einzurichten und dynamisches DNS zu nutzen.

Über diesen Dienst kann Werner einen symbolischen Namen in der DNS-Datenbank für seinen Rechner router ablegen: router.dyndns.org. Immer wenn router eine neue IP-Adresse vom Provider zugewiesen bekommt, wird auch dieser Eintrag in der DNS-Datenbank aktualisiert. Auf diese Weise kann Werner überall im Internet seinen Rechner unter dem Namen `router.dyndns.org` erreichen. Dass die zugehörigen IP-Adresse hin- und wieder wechselt, ist unerheblich.

Werner installiert also das Software-Paket `ddclient` über YaST. Die Konfigurationsdatei `/etc/ddclient.conf` sieht für dieses Beispiel wie folgt aus:

```
syslog=yes                      # in die Syslog-Datei protokollieren

pid=/var/run/ddclient.pid       # Datei, die die PID des laufenden Prozesses
                                # aufnimmt.

use=if, if=ppp0                 # Hole IP-Adresse von Interface ppp0
                                # (DSL-Interface) Andere Methoden sind web
                                # oder fw, um die IP von einer Firewall
                                # (Router) abzuholen.

protocol=dyndns2                # DynDNS-Protokoll der Version 2 benutzen
                                # server=members.dyndns.org

server=members.dyndns.org       # default server

login=dyndnsuser                # Logindaten für dyndns.org. Diese bekommt
password=dyndnspasswort         # man nach Anmeldung


mx=router.dyndns.org            # MX DNS Eintrag

backupmx=no                     # Ist dies ein Backup Mailserver?

wildcard=no                     # Sollen alle Unterdomänen an diesen Host
                                # weitergeleitet werden?

router.dyndns.org               # Name der Domäne
```

Werner kann man nun das Programm über den Befehl `ddclient` manuell starten. Erfolgs- und Fehlermeldungen werden unter `/var/log/syslog` protokolliert. Da die Überprüfung auf einen neue IP-Adresse aber in regelmäßigen Zeitabständen erfolgen soll – Werner hält alle fünf Minuten für angemessen – fügt er einen Eintrag hierfür in der Datei `/etc/crontab` hinzu:

```
*/5 * * * *    root/usr/sbin/ddclient >& /dev/null
```

Damit dieser Eintrag auch wirksam wird, führt Werner als `root` noch das Kommando `rccron restart` aus.

Nach getaner Arbeit fällt Werner todmüde ins Bett. Es ist wieder mal sehr spät geworden.

Doch am nächsten Tage erntet er die Früchte seiner Arbeit: Seine Eltern freuen sich, dass sie endlich ihre Dateien in einem zentralen Verzeichnis ablegen können. Und als er dann nachmittags noch bei seinem besten Freund zu Besuch ist, demonstriert Werner seinen SSH-Zugang auf router.dyndns.org. Sein Freund ist tief beeindruckt und Werner mächtig stolz.

Kapitel 20

Großes Corporate Network

Zehn Jahre später. Nach seinem Informatikstudium ist Werner inzwischen erfolgreicher Unternehmer geworden. Er betreibt ein bundesweites Handelsunternehmen mit drei Standorten und hat seinen Technikvorstand (CTO) ermuntert, die Standorte intern jeweils mit den heute verfügbaren Technologien zu vernetzen. Natürlich kommen in einem solch großen Netz eine ganze Menge neuer Anwendungen und damit auch Herausforderungen auf den Netz-Designer zu.

Betrachten wir zunächst die unternehmensinterne Kommunikation. Am Hauptstandort Berlin ist in den letzten Jahren die Zahl der Computer auf knapp 30 angestiegen. Bis jetzt hat man dort mit privaten IP-Adressen gearbeitet, aber nun soll im Rahmen der Standortvernetzung auf weltweit eindeutige IP-Adressen umgestellt werden. An den beiden anderen Standorten München und Düsseldorf gibt es zur Zeit jeweils zehn Rechnerarbeitsplätze und auch einige Server; auch an diesen Standorten sollen nun öffentlichen IP-Adressen genutzt werden.

In der unternehmensinternen Kommunikation ist es natürlich oftmals wichtig, von einem Rechner des einen Standorts auf die Datenbestände eines anderen Standorts zugreifen zu können. Das sollte jedoch niemals ungesichert geschehen; dafür jedoch extra eine Standleitung einzurichten ist oftmals viel zu teuer. Sinnvoll wäre somit die Einrichtung statischer VPNs zwischen den Standorten.

Als Chef eines modernen Unternehmens möchte Werner natürlich auch die Kommunikation mit Kunden und Lieferanten möglichst weitgehend automatisieren. Um seine Produkte online verkaufen zu können, benötigt er auf jeden Fall einen Web-Server. Für die Kommunikation mit den Kunden und natürlich auch für die interne Kommunikation ist ein Mail-Server unerlässlich. Am Standort Berlin, so Werners Plan, wird außerdem ein DNS-Server eingerichtet.

20 Großes Corporate Network

Bei all diesen von außen zugreifbaren Diensten sollten nach der Lektüre der vorangegangenen Kapitel sofort die Alarmglocken klingeln: und was ist mit der Sicherheit? Natürlich muss man sich in diesem Kontext auch außerhalb von VPNs Gedanken darüber machen, wie man die internen Ressourcen vor unerwünschten Zugriffen von außen schützt. Jeder Standort wird also mit einer Firewall geschützt.

Betrachten wir nun wieder die einzelnen Probleme und die jeweils verwendeten Lösungen.

20.1 Netzwerkplanung

Werner ist genervt. Er hat inzwischen mit sieben verschiedenen Internetprovidern verhandelt und alle wollen ihm andere Produkte verkaufen – Halsabschneider!

Werner hat seinen Bedarf wie folgt skizziert. Die drei Unternehmensstandorte Berlin, München und Düsseldorf sind miteinander zu vernetzen. Der Hauptfirmensitz ist Berlin. Hier sieht Werner einen Bedarf von etwa 50 IP-Adressen, an den beiden anderen Standorten jeweils 15. Innerhalb der nächsten zwei Jahre wird nach Werners Prognose die Zahl der Rechner – und damit auch der Bedarf an Adressen – um höchsten 15 Prozent wachsen. Die Internetprovider haben Werner daraufhin mit diversen Vorschlägen bombardiert, wie man ein solches Netzwerk am besten gestalten könnte.

Schließlich entscheidet sich Werner nach Rücksprache mit seinem CTO für das Angebot von „Sunny Summer Communications". Hier bekommt er zu einen Preis von insgesamt 550,00 EUR monatlich eine Internetanbindung über SDSL mit 2 MBit/sec für alle seine drei Firmenstandorte. Ein Datenvolumen von 10 GB pro Monat und Standort ist im Preis schon mit inbegriffen.

Der Internetprovider hat Werner empfohlen, an den beiden kleineren Standorten ein Subnetz mit jeweils 64 und für den Hauptstandort eines mit 128 Adressen einzurichten. So hat das Unternehmen auch noch einen ausreichend großes Vorrat an ungenutzen Adressen, falls es in den nächsten Jahren noch weiter expaniert und weitere Rechner vernetzen möchte. Werner ist einverstanden und lässt sich vom ISP drei entsprechende Adressbereiche zuweisen.

Der Internet-Provider stellt in den drei Filialen nun DSL-Router auf. Diese Geräte gehören noch zum Netzwerk des Providers und werden auch von diesem administriert. An diese Router können die Techniker an den einzelnen Standorten nun weitere Netzwerkkomponenten anschließen – die Verkabelung erfolgt über Ethernet.

Die Struktur des gesamten Netzwerks ist in Abbildung 20.1 dargestellt.

20.1 Netzwerkplanung

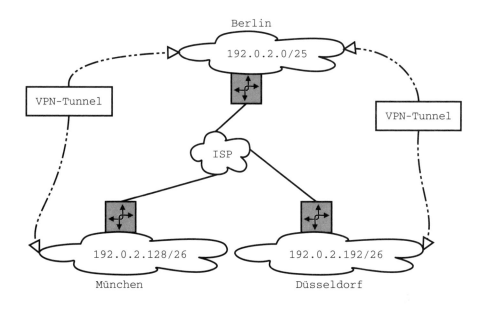

```
------------------ Netzwerksetup -------------------------

Berlin   192.0.2.0/25      1) ISP-Netz:  192.0.2.0/27
                           2) DMZ:       192.0.2.32/27
                           3) Intranet:  192.0.2.64/26

  ext. Router: 192.0.2.2 (1) und 192.0.2.33 (2)
  DMZ Server:  192.0.2.34 (2)
  int. Router: 192.0.2.40 (2) und 192.0.2.65 (3)

-------------------------------------------------------------


München 192.0.2.128/26     1) ISP-Netz:  192.0.2.128/27
                           2) Intranet:  192.0.2.160/27

  Router: 192.0.2.130 (1) und 192.0.2.161 (2)

-------------------------------------------------------------

Düsseldorf 192.0.2.192/26 1) ISP-Netz:  192.0.2.192/27
                           2) Intranet:  192.0.2.224/27

  Router: 192.0.2.194 (1) und 192.0.2.225 (2)
```

Abbildung 20.1: Vernetzung der drei Standorte

20.2 Anschluß der Hardware und Einrichtung von Routern und VPNs

Zwischen der Hauptfiliale und den beiden kleineren Zweigstellen sollen VPN-Tunnel eingerichtet werden. Auf diese Weise kann der Datenverkehr zwischen den einzelnen Standorten verschlüsselt werden, bevor er über das das potentiell unsichere Netz des ISP gelenkt wird.

Viele ISPs bieten solche VPN-Funktionalität für die Vernetzung von mehreren Standorten auch direkt als Zusatzleistung an, so dass sich der Kunde darum nicht mehr zu kümmern braucht. Bei „Sunny Summer Communications" war diese Option jedoch nur gegen einen erheblichen Aufpreis erhältlich. Daher entscheidet sich Werner, den VPN-Tunnel selbst über IPSec einzurichten.

Doch bevor wir zum VPN kommen, wollen wir uns zunächst die genaue Struktur der Vernetzung einer Filiale am Beispiel des Standorts Berlin anschauen. Werner entschließt sich, wie in Abbildung 20.2 dargestellt, aus Sicherheitsgründen für eine Screened Subnet Firewall Architektur. Auf dem internen Router enden hierbei die VPN-Tunnel zu den Filialen München und Düsseldorf.

Web-, DNS Server sowie ein Mail Relay platziert Werner in der demilitarisierten Zone, da diese Dienste aus dem Internet zugänglich sein müssen. Für das Mail Relay entscheidet sich Werner, da die Mailboxen der Mitarbeiter, die sich auf dem Mailserver befinden, nicht in der DMZ liegen sollen.

Die Routing-Tabelle auf dem externen Router sieht wie folgt aus:

```
192.0.2.0/27    dev eth0 scope link src 192.0.2.2    # zum ISP
192.0.2.32/27   dev eth1 scope link src 192.0.2.33   # in die DMZ
192.0.2.64/26   via 192.0.2.40 dev eth1              # in das Intranet
127.0.0.0/8     dev lo   scope link                  # Loopback-Netz
default         via 192.0.2.1 dev eth0               # externen Datenverkehr
                                                     # an ISP schicken
```

Die Routing-Tabelle auf dem internen Router:

```
192.0.2.32/27   dev eth0 scope link src 192.0.2.40   # in die DMZ
192.0.2.64/26   dev eth1 scope link src 192.0.2.65   # in das Intranet
127.0.0.0/8     dev lo   scope link                  # Loopback-Netz
default         via 192.0.2.33 dev eth0              # externen Datenverkehr an
                                                     # externen Router schicken
```

Zusätzlich müssen natürlich auf dem Server in der DMZ noch folgende Routing-Einträge gemacht werden:

```
192.0.2.32/27   dev eth0 scope link src 192.0.2.34   # in die DMZ
192.0.2.64/26   via 192.0.2.40 dev eth0              # in das Intranet
127.0.0.0/8     dev lo   scope link                  # Loopback-Netz
default         via 192.0.2.33                       # externen Datenverkehr an
                                                     # externen Router schicken
```

20.2 Anschluß der Hardware und Einrichtung von Routern und VPNs

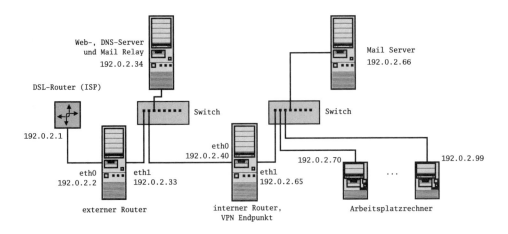

Abbildung 20.2: Struktur des Netzwerks am Standort Berlin

Nun macht sich Werner daran die VPNs zu konfigurieren. Er entscheidet sich für eine automatische Konfiguration mittels `racoon`, wobei die Authentifizierung über X.509 Zertifikate laufen soll. Da er jedoch die Kosten für die Zertifikate sparen will, erstellt er sich diese mit *TinyCA* selbst. Zu diesem Zweck erstellt er zuerst seine eigene CA (vgl. Abbildung 20.3).

Nun kann er für die drei VPN Gateways eigene Zertifikate erstellen, die von der *WS GmbH CA* unterschrieben sind. In TinyCA wählt man nach dem Starten hier-

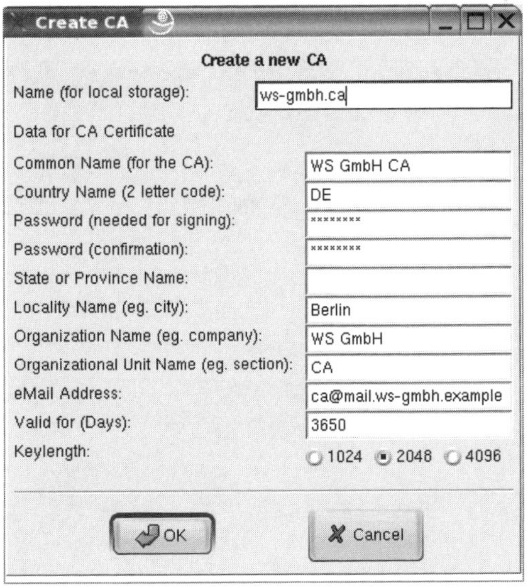

Abbildung 20.3: Erstellen der Certificate Authority

zu beim Reiter `Request` das Icon `New`. Nach dem Eintragen der jeweiligen Daten in den Certificate Request (vgl. Abbildung 20.4; der Common Name muss dem Rechnernamen enstprechen!), muss noch das eigentliche Zertifikat erstellt werden (Request > Server).

Als VPN Gateways nutzt Werner die Firewallrechner in den Filialen, also

- Berlin: `vpn-b.ws-gmbh.example` (192.0.2.40)
- München: `vpn-m.ws-gmbh.example` (192.0.2.130)
- Düsseldorf: `vpn-d.ws-gmbh.example` (192.0.2.194)

Nun kann Werner die einzelnen Zertifikate (Reiter Certificates) und die dazugehörigen privaten Schlüssel (Reiter Keys) einsehen und in Dateien im Format `PEM` exportieren. Wichtig ist hierbei, dass die privaten Schlüssel ohne Passwort exportiert werden (vgl. Abbildung 20.5).

Zu guter Letzt exportiert Werner noch das Zertifikat der CA und die Certificate Revocation List (Reiter CA), ebenfalls im Format `PEM`. Auf jedem VPN Gateway speichert Werner jetzt im Verzeichnis `/etc/racoon/certs` das Zertifikat und den zugehörigen privaten Schlüssel des Gateways sowie das CA Zertifikat und die Certificate Revocation List. Für das VPN Gateway Berlin sind das also:

- `vpn-b.ws-gmbh.example-cert.pem` und `vpn-b.ws-gmbh.example-key.pem`
  Das Zertifikat des VPN Gateways und der zugehörige private Schlüssel.
- `cacert.pem` und `crl.pem`
  Das Zertifikat der CA und die Certificate Revocation List. Da `racoon` auf diese beiden Dateien jedoch nur mit deren gehashten Namen zugreift, müs-

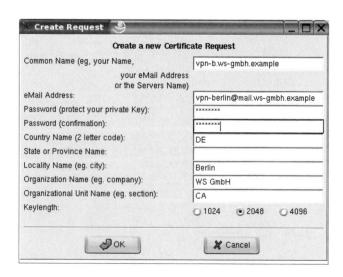

Abbildung 20.4: Erstellen des *vpn-berlin* Certificate Request

20.2 Anschluß der Hardware und Einrichtung von Routern und VPNs

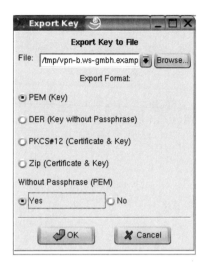

Abbildung 20.5: Exportieren des *vpn-muenchen* privaten Schlüssel

sen noch zwei symbolische Verweise mit folgenden 2 Befehlen erstellt werden:

```
linux:/etc/racoon/certs # ln -s cacert.pem 'openssl x509 -noout
                            -hash -in cacert.pem'.0
linux:/etc/racoon/certs # ln -s crl.pem 'openssl crl -noout
                            -hash -in crl.pem'.r0
```

Nachdem die Zertifikate erstellt und an den richtigen Stellen gespeichert sind, müssen noch die Security Policies und Security Associations erstellt werden. Die Security Policies trägt Werner in /etc/racoon/setkey.conf ein. Hier beispielhaft die Konfiguration für das VPN Gateway Berlin:

```
#!/sbin/setkey -f
flush;
spdflush;

# Muenchen
spdadd 192.0.2.160/27 192.0.2.64/26 any -P in
       ipsec esp/tunnel/192.0.2.130-192.0.2.40/require;
spdadd 192.0.2.64/26 192.0.2.160/27 any -P out
       ipsec esp/tunnel/192.0.2.40-192.0.2.130/require;

# Duesseldorf
spdadd 192.0.2.224/27 192.0.2.64/26 any -P in
       ipsec esp/tunnel/192.0.2.194-192.0.2.40/require;
spdadd 192.0.2.64/26 192.0.2.224/27 any -P out
       ipsec esp/tunnel/192.0.2.40-192.0.2.194/require;
```

Schließlich müssen die Security Policies noch auf den VPN Gateways mit

```
linux: # setkey -f /etc/racoon/setkey.conf
```

eingelesen werden.

Die Security Associations werden in /etc/racoon/racoon.conf konfiguriert. Hier beispielhaft die Konfiguration für das VPN Gateway Berlin:

```
path certificate "/etc/racoon/certs";

# Muenchen
remote 192.0.2.130 {
        exchange_mode main;
        certificate_type x509 "vpn-b.ws-gmbh.example-cert.pem"
                              "vpn-b.ws-gmbh.example-key.pem";
        my_identifier asn1dn;
        proposal {
                encryption_algorithm 3des;
                hash_algorithm md5;
                authentication_method rsasig;
                dh_group modp1024;
        }
}


# Duesseldorf
remote 192.0.2.194 {
        exchange_mode main;
        certificate_type x509 "vpn-b.ws-gmbh.example-cert.pem"
                              "vpn-b.ws-gmbh.example-key.pem";
        my_identifier asn1dn;
        proposal {
                encryption_algorithm 3des;
                hash_algorithm md5;
                authentication_method rsasig;
                dh_group modp1024;
        }
}

# Muenchen
sainfo address 192.0.2.64/26 any address 192.0.2.160/27 any {
        lifetime time 2 min;
        pfs_group modp768;
        encryption_algorithm 3des;
        authentication_algorithm hmac_md5;
        compression_algorithm deflate;
}
```

```
# Duesseldorf
sainfo address 192.0.2.64/26 any address 192.0.2.224/27 any {
        lifetime time 2 min;
        pfs_group modp768;
        encryption_algorithm 3des;
        authentication_algorithm hmac_md5;
        compression_algorithm deflate;
}
```

Nun startet Werner zum Testen `racoon` im Vordergrund-Modus:

```
linux: # racoon -F -f /etc/racoon/racoon.conf
```

Nach einem Verbindungscheck freut sich Werner, dass alles so gut funktioniert und startet `racoon` als Systemdienst mit `rcracoon` im Hintergrund.

20.3 Firewall

Um nicht zum Ziel von Hacker-Angriffen zu werden konfiguriert Werner jetzt noch die Firewall. Beispielhaft betrachten wir die Firewallkonfiguration am Standort Berlin, da hier die meisten Dienste freigeschaltet werden müssen. Die Konfiguration der Firewall nimmt Werner manuell mit SuSEFirewall2[1] vor. D. h. er editiert die Datei `/etc/sysconfig/SuSEfirewall2`. Im Folgenden werden nur die Optionen gezeigt, die geändert werden müssen.

Werner kümmert sich zuerst um den äußeren Router und ordnet als erstes die Netzwerkinterfaces in die Zonen *extern* und *dmz* ein:

```
# 2), 4) welche Interfaces zeigen wohin
FW_DEV_EXT="eth-id-00:50:04:d2:71:9e"    # eth0: 192.0.2.2 (Internet)
FW_DEV_DMZ="eth-id-00:50:04:d2:32:ff"    # eth1: 192.0.2.33 (DMZ)
```

Als nächstes kümmert Werner sich um das Freischalten der benötigten Dienste. Er aktiviert das Routing zwischen den Netzwerkinterfaces, öffnet Port 22 für Verbindungen, die auf dem DMZ-Interface ankommen, um per SSH Zugriff auf den Router zu haben und schaltet schießlich die erlaubten Datenverbindungen in die DMZ (HTTP, HTTPS, SMTP und DNS), die IPSec-Verbindung zum internen Router, sowie Verbindungen aus dem Intranet ins Internet frei.

```
# 5) Routing aktivieren
FW_ROUTE="yes"


# 9) Services freischalten
# SSH Zugriff auf FW aus DMZ bzw. Intranet erlauben
FW_SERVICES_DMZ_TCP="ssh"
```

---

[1] Die mit SuSE Linux 9.2 ausgelieferte SuSEfirewall2 Version 3.2-14 ist fehlerhaft. Die hier beschriebene Konfiguration sollte also auch jeden Fall nach dem Starten von SuSEfirewall2 überprüft werden.

20 Großes Corporate Network

```
# 13) Datenverkehr freischalten
# DMZ Verkehr freischalten HTTP (80) HTTPS (443) SMTP (25) DNS (53)
# IPSec Traffic an/vom internen Router durchlassen
# IPSec Schlüsselaustausch (udp,500) durchlassen
# Intranet Traffic durchlassen
FW_FORWARD="0/0,192.0.2.34,tcp,80 0/0,192.0.2.34,tcp,443 \
            0/0,192.0.2.34,tcp,25 0/0,192.0.2.34,tcp,53 \
            192.0.2.130,192.0.2.40,esp 192.0.2.40,192.0.2.130,esp \
            192.0.2.194,192.0.2.40,esp 192.0.2.40,192.0.2.194,esp \
            192.0.2.130,192.0.2.40,udp,500 192.0.2.40,192.0.2.130,udp,500 \
            192.0.2.194,192.0.2.40,udp,500 192.0.2.40,192.0.2.194,udp,500 \
            192.0.2.64/26,0/0"
```

Nachdem der externe Router konfiguriert ist kümmert sich Werner um den internen Router. Auch hier ordnet er wieder zuerst die vorhandenen Netzwerkinterfaces in die jeweiligen Zonen ein:

```
# 3), 4) welche Interfaces zeigen wohin
FW_DEV_INT="eth-id-00:50:04:d2:b5:30"    # eth1: 192.0.2.65 (Intranet)
FW_DEV_DMZ="eth-id-00:50:04:d2:72:3f"    # eth0: 192.0.2.40 (DMZ)
```

Auf dem internen Router muss natürlich auch wieder das Routing zwischen den Interfaces angeschaltet, sowie die Verbindung des Mail Relay zum Mail Server und die Kommunikationsverbindungen aus dem Intranet freigeschaltet werden. Ausserdem enden hier die VPN-Tunnel zu den beiden Filialen München und Düsseldorf. Hierfür schaltet Werner den UDP Port 500 (isakmp – für den IPSec Schlüsselaustausch) für Pakete, die auf dem DMZ-Interface ankommen und zusätzlich das Protokoll ESP frei.

```
# 5) Routing aktivieren
FW_ROUTE="yes"

# 9) Services freischalten
# IPSec Schlüsselaustausch isakmp (500)
FW_SERVICES_DMZ_UDP="isakmp"

# SSH Zugriff aus dem Intranet
FW_SERVICES_INT_TCP="ssh"

# IPSec ESP (50) freischalten
FW_SERVICES_DMZ_IP="esp"

# 13) Datenverkehr freischalten
# Mail Relay freischalten SMTP (25)
# VPN Traffic durchlassen
# Intranet Traffic durchlassen
```

```
FW_FORWARD="192.0.2.34,192.0.2.66,cp,25 \
            192.0.2.64/26,192.0.2.160/27,,,ipsec
            192.0.2.160/27,192.0.2.64/26,,,ipsec \
            192.0.2.64/26,192.0.2.224/27,,,ipsec
            192.0.2.224/27,192.0.2.64/26,,,ipsec \
            192.0.2.64/26,0/0"

# 29) IPSec Paketen vertrauen
FW_IPSEC_TRUST="yes"
```

Der Aufruf des Kommandos

```
linux: # rcSuSEfirewall2 start
```

liest die Regeln schließlich ein und aktiviert sie. Zu guter Letzt will Werner die resultierenden iptables-Regeln auf jeden Fall nochmal manuell überprüfen und läßt sie sich zu diesem Zweck per `iptables-save` anzeigen.

20.4 DNS

Werner hat mit seinem CTO abgesprochen, dass sämtliche Rechner im Unternehmensnetzwerk auch symbolische Namen bekommen, die dann ins DNS eingetragen werden. Daher hat er im Rahmen der Verhandlungen mit seinem ISP auch gleich die Domain `ws-gmbh.example` registrieren lassen. Der ISP hat daraufhin veranlasst, dass im DNS-Server, der für die TLD `example` zuständig ist, zwei NS-Einträge für Werners neue Domain hinzugefügt werden:

```
ws-gmbh.example.    1800    IN    NS    serv.ws-gmbh.example.
ws-gmbh.example.    1800    IN    NS    ns1.broesel-gmbh.example.
```

Der erste Eintrag verweist auf den Nameserver, den Werners Unternehmen selbst betreibt. Dies ist der primäre DNS-Server für die Zone `ws-gmbh.example`. Der zweite NS-Eintrag verweist auf den Nameserver eines befreundeten Unternehmens. Dieser ist als sekundärer Nameserver für `ws-gmbh.example` konfiguriert.

Neben dem eigentlichen NS-Datensatz für die Zonendelegation muss auch noch ein sog. „glue record" hinzugefügt werden. Dies ist eine kleine Besonderheit, die immer dann erforderlich ist, wenn der Nameserver, auf den verwiesen wird, selbst in der delegierten Zone liegt: Um die IP-Adresse zum Namen `serv.ws-gmbh.example` zu ermitteln, müsste ein Client beim zuständigen Nameserver (nämlich `serv.ws-gmbh.examle` selbst!) nachfragen, was jedoch nicht geht, weil dessen IP-Adresse unbekannt ist. Um dieses verzwickte Problem zu lösen, schreibt man in die Zonen-Datei vom deligierenden Nameserver einen zu-

20 Großes Corporate Network

sätzlichen A-Datensatz mit hinein, der beim Anfordern des NS-Eintrags gleich an einen Client mitgeschickt wird.

```
serv.ws-gmbh.example.  1800 IN A 192.0.2.34
```

Auf dem Rechner 192.0.2.34 setzt Werner mit seinem CTO einen Bind 9 DNS-Server auf. Er legt zunächst die Zone für die Vorwärtsnamensauflösung an. Die Datei `/var/lib/named/master/ws-gmbh.example` sieht hierzu wie folgt aus:

```
$TTL 2D
@                  IN SOA         serv.ws-gmbh.example. root.ws-gmbh.example.(
                                  2004091801       ; serial
                                  3H               ; refresh
                                  1H               ; retry
                                  1W               ; expiry
                                  1D )             ; minimum

                   IN NS          serv
                   IN NS          ns1.broesel-gmbh.example.

; Mail Exchange:

                   IN MX          10 serv.ws-gmbh.example.

; Standort Berlin (Subnetz 192.0.2.0/25)

; - Subnetz 192.0.2.0/27 (

sunny-b            IN A           192.0.2.1
router-b1-isp      IN A           192.0.2.2

; - Subnetz 192.0.2.32/27 (DMZ)

router-b1-dmz      IN A           192.0.2.33
serv               IN A           192.0.2.34
www                IN CNAME       serv
mail-relay         IN CNAME       serv
router-b2-dmz      IN A           192.0.2.40
vpn-b              IN CNAME       router-b2-dmz

; - Subnetz 192.0.2.64/26 (durch Firewall geschütztes
;   Intranet der Filiale)

;   ~~~~Server

router-b2-int      IN A           192.0.2.65
mail               IN A           192.0.2.66
```

```
;    ~---~Rechner der Mitarbeiter

mitarb-b01      IN A            192.0.2.70
; ...
mitarb-b30      IN A            192.0.2.99


; Standort München (Subnetz 192.0.2.128/26)

; - Subnetz 192.0.2.128/27

sunny-m         IN A            192.0.2.129
router-m-isp    IN A            192.0.2.130


;    ~---~Server

vpn-m           IN CNAME        router-m-isp


; - Subnetz 192.0.2.160/27 (durch Firewall geschütztes Netz der Filiale)

;    ~---~Router

router-m-int    IN A            192.0.2.161

;    ~---~Rechner der Mitarbeiter

mitarb-m01      IN A            192.0.2.170
; ...
mitarb-m10      IN A            192.0.2.179


; Standort Düsseldorf (Subnetz 192.0.2.192/26)

; - Subnetz 192.0.2.192/27

sunny-d         IN A            192.0.2.193
router-d-isp    IN A            192.0.2.194


;    ~---~Server

vpn-d           IN CNAME        router-d-isp


; - Subnetz 192.0.2.224/27 (durch Firewall geschütztes Netz der Filiale)
```

```
;    ~---~Router

router-d-int    IN A            192.0.2.225

;    ~---~Rechner der Mitarbeiter

mitarb-d01      IN A            192.0.2.230
; ...
mitarb-d10      IN A            192.0.2.239
```

Werner richtet dann die Reverse-Lookup-Zone ein. Die zugehörige Zonen-Datei `/var/lib/named/master/2.0.192.in-addr.arpa` ist wie folgt aufgebaut:

```
$TTL 2D
@               IN SOA          serv.ws-gmbh.example. root.ws-gmbh.example.(
                                2004091901      ; serial
                                3H              ; refresh
                                1H              ; retry
                                1W              ; expiry
                                1D )            ; minimum

@               IN NS           serv.ws-gmbh.example.
@               IN NS           ns1.broesel-gmbh.example.

1               IN PTR          sunny-b.ws-gmbh.example.
2               IN PTR          router-b-isp.ws-gmbh.example.
; ...
239             IN PTR          mitarb-d-10.ws-gmbh.example.
```

Nachdem auch dies geschafft ist, testet Werner seine Bind-Installation mit dem Kommandozeilenwerkzeug `dig`. Über `dig @192.0.2.34 <domänenname> <datensatztyp>` kann er Anfragen an seinen DNS-Server stellen.

20.5 Web-Server

Am nächsten Morgen beginnt Werner mit der Einrichtung eines Web-Servers für seine Firma. Bis jetzt hatte Werner für den Web-Auftritt seines Unternehmens den Web-Server eines IT-Dienstleister aus München verwendet – gegen eine monatliche Gebühr versteht sich. Dieses Geld kann er nun sparen, schließlich hat er genügend Rechner mit einer permanenten Netzanbindung zu Verfügung.

Da er für den Standort Berlin bereits einen sehr leistungsfähigen Server angeschafft hat, der bis jetzt nur als DNS-Server vorgesehen ist und mit dieser Aufgabe keinesfalls ausgelastet ist, möchte Werner auf demselben Rechner auch die Web-Server-Software laufen lassen. Sein CTO hat für diesen Rechner im DNS bereits den Namen `serv` eingetragen. Damit der Web-Auftritt aber nicht nur unter der URL `http://serv.ws-gmbh.example` abrufbar ist – dies würde schließlich merkwürdig aussehen – hatte er schon am Vortag darauf geachtet, dass noch der Alias-Name `www` vergeben wird. Technisch wird dies über einen CNAME-Eintrag im DNS realisiert (siehe Abschnitt 20.4).

Das Einrichten des Apache 2 Web-Servers ist schnell erledigt. Werner muss hierzu lediglich in YaST unter „Netzwerkdienste > HTTP-Server" den HTTP-Dienst aktivieren und sämtliche Web-Seiten im Verzeichnis `/srv/www/htdocs` ablegen. Doch wie bekommt er die Web-Dokumente vom alten Web-Server des IT-Dienstleisters auf den neuen? Er verwendet hierfür das Kopierkommando `scp` mit der Option `-r`. Hiermit wird auch die komplette Verzeichnisstruktur mit übertragen.

Nachdem alle Dateien übertragen wurden, startet Werner seinen Web-Browser und läd die Startseite seiner Web-Präsenz vom neu eingerichteten Web-Server (Abbildung 20.6).

20.6 Mail-Server

Am Nachmittag macht sich Werner wieder an die Arbeit und konfiguriert für sein Unternehmen den wohl meistgenutzen Kommunikationsdienst: E-Mail.

Alle Mitarbeiter im Unternehmen sollen über eine E-Mail-Adresse nach dem Muster `nachname@ws-gmbh.example` erreichbar sein.

Werner möchte einen zentralen Mail-Server für alle seine Mitarbeiter am Standort Berlin betreiben. Er sieht sieht dafür den Rechner `192.0.2.66` vor und setzt den Hostnamen auf den Wert `mail`.

Wie in Abbildung 20.2 auf Seite 413 dargestellt, befindet sich der Mail-Server innerhalb Unternehmensnetzwerk – also hinter den beiden Portfiltern. Auf diese Weise wird er wirkungsvoll vor unbefugtem Zugriff aus dem Internet geschützt. Dieser Schutz ist auch notwendig, schließlich lagern auf dem Mail-Server die E-Mails aller Mitarbeiter und diese enthalten typischerweise streng vertrauliche Informationen.

Doch die Verlagerung des Mail-Servers in das interne Netzwerk behindert die Auslieferung von E-Mails: Normalerweise muss ein Mail-Server in der Lage sein, von allen anderen Mail Transfer Agents Mail für seine Domäne entgegenzunehmen. Dies wird jedoch in unserem Beispiel bewusst durch die getroffenen Sicherheitsvorkehrungen verhindert. Die Lösung dieses Dilemmas besteht in der Einrichtung eines Mail-Relays in der DMZ. Dieses nimmt Mails für die Domäne `ws-gmbh.example` entgegen und reicht sie an den Mail-Server im internen Netzwerk weiter. Die Firewall auf dem inneren Router wurde daher so konfiguriert, dass nur SMTP-Verbindungen zu unserem Mail-Server durchgelassen werden, die aus der DMZ kommen.

20 Großes Corporate Network

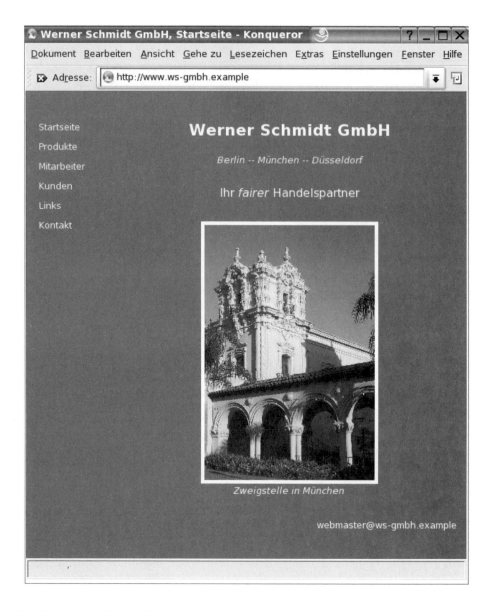

Abbildung 20.6: Web-Auftritt der Werner Schmidt GmbH

Bevor also Werner den eigentlichen Mail-Server konfiguriert, kümmert er sich zunächst um das Mail-Relay. Auf der Maschine `192.0.2.34` installiert er als erstes Postfix. Er benutzt YaST, um den Mail Transfer Agent grundlegend zu konfigurieren. Nachdem er mit YaST einen "normalen" Mail-Server-Dienst aufgesetzt hat, editiert er die Datei `/etc/postfix/main.cf` wie folgt:

```
queue_directory = /var/spool/postfix
command_directory = /usr/sbin
daemon_directory = /usr/lib/postfix
mail_owner = postfix
unknown_local_recipient_reject_code = 550
debug_peer_level = 2
debugger_command =
        PATH=/bin:/usr/bin:/usr/local/bin:/usr/X11R6/bin
        xxgdb $daemon_directory/$process_name $process_id & sleep 5
sendmail_path = /usr/sbin/sendmail
newaliases_path = /usr/bin/newaliases
mailq_path = /usr/bin/mailq
setgid_group = maildrop
html_directory = /usr/share/doc/packages/postfix/html
manpage_directory = /usr/share/man
sample_directory = /usr/share/doc/packages/postfix/samples
readme_directory = /usr/share/doc/packages/postfix/README_FILES

myhostname = serv.ws-gmbh.example
myorigin = serv.ws-gmbh.example
mydestination = serv.ws-gmbh.example
mynetworks = 192.0.2.32/27
relay_domains = ws-gmbh.example
relay_transport = smtp:mail.ws-gmbh.example
local_transport = error:local mail delivery is denied.
```

Interessant sind hier vor allem die letzten vier Zeilen, alles andere wurde bereits von YaST weitestgehend vorkonfiguriert. Über `relay_domains` und `relay_transport` legt Werner fest, dass Postfix alle Mails für die Domäne `ws-gmbh.example` entgegennehmen und dann sofort über SMTP an `mail.ws-gmbh.example` weiterleiten soll. Die letzte Zeile bewirkt, dass Postfix keine Mail lokal ausliefert, sondern ausschließlich als Relay fungiert.

Damit nun die anderen MTAs wissen, an welchen Rechner sie Mail für die Domäne `ws-gmbh.example` ausliefern sollen, muss ein MX Eintrag in die DNS-Datenbank aufgenommen werden, der auf das lokalen Mail-Relay (und nicht auf den eigentlichen Mail-Server!) zeigt. Dies hat Werners CTO aber schon am Abend des Vortages erledigt (siehe Abschnitt 20.4).

Als nächstes kümmert sich Werner um das Aufsetzen des eigentlichen Mail-Servers. Er setzt also auch auf `192.0.2.66` mit YaST Postfix als MTA auf. In der Standardeinstellung nimmt Postfix nur Mail für lokale Benutzer entgegen. Also `benutzername@mail.ws-gmbh.example`. Damit Postfix nun weiss, dass es für die gesamte Domäne zuständig ist, muss er in der Datei `/etc/postfix.conf` noch einige Anpassungen vornehmen:

```
mydestination = $myhostname, localhost.$mydomain, $mydomain
myorigin      = $mydomain
```

Das `$mydomain` im oberen Eintrag bewirkt, dass der Mail-Server auch Zielsystem für Mails an `benutzername@ws-gmbh.example` ist. Der untere Eintrag bewirkt, dass Mail-Adressen, die keinen Domain-Teil haben (also nur `benutzername`), zu `benutzername@ws-gmbh.example` ergänzt werden.

Weiterhin muss Werner noch festlegen, welche Rechner berechtigt sind, Mail über unseren Mail-Server nach außen zu verschicken. Werner weist also Postfix an, allen Rechner aus den internen Filialnetzen und dem Loopback-Netzwerk zu trauen:

```
$mynetworks = 192.0.2.64/26, 192.0.2.160/27, 192.0.224/27, 127.0.0.0/8
```

Damit wären die wichtigsten Einstellungen für die Funktion des E-Mail-Dienstes erledigt. Jetzt muss sich noch jemand darum kümmern, dass auf dem Mail-Server Accounts für alle seine Mitarbeiter angelegt werden – aber das kann ja einer seiner Techniker erledigen.

Was nun noch fehlt, ist eine komfortable Möglichkeit für seine Mitarbeiter, eingehende Mails zu lesen. Daher entschließt sich Werner, zusätzlich eine IMAP-Server-Software auf `mail.ws-gmbh.example` zu installieren. Über einen IMAP-fähigen Mail-Client können Werners Mitarbeiter dann auf Ihre E-Mail-Ordner zugreifen. Er installiert also das Paket `cyrus-imapd`. Dann wählt er unter YaST „Netzwerkdienste > Mail Transfer Agent" und stellt unter „Eingehende Mail > Auslieferungsmodus" den Wert „An Cyrus IMAP-Server" ein.

Dann setzt er folgende Kommandos hintereinander ab:

- `rccyrus start` (startet den Cyrus-Server)
- `passwd cyrus` (setzt ein Passwort für den Benutzer `cyrus`)
- `rcsaslauthd start` (startet einen benötigten Authenifizierungsdienst)
- `cyradm -auth login localhost -user cyrus` (auf Server mit Cyrus-Passwort anmelden)
- `createmailbox user.schmidt` (legt Mailbox für Benutzer `schmidt` an)
- `quit` (beendet die Verbindung mit dem Cyrus-Server)

Damit hat Werner für seinen eigenen Account eine Cyrus-Mailbox eingerichtet. Nun kann er seine geschäftlichen Mails bequem über den neu eingerichteten IMAP-Server lesen.

Für jeden seiner Mitarbeiter muss Werner über das Kommando „createmailbox" nun ein solches IMAP-Postfach einrichten. Die Mailboxen müssen dabei jeweils den gleichen Namen wie der korrespondierende Unix-Benutzer haben.

Aber es ist schon spät. Werner entschließt sich, diese Aufgaben seinem CTO zu überlassen. Er macht gleich eine entsprechende E-Mail fertig und verschickt sie – selbstverständlich über den neu eingerichteten Mail-Server.

Literaturhinweise

Weitere vertiefende Informationen zu diesem Buch finden sich in den folgenden Büchern:

- ❏ Paul Albitz und Cricket Liu: *DNS und BIND*, 4. Auflage, O'Reilly, 2002.
- ❏ Wolfgang Barth: *Das Firewall-Buch*, 3. Auflage, Millin-Verlag, 2004.
- ❏ Wolfgang Barth und Jens Banning: *Netzwerkanalyse unter Linux*, 1. Auflage, Millin-Verlag, 2002.
- ❏ Markus a Campo und Norbert Pohlmann: *Virtual Private Networks*, 2. Auflage, mitp-Verlag, 2003.
- ❏ D. Brent Chapman und Elizabeth D. Zwicky: *Building Internet Firewalls*, 2. Auflage, O'Reilly, 2000.
- ❏ Douglas E. Comer: *TCP/IP – Konzepte, Protokolle und Architekturen*, 4. Auflage, mitp-Verlag, 2003.
- ❏ Stefan Fischer und Walter Müller: *Netzwerkprogrammierung mit Linux und Unix*, 2. Auflage, Carl- Hanser-Verlag, 1999.
- ❏ Stefan Fischer und Walter Müller: *Intranet - das Internet im Unternehmen*, Carl-Hanser-Verlag, 1998.
- ❏ Niels Klußmann: *Lexikon der Kommunikations- und Informationstechnik*, Hüthig, 3. Auflage, 2001.
- ❏ Andrew S. Tanenbaum: *Computernetzwerke*, 4. Auflage, Prentice Hall, 2003.
- ❏ Clifford Stoll: *Kuckucksei*, Fischer Taschenbuch, 1998.

Außerdem finden sich im Internet zahllose Informationsquellen zu allen im Buch besprochenen Gebieten.

Teil V

Anhang

Anhang A

Abkürzungen und Akronyme

ACID Analysis Console for Intrusion Databases

ACL Access Control List

AH Authentication Header

API Application Programming Interface

ARP Address Resolution Protocol

ARPA Advanced Research Projects Agency

BIND Berkeley Internet Name Domain

BOOTP Boot Protocol

BSI Bundesamts für die Sicherheit in der Informationstechnik

CA Certificate Authority

CERT Computer Emergency Response Team

CIDR Classless Interdomain Routing

CIFS Common Internet File System

CPP Compression Control Protocol

CPSR Computer Professionals for Social Responsibility

CTO Chief Technical Officer (Technikvorstand)

CUPS Common Unix Printing System

CVE Common Vulnerabilities and Exposures

DDoS Distributed Denial of Service [Angriff]

DHCP Dynamic Host Configuration Protocol

DMZ Demilitarized Zone

DNAT Destination Network Address Translation

DNS Domain Name Service

DoD Department of Defense

DoS Denial of Service [Angriff]

DSL Digital Subscriber Line

DSLAM DSL Access Multiplexer

ESP Encapsulating Security Payload

ESSID Extended Service Set Identifier

ETSI European Telecommunications Standards Institute

FQDN Fully Qualified Domain Name

GID Group-ID

GRE Generic Routing Encapsulation [Protocol]

HIDS Host Intrusion Detection System

HTML Hypertext Markup Language

HTTP Hypertext Transfer Protocol

HTTPS HyperText Transfer Protocol [SSL] Secured

IAB Internet Activity Board

A Abkürzungen und Akronyme

IANA Internet Assigned Numbers Authority
IETF Internet Engineering Task Force
ICANN Internet Corporation for Assigned Names and Numbers
IDS Intrusion Detection System
IKE Internet Key Exchange [Protocol]
IMAP Internet Message Access Protocol
IP Internetworking Protocol
IPP Internet Printing Protocol
IPCP IP Control Protocol
ISAKMP Internet Security Association and Key Management Protocol
ISDN Integrated Services Digital Network
ISO International Standards Organization
ISP Internet Service Provider
LAN Local Area Network
LCP Link Control Protocol
MAC Media Access Control
MiM Man-in-the-Middle Attack
MPPE Microsoft Point-to-Point Encryption
MPPP Multilink PPP
MSCHAP Microsoft Challenge Authentication Protocol
MSCHAP-v2 Microsoft Challenge Authentication Protocol Version 2
MTA Mail Transfer Agent
MTU Maximum Transfer Unit
MUA Mail USer Agent
NASL Nessus Attack Skripting Language
NAT Network Address Translation
NCP Network Control Protocol
NetBIOS Network Basic Input/Output System
NFS Network File System
NIDS Network Intrusion Detection System
NIS Network Information Service
NNTP Network News Transfer Protocol
NSCD Name Service Cache Daemon
NSF National Science Foundation
NTBA Network Termination Basic Rate Access
NWID Network Identifier
OSI Open System Interconnection
PAM Pluggable Authentication Modules
PAT Port and Adress Translation
PDC Primary Domain Controller
POP3 Post Office Protocol 3
PPP Point-to-Point Protocol
PPPoE PPP over Ethernet
PPTP Point-to-Point Tunneling Protocol
QoS Quality of Service
RDP Remote Desktop Protocol
RFC Request for Comments
RIPE NCC Réseaux IP Européens Network Coordination Center
RPC Remote Procedure Calls
RSH Remote Shell
SAD Security Association Database
SATAN Security Administrator's Tool for Analyzing Networks
SAINT System Administrator's Integrated Network Tool
SNAT Source Network Address Translation
SMB Server Message Block
SMTP Simple Mail Tranfer Protocol
SOA Start of Authority
SOHO Small Office Home Office
SPD Security Policy Database
SSH Secure Shell
SSL Secure Socket Layer
ST-II Streamingprotokoll 2

A Abkürzungen und Akronyme

TCP Transmission Control Protocol
TFN Tribe Flood Network
TFN2k Tribe Flood Network 2000
TFTP Trivial File Transfer Protocol
TLD Top Level Domain
TLS Transport Layer Security
TOS Type of Service
TTL Time to Live
UDP User Datagram Protocol
UID User ID
URL Uniform Resource Locator
VNC Virtual Network Computing
VPN Virtual Private Network
WEP Wired Equivalent Privacy
WLAN Wireless Local Area Network
WWW World Wide Web
X11 X Window System Version 11
YP Yellow Pages

Anhang B

Well-known Ports

Dieser Anhang gibt einen Überblick über die wichtigsten registrierten Well-Known Ports.

Tabelle B.1: Auszug aus der Liste der Well-Known Ports

Port	Symbol	Beschreibung
0/tcp		Reserved
0/udp		Reserved
1/tcp	tcpmux	TCP Port Service Multiplexer
1/udp	tcpmux	TCP Port Service Multiplexer
2/tcp	compressnet	Management Utility
2/udp	compressnet	Management Utility
3/tcp	compressnet	Compression Process
3/udp	compressnet	Compression Process
5/tcp	rje	Remote Job Entry
5/udp	rje	Remote Job Entry
7/tcp	echo	Echo
7/udp	echo	Echo
9/tcp	discard	Discard
9/udp	discard	Discard
11/tcp	systat	Active Users
11/udp	systat	Active Users
13/tcp	daytime	Daytime (RFC 867)
13/udp	daytime	Daytime (RFC 867)
17/tcp	qotd	Quote of the Day
17/udp	qotd	Quote of the Day
18/tcp	msp	Message Send Protocol
18/udp	msp	Message Send Protocol

Tabelle B.1 – Fortsetzung

Port	Symbol	Beschreibung
19/tcp	chargen	Character Generator
19/udp	chargen	Character Generator
20/tcp	ftp-data	File Transfer [Default Data]
20/udp	ftp-data	File Transfer [Default Data]
21/tcp	ftp	File Transfer [Control]
21/udp	ftp	File Transfer [Control]
22/tcp	ssh	SSH Remote Login Protocol
22/udp	ssh	SSH Remote Login Protocol
23/tcp	Telnet	Telnet
23/udp	Telnet	Telnet
24/tcp		any private mail system
24/udp		any private mail system
25/tcp	smtp	Simple Mail Transfer
25/udp	smtp	Simple Mail Transfer
27/tcp	nsw-fe	NSW User System FE
27/udp	nsw-fe	NSW User System FE
29/tcp	msg-icp	MSG ICP
29/udp	msg-icp	MSG ICP
31/tcp	msg-auth	MSG Authentication
31/udp	msg-auth	MSG Authentication
33/tcp	dsp	Display Support Protocol
33/udp	dsp	Display Support Protocol
35/tcp		any private printer server
35/udp		any private printer server
37/tcp	time	Time
37/udp	time	Time
38/tcp	rap	Route Access Protocol
38/udp	rap	Route Access Protocol
42/tcp	name	Host Name Server
42/udp	name	Host Name Server
42/tcp	nameserver	Host Name Server
42/udp	nameserver	Host Name Server
52/tcp	xns-time	XNS Time Protocol
52/udp	xns-time	XNS Time Protocol
53/tcp	domain	Domain Name Server
53/udp	domain	Domain Name Server
60/tcp		Unassigned
60/udp		Unassigned
67/tcp	bootps	Bootstrap Protocol Server

Tabelle B.1 – Fortsetzung

Port	Symbol	Beschreibung
67/udp	bootps	Bootstrap Protocol Server
68/tcp	bootpc	Bootstrap Protocol Client
68/udp	bootpc	Bootstrap Protocol Client
69/tcp	tftp	Trivial File Transfer
69/udp	tftp	Trivial File Transfer
70/tcp	gopher	Gopher
70/udp	gopher	Gopher
79/tcp	finger	Finger
79/udp	finger	Finger
80/tcp	http	World Wide Web HTTP
80/udp	http	World Wide Web HTTP
80/tcp	www	World Wide Web HTTP
80/udp	www	World Wide Web HTTP
80/tcp	www-http	World Wide Web HTTP
80/udp	www-http	World Wide Web HTTP
88/tcp	kerberos	Kerberos
88/udp	kerberos	Kerberos
101/tcp	hostname	NIC Host Name Server
101/udp	hostname	NIC Host Name Server
102/tcp	iso-tsap	ISO-TSAP Class 0
102/udp	iso-tsap	ISO-TSAP Class 0
107/tcp	rTelnet	Remote Telnet Service
107/udp	rTelnet	Remote Telnet Service
110/tcp	pop3	Post Office Protocol - Version 3
110/udp	pop3	Post Office Protocol - Version 3
111/tcp	sunrpc	SUN Remote Procedure Call
111/udp	sunrpc	SUN Remote Procedure Call
115/tcp	sftp	Simple File Transfer Protocol
115/udp	sftp	Simple File Transfer Protocol
119/tcp	nntp	Network News Transfer Protocol
119/udp	nntp	Network News Transfer Protocol
123/tcp	ntp	Network Time Protocol
123/udp	ntp	Network Time Protocol
143/tcp	imap	Internet Message Access Protocol
143/udp	imap	Internet Message Access Protocol
156/tcp	sqlsrv	SQL Service
156/udp	sqlsrv	SQL Service
161/tcp	snmp	SNMP
161/udp	snmp	SNMP

B Well-known Ports

Tabelle B.1 – Fortsetzung

Port	Symbol	Beschreibung
220/tcp	imap3	Interactive Mail Access Protocol v3
220/udp	imap3	Interactive Mail Access Protocol v3
257/tcp	set	Secure Electronic Transaction
257/udp	set	Secure Electronic Transaction
551/tcp	cybercash	cybercash
551/udp	cybercash	cybercash
554/tcp	rtsp	Real Time Stream Control Protocol
554/udp	rtsp	Real Time Stream Control Protocol
563/tcp	nntps	nntp protocol over TLS/SSL (was snntp)
563/udp	nntps	nntp protocol over TLS/SSL (was snntp)
565/tcp	whoami	whoami
565/udp	whoami	whoami
591/tcp	http-al	FileMaker, Inc. - HTTP Alternate (see Port 80)
591/udp	http-al	FileMaker, Inc. - HTTP Alternate (see Port 80)
592/tcp	eudora-se	Eudora Set
592/udp	eudora-se	Eudora Set
683/tcp	corba-iio	CORBA IIOP
683/udp	corba-iio	CORBA IIOP
684/tcp	corba-iiop-ss	CORBA IIOP SSL
684/udp	corba-iiop-ss	CORBA IIOP SSL
992/tcp	Telnets	Telnet protocol over TLS/SSL
992/udp	Telnets	Telnet protocol over TLS/SSL
993/tcp	imaps	imap4 protocol over TLS/SSL
993/udp	imaps	imap4 protocol over TLS/SSL
994/tcp	ircs	irc protocol over TLS/SSL
994/udp	ircs	irc protocol over TLS/SSL
995/tcp	pop3s	pop3 protocol over TLS/SSL (was spop3)
995/udp	pop3s	pop3 protocol over TLS/SSL (was spop3)
999/udp	applix	Applix ac
1023/tcp		Reserved
1023/udp		Reserved

Index

A
Abfangen
   von Paketen 243
Abgleich UID/GID .. 175
Abhörangriff 237
Abhören 236
accept() 145, 148
Access Concentrator .. 63
Access Control List .. 350
Access Point 399
Access-Point 44
Account
   nobody 173
Active X 245
Address Resolution
   Protocol 79, 243
Adressbereich 71
Adresse
   physikalische 79
Adressgröße 96
Adressierung 78
Adressierungsschema 12
Adressklasse 70
Adressraum 12, 22, 70, 75
   Verknappung des ... 95
Adressvergabe 74
ADSL 59
Analysis Console for
   Intrusion Databases .
   385
Angreifer ... 235, 243, 244
Angriff 6
   aktiver 237
   passiver 237
Angriffe 257
Angriffspunkt 241
Angriffstool 269
   Verteiltes 269, 270
Angriffsvarianten ... 257
Angrifssnetzwerk ... 269
Anomalien
   erkennen 379
Anonymität 250
Anonymous FTP 168
Anwendung . 17, 104, 106
   datenintensive 103
   verteilte 25, 147
Anwendungsdaten
   Kodierung von 20
Anwendungsebene ... 18
Anwendungsprogramm .
   27
Anwendungsprotokoll 25
Anwendungsprozess . 19,
   20
Anwendungsschicht .....
   18–21, 24–25
Anycast 96
AOL 238
Apache 230, 306, 423
Applet 246
Application Gateways ...
   317, 321
Application
   Programming
   Interface 142
Application Proxy ... 348
Applixware 29
ARP 79, 259
ARP Cache 260
ARP Spoofing 41,
   259–261, 279
ARPA 9
ARPANET 10
arpwatch 279
ASCII 20, 228, 229
ATM 22, 60, 78
Außendienstmitarbeiter .
   359
Audiodaten 97
Auslieferung
   direkte 79
   indirekte 79
Authentifizierung 96, 97,
   239, 243, 257
Authentifizierungsver-
   fahren 239
Authentizitätsangriff
   blinder 238

B
Büroautomation 21
Bürosoftware 29
Bastion Host 317, 324–326
   Interner Bastion Host ..
   325
   Nonrouting
      Dual-Homed Host ..
      324

Index

Victim Machine ... 325
Benutzer 28
   anonymer 169
   autorisierter 169
   berechtigte 253
   böswilliger 240
Benutzerfreundlichkeit 6
Benutzerhandbuch ... 30
Benutzeroberfläche ... 30
Benutzerschnittstelle
   grafische 29
Betriebsmittel 27
Betriebssystem .. 4, 27, 28
Big-Endian 64
Bind 422
BIND 126–129
   Master Server 127
   Slave Server 127
`bind()` 145, 148
Bitübertragungsfehler 19
Bitübertragungsschicht ..
   19
Bluetooth 50
BOOTP 131
Bridge 36
Broadcast-Adresse 70
Browser 226, 246
BSD UNIX 274
BSI 238
   Grundschutzhandbuch
   238, 248
BufferedReader 151
Bug 28
Bugtraq 378
Bytelänge 20

C

Cache 245
CERT 277, 378
Certificate Authority 300
Certificate Revocation
   List 300
CGI-Skript 228, 245
Chat-Programm 140
Chatten 14
CIDR 73
   Präfix-Bit 73

CIFS 180
Classless Interdomain
   Routing 73
Client 13, 14, 106, 140
Client-Server-Anwendung
   Programmieren ....
   142–153
Client-Server-Modell .. 6,
   13, 139
`close()` 146, 148
Codesignierung 246
Common Vulnerabilities
   and Exposures .. 377
Computer Professionals
   for Social
   Responsibility ... 277
Computernetz 3
   Anbindung an das
   Internet 6
   kommerzielles 10
   Komplexität 15
   organisationsweites .. 6
   physikalisches 78
`connect()` 144
Cookie 247
Crossover-Kabel 40
CUPS 190–193
   Benutzer- und
   Gruppenmanagement
   192
   Client 193
   Server 191
   Server–Webinterface ...
   191
Cyrus E-Mail-Server . 209
Cyrus IMAP-Server . 426

D

Darstellungsschicht .. 19,
   20
Datagramm 66, 78, 79
Datei-Server 29
Dateitransfer 4, 20, 24
Daten
   redundante 19
Datenübermittlung
   leitungsvermittelt 9

Datenübertragung 15, 23
   in Echtzeit 95
   sichere 97
   verbindungslose 23
   zwischen Prozessen 23
Datenbank
   verteilte 110
Datenbestand 241
Dateneinheit 102
Datenformat
   lokales 20
Datenintegrität 97
Datenpaket 16, 22, 66, 140
Datenschutz 96
Datensicherheit 235
Datenströme
   Umlenken von 259
Datenstrom 98, 144
Datenstruktur 20
`ddclient` 407
debian 30
DEC 274
Demilitarized Zone . 329,
   412
Denial of Service Angriff
   237
Denial of Service Angriff
   243, 265–271, 273
   Verteilter . 267–271, 280
DENIC 111
Department of Defence 9
Destination IP-Adresse ..
   68
DFÜ 211
DHCP 131–137
   Client 132
   Client Einrichten .. 137
   Nachrichten 132
   Server 132
   Server Einrichten .. 135
DHCP-Server 44, 400
Diagnoseinformation . 94
Dial-on-Demand 392, 399
Dienst ... 6, 13, 14, 16, 25
   echo 106
   Risiko eines 238

Index

Standard- ... 6, 14, 141, 195–231, 242
Dienstanfrage 147
Dienstarten 96, 97
Dienste 19
Dienstklasse 98
Dienstschnittstelle 16
`dig` 123
Digitale Signatur 243, 246
Distributed Denial-of-Service 267
Distribution 4, 27, 29
DNS 6, 13, 25, 99, 262, 419
   Authoritative Server ... 115
   Canonical Name .. 117
   dynamisch 406
   Iterative Abfrage .. 112
   MX-Datensatz 116
   Rekursive Abfrage 113
   Resource Records . 112
   Secondary Server .. 113
   Start of Authority . 114
   Zonefile 112
DNS Cache Poisoning ... 238, 259, 261–263, 280, 370
DNS-Datenbank 111–118
DNS-Root 112
DNS-Server 394
Domäne 11
Domain 110
   länderspezifische .. 110
Domain Name System ... 13, 25, 109–130, 141, 147, 245
Dreiwege-Handshake ... 104, 266
Drucken-Tools
   `lp` 191
   `lpadmin` 191
   `lpoptions` 191
   `lpq` 191
   `lpr` 191
   `lprm` 191
   `lpstat` 191

DSL 44, 59
   Anschluss 390
   Einrichten 391
   Varianten 59
DSL-Modem 60
DSL-Splitter 60
DSLAM 60
Dual-Homed Host ... 327
Durchsatz 23
Dynamic DNS 130

E

E-Mail 3, 6, 141, 196–216, 238, 244
   Aufbau 197
   Body 198
   Client 202, 209
   Filter 210
   Header 197
E-Mail-Adresse 210
E-Mail-Server 197
EBCDIC 20
Echtzeitübertragung .. 97
Echtzeitanwendungen 96
Effizienz 107
Einbrecher 236
Eindringling 244
Einmalpasswort 243
Eins-zu-Eins-Zuordnung 90
Einteilung in Schichten .. 20
Electronic Commerce 10, 238
Empfänger .. 79, 101, 103
Empfängeradresse 68
Empfängerseite 102
Empfangsquittung .. 102
Ende-zu-Ende-Verbindung 66
Endsystem 17, 23, 65, 101
Entfernte Dateisysteme .. 174–185
Entfernte Terminals 185–189
Entmilitarisierte Zone ... 329

Entwicklungsumgebung . 29
Erdbeben 236
Ergänzung
   von Daten 237
Ersetzen
   von Paketen 243
Ethereal 37
Ethernet 12, 21, 37, 39, 78
   Übertragungsgeschwindigkeit 39
   Frame 39
   Varianten 39
Ethernet-Karte 21
ETSI 43
Exterior Gateway Protocol 23
Extranet 355

F

False Positive 378
Fast Ethernet 39
Fehlerkorrektur
   vorausschauende ... 19
Fertigung
   computergestützte .. 21
File-Descriptor 143
File-Server 403
Filterregel . 253, 319, 333, 337, 344
Finger-Dienst 245
`fingerd` 275
Firewall . 6, 235, 243, 251, 253, 302, 315–354, 404, 417
   Funktionsumfang . 316
   Komponenten 317
   Konfigurationen 327–332
Firewall-Builder 333
Flow Label 98
Forschungsnetz 10
Fraggle Angriff . 266, 280
Fragmentieren
   von Datagrammen . 66, 68
Frame 79

441

Index

Frame Relay 12, 22
FreeS/WAN 290
FTP 4, 24, 141, 147,
   166–174, 237, 244, 307
   Anonymous 168
   Client 166, 169, 170
   Server 166, 169, 244
   Sitzung 170
Fully Qualified Domain
   Name 111
Funkübertragung 237
Funkstrecke 19

G

Gateway 4
Gefahrenpotential ... 259
Geschwindigkeit 107
`gethostbyname()` . 147
`getservbyname()` 147, 148
Gigabit Ethernet .. 21, 39
GNU Public License .. 29
GNU-Projekt 29
GPL 29
Guarddog 333

H

Hardware 28
   automatische
      Erkennung 41
   Installation von 41
Hardwarekomponente 22
Herstellerfirma 28
HIPERLAN/2 43
Hops 68
Host 69, 78
Hostrechner 23
HTML 228
HTML-Seite 246
HTTP 25, 228
HTTP-Server 229
HTTPS 244
Hub 40
Hydra 371
Hypertext 226
Hypertext Transfer
   Protocol 25

Hypertext Transfer
   Protocol 228

I

IANA 74, 105
ICANN 111
ICMP 94
   Header 94
ICMP-Angriff ... 243, 370
Identifikationsschema 70
IDS 271
IEEE
   WG 802.3 39
   LAN/MAN Standards
      Committee 33
   WG 802.11 43
IETF 95, 306, 307
`ifconfig` 34
IKE 285, 296
IMAP 197, 205–207
   Phasenmodell 206
Implementierung 6
   unsorgfältige 257
`incoming` 169
Initiator 104
InputStream 151
Insider 253
Installationsprogramm .. 30
Installationsunterstützung 30
Integrität 236
Interior Gateway Protocol 23
Internet ... 3, 78, 226, 235, 246
   Adresse 11
   Entstehungsgeschichte
      9–11
   Größenentwicklung 11
   Protokolle 6
   Schichtenmodell des ..
      21–25
Internet Assigned
   Numbers Authority .
   74, 105

Internet Control Message
   Protocol 94
Internet Engineering Task
   Force 95
Internet Protocol 65
Internet Protokolle 3
Internet Service Provider
   10, 74
Internet Wurm . 274–277, 281
Internet-Adressen 6
Internet-Dienst 147
Internet-Modell 15
Internet-Notation 147
Internet-Welt 65
Internetadresse
   eindeutige 12
Internetanbindung 4
Internetschicht . 22–23, 78
Interoperabilität 13
Interprozeßkommunikation
   144
Intranet 3, 13, 25, 91
Intrusion Detection
   Systeme 378
   hostbasiert 379
   netzbasiert 379
IP 23
   Datenfeld 67
   Datenteil 66
   Header 66
   Headerlänge 66
   Optionsfeld 67
   Version 66
IP Control Protocol .. 392
IP Masquerading .. 89–94
IP Spoofing 238, 243, 259, 321
IP-Adresse 12, 25, 42, 69–78, 109, 141, 144, 145, 147
   Adressraum 70, 75
   Adressvergabe 74
   doppelte Vergabe ... 74
   dynamische 74
   Eindeutigkeit 74

442

Fälschen 257
Hostanteil 70
klassenlose 73–74
Netzanteil 70
private 75
unbenutzte 73
Zuweisung 74
IP-Adressnotation 13
IP-in-IP 101, 357
IP-Protokoll 22
IP-Spoofing 272, 370
IP-Telefongespräch ... 67
IP_HDRINCL 258
ipchains 333
IPnG 96
IPSec 283–302, 412
AH Aufbau 287
Authentication Header 286
Encapsulating Security Payload 288
ESP Aufbau 288
Konfiguration automatische 415
Automatische .. 296–301
Manuelle 291–296
Schlüsselmanagement . 285
Security Association ... 285
Security Policy 286
Sicherheitsdienste . 284
Sicherheitskonfigurationen 289
SPI 285
Transport Modus .. 286
Tunnel Modus 286
IPSec-Gateway 286
IPTables 94, 333–343
Architektur 333
Aufrufkonventionen .. 334
Chains 333
Tables 334
IPv4 ..... 65, 95, 100, 357
Paket 101

IPv6 ... 35, 65, 95, 96, 100, 357
Erweiterungsheader ... 97, 99
Header-Format 97
Optionen 97
Paket 101
Protokollversion 98
Router 98
ISAKMP/Oakley 285
`isakmpd` 291
ISDN 22, 56
CAPI 58
Kanalbündelung ... 59
ISDN-Adapter 22
ISO/OSI-Referenzmodell 18–20
ISP 78, 389
IT Grundschutz 248
IT-Landschaft 248
`iwconfig` 49

J
Java 4
Java Virtual Machine 246
Jugendschutz 353
Juggernaut 244

K
Kabel 19
Kartenleser 252
KDE 29
Kernel 28, 29
Kernel-Modul 46
KInternet 54
Klartext 237, 244, 259
Klartextübertragung . 243
KMail 210
Kommunikation
gesicherte 15
sichere 4
vertrauliche 356
Kommunikationsdienst .. 20
Kommunikationsendpunkt 102, 105, 107

Kommunikationskanal .. 17
Kommunikationskosten . 29
Kommunikationsmedium
globales 28
Kommunikationsmodell . 13, 142
Kommunikationspartner 13, 17, 18, 70, 140
Kommunikationsprotokoll 10
Kommunikationssteuerungsschicht .. 19, 20
Kommunikationssystem . 18
Kommunikationsverbindung 9
Konfigurationsprogramm 30
Kontrolle
der Sicherheit 255
Kosten-Nutzen-Analyse . 252
Kreditkartennummer 244
Kryptographische
Verfahren .. 283, 284, 303, 308

L
Löschung
von Daten 237
LAN-Analyzer 243
LaTeX 29
Layer-2-Frame 37, 51
Leistung
eines Protokolls ... 103
Leiter
optische 23
Leitung 15
Linux 4, 22, 27–30
Entstehungsgeschichte 28–29
Linux-Rechner
Administration 4
`listen()` 145, 148
Listserv 214

443

Little-Endian 64
Local Area Network .. 21
Loopback-Device 35
Loveletter Wurm 274, 277–278

M
MAC-Adresse 36
Mafiaboy 269
Mail Transfer Agent . 196
Mail User Agent 196
Mail-Relay-Server ... 208
Mail-Server 423
Majorcool 214
Majordomo 214
Man-in-the-Middle
    Angriff 261, 263, 307, 321
Manipulation
    eines Datenpakets . 243
Masquerading .. 333, 344, 404
Match 337
Maximum Transfer Unit . 38, 69
Medium 19
    physikalisches 16
Metropolitan Area
    Network 21
Microsoft 245
Microsoft Windows ... 27
Microsoft-Monokultur ... 277
Middleware 139, 157
Minix 28
Mitarbeiter
    mobiler 355
Mitschneiden
    einer Kommunikation . 243
Mixter 271
Mobile IP 97, 101
Mobilität
    von Rechnern 96
mod_ssl 306
Modem 52
Modifizierung
    von Daten 237
Morris Worm .... siehe Internet Wurm
Morris-Wurm ... 242, 245
MS-DOS 28
Multicast .. 19, 70, 96, 101
Multimedia 106
Multimediaübertragungen 95

N
Nahverkehrsnetz 12
Name
    symbolischer ... 25, 70, 109, 141, 147
Name Service 6
Name Service Cache
    Daemon 165
Namensauflösung .. 111, 120, 141
Namensbereich 110
Namensdienst 109
Namenshierarchie ... 111
Namenskonvention
    des Internet 109
Nameserver 111, 419
NAT 89, 250, 302
NAT-Traversal 302
Nessus 255, 326, 370–378
    Client 374
    Plugins 373, 376
    Server 373
    Server-Zertifikat ... 373
Nessus Attack Skripting
    Language 370
NetBIOS 182
    API 182
Netfilter 333
    Architektur 334
Netscape 226, 246
Network Address
    Translation ... 89–94, 333
Network News 6, 221–226, 244
    Diskussionsforum . 221
Netz
    öffentliches 235
    logisches 355
    lokales 235, 355
    physikalisches 356
Netzarchitektur 21
Netzbandbreite 97
Netzdatenbank 13
Netzklasse 70
    Klasse-A 70
    Klasse-C 70
Netzmaske 74
Netzsicherheit
    Prüfung 367
Netzverbund 10
Netzwerkadapter 34
    manuelle Konfiguration 45
Netzwerkadministrator .. 25
Netzwerkadresse .. 12, 72
Netzwerkarchitektur . 15
Netzwerkinterface 34
    virtuell 34
Netzwerkkarte 4
Netzwerkkommunikation 15
Netzwerkplanung .. 398, 410
Netzwerkrechner 25
Netzwerkscanner 368
Netzwerktechnologien .. 33–64
Netzwerkverteiler 40
Netzzugangsschicht 21–22
News-Provider 222
News-Reader ... 221, 223
News-Server 221, 222
    Replikation 222
Newsgroup 221
Newsgruppe 4
NFS 107, 174–179
    Client 174
    Client Einrichten .. 178
    Export 174
    `root_squash` 177

Index

Server 174
Server Einrichten .. 176
NFS-Export 369
NFS-Daemon
   `lockd` 176
   `mountd` 176
   `nfsd` 176
   `portmap` 176
   `statd` 176
Nikto 371
NIS 156–166, 369
   Client Einrichten .. 161
   Domäne 156
   Fehlerdiagnose 164
   Map 156
   Master-Server 156
   Server Einrichten .. 157
   Slave-Server 157
nmap 371
NNTP 222
`nslookup` 122
Nutzdaten 97

O
Offline-Betrieb 211
Online-Betrieb 211
Open-Source Software 29
Open-Source-Modell ... 4
OpenOffice 29
OpenSSH 307, 309
   Automatische
     Authentifizierung ...
     312
   `/etc/ssh/sshd_con-`
     `fig` 309
   `sshd` 309
   X11 Weiterleitung . 310
OpenSSL 306
Outlook 277
OutputStream 151
Overhead 18, 24, 106

P
Packet Sniffer 243
Packet Switching 9
Paket
   fehlerhaftes 19

gefälschtes 257
gekapseltes 101
maßgeschneidertes 259
Pakete 9
Paketfilter 317–321
   Architektur 318
   Filterregeln 319
   Funktionsumfang . 318
   Regelformate 320
Paketvermittlung ... 9, 23
Paketvermittlungsrechner
   9
Parallelisierung 145
Partnerinstanz 17
Password Guessing .. 237
Passwort 237, 240
PAT 89
Payload 18
PC 28
PCI-Netzwerkkarte ... 41
Peer-to-Peer-
   Kommunikation 140
Penetration Testing .. 367
Perl 245
Personal Computer ... 27
Pfad 23
Plug-In 247
Pluggable Authentication
   Modules 310
Point-to-Point-Protocol ..
   22
POP 202–205
   Phasenmodell 203
POP3 197
PoPToP 361
Port 141, 145, 147
   Private 142
   Well-known .. 141, 435
Port and Address
   Translation 92
Port and Adress
   Translation 89
Portmapper 369
Portnummer ... 104, 141,
   144, 145, 147
postfix 424

Postfix 208
PPP 51
   CCP 59
   DSL-Verbindung ... 62
   IPCP 52
   ISDN-Verbindung .. 58
   LCP 51
   Modemverbindung . 54
   MPPP 59
   pppd 55
PPPoE 61, 63, 391
   PADI 63
   PADO 63
   PADR 63
   PADS 64
Präsentationsprogramm .
   29
Preshared Keys . 285, 296
   `/etc/psk.txt` ... 296
Primary Domain
   Controller 182
PrintWriter 151
Priorität 99
Privatkunde 74
Privatsphäre 236, 239
Procmail 208
Programmierer ... 28, 147
Programmiererteam .. 28
Programmierfehler .. 246
Programmierschnittstelle
   142, 143
Programmiersprache . 20,
   142
   C 143
   Java 143, 150, 246
   JavaScript 246
Protokoll 16
   höherschichtiges ... 24
   unzuverlässiges ... 106
   verbindungsloses .. 66,
   106
Protokoll-Header 17
Protokoll-Trailer 17
Protokollfamilie 144
   `AF_INET` 144
   `AF_UNIX` 144

Index

Protokollieren 239
Protokollimplementierung 18
Protokollinformation . 17
Protokollkommunikation 16
Protokollstack 4
Proxy Server 317, 321–324
    Architektur 321
Prozeß 142
Proreduraufruf
    entfernter 20
Prozess 101
Puffer 146
Punkt-zu-Punkt-
    Verbindung 51
    Virtuelle 357
Punkt-zu-Punkt-
    Verbindung 100
Punktnotation 13, 69

Q
Qualität 67
Quelladresse 99, 103
Quellcode 29

R
r* Dienste .. 244, 272, 275, 307
racoon 291, 296
/etc/racoon.conf . 296
Raw Sockets 258
RawIP 57
RDP 189
    Clients 189
    Server 189
read() 146
Rechner
    blind fernsteuern .. 272
Rechnerkommunikation . 20
Rechnername 13
RedHat 30
Referenzmodell 5
Reihenfolge 102, 106
    von Paketen 24

Reinfektion 276
Replay Angriff 243
Replay Angriff 284
Resolver 118
Ressourcen 23
Restrisiko 240
Richtlinie 253
RIP 88
RIPE 74
Risikoabschätzung 235–255
Risikoanalyse ... 235, 251
RJ45 39
Road Warrior 359
Robustheit 13, 23
Root Zertifikat 300
Routen
    Default 82
    Host 81
    Netzwerk 81
Router 23, 68, 78
Routing 19, 22, 66, 78–89, 344
    Algorithmus 96
    Metrik 78
    Protokoll 88
    Tabelle 80, 412
Routing Information
    Protocol 88
Routing-Algorithmus . 23
Routing-Protokoll 23
Routing-Tabelle 237
RPC Dienst 157
rsh 369

S
Samba 179–185
    Benutzerverwaltung ... 184
    Server Einrichten .. 182
    smb.conf 184
    Zugriffskontrolle .. 184
Samba-Server 403
SAP R/3 29
SATAN 367
Satzsystem 29
Schicht 15

anwendungsbezogene . 24
höhere 15
Instanz einer 16
tiefere 15
Schichtenmodell 5, 15–18, 20
    Datenfluss im 16
Schllüsselmanagement .. 308
Schutzbedarf 238
Schutzmaßnahme ... 243
Schutzvorkehrung ... 240
Schwachstellen . 257, 272
scp 172, 309, 312
SCP 406
Screened Subnet 329
Screened-Host 328
SDSL 60
Second-Level-Domain ... 111
Secure Shell 244
Secure Socket Layer . 244
Security Association
    Database 292
Security Policy 286
Security Policy Database . 292
Seitenbeschreibungssprache 228
Sender 78
Sender-IP-Adresse
    Fälschen einer . siehe IP Spoofing
Senderadresse 68
Sendeversuch 102
Sendewiederholung . 106
sendmail 244
Sendmail 208, 275
Sequence Number
    Guessing ... 238, 273
Sequenznummer 104
Serial-Line IP 22
Server 13, 14, 106, 139
    Lokalisierung 14

Index

Lokalisierung des . 141, 142, 147
Server, Adresse des .. 147
ServerSocket 152
setkey 291
/etc/setkey.conf . 292, 296
sftp 309
Shorewall 333
Sicherheistdienste
    IPSec 284
Sicherheit 3, 96, 236
    auf Netzebene 251
    auf Rechnerebene . 250
Sicherheits-Level 250
Sicherheitsüberprüfung . 367
    Fehlalarm 378
Sicherheitsanforderung .. 251
Sicherheitsaspekte 5
Sicherheitsbeauftragter .. 251
Sicherheitsbegriff 235
Sicherheitskonzept .. 235, 236, 248–255
Sicherheitslücke .. 3, 240, 243
Sicherheitslücken 370
Sicherheitslücken ... 257, 267, 275, 281
Sicherheitsmechanismus . 252
Sicherheitspolitik ... 251, 316, 320
Sicherheitsprozess ... 248
Sicherheitsrisiko .. 6, 235, 236
Sicherheitssetup 321
Sicherheitsteam 254
Sicherheitstechnologie ... 254
Sicherungskomponente .. 24
Sicherungsschicht 19
Signal

elektrisches 15, 16
optisches 16
Simple Network Management Protocol 245
SMB 180
smpppd 55
SMTP ... 24, 147, 197–202
    Kommandos 199
    Sitzung 201
Smurf Angriff .. 265, 271, 280
Sniffing 370
SNMP 245
Snort 380–385
    Betriebsmodi 381
    NIDS Konfiguration ... 382
    Regeln 383
Socket 105, 258, 302
socket() 143, 148
Socket-Modus 145
Socket-Schnittstelle 142–153
Socket-Typ 144
    SOCK_DGRAM 144
    SOCK_STREAM 144
Software 29
SOHO 389
Source IP-Adresse 68
Sprungadresse 99
Squid 348–354
    Konfiguration 348
    Zugriffskontrolle .. 350
ssh 244
ssh 309
Entfernter Programmaufruf 311
Verbindungen Tunneln 311
X11 Weiterleitung . 311
SSH ... 186, 307–313, 406
    Authentication Protocol 308
    Client 186

Connection Protocol ... 309
Host Key 308
Sicherheitsdienste . 307
Transport Layer Protocol 308
X11 Weiterleitung . 309
ssh-agent 313
SSL 302–306
    Handshake Protocol ... 304
    Record Layer 303
    Schlüsselmanagement . 303
    Steuerprotokoll 303
ST-II 96
Stabilität
    von Linux 28
Stallmann, Richard ... 29
Standardsoftware
    betriebswirtschaftliche 29
Stateful Firewall 342
Struktur
    interne 250
Strukturanalyse 248
stunnel 306
Subnetz 12, 71–73, 78
Subnetzmaske 71–73
Sun 246, 274
Superserver 141
SUSE 4, 30
SUSE Hardwaredatenbank 34
SuSE-Security Announcements . 378
SuSEFirewall2 .... 68, 94, 343–348, 417
Switch 40
Synchronisationspunkt .. 20
SyncPPP 57
Systemadministration 25, 29
Systemadministrator . 76

447

Index

Systemaufruf 143
Systemdatei
 /etc/group 156, 158, 175
 /etc/gshadow ... 158
 /etc/hosts 147
 /etc/nsswitch.conf 161
 /etc/passwd 156, 158, 175
 /etc/services . 105, 149
 /etc/shadow 156, 158
 /etc/xinetd.conf . 141, 149
Systemprogramm 29

T
T-Online 238
Tanenbaum, Andrew . 28
Target 337, 338
TCP 24, 101, 140
 Acknowledgement-Nummer 103
 Destination Port Number 102
 Instanzen 102
 Port 104
 Segment 102, 104
 Sequenznummer .. 102
 Source Port Number ... 102
 Verbindung 104
TCP SYN Flooding .. 243, 266–267, 271, 273, 280
TCP Verbindung
 Desynchronisation von 271
TCP/IP 3, 65–107
TCP/IP Protokolle ... 257
TCP/IP
 Implementierungen 10
 Modell 10
 Protokollsuite 20
TCP/IP-Protokollstack 25
TCP/IP-Protokollsuite 20
tcpdump 296

Teilnetz 10, 12
Telearbeit 356
Telefonleitung 9
Telefonwählleitungen . 22
Telnet .. 24, 185, 237, 244, 307
Terminal
 virtuelles 24
Textverarbeitung 29
TFN 270
TFN2k 270
TFN3k 271
TFTP 369
The Cult of the Dead Cow 279
Timer 102
TinyCA 306, 413
TLS 306
Token Ring 12
Token Bus 21
Token Ring 21, 50, 78
Top-Level-Domain .. 110
Torvalds, Linus 28
Torwächter 315
Transmission Control Protocol 24
Transmission Control Protocol 65, 101
Transparenter Proxy 346, 354
Transparenz 247
Transportinstanz 24
Transportprotokoll .. 101, 106, 140
Transportschicht 19, 23–24
Treiber 22, 28
Tribe Flood Network 267
trin00 .... 267, 269
Trojanische Pferde .. 274, 278, 281
Trojanisches Pferd .. 238, 241
Tunneling 100, 357
Tunnelrechner 101
Twisted-Pair 39

U
UDP 24, 106–107, 140
 Overhead 106
 Port 104
UDP Flooding 271
Überflutung
 eines Empfängers . 237
Übertragung
 sichere 20
 unzuverlässige . 66, 106
 verbindungslose ... 24, 106
 verbindungsorientierte 102
 zuverlässige ... 24, 102
Übertragungsrate 21
Übertragungstechnik . 23
Uniform Resource Locator 226
UNIX 4, 28, 29
 Berkeley 10
UNIX System V 274
Unix-Mailbox 208
UNIX-Variante 4
URL 228
USAGI Projekt 290
USB-Netzwerkkarte .. 41
User Datagram Protocol . 24, 65, 106–107

V
Verarbeitungsschicht . 24
Verbindung 19, 140
 bidirektionale 140
 halb-offene 267
 physikalische 19
Verbindungsabbau .. 140, 142
Verbindungsaufbau . 140, 142
Verbindungsaufbau-wunsch 104
Verbindungsaufbauphase 103
verbindungsorientiert 24
Verfügbarkeit 236

448

Index

Verkehrsanalyse 237
Verkehrsfluß 237
Vermarktung 30
Vermittlungsrechner .. 17
Vermittlungsrechnern 23
Vermittlungsschicht .. 19
Verschlüsselung 243
Verschleiern 250
Verschleierungstechniken 276
Verteidigungsmaßnahme 235
Verteiltes Vertrauen .. 275
Vertrauensbeziehungen
　　Ausnutzen . 272–274, 280
Vertraulichkeit .. 97, 236, 257
Verwaltungswerkzeug 30
Verzögerung 67
Verzeichnisdienst 71
Videodaten 97
Videodatenstrom 98
Videokonferenz 3
Virenbefall 242
Virenscanner 242, 244
Virtual Private Networks 101
Virtuelle private Netze .. 355–366
Virus 238, 241, 246
VisualBasic-Skript ... 277
VNC 187
　　Server 188
　　Viewer 188
Vorhersage
　　von Sequenznummern 243

VPN 101, 413
VPN-Funktionalität ... 44
vsftp 244
`vsftpd` 171

W
WAN 52
Warteschlange 149
Web-Anwendung ... 246
Web-Browser 4, 228
Web-Seite .. 229, 244, 245
　　Header 229
Web-Server 247, 422
Wegewahl .. 19, 22, 78–89
Weitverkehrsnetz . 12, 22, 355
Well-known Ports ... 435
Werkzeug 28
Wide Area Network .. 21
Wiedereinspielen 243
Windows 4, 29
Wireless LAN 43
Wirtsprogramm 241
WLAN 12, 43, 399
　　Übertragungsgeschwin-
　　　　digkeit 43
　　ESSID 46
　　NWID 46
　　Verschlüsselung 46
　　WEP 46
World Wide Web 226–231
World-Wide Web .. 6, 25, 141, 244
`write()` 146
WU-FTP 172
Wurm 238, 241, 274
`wvdial` 55
`wvdial` 56

X
X Window 29
X-Display Umlenken 186
X-Window-System .. 186
X.25 12
X.509 Zertifikat . 296, 299, 303, 413
xinetd 141

Y
YaST 30
Yellow Pages (YP) ... 156
YP-Kommandos
　　`ypcat` 165
　　`ypchfn` 165
　　`ypchsh` 165
　　`ypdomainname` ... 164
　　`ypmatch` 165
　　`yppasswd` 165
　　`ypset` 164
　　`yptest` 165
　　`ypwhich` 164

Z
Zahlenkette 13
Zertifikat ..... *siehe* X.509 Zertifikat
Zieladresse 99, 103
Zielnetz 81
Zielrechner 19, 22, 78, 106
Zugang
　　physikalischer 237
Zugangskontrolle ... 244
Zugangsnetztechnologien 22
Zugangsrechte 253
Zuordnungstabelle ... 91
Zuteilungsverfahren .. 74
Zuverlässigkeit 9

Notizen

Notizen

Notizen

Notizen

Notizen